Calimots

Manuel de lecture

CP

Auteures :

Sandrine Lenoble
enseignante, maitre formatrice

Karine Paccard
conseillère pédagogique

Adeline Pesic
conseillère pédagogique

Illustrateur :

Christophe Boncens

RETZ
editions-retz.com

Un manuel pour favoriser un enseignement

Ce manuel de lecture a une **double vocation** : apprendre aux élèves des stratégies de compréhension et développer leur plaisir de lire en classe et à la maison.

Stratégie de compréhension mise en œuvre durant la séance de classe.

Indication du niveau de lecture en lien avec la progression du manuel de code : en début d'année, l'enfant écoute le texte lu, puis il lit avec l'aide d'un adulte, avant d'accéder à une lecture autonome.

Je remplis les blancs du texte.

Le magasin de Justin

Comme tous les matins, Justin part au magasin.
Il marche avec entrain, c'est un lundi matin qui commence bien.

Monsieur Lièvre entre le premier : « Un kilo de farine, s'il vous plait. »
Tout juste servi, monsieur Lièvre quitte le magasin.
Justin est un peu contrarié, mais il continue de travailler.

Madame Marmotte arrive toute guillerette :
« Un kilo de sucre, s'il vous plait. »
À peine servie, madame Marmotte quitte le magasin.
Justin est déçu, mais il range les laitues.

Monsieur Hibou franchit le seuil de la porte :
« Six œufs frais, s'il vous plait. »
Sitôt servi, monsieur Hibou quitte le magasin.
Justin, l'air morose, dispose quelques bouquets de roses.

Madame Tortue entre et réclame : « 250 g de beurre, s'il vous plait. »
Une fois servie, madame Tortue quitte le magasin.
Justin, chagriné, range des paquets de sablés.

- Où se passe cette histoire ?
- Qui est Justin ?
- À ton avis, pourquoi Justin est-il content au début de l'histoire ?

Mémo des mots : p. 10 ; 22

16

Travail sur le **lien entre le texte et l'image** pour une meilleure compréhension de l'histoire.

Questions de compréhension traitées en classe pour faire réfléchir les élèves sur le texte.

Renvoi vers le **mémo des mots**, répertoire imagé, organisé par thématiques, pour aider l'élève à écrire et à acquérir du lexique.

ISBN : 978-2-7256-3718-1

Cet ouvrage suit l'orthographe recommandée par les rectifications de 1990 et les programmes scolaires.

L'égalité entre les femmes et les hommes est notre préoccupation : le manuel a été relu par la chargée de mission Éducation du centre Hubertine Auclert ; un compte rendu de son analyse est disponible sur le site des Éditions Retz, rubrique « Calimots ».

explicite de la compréhension

Il présente **différents types de texte** : récits, poésies, documentaires, BD, lettres... Ces textes sont soit écrits par les auteures de la méthode pour répondre aux besoins didactiques, soit empruntés à la littérature de jeunesse.

Je comprends le début d'une histoire.

Péronnille la chevalière

Rappel de la **couverture de l'album** étudié.

▲ Il était une fois une petite fille.
Elle s'appelait Péronnille. C'était une petite fille
très forte, très belle et très intelligente.
Elle était chevalière. C'est un mot un peu
ridicule mais ça veut dire qu'elle montait
à cheval et qu'elle avait une épée.
Une très grande épée.
Elle se battait contre les méchants.
C'était son travail.

Avant chaque découverte de texte, **une séance de lexique** est menée pour que le vocabulaire ne soit pas un frein à la compréhension.

▲ Un jour, elle arriva, sur son cheval,
dans un très beau royaume.
Elle cherchait des méchants
à pourfendre.
Mais, chose inattendue, elle tomba
amoureuse du prince du royaume.
Il était en train de jouer de la
mandoline sur le balcon de son palais.
Il était très occupé, comme s'il rêvait
tout seul.
Qu'il était beau avec ses yeux mi-clos.

Les mots en noir dans le texte sont **entièrement décodables** par l'élève. Il voit ainsi l'évolution de sa capacité à lire.

- Qui est Péronnille ?
- Quel est son travail ?
- Que cherche-t-elle ?
- Qu'arrive-t-il à Péronnille ?

Mémo des mots : p. 20-21

à la MAISON À partir de maintenant, votre enfant est capable de lire les textes en autonomie, même si certains mots ne sont que partiellement décodables.

48

Conseils destinés aux parents pour les aider à mieux accompagner leur enfant dans son apprentissage.

Accès rapide aux pistes audio, grâce aux QR codes, pour le plaisir de réécouter le texte à la maison.

Les photos sont © iStock, sauf : 8 ht © ROGER-VIOLLET / © Albert Harlingue ; 8 bas © AMET Jean Pierre / © Divergence ; 9 m © Droits Réservés ; 21 m © ABACA PRESS / © SWNS ; 33 bas © SHUTTERSTOCK / © Everett Historical ; 47 ht d © LEEMAGE / © Robana / © British Library Board ; 47 ht d © Droits Réservés ; 52 ht g © AFP / © Damien Meyer ; 52 m g © SHUTTERSTOCK / © Igor Bulgarin ; 52 bas g © SAGAPHOTO / © Patrick Forget ; 53 m © SHUTTERSTOCK / © A_Lesik.

Direction éditoriale : Sylvie Cuchin et Céline Lorcher
Édition : Adeline Guérin
Corrections : Florence Richard
Création maquette : Hélène Loirat
Mise en page : Hélène Loirat
Iconographie : Juliette Barjon et Gabrielle Merizzi

Sommaire

Bienvenue à l'école !

UNITÉ 1

Aujourd'hui, je suis...

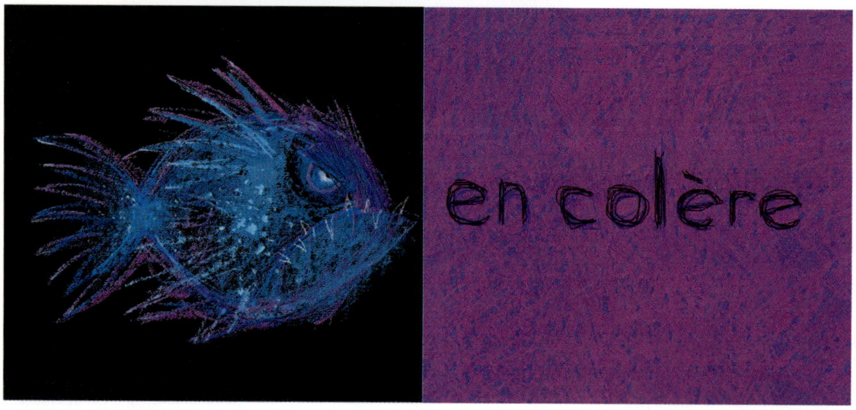

Aujourd'hui, je suis..., Mies Van Hout, © Minedition.

- Trouve une autre façon de dire que tu es en colère.
- À quelle(s) occasion(s) es-tu peureux ?
- Et toi, aujourd'hui, comment es-tu ?

Mémo des mots : p. 4-5

à la MAISON Connaitre les différents sentiments permet d'exprimer plus facilement ses émotions et favorise la communication non violente. Quand un enfant est en colère, on peut lui proposer d'expliquer ce qu'il ressent et d'en identifier les causes.

La rentrée de Léa

Devant la porte de l'école, Léa n'est pas très rassurée.
– Ne t'inquiète pas, ma Léa, tout va bien se passer !
lui dit son papa, amusé.

La cloche vient de sonner. Dans la cour, les élèves sont tous alignés, prêts à rentrer. Léa avance à petits pas dans sa classe de CP. Elle ne retrouve plus les bancs de la maternelle ! Ici, chacun a sa table, son cartable et ses affaires. Les enfants doivent tout ranger dans leur casier. Céline, la maitresse fait de grands sourires.

Sur son petit cahier, Léa commence à compter.
Avec son nouveau livre, elle apprend à lire.
Quelques acrobaties sur les tapis.
Deux ou trois inventions à la récréation.
Et la journée est vite passée,
c'est déjà l'heure de rentrer !

À la sortie, papa attend Léa
avec un peu d'impatience.
Il lui tend un pain au chocolat pour le gouter.
– Ne t'inquiète pas, mon papa,
ça s'est bien passé !
lui dit la fillette amusée.

- Que fait Léa le premier jour d'école ?
- Qu'est-ce qui change avec l'école maternelle ?
- Qui est inquiet au début de l'histoire ? Et à la fin de l'histoire ?
- Et toi, quel sentiment as-tu éprouvé le jour de la rentrée des classes ?

Mémo des mots : p. 4 à 7

à la MAISON Lorsque vous lisez une histoire à votre enfant, vous pouvez lui demander de se placer en « posture d'écoute ». La première fois, demandez-lui d'expliquer la différence entre « écouter » et « entendre ».

L'école autrefois et maintenant

Photo d'une classe d'école primaire vers 1925

Photo d'une classe de CE2 en 2013

- Nomme tous les objets que tu reconnais sur ces photos.
- À quelle photo ressemble ta classe ?

Mémo des mots : p. 6-7

Le matériel d'école d'hier et d'aujourd'hui

▶ Pour écrire, on utilisait des plumes que l'on trempait dans l'encre.

▶ Aujourd'hui, on utilise des stylos ; il y en a même qui s'effacent.

▶ Le plumier servait à ranger des plumes.

▶ Aujourd'hui, on utilise une trousse.

▶ Depuis longtemps, on se sert des crayons à papier et des gommes pour effacer.

- Quel est ce type de texte ?
- Comment écrivait-on avant d'avoir des stylos ?
- Dans quoi rangeait-on les plumes ?
- Et toi, quels outils as-tu dans ta trousse ?

Mémo des mots : p. 6-7

L'école de grand-mamie

Gaspard est en CP. Son arrière-grand-mère, Marie, lui raconte comment était son école, à son époque…

« Quand j'étais petite, j'allais à l'école de filles "La Martinière" à Lyon. Je me rappelle de mon institutrice Madame Painchaud : elle était sévère et très élégante.

Les enfants portaient des blouses et les filles n'avaient pas le droit de se mettre en pantalon. On écrivait avec une plume que l'on trempait dans un encrier posé sur notre pupitre. On s'entrainait sur des ardoises avec une craie.

Dans l'école, il y avait des douches. On y allait une fois par semaine. Une fois par mois, on ponçait les tables au papier de verre pour enlever les traces d'encre.

Pour nous récompenser de notre travail, la maitresse distribuait des bons points. Nous pouvions échanger ensuite dix bons points contre une image. À la fin de l'année, le meilleur élève recevait le prix d'excellence ; le second, le prix d'honneur. Les élèves votaient pour le camarade le plus sympathique et celui-ci recevait le prix de camaraderie. Les récompenses étaient des livres tout neufs ! »

- Pourquoi les enfants sont-ils récompensés par des livres neufs ?
- Est-ce que l'école de la grand-mamie de Gaspard ressemble à ton école ? Explique pourquoi.
- Toi aussi, interroge tes grands-parents sur leurs souvenirs d'école.

Mémo des mots : p. 6-7

Les crayons

Mais à quoi jouent les crayons pendant les récréations ?

Le **rouge** dessine une souris,
Le **vert** un soleil,
Le **bleu** dessine un radis,
Le **gris** une groseille.
Le **noir**, qui n'a pas d'idée, fait des gros pâtés.

Voilà les jeux des crayons pendant les récréations.

101 poésies et comptines,
Corinne Albaut.

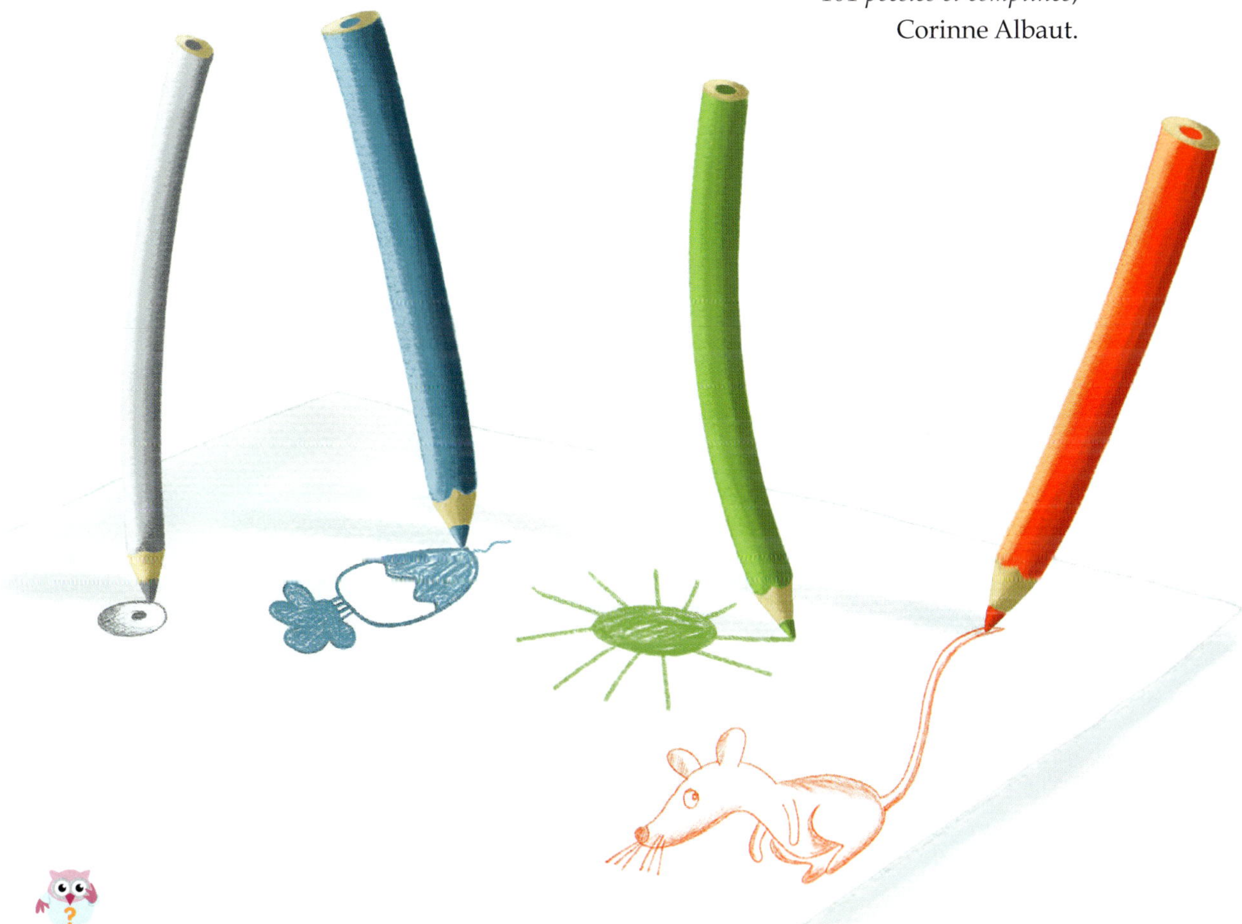

- Quel est ce type de texte ?
- À quoi joue le crayon rouge ?
- Quel crayon dessine un radis ?
- Imagine à quoi le jaune pourrait jouer ?

Mémo des mots : les couleurs

à la MAISON Pour mémoriser une poésie, on peut s'appuyer sur les différents modèles d'apprentissage : auditif (par exemple, en répétant à voix haute), visuel (en utilisant des images, des schémas, le dessin…) et kinesthésique (en mimant).

Élie aime les voyages

Dans son casier, Élie s'est fabriqué un monde imaginaire.

Son crayon bateau l'emmène dans des pays merveilleux.
Les plages sont à perte de vue. Les montagnes dépassent les nuages.

Sa gomme se change en voiture à réaction et fait des tourbillons.

Son taille-crayon est un formidable avion dans lequel
il peut mettre plein de passagers en papier.

Sa règle se transforme en violon ou en percussion.
Elle accompagne toutes les chansons.

Ses cahiers deviennent des livres d'explorateurs
et se couvrent de dessins d'aventures.

Les feutres se mélangent pour dessiner
les arcs-en-ciel de ses plus beaux rêves.

Dring ! C'est la récré.
Il est l'heure de tout ranger.

- Qui est Élie ?
- Où se trouve Élie ?
- En quoi se transforment le crayon, la règle, les cahiers ?
- Imagine en quoi pourrait se transformer son ardoise ?

Mémo des mots : p. 6 à 8

à la MAISON Lorsque vous lisez ou racontez une histoire à votre enfant, vous pouvez lui demander de fermer les yeux et de se créer son « dessin animé intérieur ». L'entrainer à se fabriquer des images mentales lui permettra de mieux comprendre les textes qu'il lira bientôt en autonomie.

Jour de piscine !

Aujourd'hui, c'est jour de piscine pour les CP !
Les enfants sont assis dans le car avec les sacs de piscine sur les genoux. Ils sont contents et crient de joie.

Ana vérifie son sac. Elle regarde si elle a bien son maillot, sa serviette, son bonnet de bain et son gouter.
Ouf, tout est là !

Mia ne dit rien. Elle ne veut pas aller à la piscine car elle a peur de l'eau. Elle ne bouge pas.
Devant la piscine, Maitresse Julie demande :
« Mia, quelque chose ne va pas ? »
Mais, Mia ne répond pas.
Mia veut se cacher.

Le maitre-nageur vient chercher les CP.
Basile et Léo vont enfin sauter dans le grand bassin.
Léa et Selma s'amusent comme des folles !

Maitresse Julie et Ana attendent Mia.
Mais Mia ne veut pas sortir du vestiaire.
Elle pleure.
« J'ai peur et je ne veux pas que les autres se moquent de moi, avoue Mia.
— On ne se moquera pas de toi, dit Ana.
— Je suis là pour toi, Mia »,
dit Maitresse Julie.

- Où va Mia ?
- Comment se sent-elle ?
  Qu'est-ce qui nous le dit dans le texte ?
- Et toi, comment te sens-tu quand tu vas à la piscine ?

Mémo des mots : p. 9

Rassurée, Mia sort du vestiaire. Elle dit :
« Maitresse, je n'ai pas mon maillot de bain. »
Maitresse Julie sourit, elle a tout compris.
Maitresse Julie donne la main à Mia
et lui dit :
« Viens, Mia, je vais tout arranger ! »

Devant le bassin, Maitresse Julie regarde
le maitre-nageur et dit :
« Mia a oublié son maillot.
— Ce n'est pas grave, j'ai un maillot de
champion pour elle », répond aussitôt
le maitre-nageur.
Mia est fière avec son maillot de champion,
elle n'a plus peur.
Mia met sa ceinture bouée… Sans hésiter, elle saute
dans le petit bassin et éclabousse Selma et Fatou.

Téo ne sait pas bien nager. Il a un peu peur de sauter dans l'eau...
Il demande :
« Je peux avoir un super maillot pour sauter comme Mia ? »
Maitresse Julie et le maitre-nageur rient.
Le maitre-nageur dit aux CP : « Ce n'est pas le maillot qui aide Mia
à bien flotter, c'est la ceinture bouée.
Et vous avez la même ceinture bouée.
Alors, vous pouvez tous sauter ! »
Et les enfants sautent et éclaboussent
Maitresse Julie et le maitre-nageur.

Jour de piscine !, « Je suis en CP »,
texte de Magdalena,
illustrations d'Emmanuel Ristord

- À ton avis, pourquoi Mia n'a-t-elle pas son maillot de bain ?
- Qu'est-ce que le maitre-nageur donne à Mia ?
- Pourquoi cela aide-t-il Mia à aller dans l'eau ?
- Et toi, as-tu besoin d'une ceinture bouée pour plonger ?

à la MAISON

Demander à votre enfant de raconter l'histoire à un adulte l'oblige à réinvestir le vocabulaire étudié. Il approfondit aussi sa compréhension du texte. Il structure ainsi sa pensée et partage les activités vécues en classe.

Histoires d'animaux

UNITÉ 2

Le magasin de Justin

Comme tous les matins, Justin part au magasin.
Il marche avec entrain, c'est un lundi matin qui commence bien.

Monsieur Lièvre entre le premier : « Un kilo de farine, s'il vous plait. »
Tout juste servi, monsieur Lièvre quitte le magasin.
Justin est un peu contrarié, mais il continue de travailler.

Madame Marmotte arrive toute guillerette :
« Un kilo de sucre, s'il vous plait. »
À peine servie, madame Marmotte quitte le magasin.
Justin est déçu, mais il range les laitues.

Monsieur Hibou franchit le seuil de la porte :
« Six œufs frais, s'il vous plait. »
Sitôt servi, monsieur Hibou quitte le magasin.
Justin, l'air morose, dispose quelques bouquets de roses.

Madame Tortue entre et réclame : « 250 g de beurre, s'il vous plait. »
Une fois servie, madame Tortue quitte le magasin.
Justin, chagriné, range des paquets de sablés.

- Où se passe cette histoire ?
- Qui est Justin ?
- À ton avis, pourquoi Justin est-il content au début de l'histoire ?

Mémo des mots : p. 10 ; 22

Monsieur Hérisson arrive et commande :
« Deux yaourts natures, s'il vous plait. »
Dès qu'il est servi, monsieur Hérisson quitte le magasin.
Justin, attristé, commence à nettoyer.

Madame Hirondelle se précipite et demande :
« Un sachet de levure, s'il vous plait. »
À présent servie, madame Hirondelle quitte le magasin.
Justin, fort irrité, n'a pas eu le temps de discuter.

Monsieur Crapaud surgit dans le magasin :
« Un citron, s'il vous plait. »
Aussitôt servi, monsieur Crapaud quitte le magasin.
À la fin de la journée, Justin, excédé, se prépare à fermer.
C'est sans aucun doute la pire des journées de l'année !

Mais, à la fontaine, tout près du magasin,
ses amis sont réunis et chantent en chœur :
« Joyeux anniversaire ! »
Justin est gâté, ils lui ont préparé son gâteau préféré !

- À ton avis, pourquoi Justin est-il triste ?
- Que font les animaux avec tous les aliments achetés ?
- Et toi, quand fêtes-tu ton anniversaire ?

à la MAISON Lorsque les textes comportent des dialogues, vous pouvez les jouer avec votre enfant en les mettant en scène, en lisant ou non le texte.

Le lièvre et le hérisson

Par un beau matin d'automne, le hérisson s'en alla se promener dans les champs.
En chemin, il croisa le lièvre qui ne daigna pas le saluer.
Trop curieux cependant, il lui demanda :
– Que fais-tu dans le champ de si bon matin ?
– Je me promène, répondit le hérisson.
– Tu te promènes ? ricana le lièvre, avec de telles jambes ?

Le hérisson, fort irrité par la moquerie du lièvre sur ses courtes pattes, répondit :
– Penses-tu que tu fais mieux que moi avec tes jambes ?
– Bien sûr que oui ! se vanta le lièvre.
– Eh bien ! dit le hérisson, nous allons voir si tu parviens à me doubler à la course !

Le lièvre, tellement sûr de lui, paria une galette et une pièce d'or qu'il gagnerait la course sans difficulté.
– Retrouvons-nous après le déjeuner, à l'entrée du champ, suggéra le hérisson.

- Où et quand se passe cette histoire ?
- Qui sont les personnages ?
- Que parient-ils ?

Mémo des mots : p. 10

à la MAISON Les textes se développent sur plusieurs épisodes. Afin de ne pas dénaturer le travail qui sera réalisé en classe, il est important de ne pas les lire à l'avance.

Le hérisson avait une idée. De retour chez lui, il raconta l'histoire à sa femme et lui dit :
– Comme tu me ressembles beaucoup, tu vas venir avec moi et tu te placeras à l'arrivée de la course.
Quand tu verras le lièvre, tu lui feras signe et tu lui crieras : « Je suis déjà là ! »

Après le déjeuner, le hérisson et le lièvre se retrouvèrent sur la ligne de départ, pendant que la femme du hérisson se plaçait tout près de la ligne d'arrivée.
Au top départ, le lièvre démarra à toute vitesse. Le hérisson, lui, ne fit que quelques pas avant de se cacher dans un sillon.

Arrivé à l'autre bout du champ, le lièvre vit la femme du hérisson, qui ressemblait en tout point à son mari. Il n'en crut pas ses yeux et accéléra tant qu'il put, mais il ne parvint pas à franchir la ligne d'arrivée avant elle.

- Qui va aider le hérisson ?
- Explique la ruse mise au point par le hérisson.

Le lièvre, hors de lui, voulut refaire la course.
Il parcourut la piste trente-cinq fois, dans un sens puis dans l'autre, mais le hérisson gagnait toujours !
Chaque fois qu'il arrivait d'un côté ou de l'autre du champ, le hérisson ou sa femme lui criaient : « Je suis déjà là ! »

À la trente-sixième fois, le lièvre s'écroula sur la piste.
Il n'était plus en mesure de faire le moindre pas.
Le hérisson, aidé par sa femme, gagna pièce et galette et, depuis ce jour-là, plus aucun lièvre ne défia un hérisson à la course.

- Qui gagne la course ?
- Pourquoi le lièvre veut-il refaire la course ? Qu'en penses-tu ?
- Qu'arrive-t-il au lièvre à la fin de l'histoire ?

Mémo des mots : p. 10

Vivants ou non vivants ?

Comment reconnait-on un être vivant ?

Dans la nature, on trouve des êtres vivants et des êtres non vivants. Les êtres vivants se nourrissent, respirent, grandissent, se reproduisent, vieillissent et meurent.

Les animaux sont-ils des êtres vivants ?

Les animaux sont des êtres vivants ; par exemple, le lièvre se nourrit, respire, grandit, se reproduit, vieillit et meurt.

Et les arbres ?

On pourrait se demander si les arbres sont des êtres vivants. Observe le cycle de vie de l'arbre.

Alors, à ton avis, est-ce un être vivant ?

- Quel est ce type de texte ?
- Comment reconnait-on un être vivant ?
- À ton avis, est-ce qu'une graine est un être vivant ? Pourquoi ?

à la MAISON

Afin de donner le gout de lire à votre enfant, il ne faut pas hésiter à lui proposer des textes variés comme des albums, des romans, mais aussi des documentaires ou des bandes dessinées.

Mais quel est le titre de cet album ?

- Quel est le type de livre dans lequel on trouve cette histoire ?
- Où s'installe l'éléphant pour dormir ?
- Quel est son jeu favori ?

à la MAISON Rappel : afin de ne pas dénaturer le travail qui sera réalisé en classe, il est important de ne pas lire les textes du manuel de lecture à l'avance.

Chat ou éléphant ?

Mon chat est très gros,
très gentil et très très bête.

Quand mon chat ne mange pas,
il dort.
Quand il ne dort pas, il mange.
Quand il ne mange pas, il dort.

- De qui parle l'auteur : d'un chat ou d'un éléphant ?
- À ton avis, pourquoi se trompe-t-il ?

Mémo des mots : p. 11

à la MAISON À partir de maintenant, votre enfant est capable de lire les mots en noir. Vous pouvez donc lire le texte avec lui. Une fois que vous avez lu une phrase ensemble, n'hésitez pas à la relire à haute voix en pointant ce qui est lu, sous le regard de votre enfant.

Mon chat le plus bête du monde

Quand mon chat dort sur le canapé, je dois prévenir les invités qu'il ne s'agit pas d'un coussin. Mais la plupart du temps, mon chat se passe très bien du canapé.

Si je ne lui verse pas ses croquettes dans sa gamelle, mon chat peut se laisser mourir de faim devant une boite ouverte.

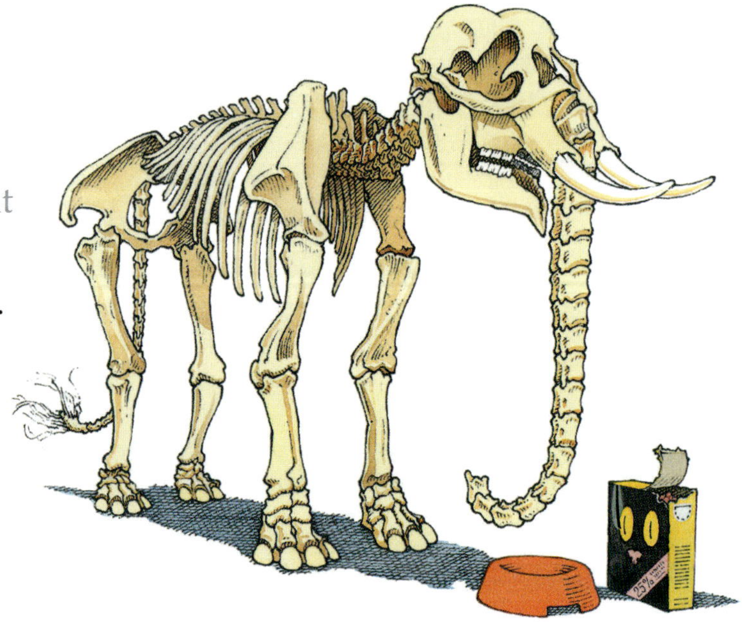

- Où aiment dormir les chats ?
- À ton avis, pourquoi se laisse-t-il mourir de faim devant une boite ouverte ?

à la MAISON Demander à votre enfant de vous raconter l'histoire l'oblige à réinvestir le vocabulaire étudié. Il approfondit aussi sa compréhension du texte. Il structure ainsi sa pensée et partage les activités vécues en classe.

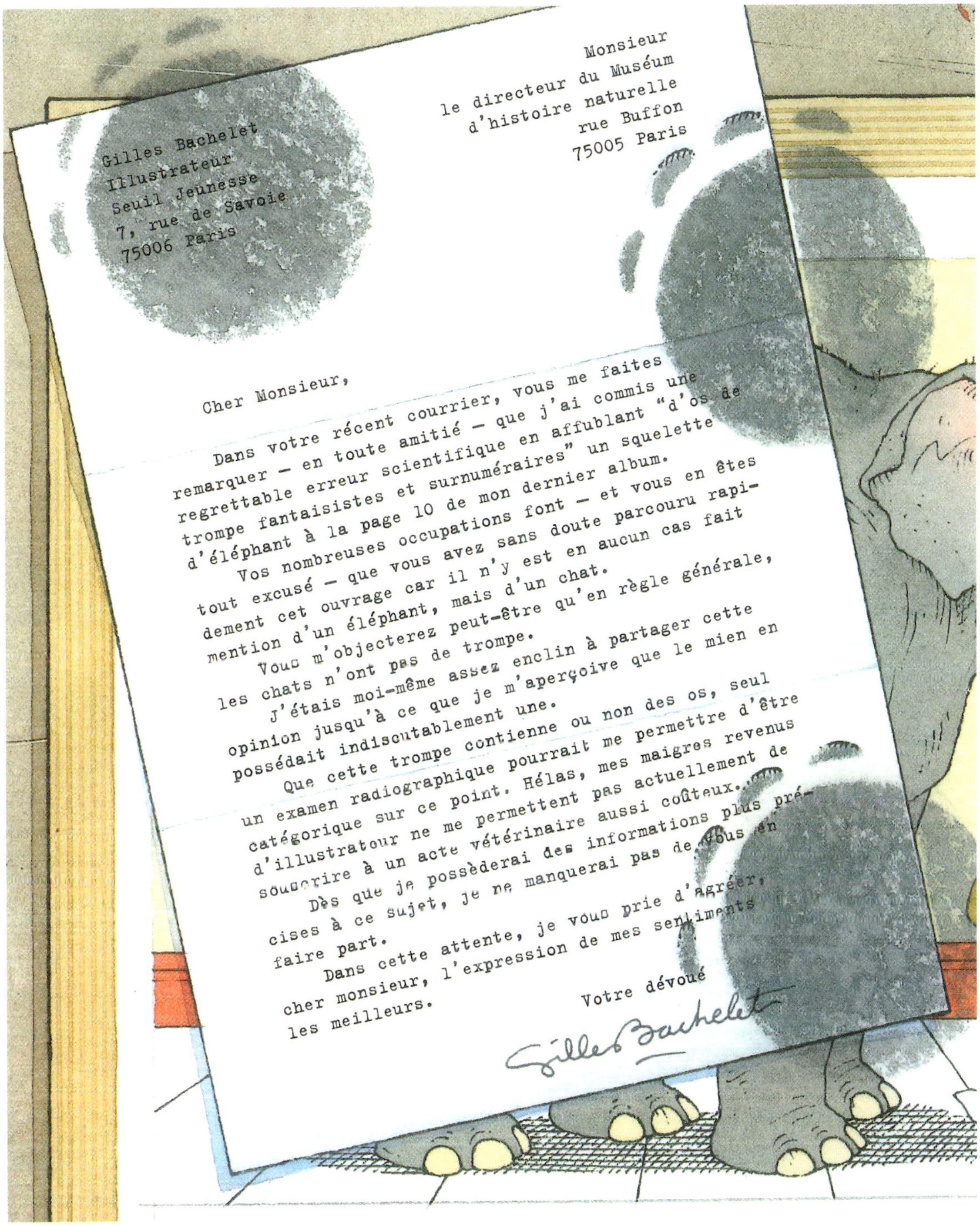

Gilles Bachelet
Illustrateur
Seuil Jeunesse
7, rue de Savoie
75006 Paris

Monsieur
le directeur du Muséum
d'histoire naturelle
rue Buffon
75005 Paris

Cher Monsieur,

Dans votre récent courrier, vous me faites remarquer – en toute amitié – que j'ai commis une regrettable erreur scientifique en affublant "d'os de trompe fantaisistes et surnuméraires" un squelette d'éléphant à la page 10 de mon dernier album.

Vos nombreuses occupations font – et vous en êtes tout excusé – que vous avez sans doute parcouru rapidement cet ouvrage car il n'y est en aucun cas fait mention d'un éléphant, mais d'un chat.

Vous m'objecterez peut-être qu'en règle générale, les chats n'ont pas de trompe.

J'étais moi-même assez enclin à partager cette opinion jusqu'à ce que je m'aperçoive que le mien en possédait indiscutablement une.

Que cette trompe contienne ou non des os, seul un examen radiographique pourrait me permettre d'être catégorique sur ce point. Hélas, mes maigres revenus d'illustrateur ne me permettent pas actuellement de souscrire à un acte vétérinaire aussi coûteux.

Dès que je possèderai des informations plus précises à ce sujet, je ne manquerai pas de vous en faire part.

Dans cette attente, je vous prie d'agréer, cher monsieur, l'expression de mes sentiments les meilleurs.

Votre dévoué

Gilles Bachelet

- Comment appelle-t-on ce texte ?
- Qui l'a écrit ?
- À qui est-il destiné ?

▲ Mon chat pense toujours qu'il fait caca à la verticale de son cerveau. À part ça, mon chat est propre. Très propre. Vraiment très propre. D'une propreté presque excessive, qui frise parfois la coquetterie.

▲ Ayant toujours vécu dans un appartement impeccable, mon chat n'a jamais vu de souris.
C'est dommage, il semble beaucoup aimer les animaux.

- Et s'il faisait vraiment caca à la verticale de son cerveau, que se passerait-il ?
- Explique pourquoi ces illustrations sont drôles.

Mémo des mots : p. 11

▲ Il parait que les chats retombent
toujours sur leurs pattes.
Le mien non.

▲ J'ai peint de nombreux portraits
de mon chat. Je n'ai jamais réussi
à en vendre un seul.
Peut-être aurais-je dû choisir
un chat avec un pelage plus gai.

▲ Un ami m'a offert récemment
un ouvrage sur les chats…
je ne suis pas arrivé à déterminer
exactement à quelle race
appartient le mien.

Mon chat le plus bête du monde, Gilles Bachelet

- Maintenant que tu as lu toute l'histoire, explique le titre de cet album.
- Est-ce que cette histoire t'a plu ? Pourquoi ?

Le lièvre et la tortue

d'après la fable de Jean de La Fontaine.

Rien ne sert de courir, il faut partir à point.
L'histoire du lièvre et de la tortue en est un bel exemple.

La tortue invite le lièvre à faire la course :
— On parie que j'arriverai la première ? lui dit-elle.
— La première ! Vous rêvez ? se moque le lièvre
aux pattes rapides. Vous avez perdu la tête, chère amie ?
— Pas du tout ! répond la tortue, je maintiens mon pari.

Cette course est un jeu d'enfant pour l'animal aux pattes agiles. Le lièvre, trop sûr de lui, laisse la tortue partir.
Elle se lance, s'étire, s'accroche…
Pendant ce temps, le lièvre s'allonge dans un pré,
de tout son long, en mâchouillant un brin d'herbe :
— J'ai tout mon temps !

La tortue s'agite, se précipite, se surpasse…
Le lièvre écoute les oiseaux et somnole, quand soudain,
il aperçoit la tortue s'approcher de la ligne d'arrivée.
Il s'élance, accélère, s'échauffe, mais ses efforts sont vains :
la tortue arrive la première.
— Eh bien ? lui dit-elle, n'avais-je pas raison ?
« Rapide » avez-vous dit ?
Et si vous portiez une maison ?

- Que parient le lièvre et la tortue ?
- Qui gagne la course ?
- Quelle est la morale de cette fable ?

Mémo des mots : p. 10

À la ville

UNITÉ 3

À la ville ou à la campagne ?

- Nomme tout ce que tu reconnais sur ces photos.
- Quelle(s) photo(s) ressemble(nt) à ton lieu de vie ?

Mémo des mots : p. 14-15

à la MAISON Lors de vos déplacements, vous pouvez faire repérer les différents éléments caractéristiques de la ville ou de la campagne, et les comparer à l'environnement de votre enfant.

L'arbre

Perdu au milieu de la ville,
L'arbre tout seul, à quoi sert-il ?

Les parkings, c'est pour stationner,
Les camions pour embouteiller,
Les motos pour pétarader,
Les vélos pour se faufiler.

L'arbre tout seul, à quoi sert-il ?

Les télés, c'est pour regarder,
Les transistors pour écouter,
Les murs pour la publicité,
Les magasins pour acheter.

L'arbre tout seul, à quoi sert-il ?

Les maisons, c'est pour habiter,
Les bétons pour embétonner,
Les néons pour illuminer,
Les feux rouges pour traverser.

L'arbre tout seul, à quoi sert-il ?

Les ascenseurs, c'est pour grimper,
Les présidents pour présider,
Les monstres pour se dépêcher,
Les mercredis pour s'amuser.

L'arbre tout seul, à quoi sert-il ?

Il suffit de le demander à l'oiseau
qui chante à la cime.

Jacques Charpentreau

- Comment nomme-t-on ce type de texte ?
- Retrouve les parties du texte qui se répètent.

Mémo des mots : p. 14-15

à la MAISON

Rappel : pour mémoriser une poésie, on peut s'appuyer sur les différents modèles d'apprentissage : auditif (par exemple, en répétant à voix haute), visuel (en utilisant des images, des schémas, le dessin…) et kinesthésique (en mimant).

Le plan de Paris

l'Arc de triomphe

la tour Eiffel

le Sacré-Cœur

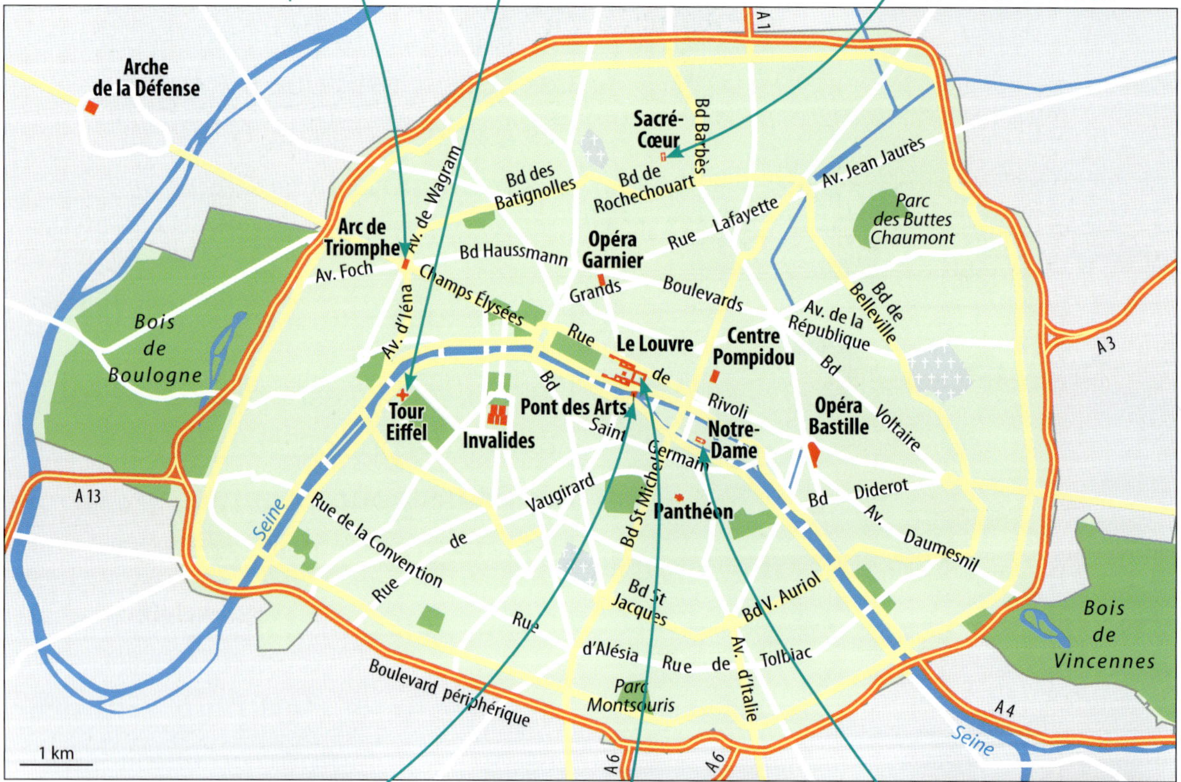

le pont des Arts

la pyramide du Louvre

la cathédrale Notre-Dame

- Nomme les différents monuments de la ville de Paris.
- Trouve le chemin pour aller de la tour Eiffel au Sacré-Cœur en passant par l'Arc de triomphe.

à la MAISON Avec l'usage des GPS, nous utilisons beaucoup moins les plans et cartes dans la vie quotidienne, bien que leur lecture reste une compétence des programmes. Certaines occasions sont un prétexte pour les utiliser avec votre enfant : plan pour se déplacer dans une ville inconnue, utilisation de la carte de France pour partir en voyage, usage d'applications de calcul d'itinéraires…

Incroyable tour Eiffel !

La tour Eiffel est l'un des principaux monuments de Paris.

Gustave Eiffel a imaginé et construit cette tour originale pour l'exposition universelle de 1889.

Sa construction a duré un peu plus de 2 ans. Haute de 324 mètres, elle comporte trois étages et une antenne à son sommet. Elle est surnommée « la Dame de fer ».

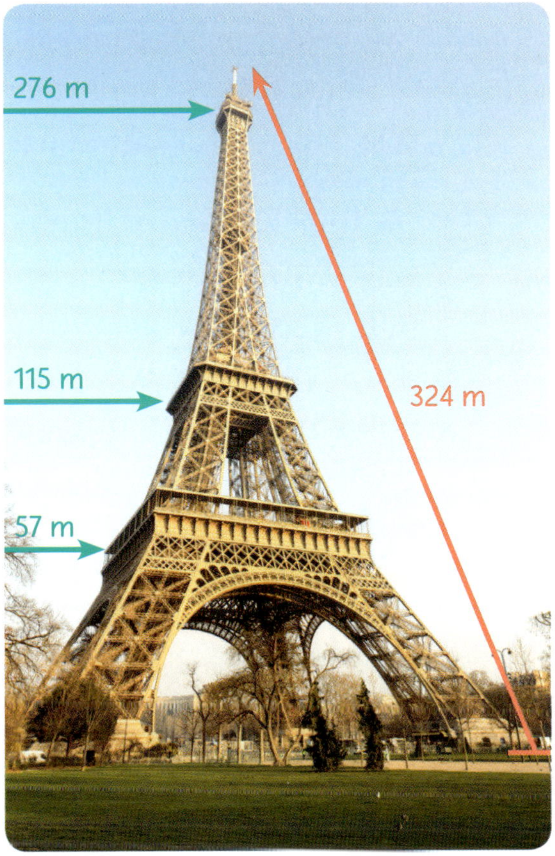

La tour Eiffel en chiffres

Gustave Eiffel (1832-1923)

Pour monter au deuxième étage, on peut soit emprunter un ascenseur vitré, soit monter 704 marches.

Depuis 2014, au premier étage, un plancher transparent donne la sensation de marcher au-dessus du vide.

- Quel est ce type de texte ?
- Qui est la personne photographiée ?
- Comment peux-tu te rendre au deuxième étage de la tour Eiffel ?

à la MAISON

Toutes les lectures sont à encourager pour donner le gout de lire à votre enfant : documentaire, BD, mangas, romans, albums, journaux, magazines mais chacune nécessite un apprentissage spécifique que l'école lui apportera.

Emma à New York

▲ Emma vit à New York avec ses parents, Monsieur et Madame Moineau. Ils habitent à Central Park, le plus grand jardin de la ville. De leur nid, ils ont une très jolie vue sur le lac.

▲ Tous les matins, Emma part à l'aventure. Sac au dos, elle explore chaque recoin du parc. Les après-midis, elle mange des glaces, fait des confitures de vers de terre ou se promène avec Caroline la Tortue. Mais ce qu'Emma aime par-dessus tout, c'est naviguer sur le lac avec son ami Duckyduck.

▲ Cette année, Duckyduck va faire sa première migration. À l'idée de ce voyage vers les pays chauds, il ne tient plus en place.

– Ça y est ! Je vais enfin voir la mer !

– Pffff… Moi aussi, j'aimerais bien voyager, soupire Emma.

Son ami parti, Emma s'ennuie.

▲ Pour lui changer les idées, Madame Moineau l'envoie chez son oncle Bob avec un pot de confiture. Depuis qu'il est à la retraite, oncle Bob fait des recherches sur l'histoire de toute la famille Moineau. Il raconte à Emma comment ses grands-parents ont traversé l'océan Atlantique, de Paris à New York. Il a même retrouvé une cousine parisienne, Mademoiselle Amélie Moineau, qui lui envoie régulièrement de jolies cartes postales.

- Qui est Emma ? Et qui sont ses amis ?
- À ton avis, comment les grands-parents d'Emma ont-ils traversé l'océan Atlantique ?

à la MAISON

Les textes se développent en plusieurs épisodes. Afin de ne pas dénaturer le travail qui sera réalisé en classe, il est important de ne pas les lire à l'avance.

Ah ! Paris… Toutes les nuits sous sa couette, Emma vole au-dessus de la tour Eiffel. Et un matin, elle prend une décision, une très grande décision…
– Aujourd'hui, je pars vraiment à l'aventure !
Je veux voir Paris, la France !

Madame Moineau verse une larme.
– Oh ma chérie… tu es encore si petite !
– Tu vas beaucoup nous manquer, dit Monsieur Moineau.
– Vous aussi, répond Emma la gorge serrée.

Emma fait son baluchon. Elle y met : du poivre pour éloigner les chats, des jumelles, un pull marin, et l'adresse de sa cousine à Paris. Sa maman rajoute de la confiture de vers de terre et un thermos de thé bien chaud.

Oncle Bob lui glisse à l'oreille :
– Va voir Old Joe sous le pont de Brooklyn, il t'aidera.
Emma embrasse très fort ses parents.
Elle promet de leur envoyer au plus vite des nouvelles et plein de cartes postales de la tour Eiffel.

- Quelle décision prend Emma ?
- Qui pourra l'aider ?

Mémo des mots : p. 8 ; 14 ; 15

★ Emma quitte Central Park
sous les flocons de neige.
C'est la première fois qu'elle
voit les immeubles et les rues
de New York d'aussi près !
Elle décide de partir à
la découverte de la ville
avant de retrouver Old Joe.

★ À Bryant Park, un joli jardin
quelques rues plus loin, Emma
fait une pause et grignote
un ver de terre.
Deux pigeons qui se promènent
par là aimeraient bien en
gouter un petit bout !
Mais Emma n'ose pas leur proposer,
elle est trop intimidée par toutes ces nouveautés.

★ Sur Broadway Avenue, les voitures et les passants
n'arrêtent pas de se croiser. La neige est devenue toute
grise et les bottes d'Emma aussi !

Pour se montrer à Old Joe sous son meilleur jour,
Emma s'arrête les nettoyer dans une flaque d'eau.

★ Puis Emma reprend sa promenade. Elle volète à droite,
à gauche, et se pose prendre un thé. Attention !
Un vilain matou veut la croquer !
Emma n'a pas le temps de sortir sa poivrière.
D'un coup d'aile, elle s'enfuit…
… et se retrouve perdue !
Un épais brouillard s'est levé. Emma ne sait plus où aller.

Mémo des mots : p. 14 à 16

à la MAISON

Demandez à votre enfant de vous raconter l'histoire. Cela l'incite à réinvestir le vocabulaire étudié, à approfondir sa compréhension du texte, à structurer sa pensée et à partager les activités vécues en classe.

Ouf ! Voilà une charmante famille de moineaux qui lui propose de boire un chocolat chaud. Emma accepte avec plaisir, le temps de réchauffer le bout de ses ailes glacées.

Réconfortée, Emma continue de voleter, tourner, sautiller. Quand elle tombe nez à nez avec un immeuble étonnant.
— On dirait une grosse part de gâteau !
Miam, Emma a soudain un petit creux.
Mais avant de faire une pause, elle doit retrouver son chemin. Alors à droite ou à gauche ?

Emma est bien décidée à ne plus s'arrêter avant d'avoir trouvé Old Joe. Mais dans le quartier de Little Italy, une musique entrainante l'arrête.
— Je reste juste cinq minutes, se dit Emma.
Et quand le soleil se couche, Emma danse encore !
— Oh, il faut que j'y aille !
Elle applaudit les musiciens et file vers le pont de Brooklyn.

- Quels sont les lieux que visite Emma à New York ?
- À ton avis, pourquoi est-elle impressionnée ?
- Fais la liste des personnages que rencontre Emma sur son chemin.
- Par quels quartiers passe-t-elle pour rejoindre Old Joe ?

Arrivée sous le pont à l'endroit où vit Old Joe, Emma a beau chercher, elle ne trouve pas sa maison. Épuisée par sa première journée d'aventure, Emma pense à son nid douillet chez ses parents, et ses yeux se remplissent de larmes. Mais un air d'accordéon lui chatouille l'oreille… Elle lève la tête… une lumière brille là-haut !

Emma pousse doucement la porte de la cabane. Et c'est Old Joe en personne qui lui propose un bol de soupe fumant !
Bien au chaud, Emma lui raconte oncle Bob, les origines parisiennes de la famille Moineau et son projet de voyage.
Old Joe réfléchit.
– Si j'ai bien compris, tu cherches un bateau ?
J'ai quelque chose à te proposer petite moinelle !
Le regard d'Emma s'illumine.
– Mais pour l'heure il est temps de se reposer, nous verrons ça demain !

Le lendemain, Old Joe emmène Emma jusqu'à son hangar.
Il soulève le rideau… Un bateau !
Emma saute de joie.
– Il est là depuis des années…
Malgré ma casquette de marin, je n'ai jamais été bien loin.
Mais si tu es d'accord pour naviguer avec un vieux rat comme moi, je suis prêt à traverser l'Atlantique !
– Oh, oui, capitaine !
Et Emma l'embrasse sur la joue.

- Qui est Old Joe ? Décris-le.
- Que propose Old Joe à Emma ?

Pendant tout l'hiver, Old Joe et Emma préparent leur voyage. Ensemble, ils réparent le bateau, font des provisions, regardent des cartes.

Quand le printemps arrive, le bateau est prêt, repeint à neuf. Emma et Old Joe embarquent paquets et valises. Ça y est, le départ est pour demain !

Pour leur dernier soir à New York, Old Joe et Emma dinent dans leur restaurant favori. Emma est un peu triste. Elle pense à sa famille et à ses amis, Caroline et Duckyduck. Ils vont lui manquer, même si elle est très impatiente de partir. Pendant qu'Emma déguste son hamburger, Old Joe rêve d'aventures… Il va enfin être capitaine d'un navire !

Le lendemain matin, au lever du soleil, leur bateau quitte New York.
– En route pour la France ! crie Emma.
– À nous les croissants, les baguettes et la tour Eiffel !

Ballotés par les vagues, Old Joe et Emma bravent l'océan en chantant et en racontant des histoires jusqu'à ce que…

Paris ! Ça y est, ils sont arrivés !
Old Joe et Emma se retrouvent émerveillés devant… la tour Eiffel.

- Combien de temps Emma et Old Joe mettent-ils pour préparer leur voyage ?
- D'où partent-ils ? Où arrivent-ils ?
- Comment traversent-ils l'océan Atlantique ?

Mémo des mots : p. 8 ; 17

New York City

Cher Papa, chère Maman,
On a réussi !
Nous sommes bien arrivés.
J'adore Paris ! Je vous écris des quais de Seine.
J'ai dégusté mon premier croissant, c'est délicieux !

J'aimerais beaucoup partager
ces moments avec vous...
Je n'ai pas encore eu le temps
d'aller voir notre cousine parisienne.
Je vous embrasse très très fort,
ainsi qu'oncle Bob !
Votre petite fille chérie
Emma

- À qui Emma envoie-t-elle cette carte postale ?
- Imagine ce qu'elle pourrait raconter d'autre sur son voyage à Paris.

Emma à New York, Claire et Étienne Frossard (texte et illustrations), © 2013 Éditions Belin.
Titre original : *Emma's Journey*, © 2010 by Enchanted Lion Books.

à la MAISON Nous avons de plus en plus tendance à envoyer des textos et des mails, mais les vacances restent l'occasion d'écrire des lettres ou des cartes postales. Incitez votre enfant à en envoyer.

Quelle vie ! (1)

Témoignage d'Édouard

« J'ai terriblement faim, alors je cherche quelque chose à manger. J'ai beau demander, râler, réclamer mais, "soi-disant", je fais trop de bruit et je dois attendre.

Enfin, rassasié et désaltéré, je fais ma toilette pendant qu'elle boit son café. Puis, j'ai envie de jouer : je saute sur le canapé, je grimpe sur les coussins, je joue avec ma balle, je me fais la plus belle des bagarres…
Mais selon elle, je fais encore trop de bruit…

Puisque c'est ainsi, je vais me défouler dehors !
Dans le jardin, je trouve un beau trésor que je rapporte fièrement à la maison, mais ce n'est pas du gout de tout le monde. Je me fais même gronder :
– Oh non ! Ce n'est pas vrai !
Tu as recommencé !
J'ai pourtant trouvé la plus appétissante des souris… Décidément, je ne comprendrai jamais ces humains !

Déçu, je repars avec ma souris dans la gueule et cours me cacher dans la cave. Mais la porte claque derrière moi.
Impossible de la rouvrir… »

- Sait-on qui est Édouard ?
- Retrouve les indices du texte qui te montrent qui est Édouard.
- Imagine comment il pourrait sortir de la cave.

Quelle vie ! (2)

Témoignage de Laure

« Je suis très malheureuse : mon chat Édouard a disparu depuis hier.

Dès le matin, il avait très faim. Il me suivait partout en miaulant, il était tout le temps dans mes jambes. Je lui ai donc donné à manger et à boire.

Mais il continuait à s'agiter. Il était très excité et n'arrêtait pas de sauter partout : sur les fauteuils, le canapé… à tel point qu'il a renversé une lampe et cassé un vase. Cela commençait à m'énerver ! Alors, j'ai ouvert la porte pour qu'il aille se défouler dans le jardin.

Il était 10 h quand il est sorti. Vers 10 h 30, il est revenu, tout sale, en laissant des traces de pattes partout derrière lui. Mais surtout il m'a rapporté une souris ! Je sais qu'il me l'a offerte de bon cœur, mais cela me dégoute tellement que je n'ai pas pu m'empêcher de le disputer. Alors il est reparti, oreilles baissées.

Depuis, plus de nouvelles !
Je l'ai appelé en secouant sa boite de croquettes.
D'habitude, gourmand comme il est,
il revient en courant, mais rien…
Je l'ai cherché dans tout le voisinage,
mais toujours rien ! Je suis très inquiète :
j'espère qu'il ne lui est rien arrivé … »

- Qui a disparu ?
- Pourquoi Laure est-elle inquiète ?
- Raconte l'histoire d'Édouard en entier.
- Imagine la fin de cette histoire.

Mémo des mots : p. 11

Princesses, princes et sorcières

UNITÉ 4

Une histoire de prince et de princesse

▲ Il était une fois, dans un pays lointain, un prince fort, intelligent et courageux. Il connaissait l'histoire de la sublime princesse prisonnière d'un dragon et d'une terrible sorcière dans le royaume de Rondor. À son dix-huitième anniversaire, le jeune homme quitta son royaume pour aller délivrer la demoiselle.

▲ Le prince traversa de nombreux pays. Chaque fois qu'il parlait de son projet, les gens tentaient de le dissuader :
– Ce royaume est protégé par un dragon terrifiant et par une sorcière redoutable… Vous ne devriez pas y aller, c'est trop dangereux !
Mais le prince répondait toujours avec la même conviction :
– Je m'en vais délivrer ma mie et je n'ai que faire de tous ces dangers.
Puis, vaillamment, il reprenait sa route.

▲ Au troisième jour, le jeune homme pénétra dans une forêt dense et sombre. Il avançait d'un pas assuré quand, tout à coup, il entendit un puissant grognement derrière lui. Un chien sauvage le fixait, poil hérissé et crocs découverts. La vilaine bête s'apprêtait à l'attaquer lorsque le prince lui jeta quelques tranches de lard qu'il avait emportées pour son déjeuner. Le monstre, affamé, se rua dessus, et pendant ce temps le prince s'enfonça plus profondément dans la forêt et poursuivit son chemin.

- Retrouve toutes les façons de nommer le prince.
- Qui le prince veut-il délivrer ?
- Que se passe-t-il le troisième jour ?

Mémo des mots : p. 20 ; 21 ; 24

▲ Le septième jour, il arriva à la porte du château du royaume de Rondor. Le monstrueux dragon gardait la porte et lui barrait le passage. Les ailes déployées, il lançait des flammes de toute part. Le prince s'approcha du monstre qui l'attaqua aussitôt avec ses énormes griffes. Le combat qui s'ensuivit fut terrible. Mais le cavalier, avec un courage admirable, finit par frapper le dragon en plein cœur avec son épée. L'animal s'effondra et le jeune homme, épuisé, pénétra dans la cour du château.

▲ Il entendit alors une voix grinçante et rauque :
– Où vas-tu jeune imprudent ?
– Délivrer la princesse, répondit-il avec assurance.
Alors une sorcière répugnante apparut :
– Ne sais-tu pas que la princesse est retenue prisonnière par la plus grande des sorcières ?
– La plus grande ? se moqua l'inconscient, mais vous n'êtes pas plus haute que...
La sorcière, hors d'elle, lui coupa la parole :
– Comment oses-tu ? Je suis la plus puissante, la plus méchante, la plus…
– La plus puissante ? l'interrompit le prince, non je ne crois pas !
– Comment ? s'écria la sorcière furieuse.

- Imagine ce qui a pu se passer entre le troisième et le septième jour.
- Contre qui se bat le prince le septième jour ?
- Comment réussit-il à le tuer ?
- Qui parle dans ce texte ?
- Joue cette scène avec un camarade.

▲ – Oui, dans mon royaume, j'ai vu une sorcière bien plus puissante ! Elle est capable de faire des choses extraordinaires.
– Quoi donc ? demanda la sorcière, soudain piquée par la curiosité.
– Elle est capable de se transformer en petit animal, en chat par exemple !
– Ha ha ha ! Mais je peux faire bien mieux ! se vanta la sorcière.

En un clin d'œil, elle se transforma en une minuscule souris. Il ne fallut que quelques secondes au prince pour capturer le rongeur et l'enfermer dans sa gourde.

▲ Rapidement, le prince rejoignit le donjon où était enfermée la princesse. Il en gravit les marches quatre à quatre et découvrit, derrière la lourde porte, une princesse dont la beauté surpassait celle de toutes les princesses qu'il avait rencontrées.

Il lui raconta son périple et, en montrant la gourde dans laquelle la sorcière était enfermée, il lui annonça qu'elle était libre désormais. Il enfouit la gourde sous terre et invita la princesse à venir vivre dans son royaume.

Depuis, personne n'entendit plus jamais parler de cette vilaine sorcière, et l'on raconte qu'il n'y eut pas de plus beau mariage que celui du prince et de la princesse.

- Que pense le prince ? Que pense la sorcière ?
- Maintenant, à ton tour, raconte l'histoire en entier !

Mémo des mots : p. 20 ; 21 ; 24

à la MAISON Désormais, vous pouvez demander à votre enfant de vous raconter cette histoire, ou de la jouer comme au théâtre.

Au temps des châteaux forts

Mariage de Philippe III et Marie de Brabant.

Chevalier au Moyen Âge (XIVe siècle).

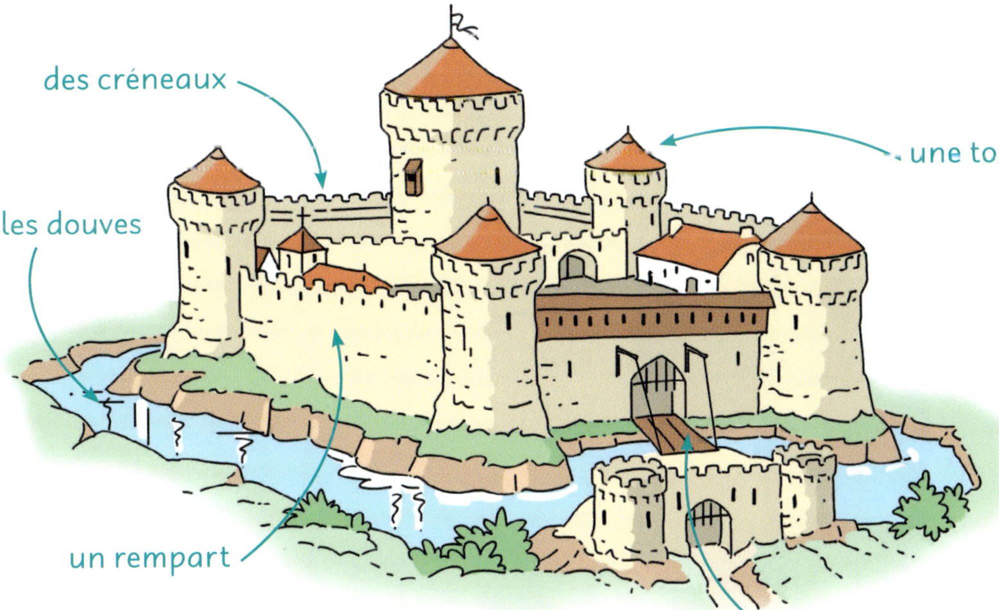

- Comment nomme-t-on les deux premières images ?
- Que représentent elles ?
- Et toi, as-tu déjà visité un château fort ?

Mémo des mots : p. 20

à la MAISON

Avant de lire l'histoire qui va suivre, il est important que l'enfant soit familiarisé avec le vocabulaire de la thématique : ici, celui de l'époque du Moyen Âge et des châteaux forts. Cette « connaissance du monde » facilitera son autonomie dans la lecture.

Péronnille la chevalière

▲ Il était une fois une petite fille.
Elle s'appelait Péronnille. C'était une petite fille très forte, très belle et très intelligente.
Elle était chevalière. C'est un mot un peu ridicule mais ça veut dire qu'elle montait à cheval et qu'elle avait une épée.
Une très grande épée.
Elle se battait contre les méchants.
C'était son travail.

▲ Un jour, elle arriva, sur son cheval, dans un très beau royaume.
Elle cherchait des méchants à pourfendre.
Mais, chose inattendue, elle tomba amoureuse du prince du royaume.
Il était en train de jouer de la mandoline sur le balcon de son palais.
Il était très occupé, comme s'il rêvait tout seul.
Qu'il était beau avec ses yeux mi-clos.

- Qui est Péronnille ?
- Quel est son travail ?
- Que cherche-t-elle ?
- Qu'arrive-t-il à Péronnille ?

Mémo des mots : p. 20-21

à la MAISON À partir de maintenant, votre enfant est capable de lire les textes en autonomie, même si certains mots ne sont que partiellement décodables (mots en gris).

« On n'épouse pas mon fils comme ça,
dit la reine (la maman, donc).
Il faut passer trois épreuves.
Et j'aime autant vous dire que jusque-là
toutes les prétendantes ont échoué. »
C'était vrai, on les voyait toutes
en vrac au pied du palais dans
les douves, en tas sous le donjon,
et jusque dans les jardinières.

« Nos prés sont ravagés par
le grand dragon bleu, dit la reine.
Débarrassez-nous-zz-en ! »
(C'était la première épreuve.)

Ni une ni deux : avec sa grande épée,
Péronnille le pourfendit.
« TRANQUILLE ! » dit Péronnille.
C'était un dragon bleu de l'espèce
des alexandrins.
À peine touché par l'épée
(qui était une épée magique),
il se fendit en douze tronçons
qui se tortillèrent et tombèrent
dans la mer. Ils formèrent des iles
qu'on nomma Alexandrines.
Mais c'est une autre histoire.

- Que doit faire Péronnille pour épouser le prince ?
- Quelle est la première épreuve ?
- Comment réussit-elle cette épreuve ?

à la MAISON

Ce texte raconte une histoire de prince et de princesse, en contrant les stéréotypes traditionnels de ce type de récit. En effet, les rôles sont inversés : Péronnille est une chevalière qui pourfend les méchants et qui tombe amoureuse d'un prince qu'elle doit mériter en traversant des épreuves…

■ « Ah bon, dit la reine à Péronnille. Je vous félicite. Mais maintenant, il faudrait voir à répondre à l'énigme des sept sages ! »
Les sept sages avaient des chapeaux pointus et de longues robes bleues, tout ce qu'il faut pour être sage.
« Qu'est-ce qui est vert, petit, qui monte et qui descend ? »
(C'était la deuxième épreuve.)
Péronnille réfléchit, et réfléchit, et réfléchit.
« Un petit pois dans un ascenseur ? »
« Parfaitement exact ! »
« FACILE ! » dit Péronnille.
« Bon bon », dit la reine.

■ Elle allait annoncer la troisième épreuve quand le roi, le papa du prince, donc, ouvrit la bouche :
J'aurais bien besoin de cette mousse à raser qu'on ne trouve qu'au pays des Barbiers.
Si vous alliez me la chercher, mademoiselle Péronnille ? »

C'était demandé si aimablement que Péronnille sauta sur son cheval et courut acheter la mousse dans un magasin du pays des Barbiers.
« AUSSITÔT DIT, AUSSITÔT FAIT ! » dit Péronnille.
(C'était la troisième épreuve.)

- Que doit faire Péronnille pour remporter la deuxième épreuve ?
- Quelle est la troisième épreuve ?
- À ton avis, que va-t-il se passer maintenant qu'elle a résolu les trois épreuves ?

« Gai, gai, marions-les ! »
cria la foule en délire.
« Vous pourriez me demander
si je suis d'accord »,
dit le prince en arrêtant
une seconde de jouer de
la mandoline.
« Ça commence à bien faire,
ces exigences », dit Péronnille.
C'est vrai, quoi, à la fin :
il ne l'avait même pas
regardée.

Finalement,
ils ne se marièrent pas.
Mais le roi avait sa mousse
à raser, l'énigme des sept
sages était résolue, et douze iles
bienheureuses avaient poussé
dans l'océan.
Ce qui n'est déjà pas si mal.

Péronnille la chevalière,
Marie Darrieussecq et Nelly Blumenthal
(texte et illustrations)

- Que veut la foule ?
- Que pense le prince ?
- Que ressent Péronnille ?

Mémo des mots : p. 20

Filles – garçons : tous égaux ?

Les filles n'aiment pas le foot !

Les garçons n'aiment pas la danse !

Les pompiers sont tous des garçons !

Du côté des émotions

Certains adultes pensent que les garçons ne doivent pas pleurer, d'autres que les filles ne doivent pas se mettre en colère. Les émotions sont les mêmes pour tous, c'est une sorte de langage universel.

Un garçon a le droit de pleurer quand il a mal ou qu'il est triste.
Ce n'est pas réservé aux filles.
On a tous des larmes dans notre corps !

Au travail

Certains métiers semblent réservés aux hommes, et d'autres aux femmes ; par exemple, il y a beaucoup plus de femmes maitresses, infirmières ou nourrices et d'hommes pompiers, chauffeurs ou policiers.
Toutefois, cela ne doit pas nous empêcher de faire le métier dont on a envie…

À la maison

Souvent, ce sont les femmes qui font le ménage et la cuisine. Pourtant, beaucoup d'hommes effectuent des tâches ménagères et préparent à manger. D'ailleurs, en restauration, les grands chefs sont aussi bien des femmes que des hommes !

Et pour le sport

J'ai commencé à jouer au rugby quand j'avais 6 ans. J'adore courir et plaquer tout le monde. Au début, tous les garçons se moquaient de moi. Personne ne me faisait la passe. Mais au dernier match, j'ai traversé tout le terrain pour marquer un essai incroyable. Depuis, ils veulent tous m'avoir dans leur équipe !

témoignage de Lola, 10 ans

- Dans quelle partie trouve-t-on le témoignage de Lola ?
- Quel est le titre du paragraphe qui parle des métiers des hommes et des femmes ?
- Où apprends-tu que les garçons et les filles ont les mêmes droits ?

Info !

Les filles et les garçons sont égaux, c'est-à-dire qu'ils ont les mêmes droits : aller à l'école, faire des études, avoir un travail, voter à 18 ans...

à la MAISON

Cette double page est l'occasion d'échanger avec votre enfant sur les rôles attribués à chacun au sein de la famille et d'ouvrir le débat sur les comportements typiquement masculins ou féminins.

Dinette dans la tractopelle

▲ Annabelle vivait dans un catalogue de jouets. Dans les pages roses. Comme toutes les poupées. Elle avait une belle chevelure blonde et quantité d'accessoires. Elle jouait à la dinette ou à la marchande avec ses amies poupées.

Elle était heureuse même si, parfois, elle rêvait de conduire une tractopelle ou de pourchasser des robots dans la jungle. Elle n'en parlait jamais aux autres poupées de peur qu'elles ne se moquent d'elle. Dans les pages roses, il y avait des poussettes, ça oui ! Mais pas de bulldozer…

▲ Grand Jim était aventurier-conducteur de tractopelles dans le même catalogue de jouets. Dans les pages bleues, celles pour les garçons. Il adorait courir après les méchants robots dans la jungle et faire des travaux avec ses copains aventuriers-conducteurs de tractopelles ou de bulldozers. Il était heureux même si, parfois, il rêvait de jouer à la dinette, avec de jolies tasses et des parts de gâteau multicolores. Il n'en parlait pas à ses copains, ils se seraient moqués de lui. Dans les pages bleues, il y avait des pistolets, ça oui ! Mais pas de service à thé…

- Qui sont Annabelle et Grand Jim ?
- Où vivent-ils ?
- De quoi rêvent-ils ?
- Pourquoi ont-ils peur que l'on se moque d'eux ?

Un jour, le catalogue où ils vivaient fut déchiré par une petite fille. Quelqu'un rafistola les pages avec du scotch et recolla la page de Grand Jim à côté de celle d'Annabelle.
Tout d'abord, Annabelle et Grand Jim se regardèrent du coin de l'œil, un peu gênés. Annabelle vit la tractopelle : elle la trouva magnifique mais n'osa rien dire. Quant à Grand Jim, il se retint de s'écrier « Trop belles les tasses à thé ! » quand il aperçut le service de dinette.

Puis Annabelle prit la parole :
– D'habitude, à cette place, c'est Cora et Pietra, les jumelles qui disent « J'aime pas la soupe ! » Pourquoi c'est toi maintenant ?
– Je ne sais pas, répondit Grand Jim, j'étais avec mes copains, on jouait et… paf ! Je me retrouve là !
– Et tu jouais à quoi avec tes copains ? demanda Annabelle.
– Oh, à des jeux de garçons ! fit Grand Jim. On poursuivait des robots, des trucs comme ça…
– Ouaouh ! s'enflamma Annabelle. Génial ! J'adorerais jouer à ça ! Au fait, moi c'est Annabelle. Et toi ?

- Quel évènement permet à Annabelle et Grand Jim de se rencontrer ?
- À ton avis, pourquoi Annabelle n'ose pas dire ce qu'elle pense de la tractopelle ?

à la MAISON

Ce texte est l'occasion d'échanger avec votre enfant sur la thématique abordée : pourquoi est-on sujet à moquerie quand on fait des choix de jeu différents de ceux attribués aux garçons et aux filles ?

Grand Jim regarda autour de lui : pas un seul garçon à dix pages à la ronde. Personne pour se moquer. Allez ! N'écoutant que son courage, il lâcha très vite :
– Je m'appelle Grand Jim ! Et si je t'invitais à boire le thé dans ma tractopelle ?
– Oh oui ! s'écria Annabelle qui trépignait d'excitation. Tu veux que j'apporte la cuisinière ?
– Ben… euh… fit Grand Jim qui en mourait d'envie, si ça te fait plaisir… On pourra faire des cookies !

Au début, ils étaient mal à l'aise. Ils essayèrent timidement de jouer un peu à la dinette, un peu à la tractopelle. Et puis, comme ils s'amusaient bien, que personne ne se moquait d'eux, ils finirent par se laisser aller. Et c'était vraiment agréable de jouer sans se poser de questions, sans avoir peur d'être ridicule. Ils s'amusaient comme des petits fous.

- Pourquoi Grand Jim a-t-il peur qu'on se moque de lui ?
- Peux-tu expliquer : « ils finirent par se laisser aller » ?
- Et toi, penses-tu que certains jouets sont destinés aux filles et d'autres aux garçons ?

à la MAISON

Cette histoire offre beaucoup de dialogues, ce qui oblige les enfants à repérer qui est l'auteur de chaque réplique pour bien comprendre le déroulement de l'histoire. Pour aider votre enfant, vous pouvez jouer l'histoire avec lui.

Cela commença à se savoir dans les autres pages… les poupées furent les premières à venir voir. Elles revinrent jouer le lendemain. Et les jours suivants. Puis certains aventuriers, deux chevaliers et un footballeur pointèrent le bout de leur nez. Comme personne ne riait des autres, ils n'avaient plus honte de jouer à des jeux de filles ou de garçons. Ils jouaient, voilà tout.

Oh, il y eut bien quelques poupées barbantes qui ne voulaient pas prêter leurs accessoires de coiffure. Elles disaient que les garçons allaient tout casser. Mais Grand Jim montra l'exemple en faisant très attention et elles virent qu'elles pouvaient lui faire confiance.

Quant à Bill, le « Musclo-bricoleur », il avait peur que les poupées ne se blessent en jouant avec son marteau-piqueur. « C'est pour les garçons costauds, ça ! » disait-il. « On n'est pas en sucre ! » ricanaient-elles. Et c'est vrai qu'elles se débrouillaient très bien. Il dut cesser de jouer le grand frère protecteur.

- Pourquoi osent-ils jouer tous ensemble ?
- Pourquoi les filles ne veulent-elles pas prêter leurs jouets aux garçons ?
- De quoi Bill a-t-il peur ?

Désormais, sur toutes les pages, jouets de filles et de garçons s'amusaient ensemble. Si bien que les pages bleues et les pages roses finirent par se mélanger pour devenir… violettes !

Depuis ce jour, il n'y a plus de pages garçons et de pages filles dans les catalogues. Juste des pages violettes avec des jouets pour tous les enfants.

Quant à Grand Jim et Annabelle, observez bien vos catalogues à la période de Noël : vous pourrez les voir, bras dessus, bras dessous.

Ce sont les amoureux des pages violettes.

Dinette dans la tractopelle,
Christos et Mélanie Grandgirard,
© Talents hauts, 2009.

- Comment se transforment les pages du catalogue ?
- Finalement, que deviennent Annabelle et Grand Jim ?

à la MAISON

Dans ce texte, on peut constater que les filles font preuve d'agilité et de force et que les garçons font preuve de délicatesse. Demandez à votre enfant à quel moment il ou elle a pu mettre en œuvre ces qualités.

Des contes dans tous les sens

UNITÉ 5

Le Petit Poucet

d'après le conte de Charles Perrault

Il était une fois un bucheron et une bucheronne qui avaient 7 enfants. Une année, la famine fut si terrible qu'ils ne pouvaient plus nourrir leurs enfants. Ils prirent la dure décision de les abandonner.

- Comment appelle-t-on ce type de texte ?
- Comment les enfants retrouvent-ils leur chemin la première fois ?
- Qui l'ogre pensait-il attaquer dans la nuit ?
- Finalement, comment se termine cette histoire ?

Mémo des mots : p. 21

Le Petit Chaperon rouge

d'après le conte de Charles Perrault

Il était une fois une petite fille aimée de tous, surtout par sa grand-mère. Celle-ci lui offrit un chaperon rouge. Il lui allait si bien qu'on finit par la surnommer le Petit Chaperon rouge.

Un jour, sa mère lui demanda de rendre visite à sa grand-mère qui était malade et qui habitait un village de l'autre côté de la forêt. Le Petit Chaperon rouge plaça une galette et un petit pot de beurre dans son panier et se mit en route.

En traversant le bois, elle rencontra le loup qui lui demanda :

– Où te rends-tu ainsi ?

– Je m'en vais visiter ma Mère-Grand et lui porter cette galette et ce petit pot de beurre.

– Et ta grand-mère, habite-t-elle loin d'ici ?

– Oh oui ! répondit le Petit Chaperon rouge, elle habite de l'autre côté de la forêt, dans la première maison du village.

– Eh bien, dit le loup, je vais la voir aussi. Prends ce chemin, je prendrai celui-ci et nous verrons qui arrivera le premier.

- À ton avis, que veut le loup ?
- À ton avis, que pense Le Petit Chaperon rouge ?
- Pourquoi le loup conseille-t-il ce chemin à la petite fille ?

à la MAISON

Il ne s'agit pas ici de découvrir l'histoire de ce conte bien connu des enfants, mais de s'interroger sur ce que pensent réellement les personnages.

Le loup s'y rendit en courant alors que le Petit Chaperon rouge prit tout son temps, cueillant quelques fleurs et ramassant quelques noisettes. Comme il l'avait prévu, le loup arriva le premier et frappa à la porte.

– Qui est là ? demanda la grand-mère.

– C'est le Petit Chaperon rouge, dit le loup en prenant la voix d'une fillette. Je vous porte une galette et un petit pot de beurre.

– Tire la chevillette et la bobinette cherra, répondit la vieille dame.

Le loup tira la chevillette et la porte s'ouvrit. Il se précipita sur la grand-mère et l'avala d'une bouchée. Ensuite, il se coucha dans son lit en attendant que le Petit Chaperon rouge arrive.

Le Petit Chaperon rouge frappa à la porte.

– Qui est là ? demanda le loup en essayant de déguiser sa voix.

Le Petit Chaperon rouge eut peur en entendant la grosse voix du loup, mais il se rassura en pensant que sa grand-mère était enrhumée. Il répondit :

– C'est le Petit Chaperon rouge. Je vous apporte une galette et un petit pot de beurre.

– Tire la chevillette et la bobinette cherra, répondit le loup en adoucissant sa voix.

- Qui arrive en premier chez la grand-mère ?
- Que devient la grand-mère ?
- Pourquoi le loup prend-il la place de la grand-mère ?

Mémo des mots : p. 21

Le Petit Chaperon rouge tira la chevillette et la porte s'ouvrit.

– Pose la galette et le petit pot de beurre et viens près de moi.

Le Petit chaperon rouge approcha et s'étonna :

– Mère-Grand que vous avez de grands bras !

– C'est pour mieux t'embrasser mon enfant.

– Mère-Grand que vous avez de grands yeux !

– C'est pour mieux te voir mon enfant.

– Mère-Grand que vous avez de grandes oreilles !

– C'est pour mieux t'entendre mon enfant.

– Ma Mère-Grand que vous avez de grandes dents !

– C'est pour mieux te manger !

Le loup se jeta sur le Petit Chaperon rouge et le mangea.

Le ventre plein, il s'endormit et se mit à ronfler bruyamment. Un chasseur qui passait par là entra dans la maison pour vérifier que tout allait bien. Il vit le ventre rond du loup et comprit qu'il avait avalé la grand-mère. Il prit de grands ciseaux pour ouvrir le ventre du loup. Le Petit Chaperon rouge en sortit et, peu après, la grand-mère aussi. Ils remplirent le ventre du loup de lourdes pierres. À son réveil, le loup qui avait grand soif se pencha sur un puits et y tomba.

Le Petit Chaperon rouge, la grand-mère et le chasseur mangèrent tous ensemble la galette et n'entendirent plus jamais parler du loup !

Mémo des mots : p. 18-19

- Retrouve les paroles du loup. Puis celles du Petit Chaperon rouge.
- Comment la grand-mère et le chaperon sont-elles sauvées ?

Bonhomme en pain d'épices

Ingrédients :
- 300 g de farine
- 100 g de sucre
- 1 sachet de levure
- 1 cuillerée à café d'épices pour pain d'épices
- 200 g de miel
- 2 œufs
- 1 verre de lait

1) Mélanger la farine, le sucre, la levure et les épices.

2) Chauffer le miel. Mélanger au reste de la préparation avec une cuillère en bois.

3) Incorporer les œufs et le lait.

4) Étaler la pâte et découper des bonhommes à l'aide d'un emporte-pièce.

5) Placer sur une plaque recouverte de papier sulfurisé et faire cuire au four 10 à 15 minutes à 180°C.

- Comment s'appelle ce type de texte ?
- De quels ustensiles a-t-on besoin pour réaliser la recette ?
- Quels sont les ingrédients ?

Mémo des mots : p. 22-23

à la MAISON

Cuisiner en lisant une recette est une situation ludique pour faire lire votre enfant.

Une soupe 100% sorcière

Il était une fois l'incroyable histoire de la soupe carottes-poireaux-pommes de terre. Sa recette est née dans le chaudron de Kroquela, du temps où elle était encore sorcière… Pourtant, elle ne figure dans aucun grimoire. Voici pourquoi…

Il commençait à faire bien froid dans la forêt. Kroquela se réjouissait d'entendre à nouveau le vent hurler et la pluie tambouriner à ses carreaux. Elle alluma un feu d'enfer, ressortit son vieux chaudron et eut envie d'un bon plat chaud. Ragout, ratatouille, soupe ?

SOUPE !

Kroquela n'aimait rien tant que ça. D'abord parce que la soupe réchauffe les mains quand on tient son bol, le nez quand on l'approche de la fumée, et le ventre quand on l'a avalée.
Et puis, parce qu'on peut faire des soupes à n'importe quoi : crapaud collant, vipère gluante, glands rabougris… Mmmm… rien que d'y penser… Kroquela sentit son estomac gargouiller.

Vite ! Elle mit de l'eau à bouillir et attrapa ses bocaux… qui étaient tous vides !

– SACRELI-GRELUCHE ! pesta Kroquela. Quelle étourdie je suis !

Que fait une sorcière affamée qui n'a plus rien à manger ? Elle file d'un coup de balai dans les potagers d'à côté.

- Qui est le personnage principal ?
- Quel est son problème ?

Mémo des mots : p. 24

C'est ainsi qu'elle atterrit dans le jardin de Mère-Grand.
Cette vieille femme ne cultivait que des carottes.
Ce sont les légumes préférés de sa petite-fille, le chaperon rouge…
Kroquela en croqua une et grimaça…
— POUHA ! Un gout sucré, une couleur gaie : voilà bien un légume de fillette !
Mais comme il n'y avait que ça, elle en prit une botte et fila.

Ensuite, elle vola jusque chez l'ogre.
Là, le potager n'était planté que de pommes de terre bien nourrissantes…
BEURK ! C'est rond, c'est doux. Il n'y a pas le moindre ver dedans, soupira Kroquela.
Mais comme il n'y avait que ça, elle s'en contenta.

Enfin, elle continua jusqu'à la maison du pauvre bucheron.
Dans son jardin, il ne restait que des poireaux.
— Enfin un légume de sorcière ! se réjouit Kroquela.
Ébouriffé et dont l'odeur pique le nez !
Elle allait tous les arracher lorsque la porte de la chaumière s'ouvrit : le bucheron et sa femme sortaient avec leurs sept enfants pour les abandonner dans la forêt.
Surprise par leur arrivée, Kroquela n'en cueillit qu'une poignée et s'envola.
— Faute de vers ou de vipères, ce sera une soupe poireaux-carottes-pommes de terre, grommela la sorcière.

- Chez quels personnages Kroquela va-t-elle ramasser les légumes ?
- De quels contes sont tirés ces personnages ?

Mémo des mots : p. 21 ; 22 ; 24

à la MAISON

Ce récit fait intervenir des personnages de contes traditionnels. C'est l'occasion de vérifier avec votre enfant s'il les identifie tous et s'il comprend toutes les références.

Une fois rentrée chez elle, Kroquela jeta les légumes dans le chaudron d'eau bouillante. Puis elle rajouta les herbes qui lui restaient : du laurus, du thymus et de l'origamus.

Bientôt s'échappa de sa cabane une fumée à l'odeur… délicieusement inconnue. L'estomac de Kroquela gargouilla encore plus fort. Ce parfum eut vite fait de traverser la forêt pour arriver - dans l'ordre - aux narines de la Mère-Grand, de l'ogre et du bucheron.
Aussi, bientôt, à la porte de Kroquela on entendit un bruit : TOC ! La sorcière mixait le contenu du chaudron.

— Bonjour Madame, je m'appelle Petit Chaperon Rouge. Je viens reprendre les carottes que vous avez volées à ma Mère-Grand.
— SACRELI-GRELUCHE ! maugréa Kroquela. Quelle petite effrontée ! Depuis quand les fillettes n'ont plus peur des sorcières ?!
Mais comme le Petit Chaperon Rouge avait parlé poliment, et peut-être aussi parce que Kroquela avait hâte de gouter sa nouvelle soupe, elle répondit :
— Tes carottes sont cuites, ma petite. Mais si tu veux, en échange je t'offre un peu de soupe !
Le Chaperon en avala un grand bol.
— Mmmm, c'est délicieux. Je…
La fillette s'interrompit : juste devant la porte passait le loup. Il se dirigeait vers la chaumière de Mère-Grand. Ni une, ni deux ! Elle saisit une des immenses louches de Kroquela et se précipita vers lui. Le loup, terrorisé, détala… poursuivi à toute allure par le Chaperon Rouge.
— Tiens, tiens ! cette nouvelle soupe est pleine de vitamines, s'étonna la sorcière.
Puis elle referma la porte et mit le couvert, lorsque…

- Retrouve tous les ingrédients de la soupe.
- Quels personnages sentent l'odeur de la soupe ?

Mémo des mots : p. 21 à 24

TOC ! TOC !

— Quoi encore, s'énerva Kroquela.

Elle ouvrit la porte et… se fit soudain toute petite : en face d'elle se tenait un ogre énorme ! Ses poches débordaient d'enfants tous mignons à croquer…

— Rends-moi mes patates, rugit-il, ou je t'ajoute à ma poêlée de garçonnets aux pommes de terre sautées !

— Cher ami, désolée… s'excusa Kroquela. J'ai transformé vos patates en une soupe excellente. D'ailleurs, si le cœur vous en dit…

L'ogre n'attendit pas la fin de la proposition. Il avala d'un trait la moitié du chaudron.

— Mmmm, c'est délicieux ! déclara-t-il, radouci. Je… BEURP ! Un rot l'interrompit :

— Oh ! Pardon, je suis vraiment rassasié. Je ne pourrais plus avaler le moindre petit mouflet…

Alors il délivra les enfants un à un – qui s'enfuirent chez eux en courant – et repartit.

— Tiens tiens ! Cette nouvelle soupe est très nourrissante, nota la sorcière.

Puis elle referma la porte et s'attabla, lorsque…

- Qui vient frapper à la porte de Kroquela ? Pourquoi ?
- Comment est la soupe ?

à la MAISON

Pourquoi ne pas préparer la soupe de Kroquela avec votre enfant ?
Ce sera l'occasion de vérifier si cette soupe a toutes les vertus que lui prête cette histoire.

TOC ! TOC ! TOC !

– C'est le bucheron, je parie, soupira Kroquela.

Elle prépara un dernier bol pour en finir au plus vite et ouvrit grand la porte.

Perdu ! Ce n'était pas lui, mais un de ses fils, le plus petit.

– Bonjour, s'inclina le garçon, je m'appelle Petit Poucet et… Kroquela l'interrompit :

– Tes poireaux sont dans ma soupe. Tiens ! Avale ça et rentre chez toi !

– POUAH ! Certainement pas ! répliqua le Poucet. Je préfère encore me faire abandonner de nuit dans la forêt plutôt que d'en manger.

Je venais juste vous demander si vous n'auriez pas aperçu de petits cailloux blancs ?

– SACRELI-GRELUCHE ! Ce minus repousserait ma soupe ?! Kroquela fut très vexée.

– Dis donc, mon petit, susurra-t-elle, sais-tu qu'on ne dit jamais « POUAH ! » avant d'avoir gouté ?

Puis elle tonitrua :

– MANGE !

— D'accord, d'accord, concéda le Petit Poucet, pas très rassuré. Mais… une seule cuillerée alors… Mmmm, c'est délicieux ! Je…

Soudain, sa voix sembla très lointaine à Kroquela : le Poucet avait grandi d'un seul coup ! Il dépassait à présent la cime des arbres de la forêt. Elle perçut juste les mots suivants : « … plus besoin de cailloux à présent… d'ici, je vois la maison des parents… »

— Tiens tiens ! Cette nouvelle soupe fait bigrement grandir, nota Kroquela.
Puis elle referma la porte et songea avec délice que, désormais, plus personne ne viendrait la déranger. Elle se rassit enfin et avala une gorgée de soupe avec gourmandise, lorsque…

- Qui vient encore frapper à la porte de Kroquela ? Pourquoi ?
- Finalement, comment est cette soupe ?

Mémo des mots : p. 22 à 24

TOC ! TOC ! TOC ! TOC !

Kroquela faillit s'étrangler : qui cela pouvait-il bien être encore ?!

Elle récapitula : carottes, pommes de terre, poireaux… Il n'y avait rien d'autre dans sa soupe… Alors, qui était-ce donc ?

La porte s'ouvrit et apparut… le Prince Charmant qui passait par là ! Dès qu'il vit Kroquela, il se précipita :

– Ma princesse, ma fée…

– HUM ! Vous faites erreur, mon cher… hoqueta Kroquela d'une petite voix (elle trouvait le Prince fort bel homme et regrettait d'avoir à avouer ça…). Je suis une sorcière. Cela ne se voit pas ?

Le Prince éclata de rire.

– Une sorcière ! Allons donc, ma mie ! Jamais je n'ai vu d'air si aimable, ni de joues aussi… appétissantes.

Sur ce, il l'embrassa…

– Ce doit être l'effet des carottes ! se réjouit Kroquela. Cette nouvelle soupe fait vraiment des merveilles !

C'est ainsi que le Prince et Kroquela vécurent heureux longtemps et eurent beaucoup d'enfants… … mais aucun, du plus petit au plus grand, n'aima la fameuse soupe de Kroquela.

SACRELI-GRELUCHE !

Une soupe 100% sorcière,
Quitterie Simon et Magali Le Huche,
© Éditions Glénat, 2017.

- Pourquoi le prince tombe-t-il amoureux de la sorcière ?
- Comment se finit l'histoire ?

Mémo des mots : p. 20 ; 22 ; 24

à la MAISON

L'année scolaire se termine et les vacances approchent. Profitez de cette période estivale pour entrainer votre enfant à lire dans les situations de la vie quotidienne, et encouragez-le à lire de petits romans adaptés à son âge.

N° de projet : 10248175 - Dépôt légal : février 2019. Achevé d'imprimer en janvier 2019, en Espagne, sur les presses de Graficas.

Calimots

Mémo des mots

CP

Auteures :
Sandrine Lenoble
enseignante, maitre formatrice

Karine Paccard
conseillère pédagogique

Adeline Pesic
conseillère pédagogique

Illustrateur :
Christophe Boncens

RETZ
editions-retz.com

Les photos sont © iStock, sauf : 7 bas d (uniforme) © ADOC-PHOTOS ; 8 m d (pays) © Fabrice Le Goff ; 9 ht d (maitre-nageur) © ADOBE STOCK PHOTO / © WavebreakMediaMicro ; 11 bas d (tomber sur ses pattes) © GETTY IMAGES France / © Auscape ; 20 bas d (un prince, une princesse) © ADOBE STOCK PHOTO / © guruXOX ; 21 m bas d (un lutin) © KHARBINE-TAPABOR ; 21 m ht d (un ogre) © BRIDGEMAN ; 22 bas g (levure) © PHANIE / © Voisin ; 24 bas d (sorcier) © GETTY IMAGES France / © Dorling Kindersley IMAGES.

ISBN : 978-2-7256-3823-2

Direction éditoriale : Sylvie Cuchin et Céline Lorcher
Édition : Adeline Guérin et Gabrielle Merizzi
Corrections : Florence Richard
Création maquette : Hélène Loirat
Mise en page : Hélène Loirat
Iconographie : Juliette Barjon

Cet ouvrage suit l'orthographe recommandée par les rectifications de 1990 et les programmes scolaires.

L'égalité entre les femmes et les hommes est notre préoccupation : ce mémo a été relu par la chargée de mission Éducation du centre Hubertine Auclert ; un compte rendu de son analyse est disponible sur le site des Éditions Retz, rubrique « Calimots ».

Sommaire

Les émotions

amoureux, amoureuse

amoureux, amoureuse

calme

calme

confus, confuse

confus, confuse

content, contente

content, contente

courageux, courageuse

courageux, courageuse

curieux, curieuse

curieux, curieuse

dégouté, dégoutée

dégouté, dégoutée

émerveillé, émerveillée

émerveillé, émerveillée

en colère

en colère

en forme

en forme

étonné, étonnée

étonné, étonnée

fatigué, fatiguée

fatigué, fatiguée

fier, fière

fier, fière

jaloux, jalouse

jaloux, jalouse

furieux, furieuse

furieux, furieuse

peureux, peureuse

peureux, peureuse

heureux, heureuse

heureux, heureuse

surpris, surprise

surpris, surprise

honteux, honteuse

honteux, honteuse

timide

timide

impatient, impatiente

impatient, impatiente

triste

triste

inquiet, inquiète

inquiet, inquiète

vaniteux, vaniteuse

vaniteux, vaniteuse

L'école

une ardoise

une ardoise

un cahier

un cahier

une classe

une classe

une cloche

une cloche

une cour de récréation

une cour de récréation

des craies

des craies

un crayon à papier

un crayon à papier

des crayons de couleur

des crayons de couleur

de l'encre

de l'encre

des feutres

des feutres

une gomme

une gomme

un livre

un livre

un maitre,
une maitresse

un maitre,
une maitresse

un stylo

un stylo

un ordinateur

un ordinateur

une table

une table

une plume

une plume

un tableau

un tableau

un plumier

un plumier

un taille-crayon

un taille-crayon

un pupitre

un pupitre

une trousse

une trousse

une règle

une règle

un uniforme

un uniforme

Les voyages

un avion

un avion

la montagne

la montagne

un bateau

un bateau

un passager,
une passagère

un passager,
une passagère

une carte

une carte

un pays

un pays

un explorateur,
une exploratrice

un explorateur,
une exploratrice

une plage

une plage

un hangar

un hangar

un rêve

un rêve

des jumelles

des jumelles

un voyage

un voyage

La piscine

un bonnet de bain

un bonnet de bain

une ceinture bouée

une ceinture bouée

de l'eau

de l'eau

éclabousser

éclabousser

des lunettes de piscine

des lunettes de piscine

un maillot de bain

un maillot de bain

un maitre-nageur

un maitre-nageur

nager

nager

une piscine / un bassin

une piscine / un bassin

sauter

sauter

une serviette

une serviette

un vestiaire

un vestiaire

Les animaux

 un chat un chat	 une hirondelle une hirondelle
 un chien un chien	 un lièvre un lièvre
 un crapaud un crapaud	 une marmotte une marmotte
 un éléphant un éléphant	 un moineau un moineau
 un hérisson un hérisson	 un serpent un serpent
 un hibou un hibou	 une tortue une tortue

Le chat

des croquettes

des croquettes

une litière

une litière

s'étirer

s'étirer

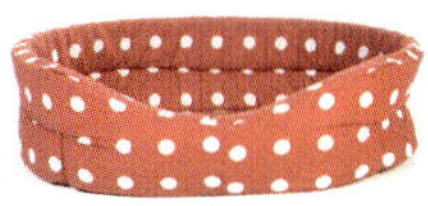

un panier

un panier

une gamelle

une gamelle

une pelote de laine

une pelote de laine

des griffes

des griffes

des poils / le pelage

des poils / le pelage

jouer

jouer

une souris

une souris

se lécher

se lécher

tomber sur ses pattes

tomber sur ses pattes

Décrire un animal

des ailes

des ailes

une mare

une mare

dans l'air

dans l'air

la mer

la mer

courir

courir

la montagne

la montagne

dans l'eau

dans l'eau

des moustaches

des moustaches

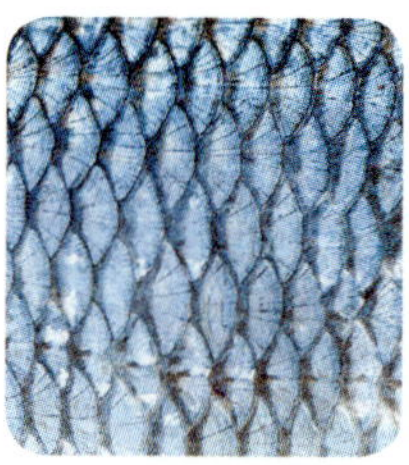

des écailles

des écailles

des nageoires

des nageoires

la forêt

la forêt

nager

nager

un nid

un nid

ramper

ramper

une patte

une patte

une rivière

une rivière

une peau nue

une peau nue

sauter

sauter

des plumes

des plumes

sous terre / un terrier

sous terre / un terrier

des poils / le pelage

des poils / le pelage

sur terre

sur terre

une queue

une queue

voler

voler

À la ville ou à la campagne ?

un autobus

un autobus

une avenue

une avenue

un centre commercial

un centre commercial

un champ

un champ

un chemin

un chemin

un cinéma

un cinéma

une épicerie

une épicerie

une ferme

une ferme

une fleur

une fleur

des fruits

des fruits

un immeuble

un immeuble

des légumes

des légumes

une mairie

une mairie

une maison

une maison

le métro

le métro

un monument

un monument

un musée

un musée

un parc

un parc

un potager

un potager

un restaurant

un restaurant

une rue

une rue

une sirène

une sirène

un taxi

un taxi

un tracteur

un tracteur

Se repérer

	à droite à droite		en bas en bas
	à gauche à gauche		en haut en haut
	à l'extérieur / dehors à l'extérieur / dehors		entre entre
	à l'intérieur / dedans à l'intérieur / dedans		près / à côté près / à côté
	devant devant		sous / dessous sous / dessous
	derrière derrière		sur / dessus sur / dessus

Naviguer

une casquette de capitaine
un pull marin
un navire
un capitaine
une carte
la mer / l'océan
embarquer
des provisions
une valise
des vagues

Se décrire

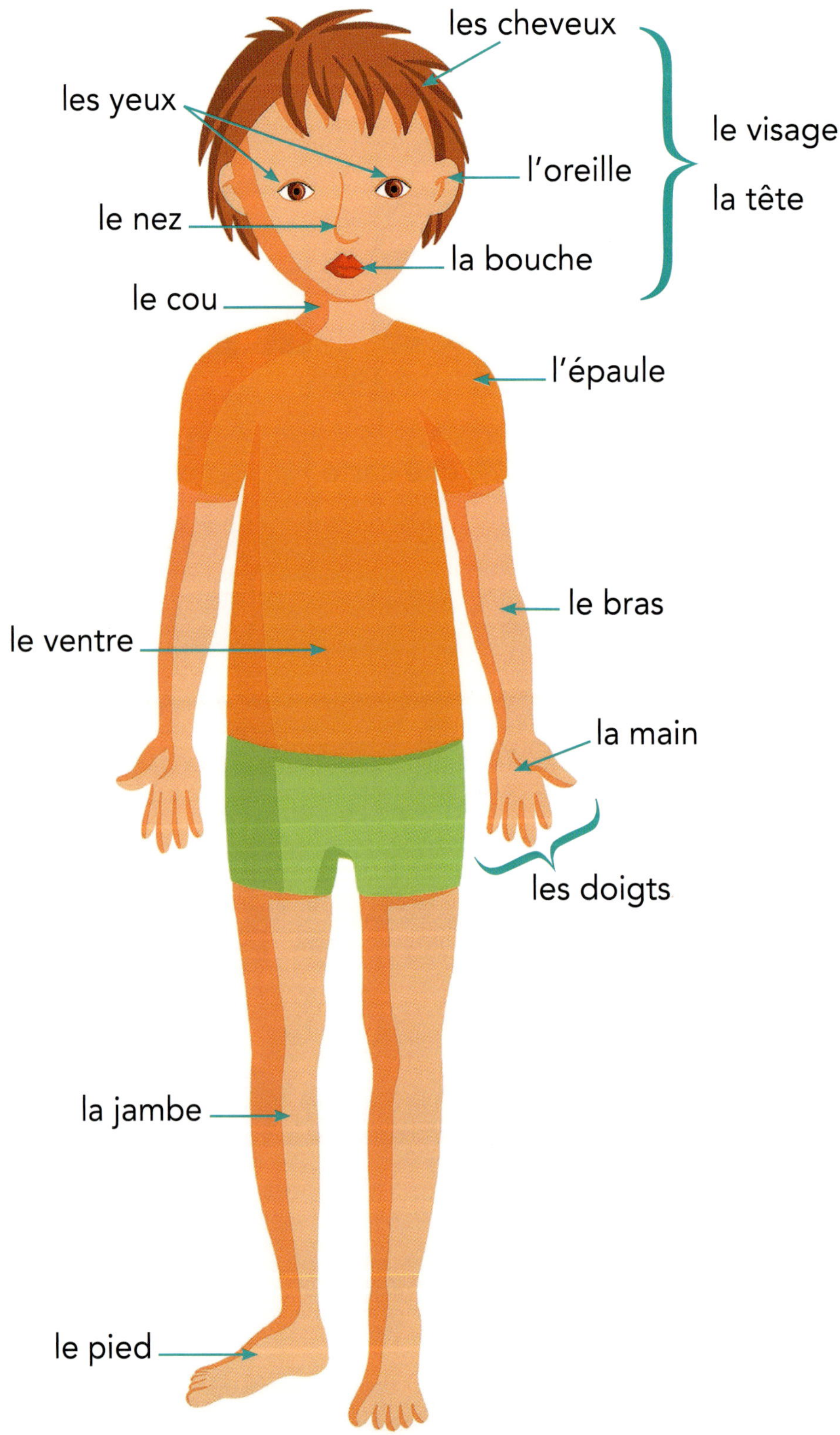
les cheveux
les yeux
le visage
la tête
l'oreille
le nez
la bouche
le cou
l'épaule
le bras
le ventre
la main
les doigts
la jambe
le pied

blond, blonde

blond, blonde

cheveux longs

cheveux longs

brun, brune

brun, brune

fort, forte

fort, forte

châtain

châtain

grand, grande

grand, grande

cheveux courts

cheveux courts

les lunettes

les lunettes

cheveux frisés

cheveux frisés

petit, petite

petit, petite

cheveux lisses

cheveux lisses

roux, rousse

roux, rousse

Au château fort

une armure

une armure

des douves

des douves

un château

un château

une épée

une épée

un chevalier

un chevalier

une mandoline

une mandoline

une couronne

une couronne

un pont-levis

un pont-levis

des créneaux

des créneaux

un prince,
une princesse

un prince,
une princesse

un donjon

un donjon

un roi, une reine

un roi, une reine

Les légendes

une baguette magique

une baguette magique

une boule de cristal

une boule de cristal

un coffre

un coffre

un dragon

un dragon

une fée

une fée

une grotte

une grotte

une licorne

une licorne

un loup

un loup

un lutin

un lutin

un ogre

un ogre

un royaume

un royaume

une sirène

une sirène

La recette : ingrédients

	du beurre du beurre		des œufs des œufs
	des carottes des carottes		des poireaux des poireaux
	de l'eau de l'eau		du poivre du poivre
	de la farine de la farine		des pommes de terre des pommes de terre
	du lait du lait		du sel du sel
	de la levure à gâteau de la levure à gâteau		du sucre du sucre

La recette : ustensiles et actions

un bol

un bol

éplucher

éplucher

bouillir

bouillir

laver

laver

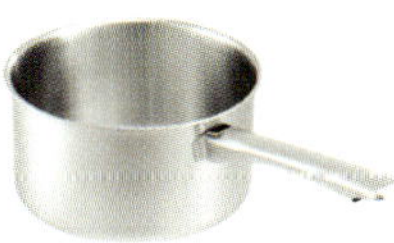

une casserole

une casserole

une louche

une louche

couper / un couteau

couper / un couteau

un mixeur / mixer

un mixeur / mixer

une cuillère

une cuillère

un saladier

un saladier

cuire

cuire

un verre doseur

un verre doseur

Sorcière et compagnie

un balai de sorcière

un balai de sorcière

une chauvesouris

une chauvesouris

de la bave de crapaud

de la bave de crapaud

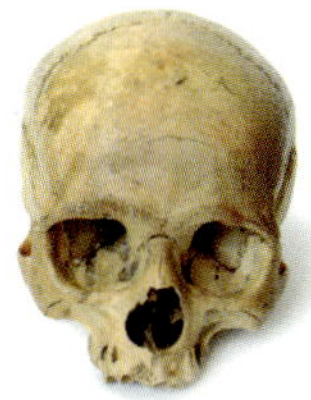

un crâne

un crâne

des bocaux

des bocaux

ébouriffé

ébouriffé

un chapeau

un chapeau

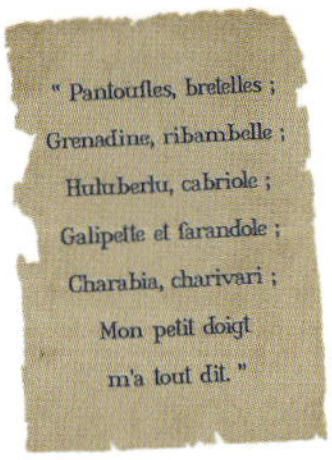

une formule magique

une formule magique

un chaudron

un chaudron

un grimoire

un grimoire

une chaumière

une chaumière

un sorcier, une sorcière

un sorcier, une sorcière

N° de projet : 10253288 - Dépôt légal : février 2019.
Achevé d'imprimer en janvier 2019 sur les presses de Graficas.

Hinweis zum Text: Authentischer Comic mit Vokabelannotationen

WB: Zuordnungsübung

CD 1
3

F3

Extrait de: Boulard, 1 En mode cool, Mauricet/Erroc, Bamboo édition 2013, p. 38

la file d'attente die Warteschlange **le pôle emploi** die Agentur für Arbeit / die Arbeitsvermittlung
le chômeur / la chômeuse der/die Arbeitslose **en fin de droits** nach Ablauf des Arbeitslosengeldes
le don de voyance die hellseherische Gabe **faire flipper qn** *fam.* jdm Angst machen

F3: Einen authentischen Comic lesen und verstehen / Ideen zum offenen Ende formulieren

Hinweis zum Aufgabenapparat: Vorbereitung auf die gängigen Aufgabenformate der Oberstufe

1 Regarde la première de couverture* du roman et lis les lignes 1–5. Expose la situation: à ton avis, qui parle et où a lieu cette conversation?

* **la première de couverture** die Titelseite, das Cover

F2 **2** a Lis le texte et prends des notes sous forme de dessins ou de symboles sur les mots ou passages du texte que tu trouves importants. (▶ Méthodes, p. 128/26.1)

b Travaillez en groupe. Présente tes dessins ou tes symboles aux autres et justifie ton choix.

c Maintenant présentez vos résultats à la classe.

Hinweis zu 3: Möglichkeit der Einführung des *conditionnel présent* → Verwendung in S. 17/3a, S. 17/5b

3 a Quels sont/seraient les avantages de ce travail pour la jeune fille? Avant de répondre, relis les lignes 17 à 31.

b Explique pourquoi la fille a «l'impression d'avoir pris dix centimètres en un coup de téléphone.» (l. 30)

4 Cherche dans le texte les mots et les expressions que tu peux utiliser pour parler d'argent. Fais un associogramme. Complète-le par des mots et des expressions que tu connais déjà. (▶ Liste alphabétique, p. 188)

DIFF **5** Choisis une des activités suivantes.

a La narratrice retrouve ses copines Odile et Célia. Qu'est-ce qu'elle leur raconte? Quelles questions est-ce qu'Odile et Célia vont poser? Imaginez leur dialogue.

b Et toi, est-ce que tu as déjà (eu) un job? Qu'est-ce que tu fais (as fait)? Pourquoi est-ce que tu as choisi ce job? Quels sont les avantages? Écris un petit texte. (▶ Méthodes, p. 121/5.2, ▶ Dictionnaire)

WB: Mindmap

faire du dog-sitting

donner des cours de soutien scolaire

distribuer des journaux

réparer des vélos

laver des voitures

s'occuper de personnes âgées

faire les courses pour qn

tondre le gazon

F2: Einen Text lesen und seinen wesentlichen Inhalt in Bildern wiedergeben

So funktioniert's!

1. Finde die Namen der Bauwerke!

Jedes Bauwerk stellt sich dir vor, ohne seinen Namen zu verraten. Wenn du das aufgeschlagene Buch siehst, kannst du in der Bibel etwas über das Bauwerk herausfinden. Die Bibel verrät dir, wie das Bauwerk heißt! Wenn du keine eigene Bibel besitzt, kannst du dir vielleicht eine ausleihen.

Dieses Heft verwendet die Elberfelder Übersetzung (Edition CSV). Wenn du keine Bibel hast, findest du alle Bibelverse gesammelt auf Seite 43. In anderen deutschen Bibeln stehen teilweise andere Namen der Bauwerke. Das liegt daran, dass die Texte der Bibel sehr alt sind. Das Alte Testament wurde ursprünglich auf Hebräisch geschrieben, das Neue auf Altgriechisch. Daher können die Übersetzer nicht immer ganz genau wissen, welches Bauwerk gemeint ist.

2. Stickern und Bibelverse lernen!

Wenn du die Sticker richtig einklebst, siehst du 27 vollständige Bibelverse, die du auswendig lernen kannst. Falls du mal einen Sticker an die falsche Stelle geklebt hast, ist das nicht schlimm. Denn die Sticker lassen sich wieder ablösen und noch einmal neu aufkleben.

Psalm 61,4
Denn du bist mir eine Zuflucht gewesen,
ein starker Turm vor dem Feind.

gelernt am:

Schreibe in das runde Feld neben den Bauwerken, wann du den Bibelvers auswendig aufgesagt hast.

Gott redet zu dir – durch die Bibel!

In deinem Zuhause wohnst du mit anderen zusammen. Du hörst ihnen zu und sie reden mit dir. Auch Gott will gerne zu dir reden. Wie? Er redet heute zu uns durch die Worte der Bibel. – Deshalb ist es so wichtig, dass du in der Bibel liest!

Gott hört dir auch zu, wenn du zu ihm sprichst – obwohl du ihn nicht sehen kannst. Du kannst immer und überall zu ihm beten!

Gott kann noch viel mehr!

Und Gott kann noch viel mehr! Er – und nur er! – kann dir sogar deine Sünden wegnehmen. Sünden sind böse Dinge, die wir tun, sagen oder denken. Gott will dich einmal für immer bei sich im Himmel haben. Dafür hat er seinen Sohn Jesus als Retter auf die Erde geschickt. Jesus bringt dich zu Gott in den Himmel. Mehr darüber liest du auf den Seiten 44-45.

KLASSE VERSTECK

gelernt am:

am Tag des Unglücks.

Mmhh, wie lässt es sich am besten beschreiben? Ein festes Haus ist es nicht und ein Zelt ist es auch nicht – so ein wenig dazwischen. In der Bibel wurde es für Tiere gebaut, aber auch für Menschen. Und die Israeliten bauten jedes Jahr so eine und wohnten sieben Tage darin, wenn sie für Gott ein großes Fest feierten. Dieses Fest sollte sie an ihren Auszug aus Ägypten erinnern. Kinder bauen sie bis heute sehr gerne – am liebsten draußen im Wald aus Ästen und Zweigen. Und wenn sie damit fertig sind, können sie sich darin verstecken.

König David hat viele Liedertexte geschrieben, die in der Bibel zu finden sind. Sie heißen „die Psalmen". In Psalm 27 beschreibt David, dass Gott ihn beschützt, wenn es gefährlich wird.

Auch du brauchst keine Angst haben, wenn du zu Gott gehörst. Er ist immer bei dir und er passt auf dich auf. Bei ihm kannst du dich sozusagen immer „verstecken". Er beschutzt dich.

Welches Bauwerk ist gemeint? Es ist die

STECKBRIEF

Name	
Wie oft in der Bibel?	38-mal (und weitere 14-mal mit „Laub-" am Anfang)
Welchen Zweck hat das Bauwerk?	Unterschlupf für Tiere und Menschen
Wer baute es?	zum Beispiel Jakob für sein Vieh
Aus welchem Material?	oft aus dicken Ästen und Zweigen
Besonderheiten des Bauwerks	Die Israeliten bauten es jedes Jahr für ein großes Fest.

Lies die spannende Geschichte zu diesem Bild im Evangelium nach Markus, Kapitel 2, Verse 1 bis 12

TROCKEN UND WARM

gelernt am:

sind viele Wohnungen.

Kannst du dir denken, welches Bauwerk am häufigsten in der Bibel erwähnt wird? Nein? Dann sollst du noch ein paar Tipps haben: Meist hat es vier Wände und ein Dach, damit es drinnen trocken bleibt. Im Land Israel herrschen fast das ganze Jahr über angenehme Temperaturen. Deshalb hielten sich die Leute tagsüber meistens im Freien auf. Aber trotzdem wollten sie auch gerne für sich und ihre Familien ein schützendes Dach über dem Kopf haben.

Dazu mauerten sie Lehmziegel auf einen Steinsockel und sparten dabei Löcher für Türen und Fenster aus. Das flache Dach hatte ein Geländer und war über eine Treppe von innen oder außen zugänglich. Manchmal gab es oben ein weiteres Zimmer. Bei armen Leuten gab es drinnen oft nur einen Raum für alle und es kam vor, dass einige junge oder kranke Tiere im gleichen Raum schliefen.

Glaubst du an den Herrn Jesus und weißt, dass deine Sünden vergeben sind? Dann bist du ein Kind Gottes und Gott ist dein Vater. Du wirst einmal für immer bei ihm im Himmel wohnen. Dort ist es wunderschön, weil der Herr Jesus dort ist. Ist das nicht großartig? Dank ihm dafür!

Welches Bauwerk ist gemeint? Es ist das

STECKBRIEF

Name	
Wie oft in der Bibel?	weit über 1.500-mal (!)
Welchen Zweck hat das Bauwerk?	für Menschen (und manchmal auch Tiere) zum Essen, Wohnen und Schlafen
Wer baute es?	jeder, der es sich leisten konnte und ein festes Zuhause haben wollte
Aus welchem Material?	meistens aus Steinen oder Lehm, Holzbalken, aber auch aus anderen Baustoffen, die in der Nähe aufzutreiben waren
Besonderheiten	Das Bauwerk, das die Bibel am häufigsten erwähnt. In der Bibel ist mit dem gleichen Wort aber oft kein Bauwerk, sondern die Familie einer Person gemeint.

Bauern errichten dieses Gebäude, um darin Heu oder Getreide zu sammeln. Der Herr Jesus erzählte einmal eine Beispielgeschichte von einem reichen Mann. Der sammelte so viel Getreide ein, dass er keinen Platz mehr hatte und er beschloss, noch größere dieser Gebäude zu bauen, um noch mehr einzusammeln. Er wollte alles nur für sich selbst behalten. Leider musste er in der gleichen Nacht sterben. Jetzt hatte er seinen ganzen Reichtum umsonst aufgehäuft.

Auch heute sind viele Leute stolz auf ihren Reichtum und wollen immer mehr haben. Dabei vergessen sie aber leicht Gott. Nimm dir so früh wie möglich vor, dass dein Leben dem Herrn Jesus gehören soll. Nur er macht dein Leben wirklich reich und froh!

SAMMEL, SAMMEL, SAMMEL!

gelernt am:

werden sprossen wie Laub.

Welches Bauwerk ist gemeint? Es ist die

☐☐☐☐☐☐☐

▶ ....
▶ ....
▶ ....
▶ ....
▶ ....
▶ ....
▶ ....
▶ ....
▶ ....

Was will Gott in deinem Leben wachsen lassen? Löse das Silbenrätsel und schreibe die 9 gesuchten Wörter links auf die Linien.

-BE | -DE | -DE | -E | ENT- | FREU- |
FREUND- | FRIE- | GÜ- | -HALT- |
-KEIT | -KEIT | -KEIT | LANG- |
-LICH- | LIE- | -MUT | -MUT |
-SAM | SANFT- | -TIG- | TREU-

STECKBRIEF

Name	☐☐☐☐☐☐☐
Wie oft in der Bibel?	4-mal
Welchen Zweck hat das Bauwerk?	Aufbewahrung von Getreide
Wer baute es?	Bauern
Aus welchem Material?	wahrscheinlich meistens aus Holz (und Lehm)
Besonderheiten	Wer davon zu viele baut, vergisst leicht, dass es Gott gibt und dass jeder Mensch einmal sterben muss.

TRAMPEL, TRAMPEL, TRAMPEL!

Israel ist ein Land mit viel Sonne, in dem sich gut Weintrauben anbauen lassen. Wenn die Trauben reif sind, werden sie gepflückt und gesammelt. Um den Saft aus den Trauben zu pressen, trat man sie mit den Füßen aus. Dazu brauchte man einen Behälter mit einem Abfluss, aus dem der Traubensaft in ein Gefäß fließen konnte. Dieser Abfluss befand sich am tiefsten Punkt des Behälters.

Wie nannte man dieses Bauwerk im Weinberg, mit dem man den Saft aus den Trauben herauspresste?

Kannst du dir vorstellen, wie froh die Menschen in Israel waren, wenn sie in einem Jahr viele Trauben ernteten? Noch viel mehr freut Gott sich, wenn er sieht, dass du den Herrn Jesus liebt hast und mit ihm lebst. Dann bist du eine Freude für Gott und du wirst selbst froh mit Gott! Probier es aus!

SCHLAG DIE BIBEL AUF!
Matthäus, Kapitel 21, Vers 33

Welches Bauwerk ist gemeint? Es ist die ☐☐☐☐☐☐

© Leen Ritmeyer

gelernt am:

Wiederum will ich sagen: Freut euch!

STECKBRIEF

Name	
Wie oft in der Bibel?	20-mal
Welchen Zweck hat das Bauwerk?	Traubensaft gewinnen.
Wer baute es?	Besitzer von Weinbergen
Aus welchem Material?	Steine
Besonderheiten	Es wurde gebaut, um darin herumzutrampeln.

EIN DUNKLER RUHEPLATZ

Diese Bauwerke wurden oft aus einem felsigen Berghang herausgeschnitten. Das war vielleicht eine anstrengende Arbeit! Zuerst höhlte man dazu eine einfache Kammer mit steinernen Bänken aus. Später konnten die Arbeiter dann weitere Kammern mit Nischen hinzufügen.

Der Eingang war so niedrig, dass man sich beim Hineingehen bücken musste.

Wenn die Bauherren reich waren, ließen sie einen schweren Rollstein anfertigen, der den Eingang wie eine Art Schiebetür verschloss. Wer hinter diesem Stein lag, kam normalerweise nie wieder heraus! Aber Moment! Einmal kam doch wieder jemand heraus, weil Jesus ihn bei seinem Namen rief.

Auch der Herr Jesus wurde in solch eine ausgehöhlte Kammer gelegt, nachdem er am Kreuz gestorben war. Aber er blieb nicht darin. Er ist wieder lebendig geworden. Er hat den Tod besiegt! Deshalb kann er dich zu Gott in den Himmel bringen.

Welches Bauwerk ist gemeint? Es ist das ☐☐☐☐

STECKBRIEF

Name	☐☐☐☐
Wie oft in der Bibel?	Rund 70-mal (davon 30-mal in der Mehrzahl)
Welchen Zweck hat das Bauwerk?	gestorbene Menschen bestatten
Wer baute es?	jeder, der es gerne haben wollte und sich das leisten konnte
Aus welchem Material?	Felsgestein
Besonderheiten	Wer dieses Bauwerk „bewohnt", kommt erst dann lebendig wieder heraus, wenn Gott ihn ruft.

HEIMAT FÜR VIELE

SCHLAG DIE BIBEL AUF!
Matthäus, Kapitel 27, Vers 66

gelernt am:

die Auferstehung und das Leben, wer an mich glaubt, wird leben, auch wenn er stirbt.

Hier geht es um ein sehr großes Bauwerk. Darin gibt es viele Häuser. Dazwischen verlaufen Straßen, und das alles ist von einer Mauer umgeben. In der Mauer gibt es mindestens ein Tor, oft auch mehrere. Und Wachtürme an den Ecken der Mauer gibt es auch. Die Torwächter passen auf, wer hereinkommt und wer hinausgeht. Wenn sich Feinde nähern, werden die Tore schnell geschlossen. Sicher hast du es längst erraten, oder?

Der erste Erbauer war Kain, der seinen Bruder Abel erschlagen hatte. Und in der Bibel liest du immer wieder von ihren Erbauern.

Aber das aller-allerschönste Bauwerk von dieser Sorte beschreibt das letzte Buch der Bibel, die Offenbarung. Dort ist dieses Bauwerk aus Gold gebaut, wie aus Glas. Es hat zwölf Tore, die wie kostbare Perlen aussehen – eines schöner als das andere. Dort im Himmel wird jeder Mensch sein, der zu dem Herrn Jesus gehört, der an ihn glaubt. Wer dort wohnen darf, wird immer bei Gott bleiben – in seiner Nähe! Das wird unvorstellbar schön sein! Willst du auch dort sein?

SCHLAG DIE BIBEL AUF!
1. Mose, Kapitel 4, Vers 17

Welches Bauwerk ist gemeint? Es ist die ☐☐☐☐☐

STECKBRIEF

Name	☐☐☐☐☐
Wie oft in der Bibel?	weit über 1.200-mal (davon über 400-mal in der Mehrzahl)
Welchen Zweck hat das Bauwerk?	vielen Menschen, die beieinander leben, ein sicheres Zuhause geben
Wer baute es?	viele Menschen gemeinsam; oft kümmerten sich Könige oder andere wichtige Leute darum, dass alles vernünftig gemacht wurde. Dieses Bauwerk musste gut vor Feinden bewacht und gesichert werden
Aus welchem Material?	aus Steinen und vielen anderen Baumaterialien
Besonderheiten	Gott suchte sich eins dieser Bauwerke aus, um dort „seinen Namen wohnen zu lassen". Lies dazu Nehemia 1,9!

PLATTE AN PLATTE

Dieses „Bauwerk" ist kein Gebäude, aber es musste auch angelegt werden und war manchmal mit Steinen gepflastert. Darauf reisten die Menschen dann zu Fuß von einem Ort zum anderen. Einige Leute, die sich das leisten konnten, ritten auch auf Tieren. Später noch benutzte man Wagen mit Rädern und spannte Tiere davor. Praktisch! So bewegte man sich bequemer fort und konnte Waren einfacher transportieren.

Im Altertum waren die Babylonier, Ägypter und Perser die ersten Völker, die Erfahrungen damit sammelten. Aber erst die alten Römer bauten ein weitreichendes Verkehrsnetz und verwendeten dazu Platten aus Stein. Unter diesen Steinen gab es Schichten aus feinem und grobem Gestein, damit alles schön fest und stabil wurde. Eine Querneigung sorgte dafür, dass das Regenwasser rasch ablief.

Gibt es auch einen Weg, der zu Gott in den Himmel führt? Ja, es gibt einen. Die Bibel zeigt dir diesen einzigen Weg zu Gott: Jesus. Er ist aus dem Himmel auf die Erde gekommen, um für unsere Sünden zu sterben. Dann ist er wieder lebendig geworden (= auferstanden) und zu Gott in den Himmel zurückgekehrt. Deshalb kann nur Jesus Christus dich sicher zu Gott in den Himmel bringen.

gelernt am:

Niemand kommt zum Vater als nur durch mich.

Welches Bauwerk ist gemeint?

Es ist der ☐☐☐

oder die S☐☐☐ß☐

STECKBRIEF

Name	☐☐☐ oder ☐☐☐☐☐☐
Wie oft in der Bibel?	über 500-mal
Welchen Zweck hat das Bauwerk?	von einem Ort zum anderen gelangen – zu Fuß oder mit einem Tier oder mit einem Fahrzeug
Wer baute es?	Oft mussten Sklaven diese anstrengende Arbeit verrichten.
Aus welchem Material?	aus Steinen verschiedener Größe als Untergrund und aus Steinplatten (bei den Römern), die wie ein Puzzle aneinandergelegt wurden
Besonderheiten	Es war in der Mitte höher gebaut, damit sich keine Pfützen bildeten, sondern das Regenwasser nach außen hin ablief.

GEBAUT FÜR GOTT

gelernt am:

da wir noch Sünder waren, für uns gestorben ist.

Kennst du die Geschichte von Noah aus der Bibel? Noah baute auch das, was hier gesucht wird. Aber zuvor baute Noah noch etwas anderes: die Arche – ein riesiges Schiff. In der Arche rettete Gott Noah, seine Familie und alle Arten von Landtieren und Vögeln, als die große Flut kam. Die Flut war Gottes Strafe für die Menschen, die sehr böse waren. Hast du schon einmal etwas Böses gesagt oder getan? Dann muss Gott dich dafür bestrafen. Aber du kannst gerettet werden, wenn du an den Herrn Jesus glaubst und ihn um Vergebung deiner Sünden bittest.

Nach der großen Flut ging Noah mit den vielen Tieren und mit seiner Familie aus der Arche hinaus. Wie dankbar war Noah jetzt für seine Rettung! Um Gott zu danken, wollte er ihm Tiere als Opfer bringen. Aber um die Tiere zu opfern, musste Noah zuerst noch etwas bauen. Was war das?

SCHLAG DIE BIBEL AUF!
1. Mose, Kapitel 8, Vers 20

Welches Bauwerk ist gemeint? Es ist der

STECKBRIEF

Name	
Wie oft in der Bibel?	fast 350-mal (und über 50-mal in der Mehrzahl)
Welchen Zweck hat das Bauwerk?	Opfer (für Gott) bringen
Wer baute es?	Männer, die gerne etwas für Gott opfern wollten (im Alten Testament)
Aus welchem Material?	aus unbehauenen Steinen
Besonderheiten	Dieses Bauwerk muss heute niemand mehr bauen, weil Jesus sein Leben am Kreuz geopfert hat. Wer an den Herrn Jesus und sein Opfer glaubt, bekommt Vergebung seiner Sünden und ewiges Leben.

Fülle die Lücken aus mit:
BROT – DU – FROH – KRUG – LAMPEN – LAND – MITTE – MOSE – NAMEN – PRIESTER – REIN – RETTER – STAB – STANGEN – STEIN – VOLK – WÄNDE – WOHNT

DAS HAUS FÜR GOTT IN DER WÜSTE

Die Israeliten waren Gottes Volk. Gott hatte sie durch große Zeichen und Wunder aus der Sklaverei in Ägypten befreit. Gott hatte ihnen ein [8] [ ] [ ] [ ] versprochen, in dem sie sicher wohnen konnten, das Land Kanaan. Aber um dorthin zu kommen, mussten die Israeliten durch die große Sinai-Wüste ziehen. Zum Anführer für das Volk bestimmte Gott [ ] [2] [ ] [ ].

Gott rief Mose auf einen Berg und zeigte ihm dort den Bauplan für ein ganz besonderes Haus.

Gott sagte zu Mose: *„Die Israeliten sollen mir ein Heiligtum machen, damit ich in ihrer Mitte wohne. Ihr sollt die Wohnung so machen, wie ich sie dir zeige. Auch die Einrichtung und die Geräte in der Wohnung sollt ihr so machen, wie ich es dir zeige."*

Ein ganz besonderes Haus

Das Besondere an diesem Haus Gottes war: Die Israeliten nahmen es auf ihrer Wüstenreise ständig mit. Sie bauten es in der [ ] [ ] [3] [4] [ ] ihres riesigen Zeltlagers auf, wenn sie ein neues Lager bezogen. Und wenn sie weiterzogen, bauten sie es wieder ab, verpackten sorgfältig die heiligen Geräte und nahmen alles mit zum nächsten Lagerplatz. Es gab [ ] [ ] [13] [ ] [ ] [ ] [ ] [ ], die für den Opferdienst zuständig waren. Hilfe dabei bekamen die Priester von den Leviten. Diese Männer hatten die Aufgabe, das Heiligtum auf- und abzubauen und durch die Wüste zu tragen. Das war sicher keine leichte Arbeit. Denn jedes Teil musste zu Fuß durch die Wüste getragen werden.

Eingang

Das Heiligtum Gottes hat in der Bibel mehrere _ _ _ _ _ (18), zum Beispiel: »Stiftshütte«, »Hütte Gottes« oder »Zelt der Zusammenkunft«. Die Stiftshütte hatte **drei Bereichen:**

1 Der Vorhof

Durch einen breiten Eingang brachten die Israeliten ihre Opfergaben. Im eingezäunten Vorhof opferten die Priester für Gott auf dem **Altar aus Kupfer**. Dort stand auch das **Waschbecken aus Kupfer**. Hier mussten die Priester sich regelmäßig waschen, um _ _ _ (11) _ für Gott zu bleiben. – Heute zeigt Gott dir manchmal beim Bibellesen, dass _ (12) _ etwas mit Gott oder auch mit anderen in Ordnung bringen musst. Wenn du das tust, macht Gott dich wieder _ _ _ _ (17).

Waschbecken aus Kupfer

Altar aus Kupfer

Gott zeigte Mose auch ganz genau, wie die Kleidung der Priester aussehen sollte: Der Hohepriester trug auf beiden Schultern Edelsteine und einen **Brustschild mit zwölf Edelsteinen**. Jeder Stein erinnerte an einen der zwölf Stämme der Israeliten. Gott zeigte damit, wie sehr er sein Volk liebte. **Ebenso liebt Gott heute jeden, der zu dem Herrn Jesus gehört.**

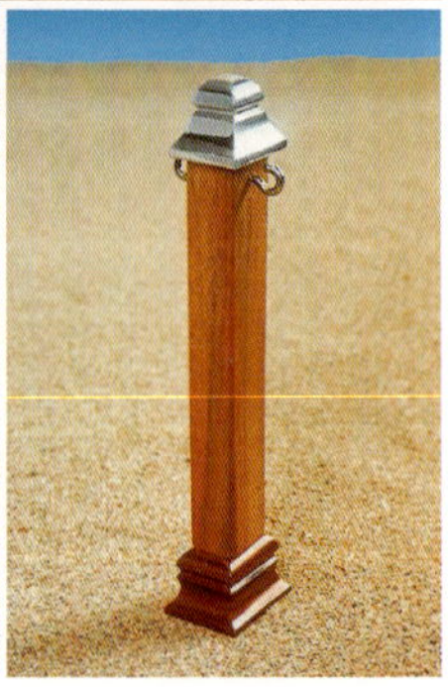

Eine **Zeltwand aus weißem Leinenstoff** umgab die Stiftshütte. Dieser Zaun aus Stoff war zweieinhalb Meter hoch und insgesamt 140 Meter lang. Er bestand aus 60 **Säulen aus Akazienholz**.

Jede Säule hatte einen Fuß aus Bronze und ihr Kopf war mit Silber überzogen. Zwischen den Säulen gab es Bindestäbe aus Silber. Mit Seilen und Pflöcken wurden die Pfosten fest im sandigen Boden verankert.

Das Innere der Stiftshütte hatte zwei Räume. Sie waren durch einen Vorhang voneinander getrennt. Die [5] [ ] [20] [ ] [ ] bestanden aus **mit Gold überzogenen Brettern auf silbernen Füßen**. Diese Bretter waren durch [ ] [ ] [ ] [ ] [ ] [10] [ ] aus Gold fest miteinander verbunden. Nach oben hatte die Stiftshütte ein dickes Zelt-Dach aus vier Materialien (von unten nach oben): feingewirkter vierfarbiger Teppich, Ziegenhaarteppich, Decke aus Widderfellen, Decke aus Seekuhfell.

Bretter mit Stangen

Dach aus vier Materialien

2 Das Heilige

Zuerst trat der Priester in das Heilige. Dort stand der **goldene Leuchter**, der **Tisch mit den Schaubroten** und der **Räucheraltar**. Hier mussten die Priester die [7] [ ] [ ] [ ] [ ] [ ] versorgen, zweimal am Tag Räucherwerk verbrennen und jede Woche frisches [ ] [14] [ ] [ ] auf den Tisch legen.

Das Heilige

3 Das Allerheiligste

Das Allerheiligste war ein einzigartiger Ort. Hier stand die **Bundeslade**. In der Bundeslade lagen die Tafeln aus [ ] [ ] [ ] [6] [ ] mit dem Gesetz Gottes, ein [ ] [ ] [ ] [1] mit Manna (dem Brot vom Himmel) und ein [ ] [ ] [ ] [9] mit Mandelblüten. Das Allerheiligste durfte nur der Hohepriester einmal im Jahr betreten: am großen Versöhnungstag. Er brachte das Blut eines Opfertiers auf den Deckel der Bundeslade, um bei Gott für das [ ] [16] [ ] [ ] um Vergebung zu bitten.

Blick in **das Allerheiligste** mit der Bundeslade

Jesus Christus sagt:
»Ich bin das Licht der Welt; wer mir nachfolgt, wird nicht in der Finsternis wandeln, sondern wird das Licht des Lebens haben.«
Evangelium nach Johannes, Kapitel 8, Vers 12

Jesus Christus macht dein Leben hell und klar!

Leuchter

Der Herr Jesus sorgt dafür, dass deine Gebete bei Gott ankommen!

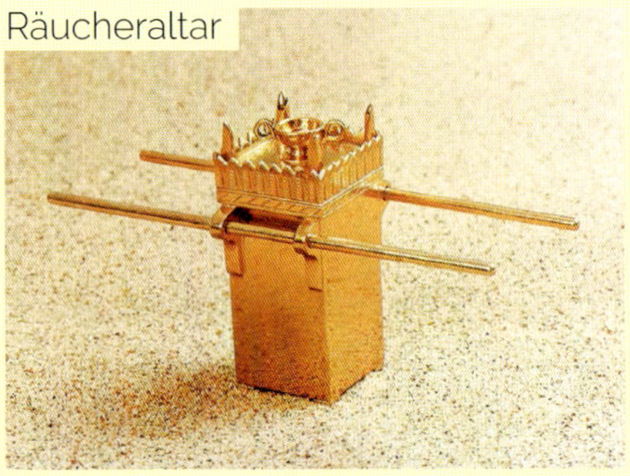
Räucheraltar

Tisch mit Schaubroten

Jesus sagt: »Ich bin das Brot des Lebens; wer zu mir kommt, wird nicht hungern, und wer an mich glaubt, wird niemals dürsten« (Johannes 6,35).

Gottes Haus zeigt viel von Gott

Wenn du durch eine Stadt fährst, siehst du viele Häuser. Jedes ist anders und verrät dir etwas über seinen Besitzer. So zeigt auch das wunderbare Haus Gottes viel über Gott.

Heute [15] [ ] [ ] [ ] [ ] Gott nicht mehr in einem Haus, das du anfassen kannst.

Das Haus Gottes heute

Nachdem der Herr Jesus am Kreuz gestorben und wieder lebendig geworden war, kehrte er zu Gott in den Himmel zurück. In der Zeit danach breitete sich der Glaube an Jesus Christus immer weiter aus. Heute wohnt Gott, der Heilige Geist, auf der Erde in einem unsichtbaren Haus aus „lebendigen Steinen". Das sind Menschen, die an Jesus als ihren [ ] [19] [ ] [ ] [ ] [ ] glauben. Alle, die zu Jesus Christus gehören, bilden heute das Haus Gottes, die Gemeinde oder Versammlung Gottes. Bist du schon ein lebendiger Stein in diesem Haus Gottes?

Die **Bundeslade** war der heiligste Gegenstand im Innersten der Stiftshütte. Sie bestand aus Akazienholz, das von außen und innen ganz mit Gold überzogen war. Auf der Lade lag ein Deckel aus Gold mit zwei goldenen Engeln (Cherubim), die mit ihren Gesichtern nach unten sahen. Der Deckel wurde auch **„Versöhnungsdeckel"** genannt.

geöffnete Bundeslade

Übertrage die nummerierten Buchstaben aus den Lücken in die Felder und du erhältst die Lösung:

1	2	3	4		5	6	7	8

9	10	11		12	13	14

15	16	17	18	19	20

In Israel regnet es meist nur im Frühling und im Herbst. Deshalb mussten die Menschen sich etwas einfallen lassen, um immer genug Wasser zu haben. Sie legten unterirdische oder abgedeckte Sammelbehälter an und fingen darin Regenwasser auf. Clever, nicht wahr? In Jerusalem hatte jedes Haus so einen Behälter. Besonders reiche Familien hatten auch mehrere.

König Salomo brachte über große Entfernungen Wasser herbei, um es in großen Behältern unter dem Tempel zu speichern. Aber nicht nur in der Stadt gab es viele, sondern auch auf dem Land. Dort legte man sie in den Feldern oder am Straßenrand an, um das Land zu bewässern.

Bis heute leben sehr viele Menschen auf der Erde, die zu wenig sauberes Wasser haben. Dir gibt Gott jeden Tag Wasser zum Trinken, zum Zähne putzen und zum Duschen. Danke ihm dafür!

SCHLAG DIE BIBEL AUF!
Jesaja, Kapitel 36, Vers 16

Welches Bauwerk ist gemeint? Es ist die

☐☐☐☐☐☐☐☐

Lies 1. Mose 37,24: Manchmal wurde Regenwasser auch nur in einer

☐☐☐☐☐

aufgefangen.

TANK FÜR DEN REGEN

gelernt am:

kommt zu den Wassern!

STECKBRIEF

Name	
Wie oft in der Bibel?	19-mal (mit ihrem langen Namen)
Welchen Zweck hat das Bauwerk?	wertvolles Regenwasser sammeln
Wer baute es?	Einfache Leute, aber auch Könige für ihre Paläste und für den Tempel in Jerusalem
Aus welchem Material?	Stein, der mit einer speziellen Mörtel-Mischung abgedichtet wurde
Besonderheit	Wenn es leer stand, wurde es manchmal wie ein Gefängnis benutzt – zum Beispiel für Joseph und für den Propheten Jeremia.

WICHTIG BEI BELAGERUNG

gelernt am:

und Licht für meinen Pfad.

Innerhalb der Stadtmauern Jerusalems gab es zu biblischer Zeit keine Wasserquelle. Das war eine gefährliche Schwachstelle, wenn Feinde die Stadt belagerten. Deshalb ließ König Salomo von der Gihon-Quelle, die auf einem östlichen Hügel lag, einen Tunnel in den Fels treiben. Dieser Tunnel endete in einem senkrechten Schacht im Innern der Stadt. Zur Zeit von König Hiskia drohte eine Belagerung Jerusalems. Deshalb ließ Hiskia diese Anlagen außerhalb der Stadt zusätzlich überbauen und zudecken.

Einige Jahrhunderte später errichtete König Herodes der Große in Israel beeindruckende Bauwerke im römischen Baustil. Er ließ zum Beispiel die Hafenstadt Cäsarea zu Ehren des römischen Kaisers Augustus bauen. Die Überreste davon sind heute noch zu besichtigen. Darunter ist auch das Bauwerk, das hier gesucht wird und das Wasser über weite Strecken bis in die Städte transportierte.

Du siehst, wie kostbar und wertvoll das Wasser für die Menschen damals war. Die guten Worte der Bibel wirken auf deine Gedanken wie reinigendes und erfrischendes Wasser. Lies deshalb regelmäßig in der Bibel. Und denke viel über das Gute nach, das Gott dir beim Lesen zeigt!

Welches Bauwerk ist gemeint? Es ist die

______ - _______

STECKBRIEF

Name	
Wie oft in der Bibel?	5-mal
Welchen Zweck hat das Bauwerk?	Transport von Wasser über weite Strecken
Wer baute es?	Könige oder Kaiser
Aus welchem Material?	aus behauenen Steinen
Besonderheit	Ohne dieses Bauwerk wären die Bewohner bestimmter Städte bei einer Belagerung verdurstet.

Das Bauwerk oben könnte ein bisschen Farbe vertragen, oder?

Aufgepasst! Er kann sehr unterschiedlich groß sein. Das hängt davon ab, was hinein kommt. Man kann ihn zum Beispiel verwenden, um Brot zu backen, um Ziegelsteine zu brennen oder um aus metallhaltigen Gesteinen (Erzen) Metalle zu gewinnen.

Einmal weigerten sich die drei Freunde Daniels, das große Standbild eines stolzen Königs anzubeten. Sie wollten nur Gott die Ehre geben. Da bestrafte der König sie damit, dass er sie in einen großen Feuer-... werfen ließ. Verbrannten sie darin? Nein, Gott bewahrte sie: Sie blieben völlig unverletzt und ihre Kleider rochen nicht einmal nach Feuer!

Du siehst: Gott hält immer ganz treu zu dir, wenn du dich auf seine Seite stellst.

Welches Bauwerk ist gemeint? Es ist der

DAS FEUER BÄNDIGEN

gelernt am:

dich zu bewahren auf allen deinen Wegen.

Probier mal aus:

Fladenbrot

Zutaten:

- 30 g Hefe
- 2 Esslöffel Olivenöl oder weiche Butter
- 1 Teelöffel Salz
- 300 g Wasser
- 500 g Vollkorn-Weizenmehl

Zubereitung:

Löse die Hefe und das Salz im Wasser auf. Gib das Öl oder die Butter dazu und verrühre.

STECKBRIEF

Name	
Wie oft in der Bibel?	18-mal
Welchen Zweck hat das Bauwerk?	Feuer nutzen, um Dinge zu erhitzen oder Nahrung zuzubereiten
Wer baute es?	Leute, die Hunger haben oder sich wärmen wollen und Könige, die ihren Untertanen Angst einjagen wollen (Daniel 3,6)
Aus welchem Material?	aus feuerfestem Material
Besonderheiten	Es kann Feuer bändigen.

NUR ETWAS FÜR UNFREI-WILLIGE

gelernt am:

und du wirst errettet werden.

Gib jetzt das Mehl dazu und knete den Teig gründlich. Bedecke ihn mit einem Tuch, stelle ihn kühl und lass ihn 15-20 Min. gehen. Den gut gegangenen Teig teilst du in vier Teile und formst diese jeweils zu Fladen. Lass die Fladen erneut 15-20 Min. gehen, bevor du sie im vorgeheizten Backofen bei 200 Grad für 20-30 Minuten backst.

Tipp: Das Fladenbrot ist ein ungesäuertes Brot. Es passt zu vielen Gerichten, besonders zu kurzgebratenem Fleisch oder Gemüseeintöpfen.

Hoffentlich musst du nie dort einziehen! Das war zur Zeit der Bibel noch viel schlimmer als heute: wenig Licht, manchmal kein Fenster und vor allem keine Tür, die du von innen öffnen kannst, wenn du erst einmal drinnen bist!

Joseph musste viele Jahr darin leben, obwohl er unschuldig war. Petrus schlief einmal, an zwei Soldaten gekettet, darin ein und wurde von einem Engel daraus befreit. Paulus und Silas sangen darin um Mitternacht Lieder für Gott. Da geschah plötzlich ein großes Erdbeben, so dass sich alle Türen öffneten. Nun hätten alle weglaufen können. Aber das taten sie nicht. Denn Gott wollte den Direktor dieses Gebäudes für die Ewigkeit retten. Dieser Direktor fragte Paulus völlig verzweifelt: „Was muss ich tun, um errettet zu werden?" Da bekam er die Antwort: „Glaube an den Herrn Jesus und du wirst errettet werden." Das gilt genauso für dich: Glaube an den Herrn Jesus und du wirst errettet werden!

Welches Bauwerk ist gemeint? Es ist das

_ _ _ Ö _ _ _ _ _

Du kannst dein Fladenbrot mit Butter essen, mit Frischkäse bestreichen oder einfach so knabbern. Vergiss nicht, Gott für diese Leckerei zu danken! Guten Appetit!

STECKBRIEF

Name	_ _ _ _ _ _ _ _ _
Wie oft in der Bibel?	über 50-mal
Welchen Zweck hat das Bauwerk?	Menschen vor Verbrechern beschützen.
Wer baute es?	Herrscher, Könige und Kaiser
Aus welchem Material?	Stein und andere stabile Materialien
Besonderheiten	Viele Bewohner würden viel lieber draußen sein, müssen aber oft sehr lange drin bleiben.

WARM UND TROCKEN

In Israel ist der Winter nicht sehr kalt. Deshalb können die meisten Tiere wie Schafe und Ziegen das ganze Jahr über draußen leben. Nur manche Nutztiere wie Rinder, Pferde oder Esel haben gerne nachts und im Winter, wenn es kalt ist, ein Dach über dem Kopf. In diesem trockenen Zuhause sind die Tiere auch sicher vor umherstreifenden Raubtieren.

Ganz ähnliche Bauwerke baute auch der weise König Salomo für seine Pferde. Von diesem König kannst du eine Menge lernen. Als junger Mann betete Salomo zu Gott um Weisheit und Gott erhörte ihn. Er schenkte Salomo nicht nur extrem viel Weisheit, sondern gab ihm noch großen Reichtum und viel Ehre dazu.

Aber als der König älter wurde, ließ er sich leider dazu verleiten, Dinge zu tun, die Gott verboten hatte. Ein König in Israel sollte nicht viele Pferde anschaffen und nicht viele Frauen heiraten. Salomo tat beides. So wurde sein Herz langsam von Gott weggezogen.

Bitte den Herrn Jesus darum, dich vor falschen Entscheidungen zu bewahren und gib ihm den ersten Platz in deinem Leben!

Welches Bauwerk ist gemeint? Es ist der _ _ _ _ _

deine Augen Gefallen haben an meinen Wegen!

STECKBRIEF

Name	
Wie oft in der Bibel?	2-mal: in 2. Chronika 32,28 und in Habakuk 3,17 (jeweils in der Mehrzahl)
Welchen Zweck hat das Bauwerk?	Unterbringung von größeren Nutztieren, die nicht im Freien bleiben sollen
Wer baute es?	König Hiskia und andere
Aus welchem Material?	Steine und andere Baustoffe
Besonderheiten	Wenn dieses Bauwerk leer steht, geht es seinen Besitzern schlecht. Lies Habakuk 3,17!

LAUFEN FÜR DEN SIEG

Die Zuschauer auf ihren Rängen feuern die Läufer an. Was für ein spannendes Rennen! Jeder Athlet gibt alles für den Sieg! Zur Zeit des Neuen Testaments fanden überall im Römischen Reich sportliche Wettkämpfe statt. Auch in Korinth – einer Stadt in Griechenland – fanden einmal im Jahr die „Isthmischen Spiele“ statt. Zu diesen Spielen strömten von weither die Zuschauer und Gäste.

Das Bauwerk, in dem die Läufer gegeneinander antraten, wird im Neuen Testament erwähnt, im Brief an die Christen in Korinth. Sie werden aufgefordert: Lauft, damit ihr den Siegespreis bekommt! Sollten die Christen damals denn wirklich bei den Wettkämpfen mitlaufen? Nein, gemeint ist etwas anderes: Wer zu dem Herrn Jesus gehört und ihm nachfolgt, muss bereit sein, sich regelmäßig dafür anzustrengen.

Manchmal kostet es zum Beispiel Mühe, die Bibel zu lesen, um Gott besser kennenzulernen. Und wer Jesus nachfolgt, braucht Mut, Einsatz und Energie – wie ein Sportler. Aber das Schöne daran ist: Jeder Einsatz für Jesus Christus wird einmal reich von ihm belohnt! Deshalb: Lauf mit vollem Einsatz hinter dem Herrn Jesus her und du wirst einmal reich dafür belohnt!

gelernt am:

wird Gutes finden.

Welches Bauwerk ist gemeint? Es ist die

☐☐☐☐☐☐☐☐

STECKBRIEF

Name	☐☐☐☐☐☐☐☐
Wie oft in der Bibel?	einmal
Welchen Zweck hat das Bauwerk?	Kräfte-Messen für die einen und Dabei-Zuschauen für die anderen
Wer baute es?	die Mächtigen und Herrscher
Aus welchem Material?	aus Steinen und anderen Materialien
Besonderheit	Das Südtor, das nahe am Bauwerk lag, ist 3 Meter und 70 Zentimeter dick!

Im Alten Testament hatten die Israeliten für den Gottesdienst zuerst die Stiftshütte in der Wüste (Seiten 12-15) und später den Tempel in Jerusalem (Seiten 30-33). Doch im Jahr 588 vor Christus zerstörte der König von Babylon den Tempel und die jüdische Bevölkerung wurde verschleppt.

Wahrscheinlich fingen die Juden in der Fremde damit an, Gebäude zu bauen, um sich dort zu versammeln und das Buch des Gesetzes vorzulesen.

Als Jesus in Israel lebte, gab es diese „Vorlese-Häuser" an vielen Orten. Ihre Überreste hat man bei Ausgrabungen gefunden. Es waren schlichte, rechteckige Gebäude. Manche hatten eine Inschrift über dem Haupteingang.

Um sie zu bauen, mussten entweder alle Bewohner einer Siedlung einen Beitrag dazugeben oder ein reicher Jude spendierte den Bau. In Kapernaum, einer Stadt am See Genezareth, hatte sogar ein römischer Offizier dieses Bauwerk für die Juden bauen lassen (das kannst du nachlesen im Evangelium nach Lukas, Kapitel 7, Vers 5).

Unten siehst du die

☐☐☐☐☐☐☐☐

von Kapernaum. Die Schriftrollen wurden in einem Ziehwagen vom Haus des Vorstehers hineingebracht. Drinnen gab es Steinbänke für die Zuhörer. In der Mitte stand der Vorleser an einem Pult und las die Worte Gottes aus einer Schriftrolle vor.

Auch der Herr Jesus ging regelmäßig dorthin. In seiner Heimatstadt Nazareth wurde ihm einmal die Schriftrolle des Propheten Jesaja gereicht und er las daraus vor. Dann erklärte der Herr Jesus den Zuhörern, dass er selbst der Retter ist, den Gott geschickt hatte. Aber das wollten die Leute nicht hören! Sie wurden so zornig auf Jesus, dass sie ihn zu ihrer Stadt hinausstießen.

Auch heute gibt es Menschen, die nicht gerne von Jesus hören. Sie wollen nicht zugeben, dass sie schuldig vor Gott sind und einen Retter brauchen. Sie wollen nicht an ihn glauben.

Dabei ist es das Wichtigste und Schönste, was es gibt, den Herrn Jesus zu kennen und mit ihm zu leben!

Welches Bauwerk ist gemeint? Es ist die ________

GEMEINSAM AUF GOTTES WORT HÖREN

Es gibt bestimmt noch mehr Häuser, Straßen und Leute in Kapernaum! Wie wär´s, wenn du unten noch ein bisschen weitermalst?

STECKBRIEF

Name	
Wie oft in der Bibel?	über 50-mal
Welchen Zweck hat das Bauwerk?	sich regelmäßig versammeln zum Hören auf das Vorlesen des Wortes Gottes
Wer baute es?	Bewohner eines Ortes, manchmal reiche Juden, selten freigebige Römer
Aus welchem Material?	Aus Steinen
Besonderheiten	Männer und Frauen waren im Inneren durch eine Trennwand getrennt.

Kannst du dem Bauern in seine Scheune helfen?

Sprüche 23,26
Gib mir, mein Sohn,
dein Herz, und lass

Psalm 91,11
Gott wird seinen
Engeln über dir
befehlen,

Johannes 14,2:
Jesus spricht: In dem
Haus meines Vaters

Sprüche 22,2
Reiche und Arme
begegnen sich:

nach 2. Korinther 8,9
Jesus Christus wurde
arm um euretwillen,

Römer 5,8
Gott aber erweist
seine Liebe zu uns
darin, dass Christus,

1. Thessalonicher 5,22
Von jeder Art

Sprüche 11,28:
Wer auf seinen
Reichtum vertraut,
der wird fallen; aber
die Gerechten

Psalm 61,4
Denn du
bist mir eine
Zuflucht gewesen,

Apostelgeschichte 17,24
Der Gott, der die
Welt und alles darin
gemacht hat, ...

Johannes 11,25
Jesus spricht: Ich bin

2. Korinther 9,7
Einen
fröhlichen Geber

Johannes 10,10
Jesus sagt: Ich bin
gekommen,

Psalm 119, 105
Dein Wort ist
Leuchte meinem Fuß

Offenbarung 22,17
Wen dürstet, der
komme; wer will,

Apostelgeschichte 7,49
Gott sagt: Der Himmel
ist mein Thron...

Offenbarung 21,3
Und Gott wird bei

Lukas 11,28
Jesus sprach: Ja, viel-
mehr glückselig die,

Philipper 4,4
Freut euch im
Herrn allezeit!

Psalm 91,2
Ich sage von
dem HERRN:

Jesaja 55,1
He, ihr Durstigen alle,

Jesaja 32,18
Und mein Volk
wird wohnen an
einer Wohnstätte
des Friedens

Psalm 27,5
Gott wird mich
bergen in seiner Hütte

Apostelgeschichte 16,31
Glaube an den
Herrn Jesus,

Johannes 14,6
Jesus sagt: Ich bin der
Weg und die Wahrheit
und das Leben.

Sprüche 16,20:
Wer auf das
Wort achtet,

Psalm 107,29.30
Gott verwandelt den
Sturm in Stille,

Diese Stadt könnte etwas Farbe vertragen, oder? Und wie wär´s, wenn du noch ein wenig Landschaft im Hintergrund dazu malst – oder vielleicht einen Hafen mit einem See in den Vordergrund?

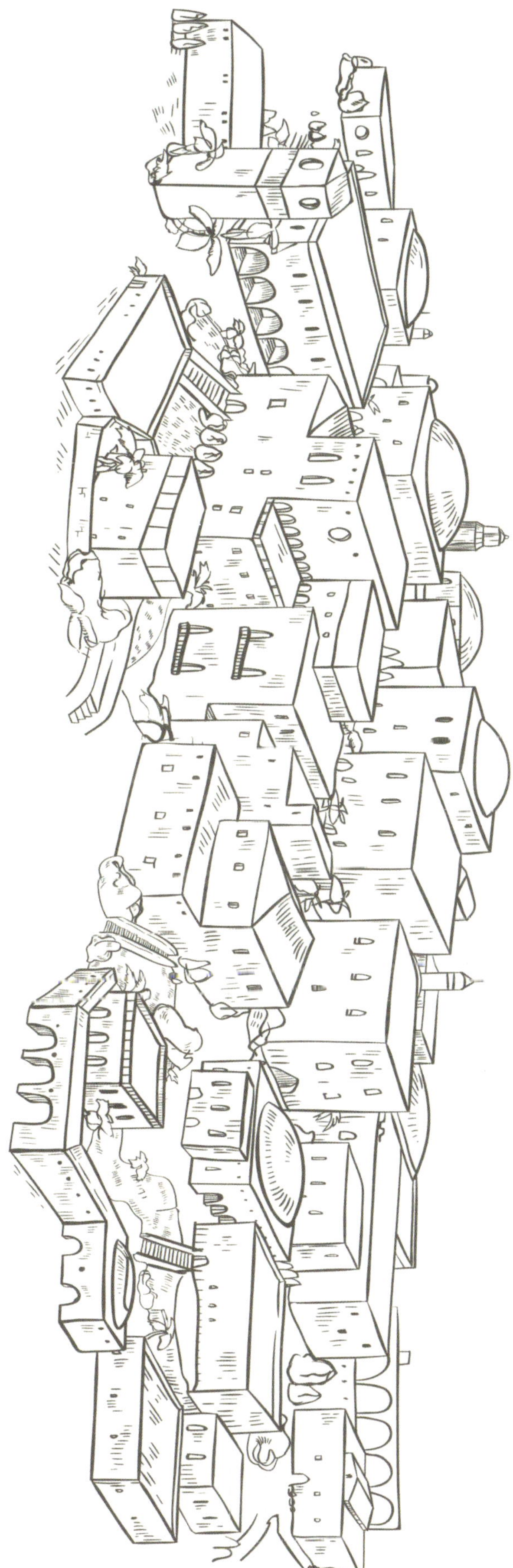

GENUG PLATZ FÜR WERTVOLLES

gelernt am:

Der HERR hat sie alle gemacht.

Hast du vielleicht eine Schachtel oder Dose, in der du Sachen aufbewahrst, die dir wertvoll sind? Jetzt stell dir vor, du wärst ein König zur Zeit der Bibel. Dann bräuchtest du bestimmt etwas größeres als eine Schachtel, weil du sehr reich wärst. So war es bei König Hiskia, der über das Königreich Juda regierte. Es war ein guter König, an dem Gott seine Freude hatte. Allerdings machte er gegen Ende seines Lebens einen großen Fehler: Er zeigte einigen fremden Besuchern alle seine Schätze. Das hätte er besser nicht tun sollen! Denn diese Fremden griffen in späteren Jahren die Stadt Jerusalem an, raubten alle Schätze und brachten sie weg nach Babylon!

Am besten befolgst du, was Jesus Christus sagt: „Sammelt euch nicht Schätze auf der Erde, ...; sammelt euch aber Schätze im Himmel" (Matthäus, Kapitel 6, Vers 19 und 20). Wie geht das? Lebe mit dem Herrn Jesus, frag ihn, was ihm wichtig ist und handle danach. Dann sammelst du Schätze im Himmel, die dir niemand mehr wegnehmen kann!

Welches Bauwerk ist gemeint? Es ist die

______-______

STECKBRIEF

Name	
Wie oft in der Bibel?	4-mal
Welchen Zweck hat das Bauwerk?	Wertvolle Gegenstände sicher aufbewahren.
Wer baute es?	Könige
Aus welchem Material?	aus Stein und anderen Materialien
Besonderheiten	Dieses Bauwerk war immer bestens bewacht.

WICHTIGER STUHL

Weißt du, wer der mächtigste und reichste König in Israel mit dem größten Verstand war? Nein? Dann schau einmal in der Bibel nach, im zweiten Buch Chronika in Kapitel 9. Es war König

☐☐☐☐☐☐. Dieser superschlaue König baute sich einmal etwas aus Elfenbein und überzog es mit Gold.

Weißt du auch, warum Salomo so viel Verstand und Weisheit, Reichtum und Macht hatte? Weil er Gott darum gebeten hatte. Salomo hatte schon als junger König gemerkt, wie wichtig gute Entscheidungen für Gott sind.

Das gilt auch für dich: Deine wichtigste Entscheidung ist, dass du den Herrn Jesus bittest, dein Retter zu werden. Dass du ihm deine Sünden bekennst und an ihn glaubst. Dann wirst du ein Kind Gottes und Gott hilft dir, gute Entscheidungen zu treffen.

Welches Bauwerk ist gemeint? Es ist der

☐☐☐☐☐

gelernt am:

Was für ein Haus wollt ihr mir bauen, spricht der Herr.

EIN HAUS FÜR

gelernt am:

wohnt nicht in Tempeln, die mit Händen gemacht sind.

STECKBRIEF

Name	☐☐☐☐☐
Wie oft in der Bibel?	Über 160-mal
Welchen Zweck hat das Bauwerk?	einen Sitzplatz bereitstellen, der zu einem König passt und auf dem der König seine Untertanen empfangen kann
Wer baute es?	die Bauleute des Königs
Aus welchem Material?	aus sehr wertvollen Materialien, wie zum Beispiel Elfenbein und Gold
Besonderheiten	Um hinzukommen, muss man einen Termin haben oder gerufen werden. Aber Gott hat immer Zeit für dich!

Das Haus Gottes in Jerusalem zur Zeit von Jesus

König Herodes hatte im Norden die **Burg Antonia** und im Süden die **Säulenhalle Salomos** erbaut. In der Burg waren römische Soldaten stationiert. Die Säulenhalle war ein Treffpunkt für die vielen Besucher.

GOTT

Nachdem Gott die Israeliten aus Ägypten befreit hatte, führte er sie durch das Rote Meer in die Wüste. Dort bauten sie nach Gottes Plan ein ganz besonderes Zelthaus für Gott. Viele Jahre später wohnte das Volk im Land Kanaan. Dort baute König Salomo ein prächtiges Haus für Gott.

Das Haus Gottes war herrlich! Im Inneren war es ganz mit Gold überzogen. Auch von außen sah es wunderschön aus.

Wieder viele Jahre später zerstörte der König von Babylon das prächtige Haus, weil das Volk nicht auf Gott hören wollte. Doch ein kleiner Teil der Juden kehrte 70 Jahre später nach Jerusalem zurück und baute Gottes Haus wieder auf.

Als der Herr Jesus auf der Erde lebte, hatte König Herodes das Haus prächtig erweitert und einen riesigen Platz für die Besucher angelegt. Für das Volk Israel gab es nur diesen einen Ort, um Gott zu begegnen.

Du brauchst heute kein besonderes Haus, um Gott zu begegnen und zu ihm zu beten. Er hört dich immer und überall!

SCHLAG DIE BIBEL AUF!
1. Könige, Kapitel 6, Vers 17

Welches Bauwerk ist gemeint? Es ist der

STECKBRIEF

Name	
Wie oft in der Bibel?	über 150-mal
Welchen Zweck hat das Bauwerk?	Gott Opfergaben bringen und die Feste feiern, die Gott im Gesetz Moses für das Volk Israel vorgeschrieben hatte
Wer baute es?	zuerst Salomo, dann wieder am gleichen Ort die aus Babylon zurückgekehrten Juden; König Herodes fügte Gebäude hinzu; im Jahr 70 nach Christus wurde es erneut zerstört. Gott sagte durch den Propheten Hesekiel voraus, dass es in der Zukunft wieder neu in Jerusalem gebaut werden wird.
Aus welchem Material?	aus unbehauenen Steinen und anderen wertvollen Materialien
Besonderheiten	Dieses Bauwerk war einfach einzigartig schön, weil es Gottes Haus war!

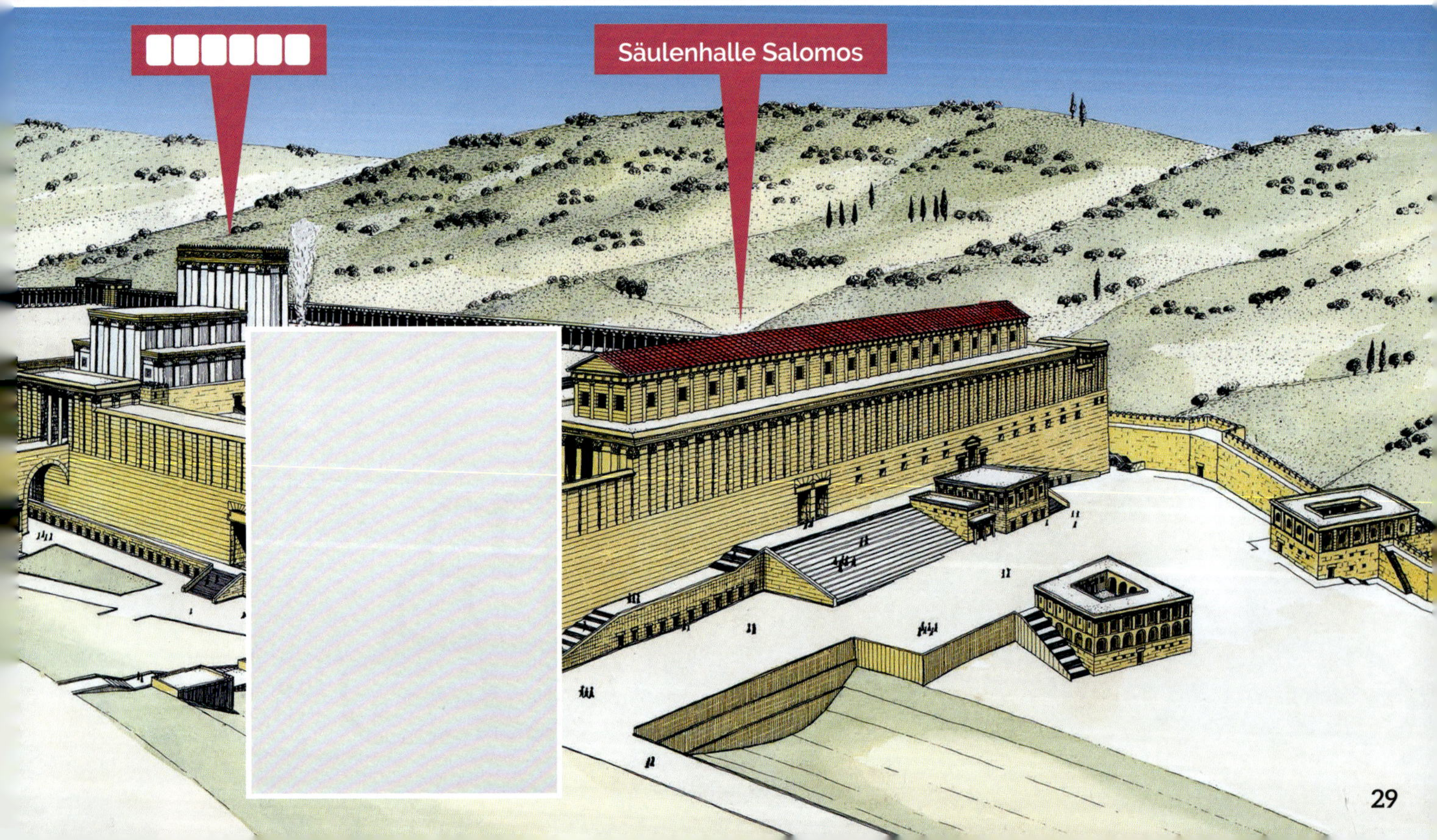

EIN FESTES HAUS FÜR GOTT

Jerusalem zur Zeit König Salomos, der von 971 bis 931 vor Christus über Israel regierte.

Kennst du König David? David war der zweite König Israels. Am bekanntesten ist die Geschichte, als David gegen den Riesen Goliath kämpfte. Da war David noch gar kein König und hütete noch zu Hause die ______ und Ziegen seines Vaters.

Später, als David über Israel regierte, kämpften die Philister gegen die Israeliten. Ständig musste David sein Volk gegen sie verteidigen und das Land wollte einfach nicht zur ____ kommen.

Davids Wunsch – Gottes Plan

Dabei hatte David einen großen Wunsch: Er selbst wohnte ja in Jerusalem in einem königlichen ______.
Aber für Gott, den David so sehr liebte, gab es nur ein ____ in der Hauptstadt. Über diese Wohnung Gottes, die Stiftshütte, hast du ja schon auf den Seiten 12–15 gelesen.

David hätte so gerne für Gott ein festes Haus in Jerusalem gebaut, einen ______.

Aber Gott hatte einen anderen Plan und er weihte David durch den Propheten Nathan in seinen Plan ein: Nicht David sollte den Tempel bauen, sondern sein Sohn.

So sammelte David bereits wertvolle Baustoffe für den Bau eines Tempels. Damit wollte er es seinem Sohn leichter machen, mit dem Bauen anzufangen. Und bevor der alte König David starb, sagte er zu seinem Sohn, zu ______:
„Sei mutig! Diene dem Herrn, deinem Gott, und bleib auf seinen Wegen. Halte alle Vorschriften, die im Gesetz Moses festgehalten sind. Dann wirst du ______ haben mit allem, was du tust."

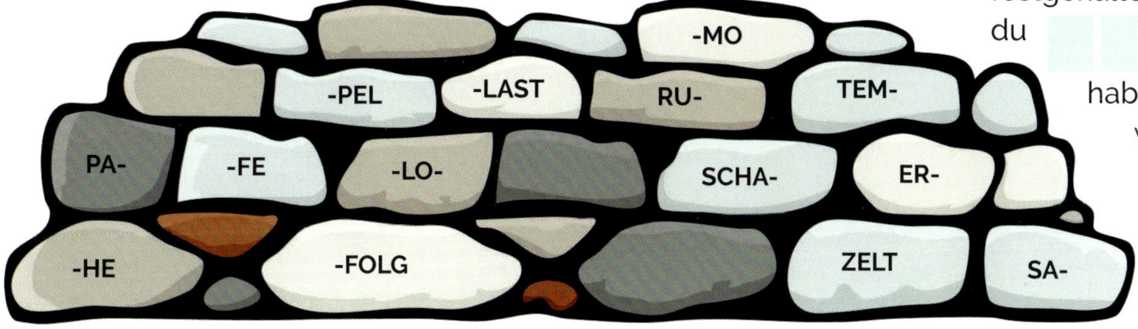

Wie wurden die Steine bearbeitet?

Weißt du, was ein Steinmetz ist? Das ist jemand, der Steine bearbeitet. Das war eine anstrengende Arbeit mit Hammer und Meißel. Die Berge um Jerusalem bestehen aus Kalkstein. Um diesen Kalkstein abzubauen, musste zuerst die Oberfläche des Steins begradigt werden.

Auf dem oberen Bild siehst du rechts einen Steinhauer. Er schlägt auf allen Seiten eines Felsblocks zehn Zentimeter breite Rinnen. Der andere Arbeiter gießt Wasser über trockene Holzscheite, die in die Rinnen geklemmt wurden. Durch das Wasser quillt das Holz auf und drückt auf den Steinblock, so dass er sich vom Fels abspaltet. Weil der Kalkstein in natürlichen Schichten liegt, lassen sich die Blöcke so ziemlich sauber spalten.

Abtransport zur Baustelle

Die rohen Steinblöcke wurden weiter bearbeitet und in Form gebracht. Nur an zwei Seiten ließ man kleine Vorsprünge für Seile eines Krans. Der hob den Stein auf einer Seite hoch. Jetzt wurden hölzerne Rollen unter den Stein geschoben, damit er von Ochsengespannen transportiert werden konnte.

Salomo – der junge König

Salomo war noch jung, als sein Vater David starb. Deshalb fühlte er sich überfordert, ein großes Volk zu regieren. Eines Nachts erschien Gott Salomo im Traum und fragte ihn: „Was willst du haben? Bitte, und ich werde es dir geben!" Salomo antwortete: „Du hast meinem _ _ _ _ _ so viel Gutes getan, weil er ehrlich, wahrhaftig und dir von Herzen treu war. Herr, mein Gott, ich bin im Grunde noch ein _ _ _ _ und weiß nicht, was ich tun soll. Schenk mir ein gehorsames Herz, damit ich dein Volk gut regiere und den Unterschied zwischen Gut und Böse erkenne." **– Worum hättest du Gott gebeten?**

Salomos Bitte gefiel Gott so gut, dass er Salomo nicht nur _ _ _ _ _ _ _ _ gab, sondern auch so viel Reichtum und Ehre wie keinem anderen _ _ _ _ _ vor oder nach ihm.

Der Tempel wird gebaut

Vier Jahre, nachdem Salomo König geworden war, fing er an, einen Tempel für Gott in Jerusalem zu bauen. Es war ein prachtvolles, herrliches Gebäude! Und noch schöner war es im Inneren! Die Wände waren vollständig mit _ _ _ _ überzogen und reich verziert. Gott sollte die allerschönste Wohnung bekommen. Im Inneren des Tempels ließ Salomo einen Ort für die Bundeslade einrichten. Dieser Raum wurde das Allerheiligste genannt. Das Allerheiligste lag hinter einem bunt gewebten _ _ _ _ _ _ _.

Die Einweihung des Tempels

Was für ein feierliches Ereignis war es, als der Tempel eingeweiht wurde! Die Priester und die Leviten brachten die Bundeslade in den Tempel und auch alle heiligen Gegenstände und Geräte aus der Stiftshütte. Als sie damit fertig waren, erfüllte eine _____ das Haus Gottes. Es war die gleiche Wolke der Herrlichkeit Gottes, die das Volk Israel durch die _____ geführt hatte.

Wo wohnt Gott?

Zur Einweihung trat König Salomo vor den großen Altar im Innenhof des Tempels. Dann breitete er die _____ aus und betete: „HERR, Gott Israels! Kein Gott ist dir gleich im Himmel oben und auf der Erde unten."

Salomo fragte Gott in seinem _____ auch mit anderen Worten: „Gott, kannst du wirklich auf der Erde wohnen? Du bist doch viel größer als der Sternenhimmel, den wir nachts sehen und als der _____, in dem du wohnst. Wie kannst du dann in diesem kleinen Haus wohnen, das ich für dich gebaut habe?"

Ja, Salomo hatte recht: Gott ist wirklich viel größer, als wir es uns vorstellen können. Aber, obwohl Gott so groß ist, will er doch gerne ganz nah bei dir sein. Er liebt jeden Menschen – auch dich!

Ganz nah bei Gott sein – durch Jesus Christus

Viele, viele Jahre später würde Gott seine _____ zu den Menschen erst richtig zeigen: Dann würde er seinen Sohn Jesus auf die Erde schicken. Der Herr Jesus würde am Kreuz sterben und wieder lebendig werden, damit du durch den Glauben an ihn ganz nah zu Gott kommen kannst.

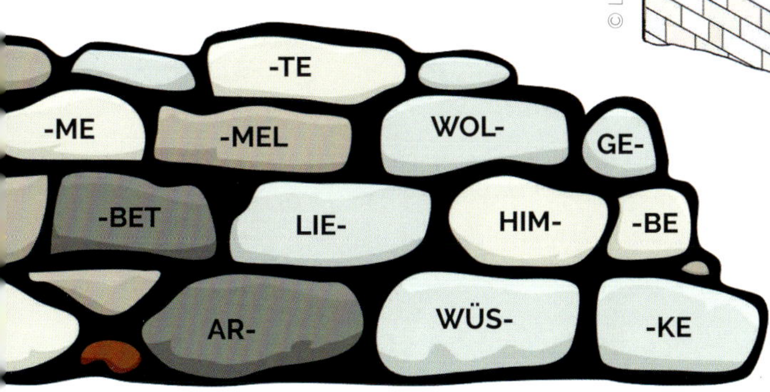

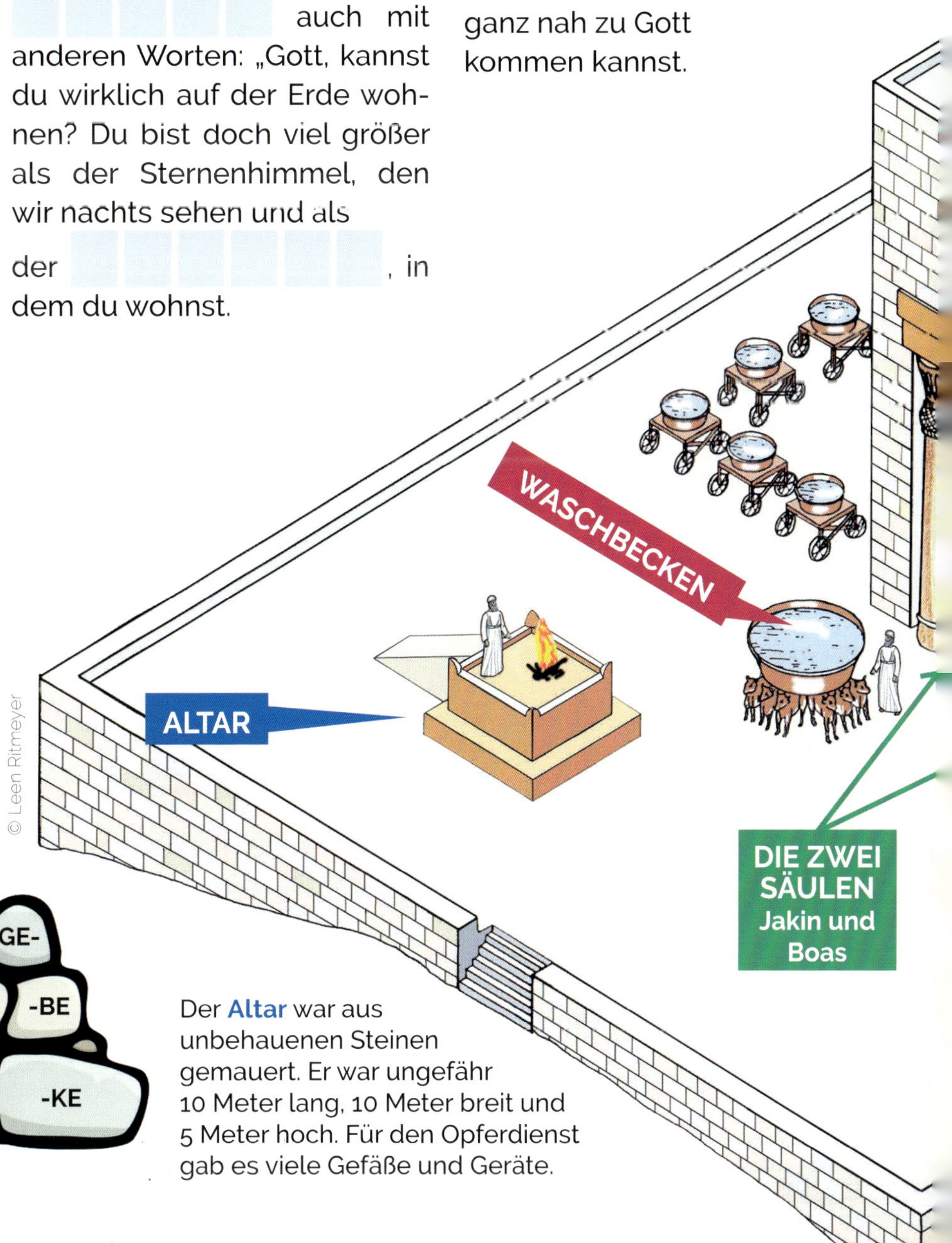

Der **Altar** war aus unbehauenen Steinen gemauert. Er war ungefähr 10 Meter lang, 10 Meter breit und 5 Meter hoch. Für den Opferdienst gab es viele Gefäße und Geräte.

Die Priester und Leviten, die den Dienst im Tempel verrichteten, gehörten zum Stamm Levi. Das war einer der zwölf Stämme Israels, die aus den 12 Söhnen Jakobs hervorgegangen waren. Die Priester waren in 24 Gruppen eingeteilt. Jede Gruppe bestand wiederum aus 6 Familien. Jede Familie war an einem Wochentag für den Dienst verantwortlich. Am siebten Wochentag, dem Sabbat, hatten alle sechs Familien nacheinander Dienst. Nur die Priester durften Opfergaben vor Gott bringen. Die Leviten halfen ihnen und kümmerten sich um das Gebäude.

Die Bibel gibt die Größe des Tempels und seiner Geräte in der Einheit „Elle“ an. Eine Elle war zwischen 46 und 55 Zentimeter lang.

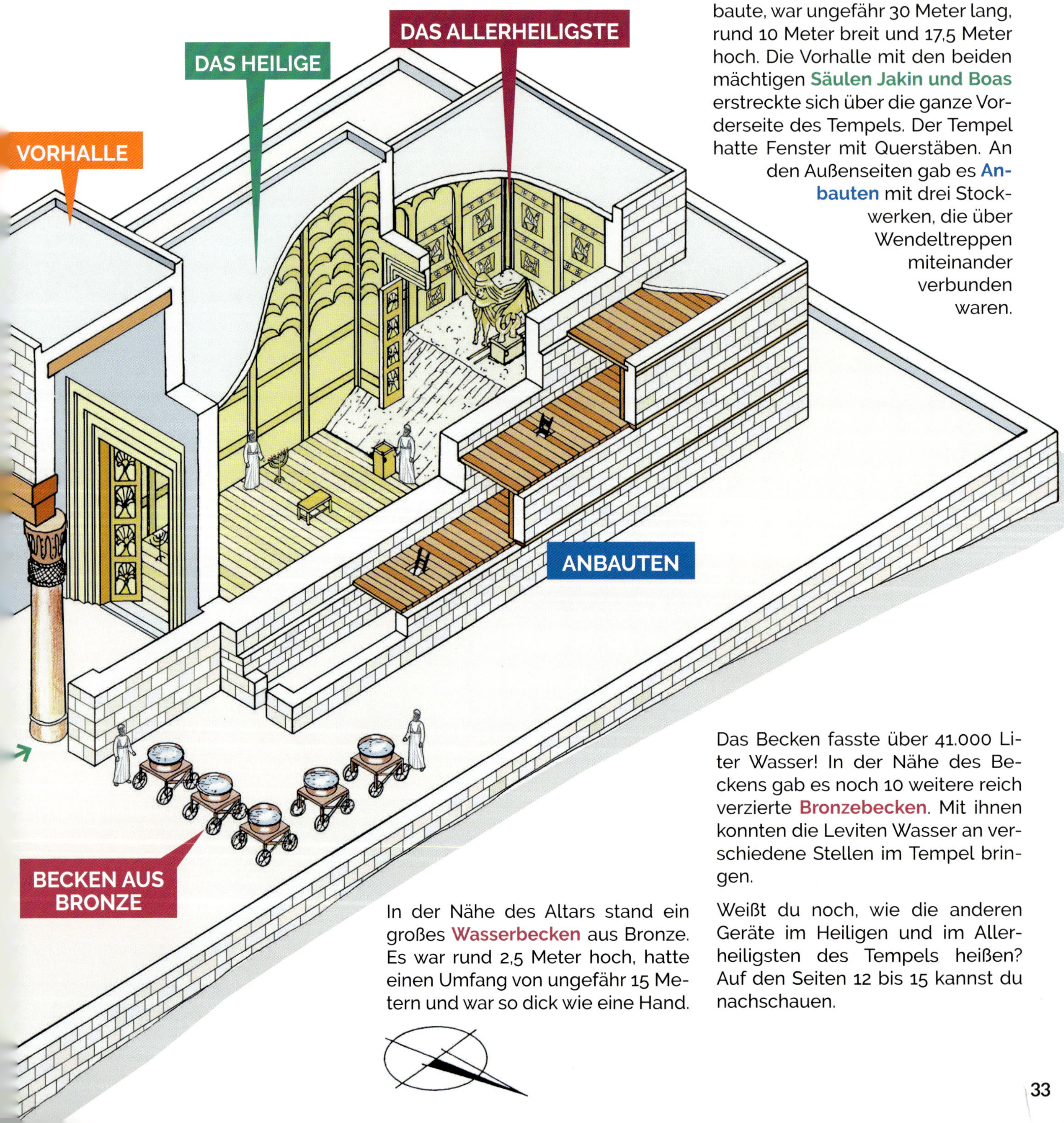

Der Tempel, den Salomo für Gott baute, war ungefähr 30 Meter lang, rund 10 Meter breit und 17,5 Meter hoch. Die Vorhalle mit den beiden mächtigen **Säulen Jakin und Boas** erstreckte sich über die ganze Vorderseite des Tempels. Der Tempel hatte Fenster mit Querstäben. An den Außenseiten gab es **Anbauten** mit drei Stockwerken, die über Wendeltreppen miteinander verbunden waren.

Das Becken fasste über 41.000 Liter Wasser! In der Nähe des Beckens gab es noch 10 weitere reich verzierte **Bronzebecken**. Mit ihnen konnten die Leviten Wasser an verschiedene Stellen im Tempel bringen.

In der Nähe des Altars stand ein großes **Wasserbecken** aus Bronze. Es war rund 2,5 Meter hoch, hatte einen Umfang von ungefähr 15 Metern und war so dick wie eine Hand.

Weißt du noch, wie die anderen Geräte im Heiligen und im Allerheiligsten des Tempels heißen? Auf den Seiten 12 bis 15 kannst du nachschauen.

DICKE MAUERN GEGEN DIE FEINDE

Dieses Bauwerk hast du bestimmt schon gesehen. Meist siehst du es schon aus der Ferne, weil es oft auf einem Hügel gebaut ist. Mögliche Angreifer werden von dicken Mauern abgeschreckt. Zur Beobachtung der Umgebung gibt es Türme. Der einzige Zugang besitzt ein starkes Tor, das sich gut bewachen und schnell schließen lässt.

Dieses Bauwerk gab es schon zur Zeit der Bibel. Ursprünglich war Jerusalem einmal solch ein Bauwerk, das den Jebusitern gehörte. Die Jebusiter waren ein Volk, das im Land Kanaan sesshaft war. Aber König David zog mit seinen Soldaten gegen die Jebusiter und eroberte ihr Bauwerk auf dem Berg Zion. Nach dieser Eroberung nannte man es auch die „Stadt Davids".

Hast du manchmal Angst? Vielleicht vor einem Klassenkameraden, der dich auslacht? Oder vor einer schwierigen Arbeit in der Schule? Dann denk daran, dass Gott für dich da ist. Zu ihm kannst du immer beten. Gott ist so mächtig, dass er dir deine Angst wegnehmen kann. Bete zu ihm!

Welches Bauwerk ist gemeint? Es ist die ☐☐☐☐

SCHLAG DIE BIBEL AUF! 2. Samuel, Kapitel 5, Vers 7

gelernt am:

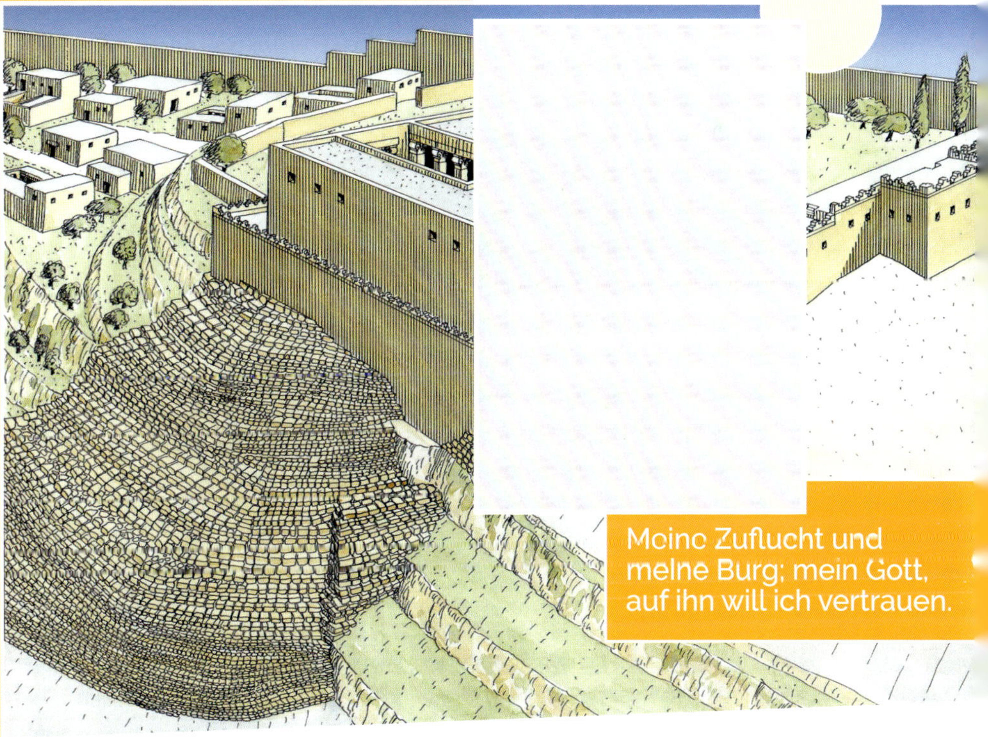

Meine Zuflucht und meine Burg; mein Gott, auf ihn will ich vertrauen.

STECKBRIEF

Name	
Wie oft in der Bibel?	über 30-mal
Welchen Zweck hat das Bauwerk?	sicherer Schutz vor Feinden
Wer baute es?	Könige und Fürsten
Aus welchem Material?	aus Steinen und anderen Baustoffen
Besonderheiten	Gott vergleicht sich selbst mit diesem Bauwerk, um dir zu zeigen: Wenn du zu ihm gehörst, bist du in Sicherheit! Gott passt auf dich auf!

RAUM FÜR REISENDE

gelernt am:

damit ihr durch seine Armut reich würdet.

Wer eine lange Fahrt macht, freut sich, wenn eine Rast eingelegt wird. Auch zur Zeit der Bibel gab es Leute, die auf Reisen waren. Zum Beispiel Händler, die Waren transportierten. Oder ein Kaiser ordnete eine Volkszählung an und alle Untertanen mussten in ihre Geburtsorte reisen, um sich dort zählen zu lassen. So war es bei Maria und Josef, die aus Nazareth im Norden nach Bethlehem in den Süden reisten.

Diese Reise war beschwerlich, denn Maria erwartete ein Kind – ein besonderes Kind: Jesus! Als sie endlich in Bethlehem ankamen, hätten sie so gerne ein Gastzimmer gehabt, um sich auszuruhen, aber sie fanden keins! Deshalb wurde der Herr Jesus als Säugling in eine Futterkrippe für Tiere gelegt!

Links siehst du ein Haus für Reisende. Die Zimmer liegen um einen Innenhof mit einem Brunnen. Die oberen Räume sind für superwichtige Gäste reserviert, die anderen rasten im Erdgeschoss. Entdeckst du den Stall für die Reittiere?

Vielleicht war es ein ähnlicher Stall, in dem Maria den Herrn Jesus in eine Futterkrippe legte. – Der Sohn Gottes kommt als Mensch in die Welt und bekommt nicht mal ein Gästezimmer? Ja, so war es und so barmherzig ist Jesus Christus: Er machte sich klein für uns, weil er uns liebt und uns retten wollte. Dank ihm dafür!

SCHLAG DIE BIBEL AUF! Lukas, Kapitel 2, Vers 7

Welches Bauwerk ist gemeint? Es ist die ☐☐☐☐☐☐☐☐

STECKBRIEF

Name	☐☐☐☐☐☐☐☐
Wie oft in der Bibel?	9-mal
Welchen Zweck hat das Bauwerk?	für Leute, die unterwegs sind und auch für ihre Reittiere
Wer baute es?	Menschen, die Reisende aufnehmen wollen, um damit ihren Lebensunterhalt zu verdienen
Aus welchem Material?	aus den Baustoffen der jeweiligen Region
Besonderheiten	Manchmal müssen Gäste im Stall übernachten, wenn es keinen Platz mehr gibt. Ein anderes Mal werden verletzte Gäste gesund gepflegt (lies nach im Evangelium nach Lukas, Kapitel 10, Verse 33 bis 35!).

SICHER VOR DEM STURM

Kapernaum liegt am See Genezareth im Norden Palästinas. Jesus Christus hielt sich oft in dieser Stadt auf. Einige seiner Jünger kamen aus Kapernaum und Jesus tat dort viele Wunder.

Interessant: Am Seeufer entdeckte man bei Ausgrabungen die Reste von mehreren ☐☐☐☐☐-molen. Sie sind bis heute bei niedrigem Wasserstand zu sehen. Sie ragten ins Wasser hinaus und bildeten einen ruhigen und sicheren Platz zum Anlegen für die Fischerboote.

Einmal waren die Jünger mit dem Herrn Jesus im Schiff auf dem See. Da erhob sich ein mächtiger Sturm und die Wellen schlugen schon in das Schiff. Jesus lag hinten und schlief auf einem Kopfkissen. Die Jünger weckten Jesus auf und fragten ihn vorwurfsvoll: „Liegt dir nichts daran, dass wir umkommen?“

Jesus wachte auf und sagte nur zu dem See: „Schweig, verstumme!“ Und sofort hörte der Sturm auf zu wüten. Eine große Stille trat ein. – Was für ein Wunder! So etwas kann nur Jesus tun, weil er Gottes Sohn ist. Der Herr Jesus kann auch dir helfen, wenn du ein Problem hast. Vertraue ihm!

SCHLAG DIE BIBEL AUF!
Psalm 107, Vers 30

... und er führt sie in den ersehnten Hafen.

gelernt am:

Welches Bauwerk ist gemeint? Es ist der

☐☐☐☐☐

STECKBRIEF

Name	☐☐☐☐☐
Wie oft in der Bibel?	3-mal (und noch einmal mit „Schön-“ am Anfang)
Welchen Zweck hat das Bauwerk?	Platz zum Anlegen, Entladen und Überwintern von Schiffen und Booten.
Wer baute es?	manchmal Könige, manchmal Bewohner einer Stadt, die an einem großen Gewässer lag
Aus welchem Material?	aus dicken Steinen
Besonderheiten	Wenn ein Sturm kommt und der Herr Jesus im Schiff ist, wird dieses Bauwerk überflüssig.

NUR FÜR REICHE LEUTE

gelernt am:

und in sicheren Wohnungen und an stillen Ruhestätten.

Wie lässt sich dieses Bauwerk am besten vorstellen? Vielleicht so: In ihm laufen manchmal Eidechsen herum, die man mit den Händen fangen kann. Das steht in der Bibel. In der Bibel steht auch, dass wilde Hunde darin heulen und Dornen darin aufschießen, wenn sie leer stehen (Jesaja 13,22; Jesaja 34,13).

Aber wenn sie bewohnt sind, sehen sie meistens sehr prächtig und herrlich aus. Zur Zeit der Bibel wohnten nur die mächtigsten und reichsten Leute darin. Heute stehen sie manchmal leer und verfallen oder werden als Museum benutzt.

Wo wohnst du? In einer Wohnung oder in einem Haus? Dann sei Gott von Herzen dankbar dafür, dass du ein Dach über dem Kopf hast und vergiss nicht, Gott regelmäßig dafür zu danken!

SCHLAG DIE BIBEL AUF!
Sprüche Kapitel 30, Vers 28

Welches Bauwerk ist gemeint? Es ist der

STECKBRIEF

Name	
Wie oft in der Bibel?	über 50-mal (oft in der Mehrzahl)
Welchen Zweck hat das Bauwerk?	genug Platz zum Wohnen und eine schmucke Fassade für sehr reiche Leute
Wer baute es?	Könige und Kaiser
Aus welchem Material?	aus verschiedenen Baustoffen, bei denen Geld keine Rolle spielt
Besonderheiten	Die Eidechse schafft es, in den hineinzukommen, obwohl sie nicht eingeladen ist (Sprüche, Kapitel 30, Vers 28).

Stadtbewohner zur Zeit der Bibel konnten nachts in Sicherheit schlafen. Warum? Weil dicke Holzbohlen mit Querbalken und Riegeln aus Eisen den Eingang in die Stadt versperrten. Oft wurden diese Bauwerke zu kleinen Festungen mit Wachtürmen und überdachten Gängen ausgebaut. Hier gab es besondere Wächter, die ihren Dienst verrichteten. Sie passten genau auf, wer hereinkam und verriegelten den Eingang auch tagsüber, wenn Feinde in Sicht kamen.

Auch heute gibt es Dinge, die für dich gefährlich sein können. Das sind keine menschlichen Angreifer wie damals. Aber es gibt schlechte Computerspiele, Filme, Zeitschriften oder Bücher. Das Gefährliche an ihnen ist, dass sie dir die Freude am Herrn Jesus wegnehmen. Lass sie deshalb gar nicht erst in dein Leben herein und bitte den Herrn Jesus, dich vor dem Bösen zu bewahren.

Welches Bauwerk ist gemeint? Es ist das

TAG UND NACHT BEWACHT

gelernt am:

des Bösen haltet euch fern.

STECKBRIEF

Name	
Wie oft in der Bibel?	über 150-mal
Welchen Zweck hat das Bauwerk?	Ein- und Ausgang in eine befestigte Stadt; manchmal auch in ein größeres Gebäude, das einen Innenhof hat
Wer baute es?	die Erbauer einer Stadt oder eines großen Gebäudes, das gut gegen Angreifer gesichert werden muss
Aus welchem Material?	aus Holz und Metall
Besonderheiten	Dieses Bauwerk hat ein Teekesselchen in der Bibel (ein gleiches Wort, das aber eine ganz andere Bedeutung hat). Wer unvernünftig handelt, ohne Gottes gute Ratschläge zu beachten, der ist ein ...

gelernt am:

FÜR AUFPASSER

ein starker Turm vor dem Feind.

Die Bibel erzählt davon, dass die Menschen nicht lange nach der großen Flut auf die Idee kamen, Ziegel zu brennen. Damit waren sie in der Lage, Stein auf Stein zu mauern. Sie waren so begeistert über ihre Erfindung, dass sie sich vornahmen, immer weiterzubauen – bis an den Himmel! War das nicht etwas größenwahnsinnig? Ja, das war es wirklich.

Deshalb beschloss Gott, die Sprache der Menschen zu verwirren. Plötzlich sprach jeder von ihnen in einer anderen Sprache. Auf der Großbaustelle war das natürlich eine Katastrophe. Sie verstanden einander einfach nicht mehr, hörten auf zu bauen und verstreuten sich in alle Himmelsrichtungen. Durch dieses Ereignis sind die vielen Sprachen entstanden, die es heute auf der Erde gibt.

Merke dir, dass es nicht gut ist, wenn du überheblich wirst – statt dem großen Gott dankbar zu sein, der dir ja alles gibt.

Welches Bauwerk ist gemeint? Es ist der

Probier mal aus:

Ur-Aufstrich

Zutaten:
- 1 Frühlingszwiebel
- 1 Knoblauchzehe
- 250 g Frischkäse
- 125 g Butter
- 5 EL frische, gehackte Kräuter (Petersilie, Minze, Dill, Koriander, Rauke, Thymian)
- Salz

Zubereitung:
Diese Mischung aus Kräutern, Butter und Käse mochten schon die alten Babylonier. Schneide die Frühlingszwiebel in sehr feine Scheiben. Hacke den Knoblauch grob, bestreue ihn mit etwas Salz, zerdrück ihn mit dem Messerblatt. Quirle den Frischkäse mit der zimmerwarmen Butter kräftig auf. Nun hebst du Zwiebel, Knoblauch und die Kräuter unter und schmeckst mit Salz ab. Decke mit einer Frischhaltefolie ab und lass den Aufstrich über Nacht zum Durchziehen im Kühlschrank stehen.

Tipp: Der Aufstrich passt superlecker zum Fladenbrot von Seite 18–19!

STECKBRIEF

Name	
Wie oft in der Bibel?	40-mal (davon 11-mal in der Mehrzahl)
Welchen Zweck hat das Bauwerk?	eine Siedlung, eine Burg oder einen Weinberg von einem erhöhten Punkt aus bewachen
Wer baute es?	die Erbauer einer Stadt, einer Burg oder eines Weinbergs
Aus welchem Material?	aus Steinen und anderen Materialien
Besonderheiten	David vergleicht Gott mit diesem Bauwerk. Das bedeutet: Wenn du vor etwas Angst hast oder traurig bist, kannst du zu Gott beten. Er hilft dir dabei, wieder Mut zu bekommen und froh zu werden.

VIEL PLATZ FÜR DAS VOLK

König Herodes der Große regierte in Palästina. Er versuchte, Jesus schon als kleines Kind umbringen zu lassen. Aber Gott verhinderte das. Um groß rauszukommen, ließ dieser böse König den Tempel in Jerusalem ganz prächtig ausbauen. Um den Tempel herum wurde ein riesiger Platz angelegt. An seiner Südseite baute Herodes ein mehrstöckiges Gebäude, der wie ein überdachter Pavillon aussah. Es war das größte Gebäude auf dem Tempelberg. Sein Dach ruhte auf 162 Säulen, die in vier Reihen angelegt waren. Jede von ihnen war 15 Meter hoch und hatte einen Umfang von knapp 5 Metern!

Die Apostelgeschichte erzählt von der der Zeit der ersten Christen in Jerusalem. Anfangs kamen sie in diesem Bauwerk zusammen und erzählten den anderen von Jesus. Dabei geschahen Wunder und viele glaubten an den Herrn Jesus.

Auch im so genannten Vorhof der Frauen, der noch vor dem Vorhof des Tempels lag, gab es überdachte Gänge, die auf Säulen ruhten. Dort standen Behälter, um Spenden für den Tempel zu sammeln. Einmal beobachtete der Herr Jesus eine arme Witwe, die zwei Scherflein einlegte. Scherflein waren die kleinsten Münzen, die es damals gab. Vor den Jüngern lobte Jesus diese arme Frau für ihre Freigebigkeit.

Du siehst: Es kommt nicht darauf an, wie viel du Gott gibst, sondern wie viel du für dich behältst! Sei ein fröhlicher Geber für Gott!

SCHLAG DIE BIBEL AUF! Johannes, Kapitel 10, Vers 23

gelernt am:

liebt Gott.

Welches Bauwerk ist gemeint? Es ist die ______-_____

STECKBRIEF

Name	
Wie oft in der Bibel?	5-mal
Welchen Zweck hat das Bauwerk?	einen überdachten Platz für viele Menschen schaffen und ihnen zeigen, wie reich und mächtig ein König ist
Wer baute es?	Könige
Aus welchem Material?	Stein
Besonderheiten	das größte Gebäude auf dem Tempelberg zur Zeit von Jesus

FÜR DURSTIGE

gelernt am:

nehme das Wasser des Lebens umsonst.

Weißt du, was Grundwasser ist? Das ist Wasser unter der Erde, das durch Versickern von Regenwasser dorthin gelangt. Israel ist ein Land, in dem es längst nicht so oft regnet wie in den Ländern Europas. Woher bekamen die Leute Wasser? Sie buddelten ein Loch in die Erde, einen tiefen Schacht. Sie gruben so lange, bis sie auf Grundwasser stießen. Damit die Erde nicht einstürzte, verkleideten (verschalten) sie die Wände mit Holzbalken, Steinen oder Ziegelsteinen. Nun befestigten sie einen Tonkrug an einem Seil und ließen ihn nach unten. Danach – „hau ruck!" – zogen sie ihn voller Wasser wieder nach oben. Wasserschöpfen war eine harte Arbeit. Oft waren es die Frauen, die das Wasser schöpften.

Einmal traf der Herr Jesus eine Frau beim Wasserschöpfen und bat sie um etwas zu trinken. Er erklärte ihr, dass er gekommen ist, um Menschen zu Gott zu bringen. Diese Geschichte kannst du nachlesen im Evangelium nach Johannes, Kapitel 4, Verse 1 bis 30.

Auch dich will Gott glücklich machen und für immer bei sich haben. Bitte ihn um Vergebung und glaube an den Herrn Jesus. Dann schenkt Gott dir ewiges Leben – ganz umsonst!

SCHLAG DIE BIBEL AUF!
1. Mose, Kapitel 24, Vers 20

Welches Bauwerk ist gemeint? Es ist der

STECKBRIEF

Name	
Wie oft in der Bibel?	32-mal
Welchen Zweck hat das Bauwerk?	Versorgung mit Grundwasser
Wer baute es?	jeder, der Wasser brauchte
Aus welchem Material?	aus Steinen und Holz
Besonderheiten	Dieses Bauwerk wurde gerne von Feinden verstopft.

GROSSES WASSER-BECKEN

Wasser war zur Zeit der Bibel sehr kostbar – besonders in der Hauptstadt Jerusalem. Deshalb legte man zwei große künstliche Wasserbecken an, in denen das Wasser aus der Gihon-Quelle gesammelt wurde, die außerhalb der Stadtmauern lag. An den vier Rändern und auf der Abtrennung der Becken baute man Hallen mit Säulen.

Zur Zeit des Herrn Jesus lagen in diesen Hallen viele Kranke und Schwache. Sie hofften, geheilt zu werden, wenn von Zeit zu Zeit ein Engel das Wasser bewegte. Wer dann zuerst ins Wasser stieg, wurde gesund. Unter den Kranken war auch einer, der schon 38 Jahre krank war. Er hatte niemand, der ihm ins Wasser half. Es war einfach aussichtslos – oder doch nicht?

Eines Tages kam Jesus Christus vorbei. Er sah den kranken Mann. Jesus ist der Sohn Gottes. Deshalb weiß er alles. Er wusste auch, wie lange der Mann schon auf Heilung wartete. Er machte den Kranken gesund!

So etwas kann nur der Herr Jesus. Er kann auch dir helfen, wenn du an ihn glaubst und mit ihm lebst.

SCHLAG DIE BIBEL AUF!
Johannes, Kapitel 5, Vers 4

Welches Bauwerk ist gemeint? Es ist der

STECKBRIEF

Name	
Wie oft in der Bibel?	11-mal
Welchen Zweck hat das Bauwerk?	Wasser sammeln
Wer baute es?	Könige, die sich um Wasser für ihre Untertanen kümmerten
Aus welchem Material?	Steine und andere Materialien
Besonderheiten	Diese Bauwerke waren ein beliebter Treffpunkt.

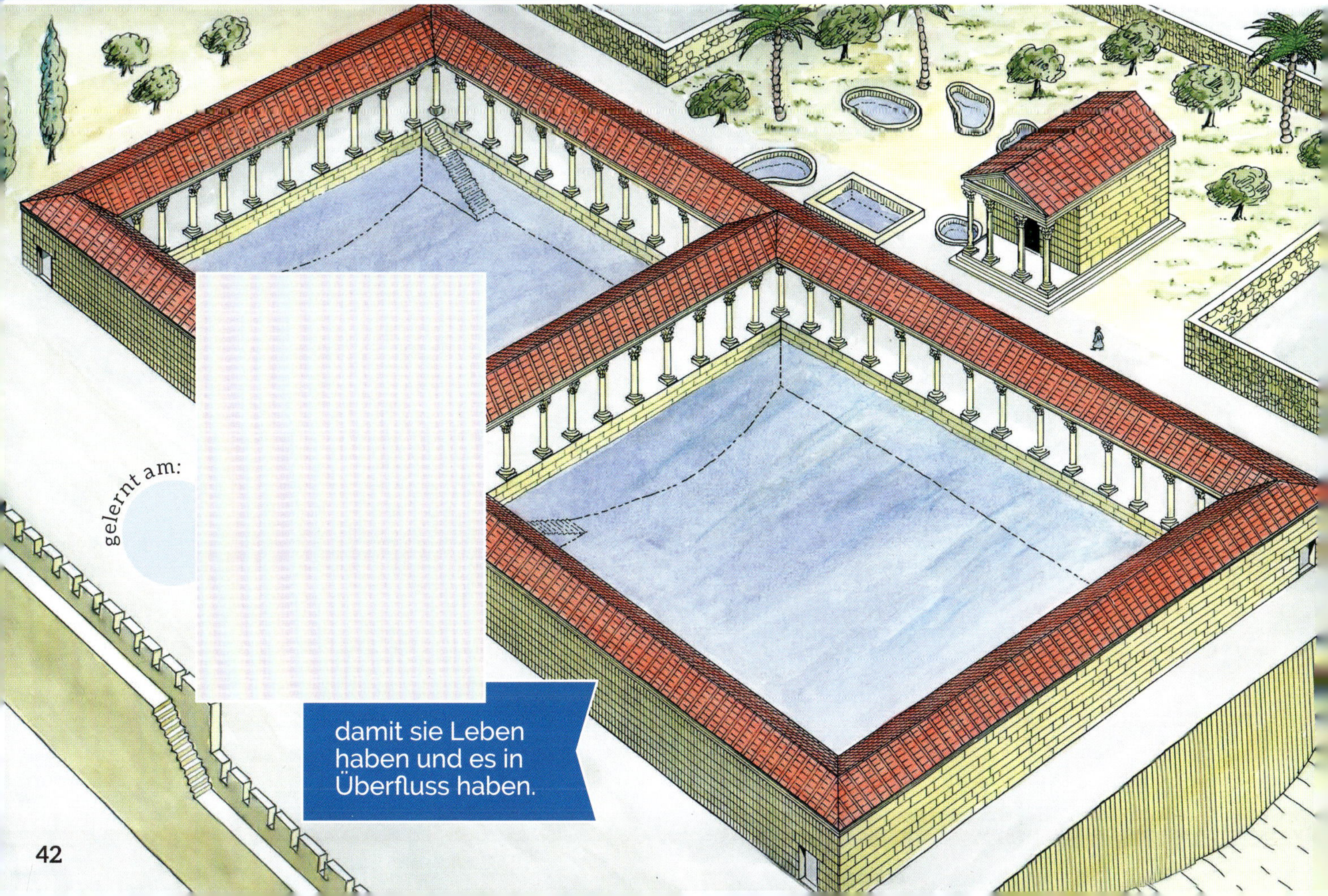

gelernt am:

damit sie Leben haben und es in Überfluss haben.

Auf dieser Seite findest du alle Bibelverse, um die Bauwerke-Rätsel zu lösen. Aber Vorsicht: Manchmal stehen die Bauwerke im Bibeltext in der Mehrzahl. Oder es werden mehrere Bauwerke in den Versen erwähnt, aber nur eines davon ist gesucht!

1. Mose 33,17: Und Jakob brach auf nach Sukkot und baute sich ein Haus, und seinem Vieh machte er Hütten; darum gab er dem Ort den Namen Sukkot.

5. Mose 22,8: Wenn du ein neues Haus baust, so sollst du ein Geländer um dein Dach machen, damit du nicht eine Blutschuld auf dein Haus bringst, wenn irgendjemand davon herabfällt.

Matthäus 6,26: Seht hin auf die Vögel des Himmels, dass sie nicht säen noch ernten, noch in Scheunen sammeln, und euer himmlischer Vater ernährt sie doch. Seid ihr nicht viel vorzüglicher als sie?

Matthäus 21,33: Hört ein anderes Gleichnis: Es war ein Hausherr, der einen Weinberg pflanzte und einen Zaun darum setzte und eine Kelter darin grub und einen Turm baute; und er verpachtete ihn an Weingärtner und reiste außer Landes.

Matthäus 27,66: Sie aber gingen hin, und nachdem sie den Stein versiegelt hatten, sicherten sie das Grab mit der Wache.

1. Mose 4,17: Und Kain erkannte seine Frau, und sie wurde schwanger und gebar Hanoch. Und er baute eine Stadt und benannte die Stadt nach dem Namen seines Sohnes Hanoch.

Lukas 24,32: Und sie sprachen zueinander: Brannte nicht unser Herz in uns, als er auf dem Weg zu uns redete und als er uns die Schriften öffnete?

1. Mose 8,20: Und Noah baute dem HERRN einen Altar; und er nahm von allem reinen Vieh und von allen reinen Vögeln und opferte Brandopfer auf dem Altar.

Jesaja 36,16: Hört nicht auf Hiskia! Denn so spricht der König von Assyrien: Macht Frieden mit mir und kommt zu mir heraus, so sollt ihr jeder von seinem Weinstock und jeder von seinem Feigenbaum essen und jeder das Wasser seiner Zisterne trinken.

Jesaja 7,3: Und der HERR sprach zu Jesaja: Geh doch hinaus, Ahas entgegen, du und dein Sohn Schear-Jaschub, an das Ende der Wasserleitung des oberen Teiches, zur Straße des Walkerfeldes hin.

3. Mose 7,9: Und alles Speisopfer, das im Ofen gebacken wird, und alles, was im Napf oder in der Pfanne bereitet wird: Dem Priester, der es darbringt, ihm soll es gehören.

1. Mose 39,20: Und Josephs Herr nahm ihn und legte ihn ins Gefängnis, an den Ort, wo die Gefangenen des Königs gefangen lagen; und er war dort im Gefängnis.

Habakuk 3,17: Denn der Feigenbaum wird nicht blühen, und kein Ertrag wird an den Reben sein; und es trügt die Frucht des Olivenbaumes, und die Getreidefelder tragen keine Speise; aus der Hürde ist verschwunden das Kleinvieh, und kein Rind ist in den Ställen.

1. Korinther 9,24: Wisst ihr nicht, dass die, die in der Rennbahn laufen, zwar alle laufen, aber einer den Preis empfängt? Lauft nun so, dass ihr ihn erlangt.

Matthäus 4,23: Und Jesus zog in ganz Galiläa umher, lehrte in ihren Synagogen und predigte das Evangelium des Reiches und heilte jede Krankheit und jedes Gebrechen unter dem Volk.

5. Mose 32,34: Ist dies nicht bei mir verborgen, versiegelt in meinen Schatzkammern?

1. Könige 10,18: Und der König machte einen großen Thron aus Elfenbein und überzog ihn mit gereinigtem Gold.

1. Könige 6,17: Und das Haus, das ist der Tempel, vorn vor dem Sprachort, war 40 Ellen lang.

2. Samuel 5,7: Aber David nahm die Burg Zion ein, das ist die Stadt Davids.

Lukas 2,7: Und sie gebar ihren erstgeborenen Sohn und wickelte ihn in Windeln und legte ihn in eine Krippe, weil in der Herberge kein Raum für sie war.

Psalm 107,30: Und sie freuen sich, dass sie sich beruhigen, und er führt sie in den ersehnten Hafen.

Sprüche 30,28: Die Eidechse kannst du mit Händen fangen, und doch ist sie in den Palästen der Könige.

Hiob 29,7: Als ich durchs Tor in die Stadt hineinging, meinen Sitz auf dem Platz aufstellte.

1. Mose 11,4: Und sie sprachen: Wohlan, bauen wir uns eine Stadt und einen Turm, dessen Spitze an den Himmel reicht, und machen wir uns einen Namen, dass wir nicht zerstreut werden über die ganze Erde!

Johannes 10,23: Und Jesus ging im Tempel, in der Säulenhalle Salomos, umher.

1. Mose 24,20: Und sie eilte und goss ihren Krug in die Tränke aus und lief wieder zum Brunnen, um zu schöpfen; und sie schöpfte für alle seine Kamele.

Johannes 5,4: Denn zu gewissen Zeiten stieg ein Engel in den Teich herab und bewegte das Wasser. Wer nun nach der Bewegung des Wassers zuerst hineinstieg, wurde gesund, mit welcher Krankheit irgend er behaftet war.

DAS GRAB IST LEER!

Erinnerst du dich an den ☐ ☐ ☐ ☐(7) ☐ vor der Stiftshütte? Er zeigt: Gott kann nur bei uns wohnen, wenn ein Opfer gebracht wird. Kein Mensch passt in die Nähe Gottes. Das liegt daran, dass jeder Schlechtes tut, sagt und denkt. Aber Gott ist immer nur gut (heilig) und kann das Böse nicht ohne ☐ ☐ ☐(15) ☐ ☐ ☐ lassen.

Gottes Rettungsplan

Deshalb schickte Gott seinen Sohn Jesus auf die Erde. Gottes Sohn wurde Mensch. Der Herr Jesus war der Einzige, der nie etwas Böses tat, sondern immer nur ☐ ☐(4) ☐ ☐ ☐. Er erzählte viel von Gott, seinem Vater. Er tat viele Wunder, um zu zeigen, dass er der Sohn Gottes ist: Kranke wurden gesund, Blinde sehend. Sogar ☐ ☐ ☐ ☐(13) machte Jesus wieder lebendig!

Jesus starb für deine Sünden!

Alles Gute von Jesus Christus zeigte den Leuten, wie schlecht sie waren. Deshalb wurden sie ☐(8) ☐ ☐ ☐(9) ☐ ☐ ☐ ☐ auf ihn. Sie hassten ihn und behandelten ihn wie einen Verbrecher.

Zuletzt starb Jesus freiwillig an einem Pfahl aus Holz mit einem Querbalken – an dem ☐ ☐(14) ☐ ☐ ☐. Er nahm am Kreuz Gottes Strafe für die Sünde auf sich. Das war schrecklich schwer für ihn. Doch er hielt geduldig aus, bis er die ganze Strafe getragen hatte. Jesus opferte sein ☐ ☐ ☐(5) ☐ ☐. – Doch mit dem Tod von Jesus hörte Gottes Plan noch lange nicht auf! Lies, was danach geschah:

Ein neues Felsengrab

Jesus war am Kreuz gestorben. In Israel legte man Gestorbene noch am gleichen Tag ins Grab. Die Gräber waren in den Felsen gehauene Kammern oder natürliche Höhlen. Verschlossen wurde das Grab mit einem großen Stein, um es vor wilden Tieren oder Grabräubern zu schützen.

☐ ☐ ☐ ☐(10) ☐ von Arimathia war ein reicher Ratsherr. Er gehörte zu den Jüngern von Jesus. Aber das hatte er noch nicht jedem erzählt. Doch jetzt ging er mutig zu dem römischen Statthalter Pilatus. Er bat Pilatus, dass er den Körper von Jesus in seinem eigenen neuen Felsengrab bestatten durfte. Pilatus erlaubte es. So nahm Josef den Körper von Jesus vom Kreuz ab und wickelte ihn in feinen Leinenstoff. Nikodemus, ein anderer Jünger, half ihm dabei. Zwei Frauen, eine war Maria Magdalene, sahen den Männern dabei zu.

Damit niemand auf die Idee kam, den Körper von Jesus zu stehlen, ließ Pilatus das Grab von Soldaten bewachen. Der schwere ☐ ☐ ☐(6) ☐ ☐ vor der Öffnung wurde versiegelt. Ein Siegel war ein Verschluss aus Wachs. Der wäre zerbrochen, wenn jemand den Stein bewegt hätte.

Fülle die Lücken aus mit: ALTAR – ENGEL – FREITAG – GOTT – GUTES – HAUSE – HIMMEL – JESUS – JOSEF – KREUZ – LEBEN – NEIDISCH – OFFEN – STEIN – STRAFE – TOTE

Marias Entdeckung

Der Wochentag, an dem Jesus starb, war ein ☐ ☐ ☐ ☐ ☐ ☐(3) ☐.

Am Sonntag darauf ging Maria Magdalene frühmorgens zum Grab. Sie trauerte so sehr um Jesus. Am Grab angekommen, blieb sie verdutzt stehen: Es war ☐ ☐ ☐ ☐ ☐(16)! Der Stein war von der Öffnung weggewälzt! Schnell lief Maria zurück in die Stadt zu Petrus und zu Johannes. Das zwaren zwei Jünger von Jesus. Aufgeregt erzählte sie ihnen: „Sie haben den Herrn aus dem Grab weggenommen."

Rasch liefen Maria, Petrus und Johannes zurück zum Grab. Tatsächlich: Es war leer! Die Leinentücher, mit denen Josef den Körper von Jesus umwickelt hatte, lagen sorfältig zusammengelegt im leeren Grab. Nach Diebstahl sah das nicht aus. Petrus und Johannes gingen ratlos wieder nach ☐(12) ☐ ☐ ☐ ☐.

Wo war Jesus?

Nur Maria blieb am Grab zurück. Sie schaute hinein und sah plötzlich zwei

[ ] [11] [ ] [ ] [ ].

„Warum weinst du?“, fragten die Engel. „Sie haben meinen Herrn weggenommen – und ich weiß nicht, wo er ist“, sagte Maria.

Als sie sich umdrehte, stand ein Mann vor ihr. „Warum weinst du?“, fragte er, „wen suchst du?“

„Wenn du ihn weggetragen hast“, flehte Maria ihn an, „dann sag mir, wohin!“

„Maria!“, sagte der Mann nur. Da erkannte Maria ihn: Es war

[17] [18] [19] [20] [21]!

Nach seiner Auferstehung zeigte Jesus sich noch vielen anderen Jüngern und er tat das mehrmals. Jesus Christus lebt! Vierzig Tage später kehrte der Herr Jesus zu Gott, seinem Vater, in den

[ ] [ ] [ ] [ ] [ ] [2] zurück.

Die beste Nachricht für dich

Gott will immer nah bei dir sein und dich einmal bei sich im Himmel haben. Aber das ist nur möglich, wenn Jesus dir deine Sünden wegnimmt. Ohne Jesus kannst du nicht zu

[1] [ ] [ ] [ ] kommen. Ohne ihn bist du verloren.

Sprich mit dem Herrn Jesus. Er hat dich lieb und will dein bester Freund werden. Er hört dich, auch wenn du ihn nicht sehen kannst.

Sag ihm, dass dir das Böse leid tut, das du getan hast und bitte ihn, dir zu vergeben. Glaub daran, dass Jesus für dich gestorben ist. Dann vergibt Gott dir, weil er seinen Sohn Jesus dafür am Kreuz bestraft hat.

Übertrage die nummerierten Buchstaben aus den Lücken in die Felder und du erhältst die Lösung:

[1] [2] [3] [4] [5] [6]   [7] [8]   [9] [10] [11]

[12] [13] [14] [15] [16]   [17] [18] [19] [20] [21] !

Finns großes Rätsel der Bibel-Bauwerke

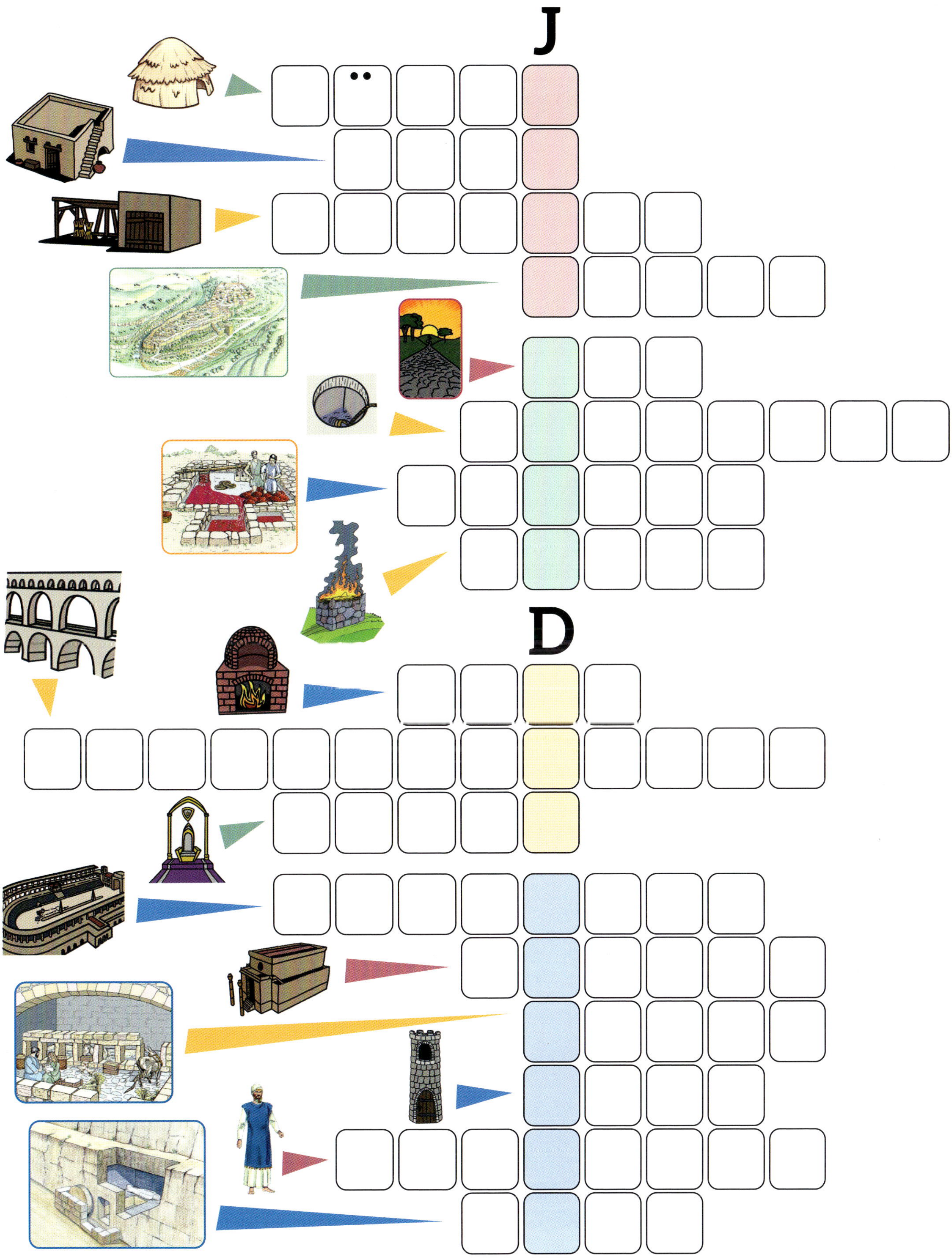

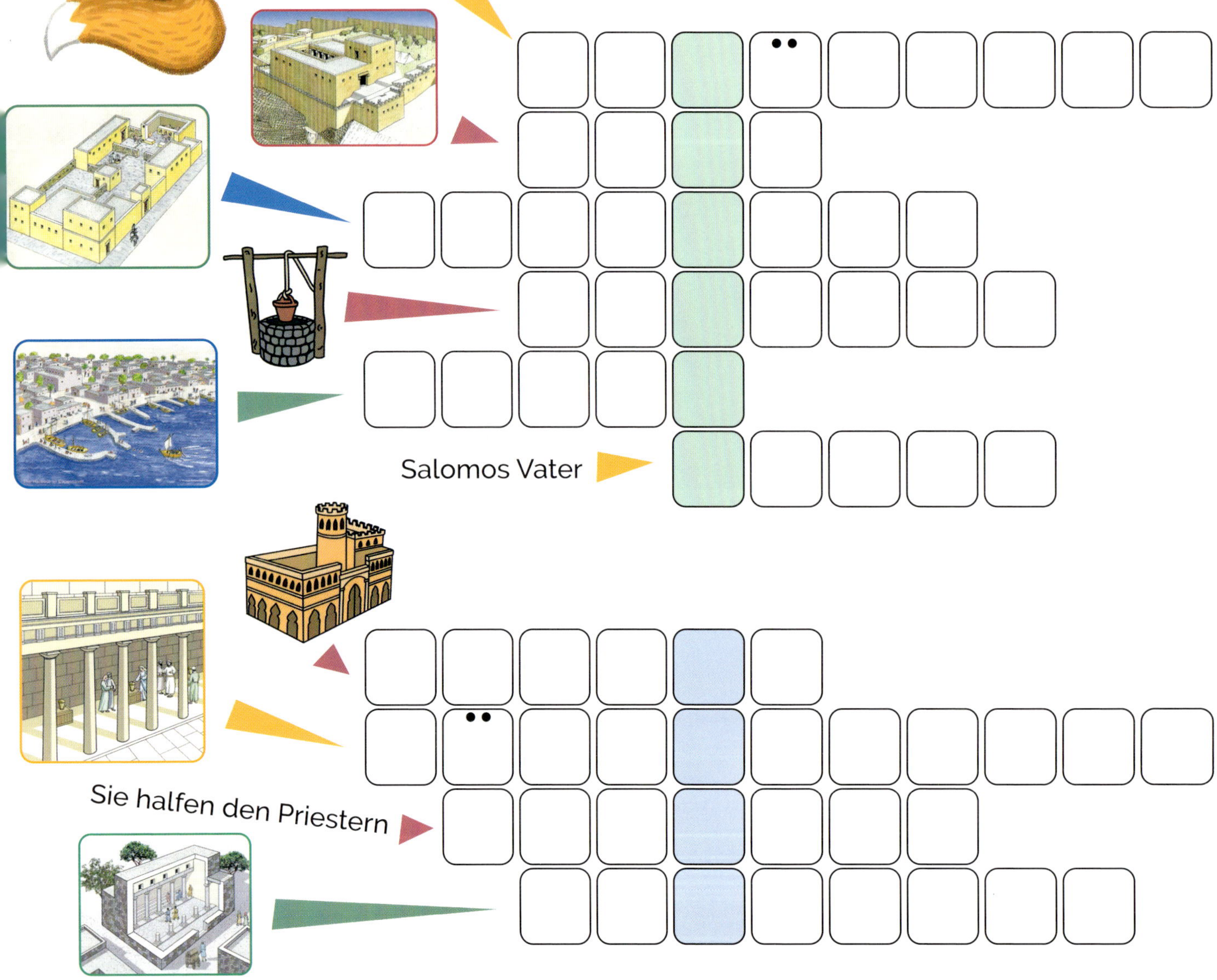

Finn und die Tiere der Bibel – No. 4 (1. Auflage 2020)

Bibelzitate: Elberfelder Übersetzung (Edition CSV Hückeswagen) • **Idee**: S. Flieger • **Texte:** G. Werner • **Grundlayout & Fuchs Finn:** S. Faschinger

Bildnachweise: Stickermotive ohne Bildnachweis: Emma J. Werner; Umschlag vorne: © Leen Ritmeyer / © Photo by Thalia Tran on Unsplash; S. 3 unten: Emm J. Werner; S. 23 unten links: pixabay.com; unten rechts: Emma J. Werner; S. 3ff Buch: © Can Stock Photo / benchart; S. 4: © Can Stock Photo / memoangeles; S. 6–7: © Can Stock Photo / LoopAll; S. 11: © Can Stock Photo / nahhan; S. 11: © Can Stock Photo / askib; S. 12–15: Fotos Stiftshütte: © Beröa-Verlag, Zürich, www.beroea.ch – mit freundlicher Genehmigung; S. 16–17: © Can Stock Photo / netsign33; S. 18: © Can Stock Photo / olegtoka; S. 20–21: © Can Stock Photo / lenaalyonushka; S. 26: © Can Stock Photo / GoodStudio; S. 27: © Can Stock Photo / Vlada13; S. 30–32: Steinmauer: © Can Stock Photo / theblackrhino; S. 31: © Can Stock Photo / Agap; S. 32--33: Leviten und Priester: © SweetPublishing / freebibleimages.org; S. 35: © Can Stock Photo / Avrora; S. 37: © Can Stock Photo / LindaB; S. 41: © Can Stock Photo / sararoom; S. 45: © istockphoto / VladisChern / © Can Stock Photo / gldcreations

Lösungen der Rätsel: S. 6: Die gesuchten 9 Wörter: Liebe, Freude, Friede, Langmut, Freundlichkeit, Gütigkeit, Treue, Sanftmut, Enthaltsamkeit; S. 15: Lösung: Gott will bei dir wohnen; S. 20: Auf der Seite siehst du 34 Tiere ohne Sticker und 37 Tiere mit Sticker (Hinweis: Es sind 8 Ferkel.); S. 30: Lückenwörter: Schafe, Ruhe, Palast, Zelt, Tempel, Salomo, Erfolg; S. 31: Vater, Kind, Weisheit, König, Gold, Vorhang; S. 32: Wolke, Wüste, Arme, Gebet, Himmel, Liebe; S. 45: Lösung: Glaube an den Herrn Jesus!

Finn
und die Bauwerke der Bibel

EIN MITMACH-HEFT

So, jetzt hast du aber erst mal genug über Bauwerke erfahren, oder?

Gönn dir mal `ne Pause! Ich mach das auch. Aber dann gibt es in der Bibel noch viel mehr zu entdecken! Freu dich drauf!

Tschüss! Bis zum nächsten Mal!

Kennst du schon die drei anderen Finn-Hefte?

- „Finn und die Tiere der Bibel No. 1“
- „Finn und die Tiere der Bibel No. 2“
- „Finn und die Pflanzen der Bibel No. 3“

FÜR KINDER AB 7 JAHREN

ISBN 978-3-89287-890-2
9 783892 878902
5,90 € (D)

1 Regarde et lis d'abord les deux premières vignettes. Puis expose la situation. (▶ Méthodes, p. 128/24)

2 Lis la bédé en entier et réponds aux questions.
1. Comment est-ce que Thierry se voit dans dix ans?
2. Qu'est-ce que Chloé pense de cela?

3 Comment est-ce que tu trouves les deux jeunes? Justifie ta réponse à l'aide de la bédé. Tu peux utiliser les adjectifs suivants.

WB: Zuordnungsübung

réaliste	égoïste	modeste	timide	violent/e	tranquille	ouvert/e	énervé/e
flexible	calme	compliqué/e	lâche	sérieux/-euse	fier/fière	sympa	drôle
fort/e	faible	curieux/-euse	créatif/-ive	courageux/-euse	ennuyeux/-euse	___	

4 Trouve un titre à cette bédé. Justifie ton choix.

5 Choisis une des activités suivantes.

a Raconte la bédé à quelqu'un qui ne la connaît pas.
Utilise le présent.

demander à qn si *demander* à qn comment *dire* à qn que *répondre* à qn que

b Imagine une autre fin possible à cette bédé. Tu peux la dessiner ou l'écrire.

c Et toi, comment est-ce que tu te vois dans dix ans? Tu peux écrire un petit texte ou dessiner des vignettes comme dans la bédé, p. 18, vignettes 3 à 5. (▶ Méthodes, p. 121/5.2, ▶ Dictionnaire)

6 Faites le hit-parade des métiers dans votre classe et comparez-le avec le hit-parade des métiers des jeunes Français/es. (▶ Méthodes, p. 120/5, ▶ Dictionnaire)

KV 2: Memory zu *Les métiers*

Les jeunes Français/es veulent devenir …

1	photographe	**11**	fleuriste
2	architecte	**12**	ingénieur de la police scientifique
3	cuisinier/cuisinière	**13**	agent de voyage
4	vétérinaire	**14**	infirmier/infirmière
5	médecin	**15**	jardinier/jardinière paysagiste
6	chirurgien/chirurgienne	**16**	professeur des écoles
7	décorateur/décoratrice d'intérieur	**17**	sage-femme
8	concepteur/conceptrice de voyage	**18**	avocat/avocate
9	journaliste	**19**	ostéopathe
10	styliste	**20**	webmaster

Source: palmarès des métiers 2014
Sondage exclusif réalisé par *Orientations*

Hinweis: V1 → *Conditionnel présent*; V2 → Irreale Bedingungssätze im Präsens (*irréel du présent*); V3 → *Conditionnel présent* als Ausdruck der Höflichkeit

CD 1 4–7

Projets d'avenir

KV 1

1

Matéo: Vous savez ce que vous aimeriez faire plus tard?
Lara: Moi, je ne sais pas encore.
Lili: Moi, je rêve de devenir dessinatrice. Le dessin, c'est ma passion!
Matéo: Je trouve que tu es très douée pour le dessin. Et en plus, tu es créative. Moi, je te verrais bien auteure de bédés parce que tu as aussi de l'humour. Je suis sûr que tu aurais du succès.
Lili: Merci, c'est gentil de me dire ça! ... Et toi, tu ferais un très bon conseiller d'orientation.

Le conseiller d'orientation va dans les collèges et conseille les élèves sur leur orientation après la troisième et sur leur avenir.

2

Marion: C'est quoi, ton métier de rêve?
Lucie: Ben, l'autre jour, dans «Le Monde des jeunes», j'ai lu un article sur Leïla Bekhti et depuis, je rêve de devenir actrice. Je sais, ce n'est pas réaliste, mais je voudrais faire comme elle.
Marion: Je te comprends, c'est une des meilleures actrices du moment.
Lucie: Et ce qui m'impressionne le plus chez elle, c'est son courage. Elle est partie de rien mais elle s'est battue, et elle a réussi. Et malgré ça, elle est restée modeste. Je voudrais lui ressembler!

3

Sami: L'homme qui vient de passer, c'est mon voisin. Il travaille pour «Médecins du Monde». Il part soigner les gens partout où il y a des conflits. C'est un type très courageux. Rien ne lui fait peur. Et il s'engage aussi en France! Il aide les pauvres et se bat contre l'exclusion. C'est vraiment quelqu'un de bien. Je l'admire. Je voudrais suivre son exemple. Et puis, j'aime me sentir utile.
Aurélien: Personne ne t'empêche de faire comme lui! Moi, à ta place, c'est ce que je ferais. J'irais là où les gens ont besoin de moi.

4

KV 1: Tabelle zur Erschließung unbekannter Wörter

Lire, écouter et comprendre

WB: Zuordnungsübung

8|1 **1 a** **Lis les dialogues et réponds. Qu'est-ce que les jeunes veulent devenir? Pour quelles raisons?**

CD 1 7 **b** **Écoute le dialogue 4 et réponds aux questions.** (▶ Méthodes, p. 123/12)

1. Qu'est-ce que ces deux jeunes veulent faire plus tard?
2. Quel est le problème de Félix? Explique-le.

KV 4: Systematisierung *conditionnel présent*

Hinweis zu 2: Imitative Verwendung vorgegebener Formen des *conditionnel présent* aus V1-Text: *je (ne) voudrais (pas)* = als Chunks bekannt; *je me verrais bien* = neu → Kognitivierung in S. 21/3 und Einübung in S. 21/4, S. 22/5

KV 2: Memory zu *Les métiers*

KV 3: Arbeitsblatt zu 2

Parler

2 **Et toi, qu'est-ce que tu voudrais devenir? Qu'est-ce que tu ne voudrais surtout pas faire plus tard? Et pourquoi? Faites le tour de la classe, posez ces questions à vos camarades et répondez à leurs questions. Prenez des notes.** (▶ Tableau, p. 13/5; ▶ Exercice, p. 19/6; ▶ Dictionnaire)

Pour les réponses:
Je me verrais bien ___
Je voudrais devenir ___
Je ne voudrais surtout pas devenir ___
| parce que ___.

WB: Zuordnungsübung

Hinweis zu 3: Bekannte Chunks mit *conditionnel présent*:
je (ne) voudrais (pas) → *À plus! 1* U4/V2; *on pourrait* → *À plus! 1* U5/V3; *j'aimerais* → *À plus! 3* MA; *il faudrait, tu devrais* → *À plus! 3* U4/V3; *ce serait* → *À plus! 3* U5/V2

Découvrir

Koop **3 a** **Übersetzt die beiden Sätze. Stellt den Bedeutungsunterschied heraus.**

1. À ta place, je **parlerais** à mes parents.
2. Demain, je **parlerai** à mes parents.

6|2 **b** **Findet weitere Beispielsätze mit dem *conditionnel présent* im Text, S. 20. Wie werden die Formen des *conditionnel présent* gebildet?**

KV 4: Systematisierung *conditionnel présent*

S'entraîner

WB: Schreib- und Aufdeckübung

8|3 DIFF **4 a** **Donnez des conseils à ces jeunes. Utilisez:**
Moi, à ta place, je ___ **+ conditionnel présent.**
(▶ Repères, p. 33/2)

s'engager (pour ___)
faire un stage
devenir acteur/actrice/___
partir au pair
travailler pendant les vacances
aller chez un conseiller d'orientation
parler à ___
faire des études de ___

1 Le théâtre, c'est ma passion.
2 J'aime aider les gens.
3 Je voudrais passer un an en France mais mes parents n'ont pas beaucoup d'argent.
4 Je ne sais pas ce que je voudrais faire plus tard.
5 Je voudrais voyager, aller partout dans le monde.

b **À vous. Ton/Ta partenaire te parle d'un problème (amour/amitié, argent, école, famille, ___). Donne-lui des conseils comme en a.**
Exemple: – J'aimerais sortir avec Nadia mais je n'ose pas lui dire.
– À ta place, je l'inviterais au cinéma / je lui composerais une chanson.

5 Comment ce serait sans ___? Imagine.
Utilise le conditionnel présent.
(▶ Repères, p. 33/2) ▶ p. 114

sans télé — sans Internet — sans ami/e
sans casque — sans chocolat — sans vélo
sans vêtements de marque — sans livres
sans ___

9|4 9|5 DIFF

6 Aurélie a des problèmes.
Explique pourquoi.
Utilise *personne ne …* et *rien ne …*
(▶ Repères, p. 32/1)

l'*intéresser* vraiment — lui *plaire*
l'*encourager* — lui *donner* des conseils
se *passer* comme elle veut — l'*aider*
changer dans sa vie — *être* facile pour elle
la *consoler* — lui *parler* — *penser* à elle

Médiation

10|8 DIFF

7 Tu as lu ce blog sur la chanteuse ZAZ. Tu racontes à un copain allemand, qui ne la connaît pas, comment l'auteur du blog la trouve et pourquoi. (▶ Méthodes, p. 133/33)

Fan de ZAZ — le blog de Louna

À 4 ans, elle a déclaré à ses parents: «Je serai chanteuse». Et elle l'est devenue! Elle a commencé à chanter dans les rues et maintenant, c'est une grande star. ZAZ n'est pas comme tout le monde et elle le montre dans son titre «Je veux», son premier succès. J'adore sa voix chaude, et ses chansons sont pleines d'émotion. Voilà enfin quelqu'un qui sort de l'ordinaire. Ses textes décrivent la réalité des choses de la vie. Et on comprend chaque mot! Elle mélange différents styles musicaux à la perfection: le jazz, la pop, le soul, le hip-hop, le dubstep avec des influences arabes et africaines, elle joue de la trompette avec ses mains pour seul instrument. Elle est magique. Son nouvel album est sorti: il faut que vous l'écoutiez! En plus, ZAZ est très engagée dans l'association «Colibris», une association qui s'occupe de projets pour un meilleur respect de l'homme et de la nature, partout dans le monde. ZAZ, tu es géniale, tu es mon idole, j'aimerais trop te rencontrer!

Vocabulaire

6|1 8|2 10|7

8 Lisez encore une fois les textes p. 20. Relevez les mots et les expressions pour parler d'une personne que vous admirez. Complétez avec des expressions de 7. Vous pourrez les utiliser pour la tâche A.

Activité

DIFF

9 Prépare un rendez-vous chez le conseiller d'orientation. Fais une fiche.

nom? — âge? — passions? — hobbys?
matières préférées? — métiers de rêve?
modèle? — projets d'avenir? — qualités?

CD 1 8–9

Qu'est-ce qui compte pour toi?

KV 5: *Test* zum Ankreuzen

Le Monde des jeunes

Quand on te parle de «demain», comment est-ce que tu te vois? Dans un bureau ou libre comme l'air? Avec beaucoup de responsabilités? Ou est-ce que tu n'en sais rien? Fais vite ce test pour le savoir.

TEST Qu'est-ce qui compte pour toi?

1 Si tu passais une semaine sur une île déserte, tu emporterais …

B … des jumelles.
A … une montre.
C … un cahier et un stylo.

2 Si tu ratais un examen, …

C … tu arrêterais tes études et tu monterais ta propre entreprise.
A … tu le repasserais plus tard.
B … tu poserais ta candidature pour faire un stage à l'étranger.

3 Tu voudrais que ton futur travail …

B … soit passionnant et enrichissant.
C … te permette d'avoir des horaires de travail flexibles.
A … te permette de gagner beaucoup d'argent.

4 Tu n'aimes pas …

B … faire toujours la même chose.
A … être seul/seule.
C … qu'on te donne des ordres.

5 Si tu travaillais en équipe, …

A … l'avis des autres compterait beaucoup pour toi.
B … tu n'hésiterais pas à poser beaucoup de questions.
C … c'est toi qui prendrais les décisions.

6 Si tu étais un super-héros, …

C … tu sauverais le monde plusieurs fois par jour.
B … tu utiliserais tes pouvoirs pour réussir ta vie.
A … tu rêverais d'avoir une vie normale.

7 Ta qualité principale:

B tu es flexible et tu es prêt/prête à travailler dans différents domaines.
A tu es sérieux/sérieuse, on peut te faire confiance.
C tu es optimiste et rien ne te fait peur.

RÉSULTATS

Tu as quatre C ou plus: Tu ne sais pas encore ce que tu veux faire plus tard. Tu es curieux/curieuse et tu voudrais vivre un tas d'expériences formidables. Tu pourrais par exemple devenir journaliste, reporter ou guide.

Tu as quatre B ou plus: Tu as besoin d'un travail sûr avec un salaire fixe. Tu pourrais faire des études d'économie pour travailler dans une grande entreprise.

Tu as quatre A ou plus: Tu voudrais être ton propre chef. Tu aimes décider librement de ce que tu fais. Tu pourrais devenir concepteur/conceptrice de jeux vidéo, artiste ou traducteur/traductrice.

Lire et comprendre

11|1 **1** **Fais le test «Qu'est-ce qui compte pour toi?».**

WB: *Volet*-Text (*Test*) als Hörübung zum Ankreuzen

Parler

2 **Est-ce que tu te reconnais dans ce que dit le test sur toi? Discute de tes résultats avec ton/ta partenaire.**

11|2

Je (ne) me reconnais (pas).
Je (ne) suis (pas) d'accord.
Je suis plutôt ___.
J'aimerais + *infinitif* ___.
Je voudrais (plutôt) + *infinitif* ___.
Je me vois / Je me verrais bien/plutôt ___.
Je rêve de + *infinitif* ___.
J'ai besoin de + *infinitif* ___.
Je ne sais pas encore. / Je n'en sais rien.

Moi aussi, je ___.
Moi non plus, je ___.
À mon avis, tu ferais un/e bon/ne ___.
Je te verrais plutôt ___.
Tu pourrais + *infinitif* ___.
Moi, à ta place, je + *conditionnel* ___.

WB: Zuordnungsübung

Découvrir

Koop **3** a **Regarde les deux dessins et lis les bulles. Quelle bulle correspond à quel dessin? Justifie ta réponse.**

Si je peux, je passerai chez toi.

Si je pouvais, je passerais chez toi.

b **Lest die Sätze. Welche Verbform wird in den folgenden Sätzen im „si"-Satz verwendet? Welche im Hauptsatz? Stellt eine Regel auf.**

1. Si je **ratais** cet examen, ce **serait** une catastrophe.
2. Si je **passais** une semaine sur une île déserte, j'**emporterais** mon portable.

c **Übersetzt die Sätze von b ins Deutsche und Englische und vergleicht den Gebrauch der Verbformen in den drei Sprachen.**

Hinweis zu 3c: Neben dem Englischen können weitere Sprachen zum Vergleich herangezogen werden.

d **Complétez les phrases. Utilisez l'imparfait et le conditionnel présent.**

1. Si je/j' *(être)* concepteur de jeux vidéo, je/j' *(inventer)* des jeux pour mes parents.
2. Si Félix *(devenir)* reporter, ses parents ne/n' *(être)* pas contents.
3. Qu'est-ce que tu *(faire)* si tu (ne pas *avoir*) cours aujourd'hui?

S'entraîner

4 a **Qu'est-ce que tu ferais dans ces situations? Pose des questions à ton/ta partenaire et réponds à ses questions. (▶ Repères, p. 33/3)** //O ▶ p. 114

Qu'est-ce que tu ferais …

1. … si tu pouvais partir en vacances avec tes copains – sans tes parents?
2. … si tu étais le principal / la principale de ton collège?
3. … si tu étais très riche?
4. … si tu avais 18 ans?

b **Qu'est-ce que tu ferais si …? Imagine et réponds par écrit. Utilise l'imparfait et le conditionnel présent. (▶ Repères, p. 33/3)** //O ▶ p. 114

12|3 12|4 13|5

1. *vivre* seul/e sur une île déserte
2. *parler* sept langues
3. *rencontrer* un acteur célèbre dans la rue
4. *avoir* des pouvoirs surnaturels
5. ne pas *devoir* aller à l'école
6. ___

Si je vivais seul/e sur une île déserte, je mangerais seulement du poisson, je parlerais aux animaux et je dormirais sur la plage.

Hinweis zu 4b: Bildung des *imparfait* → Pense-bête, S. 232

Écouter et comprendre

CD 1 10

5 a **Écoute la conversation et décris la situation. (▶ Méthodes, p. 124/13)** **KV 6:** Arbeitsblatt zu 5

DIFF

b **Vrai ou faux? Écoute encore une fois la conversation et réponds. Corrige les phrases fausses. (▶ Méthodes, p. 124/14)**

1. Guillaume s'intéresse aux maths.
2. Il a de très bonnes notes.
3. Il voudrait vivre comme ses parents.
4. Il devrait arrêter l'école.

WB: Aufdeckübung

CD 1 11

6 **Écoute la chanson de Pascal Obispo et de Natasha St-Pier. Quelle question la chanson pose-t-elle? Tu trouveras les paroles sur webcode (APLUS-4-25).** **KV 7:** Arbeitsblatt zu 6

Vocabulaire et expression

7 a **Trouve dans les textes (p. 20, p. 23) des adjectifs pour décrire les qualités d'une personne. Fais une liste. Complète-la par des adjectifs que tu connais déjà. Tu pourras utiliser ta liste pour la tâche A.**

13|6

b **Quelles qualités est-ce qu'il faut avoir pour être un/e bon/ne journaliste? Trouvez au moins trois qualités. Utilisez votre liste de a et justifiez votre réponse. Continue avec d'autres métiers.**

journaliste médecin clown artiste
auteur/auteure animateur/animatrice
professeur dessinateur/dessinatrice
acteur/actrice reporter ___

Écrire

8 *Le Monde des jeunes* **fait une enquête sur l'avenir des jeunes et sur le thème: «À 25 ans, je serais heureux/heureuse si …» Réponds-y. Écris un petit texte.** //O ▶ p. 115

À 25 ans, je serais heureuse si j'étais directrice d'un zoo. Je m'occuperais des animaux, je ___

CD 1 12–14

Le stage de troisième

F4: Ein Bewerbungsschreiben verfassen

Je dois bientôt faire un stage en entreprise et je ne sais pas comment poser ma candidature. Pourriez-vous m'aider, s'il vous plaît?
*Raphaël, élève de 3e*

Le Monde des jeunes

Toi aussi, comme Raphaël, tu vas faire un stage?

Voici quelques tuyaux pour réussir ta candidature.

1 Ta lettre de motivation

Elle doit donner envie à l'employeur de te rencontrer! Alors, n'attends pas jusqu'au dernier moment pour l'écrire.

Nicolas Tabel
18, rue du Commerce
75015 Paris
01 45 65 78 39
nicotabel@nomail.fr

> Attention à ton adresse mail: donne une adresse sérieuse, ne mets pas superheros@nomail.fr pour une demande de stage!

Restaurant La Table de Léo
23, rue Mademoiselle
75015 Paris

Paris, le 1er septembre 2015

Objet: Demande de stage en entreprise en classe de 3e du 15 au 20 février 2016

Madame, Monsieur,

Je suis en classe de troisième au collège André Citroën à Paris. Cette année, je dois faire un stage en entreprise pendant une semaine.

Je suis très intéressé par tout ce qu'on fait dans un restaurant. Je sais faire la cuisine. Ma spécialité, ce sont les desserts. Je suis créatif et j'aime inventer des recettes. De plus, je suis très doué pour décorer les tables et mettre le couvert. Quand il y a une fête de famille, c'est moi qui sers tout le monde parce que j'aime m'occuper des gens.

> Là, tu expliques tes points forts. Tu peux en rajouter. Mais n'exagère pas trop quand même.

Je m'intéresse particulièrement au service en salle depuis le jour où mon oncle, qui a un restaurant à Montpellier, m'a demandé de l'aider. J'ai beaucoup aimé et j'ai pu utiliser mes connaissances d'allemand et d'anglais pour servir les touristes. Faire un stage dans votre restaurant me permettrait de mieux connaître le métier de serveur et le travail en équipe.

> Là, tu dois montrer à l'employeur que tu es vraiment motivé/e et que tu as le profil idéal.

Je serais très heureux de pouvoir faire mon stage dans votre restaurant. J'espère que ma candidature vous intéresse et que je pourrai bientôt vous rencontrer.

Dans l'attente de votre réponse, je vous prie de recevoir, Madame, Monsieur, mes salutations respectueuses.

Nicolas Tabel

> Et tu signes.

Pièce jointe: CV

> Enfin, tu fais la liste des documents que tu envoies avec ta lettre de motivation.

Le Monde des jeunes

2 Ton CV

Le CV (= curriculum vitae), c'est un peu le film de ta vie en quelques mots.

Nicolas Tabel
18, rue du Commerce
75015 Paris
01 45 65 78 39
nicotabel@nomail.fr

Né le 15 juin 2000 à Paris

Choisis une belle photo d'identité sur laquelle tu souris. Ça fait plus sympa.

Formation

Études Depuis 2012 Collège André Citroën à Paris

Langues Anglais (niveau B1)
2015 Échange de 15 jours à Cambridge
Allemand (niveau A2)

Expérience professionnelle

2014 Stage de 4ᵉ au club de sport Grenelle à Paris
Découverte du travail en entreprise en trois jours

Connaissances en informatique

Word, Powerpoint

Hobbys

Cuisine
Sport (athlétisme)

Si, après trois semaines, tu n'as pas de réponse, téléphone pour demander s'ils ont reçu ta candidature.

Lire et comprendre

WB: Markierübung **WB:** Zuordnungsübung

14|1 **1** a **Survole les deux pages. De quoi est-ce qu'il s'agit?**

b **Qu'est-ce qu'il faut faire pour poser sa candidature?** **KV 8:** Vorentlastung *Volet*-Text

c **Lis les documents et trouve les points forts de Nicolas.**

d **À ton avis, Nicolas a-t-il les bonnes qualités pour ce qu'il veut faire? Justifie ta réponse.**

Écouter et comprendre

WB: Aufdeckübung | **KV 9:** Arbeitsblatt zu **2**

CD 1 15

2 a Trois semaines plus tard, Nicolas n'a pas reçu de réponse. Il appelle le restaurant. Écoute et réponds.

1. Comment est-ce que le patron réagit?
2. À ton avis, qu'est-ce que Nicolas va faire maintenant? Formule des hypothèses.

CD 1 16

b Écoute la suite. Comment est-ce que la conversation se termine? Compare avec tes hypothèses.

CD 1 15–16

c Faites deux groupes. Écoutez une deuxième fois la conversation et prenez des notes. Le premier groupe se concentre sur ce que dit Nicolas, le deuxième groupe se concentre sur ce que dit le patron. Quels sont les arguments de Nicolas? Quels sont les arguments du patron? (▶ Méthodes, p. 123/12)

Parler

DIFF

3 Lis les petites annonces. À quelle annonce est-ce que tu répondrais? Pourquoi? Explique.

1
Cherche jeune m./f. qui aide mon fils à faire ses devoirs (surtout allemand et maths, niveau 6e).

04 69 54 48 32 | 04 69 54 48 32 | 04 69 54 48 32 | 04 69 54 48 32 | 04 69 54 48 32 | 04 69 54 48 32

2
Ferme[1] dans le Languedoc-Roussillon cherche jeunes pour faire les vendanges[2] du 15 septembre à fin octobre. 5 euros de l'heure, repas et camping à la ferme.
Contacter M. Gardère:

04 65 58 90 02 | 04 65 58 90 02 | 04 65 58 90 02 | 04 65 58 90 02 | 04 65 58 90 02 | 04 65 58 90 02

3
Famille cherche baby-sitter pour s'occuper de Ludivine (4 ans) du 22 octobre au 2 novembre (6 jours par semaine, 5 heures par jour) dans sa maison de vacances avec piscine chauffée à 10 mn de Montpellier. 150 euros d'argent de poche.

Tél.: 01 88 44 25 64, après 19 heures. (×6)

4
Music'halle cherche jeunes pour distribuer[3] prospectus, centre commercial du Polygone, octobre à décembre, Mobile:

06 55 11 12 42 | 06 55 11 12 42 | 06 55 11 12 42 | 06 55 11 12 42 | 06 55 11 12 42 | 06 55 11 12 42

1 **la ferme** der Bauernhof
2 **les vendanges** *f. pl.* die Weinlese
3 **distribuer qc** etw. austeilen

Vocabulaire et expression

WB: Mindmap zu *le travail*
WB: Aufdeckübung zum Lied

Koop

4 Fais un associogramme sur le thème du travail. Il sera utile pour la tâche B et l'exercice 5b. Tu peux aussi utiliser les textes du *Coin lecture* **(p. 16–19) et la chanson** *Vous pouvez travailler chez nous* **(▶ webcode APLUS-4-28) pour trouver des mots.**

CD 1 17

14|2

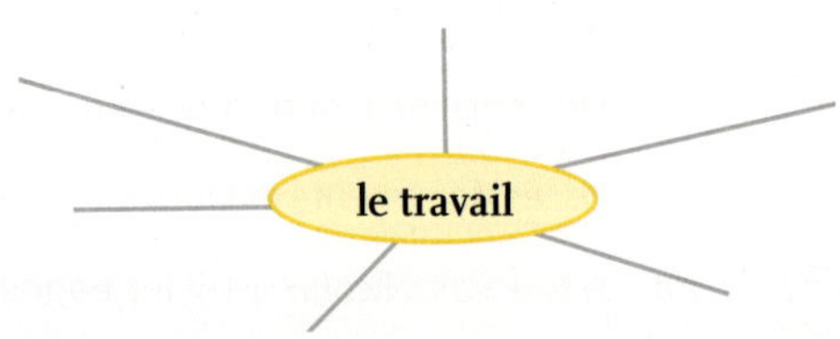

Apprendre à apprendre

5 **Wie du einen Text zum Schreiben eines eigenen Textes nutzen kannst**

a Wenn du einen Text schreiben willst, ist es hilfreich, auf einen Modelltext zurückzugreifen. Lies die Ratschläge im Methodenteil (S. 130–131/29) und wende sie in b an.

16|6 17|7

b Tu veux faire un stage en France, par exemple dans une colonie de vacances, un restaurant, un hôtel? Écris ton dossier de candidature (lettre de motivation et CV) sur le modèle du dossier de Nicolas (▶ Texte, p. 26–27). Utilise ton associogramme de l'exercice 4.

Où? Quand? Pourquoi? Tes qualités? Ton expérience? Tes connaissances?

KV 10: *Lettre de motivation* und *CV* zum Korrigieren

Écouter et comprendre

WB: Schreib- und Aufdeckübung

KV 11: Arbeitsblatt zu 6

CD 1 18

DIFF

6 a **Lucas cherche un job. Il a lu ces annonces. Lis-les toi aussi. Puis écoute la conversation et trouve à quelle annonce Lucas répond.**

1 Cherche dog-sitter pour mes deux labradors, le mercredi. 7,50 € par jour.
Tél: 04 71 18 00 22

2 Cherche dog-sitting, 2 fois par semaine, 14h à 15h, parfois le samedi. 6,50 €/h.
Tél: 04 61 34 99 12

3 Garder chiens quelques heures en semaine. 2 Jack Russel, 12 ans, très gentils. **Renseignements par téléphone: 04 35 65 42 86**

4 Cherche dog-sitter expérimenté pour s'occuper de mon chien, 8 ans. 2 promenades de 30 min/jour. 7,50 €/jour.
Renseignements: 04 57 36 38 40

CD 1 19

16|5

b **Lucas rappelle madame Richard parce qu'il ne peut pas venir à 18h. Écoute. Qu'est-ce que tu comprends?**

c **Prépare ta réponse et joue le rôle de Lucas.**

Regarder et comprendre

DVD

17|8

7 **Regarde la séquence et décris-la.**

KV 12: Arbeitsblatt zu 7

DVD: Berufsporträt: *le métier d'accessoiriste*

Activité

15|4

DIFF

8 **Tu cherches un job pour les vacances? Travaillez à deux et choisissez une annonce dans l'exercice 3. Préparez l'appel téléphonique entre le jeune et l'employeur et jouez-le.**

Choisis une des deux tâches.

PF **A** **Je voudrais lui ressembler**

Toi aussi, tu participes à l'enquête «Mon modèle» du magazine *Le Monde des jeunes*: Présente une personne que tu admires.

- Choisis une personne, célèbre ou non.
- Fais une courte biographie de cette personne et décris ce qu'elle (a) fait dans sa vie. (▶ Méthodes, p.127/21)
- Explique les raisons pour lesquelles tu l'admires (qualités, etc.).
- Pour préparer ton texte, tu peux d'abord faire une fiche d'identité de ton «modèle».
- Après, présente cette personne à tes camarades.

Tu cherches des idées? Les documents sur cette page peuvent t'aider. Tu cherches des expressions utiles?
▶ *Repères* (*Qu'est-ce qu'on dit*, p.32), *textes* (p.20), *exercices* (p.22/7+8), *Méthodes* (p.131/29).

Hinweis zum Text: Modelltext für *Tâche A*

«As-tu une personne modèle?»

Le Monde des jeunes

C'était notre question du mois dernier. Comme beaucoup d'entre vous, Alissa et Ben y ont répondu. Lisez leur témoignage.

C'est la personne que j'admire

Je voudrais vous présenter Aïcha, ma belle-mère. Elle est née en Tunisie mais elle habite en France depuis longtemps. Elle est venue avec ses parents qui n'avaient pas beaucoup d'argent et ne pouvaient pas payer ses études. Elle est partie de rien mais elle s'est battue et elle a réussi. Maintenant, elle est infirmière-psychologue. Elle n'est pas célèbre mais je l'admire beaucoup. D'abord, elle me comprend et m'aide: je suis souvent perdue avec mes parents séparés et elle me donne toujours des conseils utiles. Elle me montre que tout est possible et qu'il faut continuer. Elle me dit toujours: «Rien n'est impossible. Si on a des rêves, il faut les réaliser».
Ce qui m'impressionne le plus chez elle, c'est son courage et son engagement mais aussi son humour. Avec elle, je peux rire de beaucoup de choses. Je rêve de lui ressembler.

Alissa, 14 ans

C'est mon modèle!

Alain Prost – qu'on appelle aussi «le professeur» – est vraiment le meilleur pilote français de Formule 1 et aussi un des plus grands pilotes de l'histoire de ce sport.
Il est né en 1955 en France. À l'âge de 14 ans, il découvre sa passion: le karting.
À 17 ans, Prost décide de commencer sérieusement la compétition. Il arrête ses études - il voulait devenir professeur d'éducation physique -, et travaille dans la petite entreprise de son père pour gagner de l'argent et pouvoir payer son premier kart.
À 18 ans, il devient champion de France junior. Trois ans plus tard, il gagne le Championnat de France de Formule Renault: 12 victoires sur 13 courses!
C'est un résultat incroyable, jamais vu avant!
En 1980, il commence la Formule 1 dans le team Mc Laren. Rien ne l'arrête: quatre ans plus tard, il est déjà champion du monde – et il est le premier Français qui gagne ce titre.
Il a participé à 199 Grand-Prix, il a terminé 128 fois dans les points, dont 106 fois sur le podium. Il a gagné 51 Grand-Prix et il a été quatre fois champion du Monde.
Pour moi, il reste le meilleur pilote de Formule 1 de tous les temps. Ce qui m'impressionne le plus chez lui c'est son courage. Je l'admire. Aujourd'hui encore, beaucoup de jeunes qui commencent la compétition en Formule Renault voudraient lui ressembler et suivre son exemple.
Moi aussi, je fais du karting et je rêve de faire comme lui: gagner de l'argent pour pouvoir acheter mon propre kart un jour!

Ben, 15 ans

KV13: Bewertungsbogen *Tâche A*

KV 14: Bewertungsbögen *candidat/e* und *employeur/-euse*

KV 15: Mini-bilan

B **Des entretiens d'embauche pour un stage**

7|6

Faites deux groupes. Le premier groupe joue le rôle des employeurs. Le deuxième groupe joue le rôle des candidats.

Hinweis: Rollenkarten zu zehn Rollen → Webcode **APLUS-4-31**

Avant les entretiens:

- Chaque élève choisit une fiche (▶ webcode **APLUS-4-31**), lit ce qu'il/elle doit faire et prépare son entretien d'embauche.

Pendant les entretiens:

- Chaque employeur/employeuse rencontre trois candidats et chaque candidat/e se présente à trois employeurs/employeuses. Prenez des notes. Changez de partenaire toutes les deux minutes.

Après les entretiens:

- Chaque candidat/e choisit le stage qu'il/elle préfère et chaque employeur/employeuse choisit son candidat préféré / sa candidate préférée. Présentez et expliquez votre choix en classe.

Tu cherches des expressions utiles? ▶ *Repères* (*Qu'est-ce qu'on dit*, p. 32), *textes* (p. 20, 23, p. 26–27), *exercices* (p. 22/9, p. 25/7, p. 28/2+4, p. 29/6+8).

Exemples:

Tu cherches une place pour un stage dans une auberge de jeunesse

- Prépare ton entretien.
  - Présente-toi.
  - Parle de tes points forts, de ton expérience, de ce que tu aimes faire.
- Prépare tes questions.
  - Où est-ce que tu peux travailler?
  - Qu'est-ce que tu peux faire?
  - Tes collègues?
  - La durée du stage?
  - Les horaires de travail?
  - Ton salaire?
  - Les jours libres?

Tu es le directeur / la directrice d'une auberge de jeunesse

- Fais le profil de ton auberge de jeunesse.
  - Où est-ce que ton auberge se trouve? (quelle région? près d'une ville / à la montagne / au bord de la mer)
  - Combien de places?
  - Combien d'employés?
  - Où est-ce qu'un/e stagiaire pourrait travailler dans ton auberge de jeunesse?
  - Qu'est-ce qu'il/elle pourrait faire? La durée du stage?
  - Les horaires de travail?
  - Le salaire?
  - Les jours libres?
- Prépare les questions que tu veux poser aux candidats.
  - Ses expériences?
  - Pourquoi est-ce que ce stage l'intéresse?
  - Pourquoi dans ton auberge?

Qu'est-ce qu'on dit?

Du sprichst über Berufswünsche
Tu sais ce que tu aimerais faire plus tard?
C'est quoi, ton métier de rêve?
Je rêve de devenir (acteur).
Je me vois / Je me verrais bien (reporter).
J'aimerais faire un métier (d'Internet)/quelque chose avec (les langues).
J'aimerais monter ma propre entreprise.
Je voudrais avoir un travail passionnant/ enrichissant/sûr.
J'aimerais avoir un salaire fixe / travailler dans un bureau / dans une grande entreprise.

Du sprichst über deine Stärken und Interessen
Je suis doué/e pour (le dessin).
(Le dessin,) c'est ma passion.
Je ferais un/e bon/ne (dessinateur/dessinatrice).
J'ai de l'humour. / Je suis flexible et sérieux/-euse.
C'est ma qualité principale.
J'aime me sentir utile.
J'aime prendre des décisions.
L'avis des autres compte beaucoup pour moi.
Je n'aime pas qu'on me donne des ordres.
Je suis prêt/e à travailler dans différents domaines.
On peut me faire confiance.
Je m'intéresse particulièrement à (l'économie).
Je suis intéressé/e par (tout ce qu'on fait dans un restaurant).

Du bittest höflich um etwas
Pourriez-vous (m'aider), s'il vous plaît?
Je voudrais savoir si vous avez reçu ma candidature.

Du sprichst über jemanden, den du bewunderst
Je l'admire parce qu'il/elle (s'engage).
Il/Elle se bat contre (l'exclusion).
C'est un/e des meilleurs/meilleures (acteurs/ actrices du moment).
Ce qui m'impressionne le plus chez lui/elle, c'est (son courage).
Il/Elle est parti/e de rien. Malgré ça, il/elle a réussi.
Il/Elle est resté/e modeste.
C'est un type (courageux) / une femme (courageuse).
C'est vraiment quelqu'un de bien.
Il/Elle s'est battu/e.
Rien ne lui fait peur.
Je voudrais lui ressembler / suivre son exemple.

Du gibst jemandem einen Ratschlag
Moi, à ta place, je (leur parlerais).
Tu pourrais devenir (journaliste).
Tu devrais faire des études (d'économie).
Personne ne t'empêche de faire cela / comme lui/elle.
Moi, c'est ce que je ferais.

Du stellst Vermutungen an
Ils ne comprendraient pas.
Je suis sûr/e que tu aurais du succès.
Tu ferais un très bon (conseiller d'orientation).

Du drückst Bedingungen aus
Si je passais une semaine sur une île déserte, j'emporterais (un livre).
Si nous rations l'examen, nous pourrions le repasser plus tard.

Hinweis: → Modelldialog in den Lehrermaterialien (CD-Extra)

Grammaire

Weitere Verneinungen: Dazu brauchst du:

GH 13 **1** **Personne ne** m'invite. **Rien ne** lui plaît. → *personne ne* ... **und** *rien ne* ...

Personne ne t'empêche de faire comme lui.
Il **n'**empêche **personne** de faire comme lui.

Rien ne change.
Il **ne** change **rien**.

À vous:

a **Traduisez les phrases ci-dessus et expliquez la différence entre:** *personne ne* ... **et** *ne* ... *personne*, *rien ne* ... **et** *ne* ... *rien*.

WB: Aufdeckübung

b **Dites-le en français: 1.** *niemand hat ihn gesehen*; **2.** *niemand kommt heute*; **3.** *niemand hilft mir*; **4.** *nichts ist unmöglich*; **5.** *nichts ist interessant*; **6.** *nichts gefällt ihr*.

Du drückst eine Möglichkeit aus: Dazu brauchst du:

GH 11 **2** Je **voyagerais** partout dans le monde. → **das** *conditionnel présent*

1. Moi, à ta place, je leur **parlerais**.
2. Je **voudrais** lui ressembler.
3. Ils ne **comprendraient** pas.

> Die Endungen des *conditionnel présent* kennst du schon vom *imparfait*.

Die Bildung des *conditionnel présent*

		parler	finir	attendre
Infinitiv +	-ais	je parler**ais**	finir**ais**	attendr**ais**
	-ais	tu parler**ais**	finir**ais**	attendr**ais**
	-ait	il/elle parler**ait**	finir**ait**	attendr**ait**
	-ions	nous parler**ions**	finir**ions**	attendr**ions**
	-iez	vous parler**iez**	finir**iez**	attendr**iez**
	-aient	ils/elles parler**aient**	finir**aient**	attendr**aient**

> Folgende Verben haben im *conditionnel* einen eigenen Verbstamm. Diesen Stamm kennst du schon vom *futur simple*.

! avoir	→ j'**aur**ais	vouloir	→ je **voudr**ais	voir	→ je **verr**ais
être	→ je **ser**ais	pouvoir	→ je **pourr**ais	envoyer	→ j'**enverr**ais
aller	→ j'**ir**ais	savoir	→ je **saur**ais	venir	→ je **viendr**ais
faire	→ je **fer**ais	devoir	→ je **devr**ais	il faut	→ il **faudr**ait

À vous: WB: Aufdeckübung

a **Traduisez: 1.** *Ich würde reisen.* **2.** *Das wäre super.* **3.** *Was würdest du an meiner Stelle machen?* **4.** *An deiner Stelle würde ich Reporter werden.* **5.** *Ich möchte einen interessanten Beruf haben.*

b **Lies die Beispielsätze oben. Was kannst du mit Hilfe des** *conditionnel présent* **ausdrücken?**

Du drückst eine Bedingung aus: Dazu brauchst du:

GH 12 **3** Si tu **faisais** ce test, tu te **connaîtrais** mieux. → **den irrealen Bedingungssatz** *(la condition irréelle)*

Si tu **faisais** un stage, tu **apprendrais** beaucoup de choses.
Si nous **étions** en vacances, nous **irions** à la plage tous les jours.

À vous: WB: Aufdeckübung

Übersetzt die Beispielsätze und bestimmt die Verbformen:
Im *si*-Satz verwendet man ? , im Hauptsatz ? .

Neue Verben:

GH 14 10|6 **4** (se) battre → *Verbes*, p. 138–143

WB: Schreib- und Aufdeckübung

▶ Solutions, p. 144

Hinweis zu 1: Vorbereitung auf das Beschreiben von Gegenständen und den Relativsatz mit Präposition + *lequel / laquelle* → V1. Einsetzbar auf Einstiegsseite, vor S. 43/2.

Arbeitsblatt und Hörtext unter www.cornelsen.de/webcodes APLUS-4-34

Relativsatz mit *qui, que, où*

20|1

FÖR

1 a Décris ces endroits. Utilise des propositions relatives avec *qui*, *que* et *où*.

WB: Aufdeckübung

le Louvre

- un musée
- *se trouver* à Paris, au bord de la Seine
- *être* un palais royal, autrefois
- *pouvoir* visiter
- *montrer* des tableaux célèbres
- *voir* la Joconde

le pont du Gard

- un pont
- *se trouver* dans le Languedoc-Roussillon
- *faire* 273 mètres de long
- les Romains *construire* au 1er siècle
- *amener* l'eau dans les villes, autrefois
- des millions de touristes *visiter*

la passerelle Mimram

- un pont
- *appeler* aussi la passerelle des Deux-Rives
- *faire* 387 mètres de long
- *traverser* le Rhin à Strasbourg
- *pouvoir* traverser à pied ou à vélo
- *être* un symbole de l'amitié franco-allemande

la tour Eiffel

- un monument
- *se trouver* à Paris, au bord de la Seine
- *faire* 324 mètres de haut
- *avoir* 3 étages
- Gustave Eiffel *construire* en 1889, pour l'Exposition universelle
- *appeler* aussi «la dame de fer»

b Choisis cinq endroits en Allemagne ou dans ta ville et décris-les comme en a. Ton/Ta partenaire devine de quel endroit il s'agit. Puis, échangez les rôles.

Hinweis zu 2: Vorbereitung auf weitere Auslöser des *subjonctif* → V2. Einsetzbar nach S. 47/9.

2 Lis les deux portraits (B ▶ p. 110), puis présente tes deux personnalités à ton/ta partenaire, en allemand. Précise en quoi ces personnes sont franco-allemandes.

Sprachmittlung zu dt.-frz. Persönlichkeiten

Stéphane Hessel, activiste et écrivain

Il est né en 1917 à Berlin et à l'époque, il s'appelait encore Stefan Hessel. En 1924, sa famille est partie vivre à Paris et il est devenu Français. Pendant la Seconde Guerre mondiale, il s'est battu pour la France et en 1941, il est parti à Londres et il a travaillé pour la Résistance française. En 1944, la Gestapo l'a arrêté à Paris et l'a envoyé dans le camp de concentration de Buchenwald. Là-bas, un surveillant lui a sauvé la vie avec des faux papiers. Après la guerre, il a longtemps travaillé pour l'ONU (l'Organisation des Nations Unies) et il s'est battu toute sa vie pour les droits de l'homme. En 2010, il a écrit le petit livre «Indignez-vous!» qui a eu beaucoup de succès partout en Europe et pour lequel il a reçu le prix de l'Académie de Berlin en 2011. Il est mort en 2013.

Célia Šašić, footballeuse

Je suis née en 1988 à Bonn, en Allemagne. Mon père vient du Cameroun et ma mère est Française. Un jour, quand j'avais 5 ans, j'ai accompagné mon frère à son entraînement de foot et c'est comme ça que tout a commencé! J'ai été Française jusqu'à l'âge de 16 ans, mais je suis devenue Allemande pour pouvoir jouer dans l'équipe nationale. Je suis milieu de terrain, mais je suis aussi une très bonne buteuse. Parce que mon nom de famille était trop long (avant de me marier, je m'appelais Célia Okoyino da Mbabi), j'étais la seule joueuse de la Bundesliga qui portait seulement son prénom sur son maillot, comme les joueurs brésiliens. Depuis 2010, je suis ambassadrice d'intégration de la ligue allemande de football (DFB). Avec l'équipe nationale, j'ai été championne d'Europe en 2009 et 2013, et joueuse de l'année en 2012. J'ai même joué mon propre rôle dans un épisode de la série policière «Tatort».

Hinweis: Möglichkeit der Lernstandsüberprüfung → Arbeitsblätter unter Webcode → Diagnosebögen und Förderübungen (Lehrermaterialien). Die Arbeitsblätter, KVs und Hörtexte sind für die Verwendung in Lernplattformen freigegeben.

Hinweis zu Tu es en forme pour l'unité 2: Wiederholungsübungen von Grammatik und Lexik in Vorbereitung auf die *Unité 2* → entweder *en bloc* bearbeiten oder einzeln an passender Stelle im Laufe der *Unité*.

Hinweis zu 3: Vorbereitung auf das Beschreiben von Gegenständen und Gewohnheiten → V1, V3. Einsetzbar vor S. 43/2, vor S. 43/4, vor S. 47/10, vor S. 50/4.

3 a Frage mit *quel* + Relativsatz + *lequel / laquelle*

Pour mieux connaître ton/ta partenaire, tu prépares un questionnaire. Formule six questions à partir des éléments suivants. FÖR

Quelle est la personne	sans	lequel	tu peux toujours compter?
Quel est l'objet	avec	laquelle	tu ne pourrais pas vivre?
Quel est le personnage	pour	lesquels	tu voudrais passer du temps?
Quels sont les films	sur	lesquelles	tu aimerais jouer?
Quels sont les pays	dans		tu aimerais vivre?
Quelles sont les idées			tu te battrais, s'il le faut?

b **Pose tes questions à ton/ta partenaire. Il/Elle répond.**

Hinweis zu 4: Vorbereitung auf das Vergleichen von Handlungs- und Lebensweisen → V1. Einsetzbar vor S. 43/4.

4 Komparativ + Mengenangaben

Erlangen et Rennes sont des villes jumelées depuis 1964. Lis les informations sur ces deux villes et compare-les. Utilise *plus de*, *moins de*, *autant de* **et le comparatif.** FÖR

Rennes
fondée en 57 avant J.C.
environ 200 000 habitants

jeune
branchée
moderne
riche
50,39 km²
11,2°C en moyenne*
1 gare
15 universités
environ 30 festivals par an

Erlangen
fondée en 1002 après J.C.
environ 100 000 habitants

traditionnelle
belle
célèbre
riche
76,95 km²
8,9°C en moyenne
1 gare
1 université
environ 3 festivals par an

* **en moyenne** im Durchschnitt

Hinweis zu 5: Vorbereitung auf Adverbien auf *-emment*, *-amment*, *ément* + weitere unregelmäßige Adverbien → V2. Einsetzbar vor S. 46/8.

CD 1 20 **5 a** **Écoute** *La chanson des optimistes* **et note les adverbes que tu entends (il y en a cinq).** FÖR | **WB:** Aufdeckübung

Koop **b** **Maintenant, lis les paroles de la chanson (▶ webcode APLUS-4-35). Trouve pour chaque mot souligné s'il s'agit d'un adjectif ou d'un adverbe.** 21|3

Adverbien / Adjektive

Hinweis zu 6: Vorbereitung auf weitere Auslöser des *subjonctif* → V2. Einsetzbar vor S. 45/4.

6 *subjonctif présent* + bekannte Auslöser

Ton/Ta correspondant/e français/e est chez toi. Il/Elle ne se sent pas bien. Faites des mini-dialogues. Utilisez le subjonctif, si nécessaire. (▶ Pense-bête, p. 232) FÖR

Exemple:
– Ça ne va pas?
– Non, j'ai mal au ventre / à la tête[1] / à la gorge[2] / ____.
– Tu veux que je te fasse une tisane[3] / ____?
– Oui, merci.
– Il faudrait que tu ailles au lit / qu'on ____.

faire une tisane[3] — *aller* au lit — *appeler* le médecin / tes parents
aller à la pharmacie — *boire* beaucoup d'eau — *ouvrir* la fenêtre
prévenir mes parents — *prendre* un médicament
donner un bonbon à qn — *mettre* des vêtements plus chauds

1 **la tête** der Kopf 2 **la gorge** *hier:* der Hals 3 **la tisane** der Kräutertee

Unité 2 Des deux côtés du Rhin

Tâches – au choix
Am Ende dieser Unité kannst du

A einem Franzosen / einer Französin etwas typisch Deutsches vorstellen.

B in einem Rollenspiel ein Missverständnis zwischen Deutschen und Franzosen darstellen und es ausräumen.

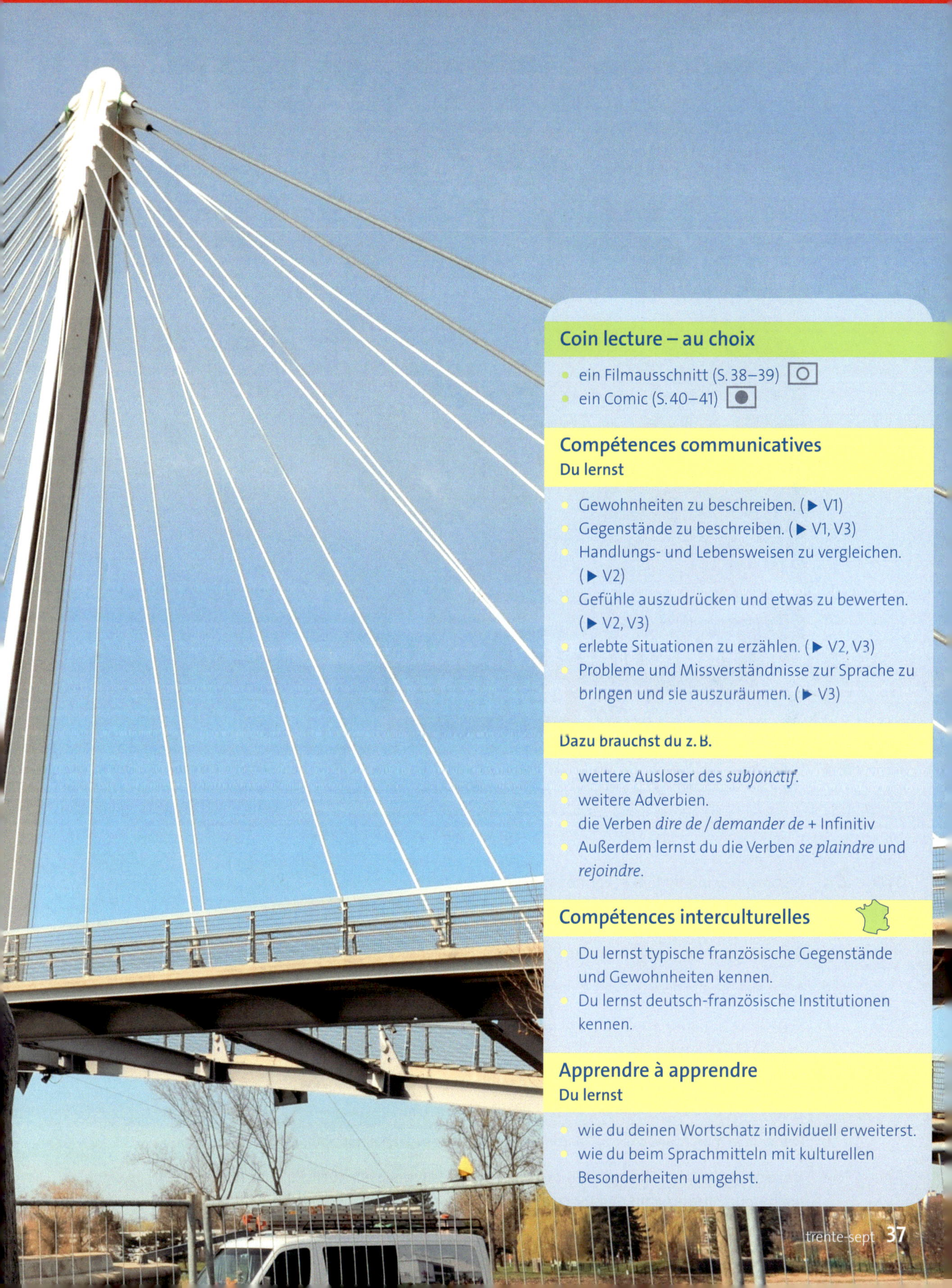

Coin lecture – au choix

- ein Filmausschnitt (S. 38–39) ○
- ein Comic (S. 40–41) ●

Compétences communicatives
Du lernst

- Gewohnheiten zu beschreiben. (▶ V1)
- Gegenstände zu beschreiben. (▶ V1, V3)
- Handlungs- und Lebensweisen zu vergleichen. (▶ V2)
- Gefühle auszudrücken und etwas zu bewerten. (▶ V2, V3)
- erlebte Situationen zu erzählen. (▶ V2, V3)
- Probleme und Missverständnisse zur Sprache zu bringen und sie auszuräumen. (▶ V3)

Dazu brauchst du z. B.

- weitere Auslöser des *subjonctif*.
- weitere Adverbien.
- die Verben *dire de / demander de* + Infinitiv
- Außerdem lernst du die Verben *se plaindre* und *rejoindre*.

Compétences interculturelles

- Du lernst typische französische Gegenstände und Gewohnheiten kennen.
- Du lernst deutsch-französische Institutionen kennen.

Apprendre à apprendre
Du lernst

- wie du deinen Wortschatz individuell erweiterst.
- wie du beim Sprachmitteln mit kulturellen Besonderheiten umgehst.

Hinweis zu Coin lecture: Thematisch passende Texte zur *Unité* = fakultativ → Auswahl ● / ○ auf der Auftaktseite.

1 a Voici l'affiche d'un film allemand. Décris-la. (▶ Méthodes, p. 126/19) **F6:** Ein Filmplakat beschreiben

b À ton avis, quel est le genre du film et quelle est l'histoire? Formule des hypothèses. //○ ▶ p. 115

Hinweis zu Lecture A: Text = Film (erweiterter Textbegriff); Filmszenen in **2** und **3** → DVD. Den Film als Ganzes behandeln → **4a-c** auf Seite 39.

1 **la famille d'accueil** die Gastfamilie
2 **le malentendu** das Missverständnis
3 **au signal du réalisateur** auf ein Zeichen des Regisseurs

DVD **2 a** Regarde le début du film et vérifie tes hypothèses de 1b.

b Décris le problème de Henrik.

c Qu'est-ce que vous feriez à sa place? Discutez. (▶ Pense-bête, p. 232)

d À ton avis, quelle décision va-t-il prendre? Formule des hypothèses.

DVD **e** Regarde la séquence suivante. Explique la décision de Henrik et donne ton avis.

DVD **3 a** Après une première nuit passée dans sa famille d'accueil[1], Henrik se réveille. Regarde la séquence et décris ce qui se passe.

b Explique le malentendu[2] entre la mère et Henrik et les raisons possibles de ce malentendu.

c Travaillez en groupe. Chacun choisit un membre de la famille d'accueil. Rejouez la scène, puis, au signal du réalisateur[3], arrêtez-vous et dites ce que votre personnage pense.

Hinweis zur Lexik: Grundwortschatz im Lesetext → *Liste des mots.* Dieser Wortschatz ist fakultativ und wird im Folgenden nicht vorausgesetzt.

Hinweis zu Inhalten unter APLUS-4-39: Arbeitsblatt zu **4a**: Anleitung zur schematischen Darstellung der Handlung, Arbeitsblatt zu **4b**: Redemittel zur Figurencharakterisierung, Arbeitsblatt zu **4c**: Liste der im Film vorkommenden Lieder

Koop **4** **Si vous regardez le film en entier, choisissez une des activités suivantes (a, b ou c). Vous trouverez les trois fiches de travail correspondantes sur webcode (APLUS-4-39).**

a **Faites un schéma qui montre l'évolution de l'histoire.**

b **Faites le portrait d'un des protagonistes et présentez-le.** **WB:** Zuordnungsübung

Henrik

Mathieu et Charlotte

Valérie

Johannes

c **Étudiez une des chansons du film, présentez-la et expliquez pourquoi (à votre avis) le réalisateur l'utilise dans son film et à ce moment précis du film.**

5 a **Des jeunes français et allemands ont vu le film et ils en parlent sur Internet. Dites en français s'ils ont aimé le film et pour quelles raisons.** **K 16:** Arbeitsblatt zu **5a**

DIFF

Louise: C'est un film super drôle et vraiment réaliste. Et les acteurs jouent vraiment bien. Vous saviez que l'acteur qui joue Henrik a une mère française? Ça vous étonne? Eh bien moi aussi, parce que pendant tout le film, on dirait qu'il ne comprend vraiment rien!

Malaika: Der Film kommt nicht ganz ohne Klischees aus. Da fällt mir zum Beispiel die Frühstücksszene mit der Weinflasche ein. Aber ich finde trotzdem, dass er sich insgesamt auf liebevolle Art über die kleinen Schwierigkeiten in den deutsch-französischen Beziehungen lustig macht. Mir hat er jedenfalls gefallen.

Joris: Während der Film lief, habe ich die ganze Zeit gedacht: „So etwas würde ich nie machen!" Henriks Verhalten ist total ungeschickt und unglaubwürdig.

Bastien: J'ai adoré! Bien sûr, il y a l'histoire d'amour entre Henrik et Valérie qui est vraiment cool ... Mais pour moi, le meilleur moment du film, c'est la scène où Henrik met du vin dans ses céréales. J'étais mort de rire!

Omar: J'avais très envie de voir le film, mais je suis vraiment déçu: un tas de clichés sur la France et les Français et rien d'autre ... Du vin au petit-déjeuner, n'importe quoi!

b **Est-ce que vous êtes d'accord avec ce que les jeunes disent sur le film / la scène du petit-déjeuner? Discutez en classe ou en groupe et justifiez votre avis. Si vous avez vu le film en entier, vous pouvez aussi écrire une critique de film.** (▶ Méthodes, p. 130–131/29)

Hinweis zu 5b: S können sich sowohl auf den gesamten Film als auch auf die Ausschnitte beziehen.

Hinweis zum Text: Authentischer Comic mit Vokabelannotationen

Hinweis zu Coin lecture: Thematisch passende Texte zur *Unité* = fakultativ → Auswahl ● / ○ auf der Auftaktseite

CD 1 21

ClairiKine

la pomme de terre die Kartoffel **serrer la main à qn** jdm die Hand geben **se faire la bise** sich mit Küsschen begrüßen
la saucisse die Wurst **se marrer** s'amuser

Hinweis zur Lexik: Grundwortschatz im Text → *Liste des mots.*
Dieser Wortschatz ist fakultativ und wird im Folgenden nicht vorausgesetzt.

Hinweis: Comic und Vokabelannotationen als PDF → Webcode APLUS-4-40

Hinweis zu 2: Neue Auslöser des *subjonctif* zum Ausdruck von Gefühlen/Bewertung → V2. L gibt in **2a** Auslöser vor: *être content(e) / triste que + subj. – avoir peur que + subj. – trouver bizarre / drôle / dommage que + subj.* → Verwendung in S. 41/2, S. 41/5c.

1 Lis les trois premières vignettes* de la bédé, puis expose la situation. (▶ Méthodes, p. 128/24)

* **la vignette** le dessin

//● **2 a** Maintenant, lis la bédé en entier. Décris la rencontre entre Mathieu et Nils. Comment se comportent-ils? Que font-ils et pourquoi? Justifie à l'aide de la bédé. //○ ▶ p. 116

DIFF **b** Il y a des vignettes dans lesquelles personne ne parle. Imagine des bulles-pensée* pour les personnages.

* **la bulle-pensée** die Gedankenblase

c Trouve un titre pour la bédé.

● **3** Retrouve à quels moment de l'histoire correspondent ces deux vignettes. Décris et compare l'ambiance dans les deux situations. Puis montre les moyens graphiques[1] (couleurs, arrière-plan[2], composition de l'image[3] etc.) que la dessinatrice utilise pour illustrer l'évolution de l'histoire.

1 **les moyens graphiques** *m. pl.* die gestalterischen Mittel
2 **l'arrière-plan** *m.* der Hintergrund
3 **la composition de l'image** der Bildaufbau
4 **la bouche** der Mund
5 **les rayures** *f. pl.* die Streifen

le(s) personnage(s) — en face de — à côté de — loin de — près de — séparé — toucher qn — l'arrière-plan — vide — le contraste — les cheveux *m. pl.* — les vêtements *m. pl.* — embrasser sur la bouche[4] — les rayures[5] *f. pl.* — timide — différent

Hinweis zu 4b: Vollständige Umfrage-Ergebnisse unter APLUS-4-144

4 a Fais un tableau et réponds spontanément à ces questions. Puis mettez vos résultats en commun.

1. Qu'est-ce que tu associes* à la France / à l'Allemagne?
2. Comment les Français / les Allemands sont-ils?

* **associer qc à qc/qn** etw. mit etw./jdm verbinden

F7 **b** On a posé les mêmes questions à des élèves français et allemands. Lisez les réponses suivantes. Pour chacune des réponses, devinez si c'est ce que les élèves allemands ont dit de la France / des Français ou si c'est ce que les élèves français ont dit de l'Allemagne / des Allemands. Puis, vérifiez vos hypothèses à l'aide des résultats du sondage (▶ Solutions, p. 144–145). Enfin, comparez vos réponses de **a** aux résultats du sondage.

1. À la France / À l'Allemagne, j'associe ...
la Seconde Guerre mondiale[1] — le foot — plus que trois repas par jour — la musique — le fromage — la charcuterie (au petit-déjeuner) — la baguette — les vacances — la bière — les longs dîners qu'on prend tard — le vin[2] — une langue difficile — des beaux paysages — le soleil — les voitures de luxe — l'amour — des bons films — les après-midis libres

2. Les Français / Les Allemands sont ...
sympa — grands — généreux[3] — élégants — écolos[4] — arrogants — accueillants[5] — chaotiques — gourmands[6] — beaux — drôles — ouverts — timides — sportifs — fiers de leur pays — bavards — végétariens

1 **la Seconde Guerre mondiale** der Zweite Weltkrieg
2 **le vin** der Wein 3 **généreux/-euse** großzügig
4 **écolo** umweltbewusst 5 **accueillant/e** gastfreundlich
6 **gourmand/e** naschhaft, gefräßig

c Est-ce que vous vous reconnaissez dans ce que les élèves français disent des Allemands? Discutez. (▶ Méthodes, p. 125/18)

WB: Zuordnungsübung

F7: Interkulturelles Lernen, Reaktivierung bekannter Lexik

Hinweis zum Lesetext: *drôlement, fièrement* = Adverbien mit bekanntem Bildungsschema

CD 1 22–23

Vive la différence!

«Karambolage» est une émission qui passe sur la chaîne de télévision franco-allemande Arte.

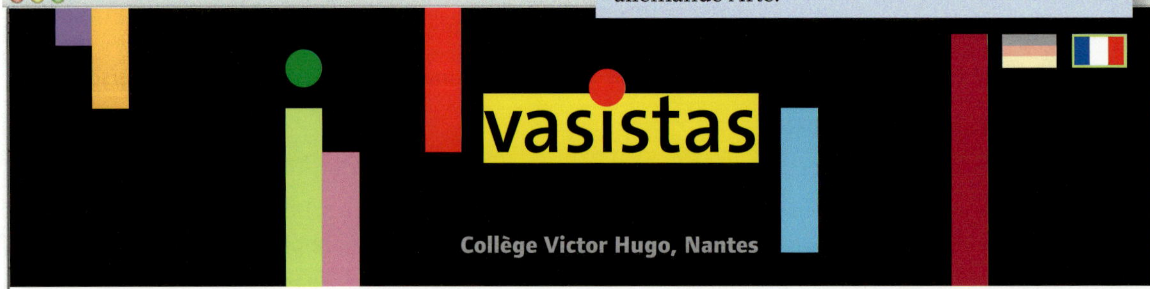

En cours d'allemand, nous avons vu l'émission «Karambolage» et nous avons bien aimé. C'est pourquoi, avec nos correspondants allemands, nous avons voulu faire pareil et présenter quelques habitudes de la vie quotidienne en Allemagne et en France.

L'objet

Les mouillettes

En France, un œuf à la coque, ça se mange en général comme ça: on met du beurre sur une tranche de pain blanc et on la découpe en morceaux longs et fins qu'on appelle des mouillettes. Ensuite, on trempe les mouillettes dans son œuf. Mmm! C'est drôlement bon! Mais attention: si l'œuf n'est pas assez cuit, on en met partout et c'est un peu dégoûtant. Et s'il est trop dur, on ne peut plus y tremper ses mouillettes et c'est bien dommage! Les Allemands, eux, utilisent une petite cuillère en plastique ou en métal à la place des mouillettes.

La «Schultüte»

La «Schultüte» est une tradition allemande du 19ᵉ siècle. C'est un grand cornet en carton et en papier qui se ferme avec un ruban. En Allemagne, le premier jour d'école, les parents offrent une «Schultüte» à leur enfant. Il part à l'école avec son cadeau qu'il tient fièrement dans ses bras. Les parents peuvent, bien sûr, acheter la «Schultüte», mais c'est beaucoup plus sympa de la faire soi-même. On la remplit, par exemple, avec des objets utiles comme des stylos et des crayons, mais aussi avec des bonbons, un jeu de cartes et un porte-bonheur. Mais … chut! Le contenu de la «Schultüte» doit rester une surprise jusqu'au dernier moment!

Vos commentaires:

Tom: Vous oubliez de dire qu'en France, on mange les œufs à la coque plutôt le soir et pas au petit-déjeuner comme en Allemagne.

le 3 décembre

Zaïa: Je trouve que la «Schultüte» est une belle tradition. On devrait l'introduire en France!

le 4 décembre

Lire et comprendre

1 a **Lis le début du texte (l. 1–3) et explique ce que fait l'émission** *Karambolage*. **(▶ Civilisation, p. 137)**

b **Explique en allemand à ton/ta partenaire comment on mange les œufs à la coque en France. Ton/Ta partenaire vérifie à l'aide du texte et complète tes informations si nécessaire.**

c **Lis le texte sur la «Schultüte». Est-ce que les élèves français présentent la tradition de la «Schultüte» comme tu la connais? Écris un commentaire pour le site** *Vasistas*.

24|6

WB: Aufdeckübung

Parler

KV 17: Geometrische Formen / Adjektive zum Üben des Beschreibens

2 **Choisissez un des objets et faites des devinettes, puis échangez les rôles. Vous pouvez aussi choisir d'autres objets qui se trouvent dans votre salle de classe.**

Exemple:
- C'est un objet en métal? – Oui. / Non.
- C'est quelque chose qu'on utilise pour manger de la glace? – Oui, par exemple. / Non.
- C'est une cuillère? – Oui, c'est ça!

en fer
en métal
en plastique
en papier
en carton

avec *lequel* on ___
sur *lequel* on ___
qu'on utilise pour ___
qu'il faut pour ___
___

le porte-revues

la rampe

le couteau

le marque-page

la chemise

l'enveloppe *f.*

WB: Übungsvariante als Lückentext

Vocabulaire et expression

22|1 22|2 23|3

3 a **Trouve les phrases qui correspondent à ces phrases allemandes dans le texte, p. 42. Comment est-ce qu'on peut exprimer un passif allemand en français?**

KV 69: Einführung des *passif*

1. Sie wird zum Beispiel mit nützlichen Gegenständen gefüllt.
2. Das ist eine große spitze Tüte, die mit einem Band verschlossen wird.

b **Choisis un mot et explique-le. Ton/Ta partenaire devine ce que c'est.** //O ▶ p. 116

23|4 24|5

un stylo — une porte — «merci» — une glace — le foot — les vêtements — le pain — la lecture

ça se/s' | *acheter* — *manger* — *dire* — *jouer* — *ouvrir* — *mettre* — *apprendre* — *utiliser* — ___

WB: Schreib- und Aufdeckübung — **KV 18:** Karten zum Ausschneiden

Recherche

4 **Pour en savoir plus sur ce qui est typiquement français ou allemand, fais une recherche sur le site de l'émission** *Karambolage* **(sous «Toutes les rubriques»). Choisis deux exemples dans deux rubriques différentes, puis présente-les. Les questions suivantes peuvent t'aider pour structurer ta présentation.**

Où? — Dans quel but? — Comment? — Quand? — Quoi? — Depuis quand? — ___

KV 19: Arbeitsblatt für die *présentation*

CD 1 24–25

Lycée et collège de l'Iroise, Brest

Trois mois en Allemagne!

mis en ligne le 10 décembre

On m'a demandé de vous raconter mon expérience «Brigitte Sauzay», alors voilà. Il y a deux ans, mon frère a fait cet échange et il est revenu super content! Évidemment, ça m'a donné envie de partir, moi aussi. Alors, l'an dernier (j'étais en troisième), je suis allée sur le site de l'OFAJ et j'ai trouvé une correspondante. Elle s'appelle Anna et vit à Rüsselsheim, près de Francfort. Elle est en 10e classe (ça correspond à la seconde) au Neues Gymnasium de Rüsselsheim et elle a 15 ans et demi comme moi. Enfin, je suis partie pendant trois mois de septembre à novembre. Anna, elle, viendra chez moi de début mars à fin mai.

Au début, j'avais peur que ça se passe mal, mais tout s'est très bien passé. Ma famille d'accueil a été absolument adorable! Les parents d'Anna s'appellent Daniel et Katrin. Ils sont très gentils! Sa sœur, Luisa, a 13 ans. Elle m'a gentiment laissé sa chambre pendant ces trois mois et elle a dormi dans la chambre d'Anna. (Ce n'est pas ma sœur qui ferait la même chose!) Le premier soir, on a fait un vrai repas avec une entrée et un plat principal. Les autres soirs, il y avait le «Abendbrot» (qui veut dire mot à mot le «pain du soir»). Moi, j'ai compris «Armenbrot» (mot à mot le «pain des pauvres»). J'ai trouvé bizarre qu'ils appellent ça «Armenbrot» même si ce n'est pas un vrai repas. Alors, j'ai demandé à Anna de m'expliquer. Elle a éclaté de rire! Eh non, je ne connaissais pas ce mot! :-/ Maintenant, je ne parle pas encore couramment allemand, mais j'ai fait énormément de progrès!

Pendant tout mon séjour à Rüsselsheim, je suis allée en cours avec Anna. En Allemagne, les cours sont cool. (Ils durent seulement 45 minutes. Et les élèves ont cours jusqu'à 13 heures 30 seulement.) Je pense que les élèves sont plus libres que chez nous. Et puis, ils travaillent différemment, de manière plus autonome. Ils sont souvent assis en petits groupes et les profs font le tour de la classe pour expliquer. Pour moi, c'était vraiment super parce qu'au début, je ne comprenais pas grand-chose, mais je n'osais pas déranger. Et puis, j'avais peur qu'on ne me comprenne pas bien ou qu'on se moque de moi à cause de mon accent. Mais on m'a dit de ne pas m'inquiéter à cause de ça. Ce qui m'a beaucoup plu aussi, dans le lycée d'Anna, c'est qu'il n'y a pas de carnets de correspondance comme en France et qu'il n'y a pas de surveillants non plus. C'est carrément cool!

Avec Anna, on s'est très bien entendues. On a fait un tas d'activités ensemble. Je suis même allée avec elle au club-théâtre du lycée! Pourtant, le théâtre, ce n'est pas trop mon truc. Anna et moi, on a fait aussi beaucoup de choses avec ses copains. Pendant les «Herbstferien» (mot à mot «les vacances d'automne»), ils m'ont montré Francfort, une ville avec un tas de tours modernes. On est allés au «Palmengarten», au «Senckenberg-Naturmuseum», on s'est promenés sur les bords du Main et on a fait du shopping, bien sûr!

Ces trois mois ont vite passé et je n'ai presque pas eu le mal du pays. Par contre, j'ai eu mal au ventre à cause de l'eau gazeuse. (Il y avait toujours de l'eau gazeuse à table. L'eau plate m'a énormément manqué, mais je n'ai pas osé le dire …)

C'est dommage que ce soit fini, mais j'ai eu la chance de faire cette expérience. J'ai appris à me débrouiller seule, sans ma famille et mes copains. Alors, forcément, je suis devenue plus indépendante. Et puis, je suis contente qu'Anna vienne bientôt chez moi!
Voilà! Vous hésitez à partir pendant trois mois en Allemagne? Allez-y, c'est «toll»!

▶ Lisez aussi: Le coin des anecdotes

Morgane, élève de seconde

Lire et comprendre

//● **1** a Lis le texte, puis note les informations que tu y trouves sous forme de schéma. //○ ▶ p. 116

25|1

WB: Aufdeckübung

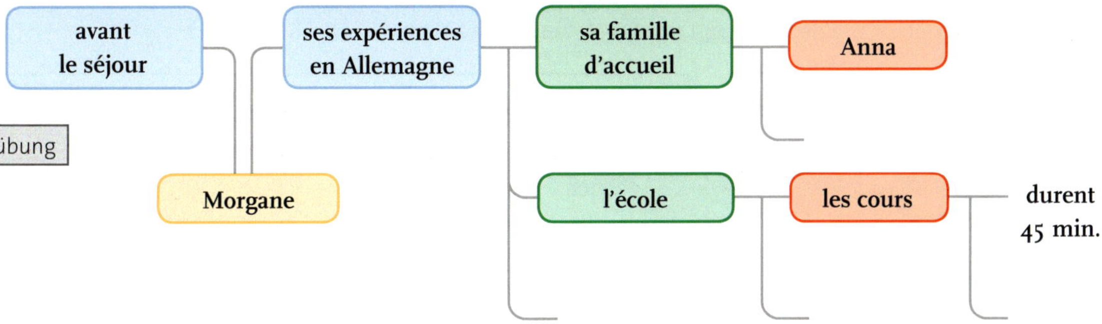

b Un journal veut imprimer le texte de Morgane. Aide-la à trouver des titres pour les paragraphes. Utilise ton schéma de a.

//● c Que penses-tu de ce que Morgane dit de l'Allemagne à propos des thèmes suivants? Commente. //○ ▶ p. 116

les repas *m. pl.*	la durée des cours	l'ambiance à l'école *f.*

Koop DIFF **2** Trouvez des informations sur l'OFAJ et les programmes d'échange franco-allemands (par exemple *Brigitte Sauzay* et *Voltaire*) sur Internet. Vous pouvez aussi consulter le *Petit Dictionnaire de Civilisation*, p. 134–137.

Parler

DIFF **3** Aimeriez-vous faire un échange de trois mois en France? Discutez-en avec votre partenaire.

	+	–
J'aimerais Je serais content/e de Je n'aimerais pas J'aurais peur de	parler couramment français découvrir la France / ___ aller à l'école en France rencontrer des Français/es passer trois mois à l'étranger quitter ma famille / ___ être indépendant/e ___	rester aussi longtemps en France quitter* ma famille / mon chien / ___ manquer des cours avoir le mal du pays parler français tout le temps ne pas comprendre les gens / ___ manger du fromage / ___ ___

* **quitter qn/qc** jdn/etw. verlassen

Découvrir

Koop **4** a Mit folgenden Satzanfängen werden Gefühle und Wertungen ausgedrückt. Übersetze sie.

J'ai trouvé bizarre que ___. C'est dommage que ___.
J'avais peur que ___. Je suis content/e que ___.

b Finde heraus, wie die Sätze aus a in Morganes Bericht (▶ p. 44) weitergehen. Welche Verbform steht jeweils im Nebensatz?

S'entraîner

20|2 26|3 27|4 DIFF

5 *TV Jeunes* **a interviewé quelques jeunes Allemands qui font un échange en France. Raconte ce qu'ils disent. (▶ Repères, p. 54/1, ▶ Pense-bête, p. 232)**

Exemple: 1. Elle trouve nul que l'école finisse très tard.

WB: Schreib- und Aufdeckübung

//● 27|5 F6

6 **Imaginez le/la corres de vos rêves et le/la corres de vos pires cauchemars* et décrivez-les à votre partenaire. Utilisez le subjonctif. (▶ Repères, p. 54/1, ▶ Pense-bête, p. 232)** //○ ▶ p. 117

Ce serait cool / ___ que ___.
J'ai envie / Je voudrais que ___.
Je trouverais super / ___ que ___.
Il faudrait que ___.

Ça m'énerverait que ___.
J'ai peur que ___.
Il ne faudrait pas que ___.
Je ne voudrais pas que ___.

WB: Zuordnungsübung **KV 20:** *Subjonctif*-Auslöser

* **les pires cauchemars** *m. pl.* die schlimmsten Albträume

Écouter et comprendre

WB: Aufdeckübung

CD 1 26 DIFF

7 a **Dans une émission à la radio, des jeunes parlent de leur échange. Fais un tableau et note d'abord comment ils ont trouvé l'échange en général (☺😐☹).**

25|2

b **Écoute encore une fois et note ce qui leur a plu / ce qui ne leur a pas plu. (▶ Méthodes, p. 123/12)**

prénom	*en général*
Colin	
Nino	
Sophie	

Vocabulaire et expression

Hinweis zu 8: Lexikalische Umwälzung der Adverbien auf *-emment*, *-amment*, *ément* und *-ment* → Bildungsregel auf S. 55/3 (*Repères*)

//● 28|6 29|7

8 **Morgane prépare le séjour de sa corres Anna à Brest. Rends le texte plus vivant: complète-le par les adverbes français qui conviennent. Parfois, il y a plusieurs possibilités.** //○ ▶ p. 117

1. Il faut *(unbedingt)* qu'Anna se sente chez elle quand elle viendra. Il faut que j'explique à papa et maman qu'Anna ne parle pas *(fließend)* le français et qu'il faudra parler moins vite.
2. À l'école, ça va être moins cool qu'à Rüsselsheim … En France, on apprend *(anders)* et j'ai *(wirklich)* peur que ce soit ennuyeux pour Anna. En plus, on a *(sehr viel)* de devoirs …
3. *(selbstverständlich)*, on va faire un tas d'activités. Qu'est-ce qui plairait à Anna? Ah oui! Ce serait *(total)* cool si on pouvait aller au théâtre. Et *(ausgerechnet)*, mamie m'a *(netterweise)* offert deux places pour aller voir «Le bal des voleurs» d'Anouilh, ça tombe bien!
4. Et puis, on ne peut pas faire de séjour à Brest sans voir l'océan! Alors, *(zwangsläufig)*, on fera un tour en bateau et je lui montrerai Océanopolis, elle va *(sicherlich)* trouver ça génial!
5. Je suis contente qu'elle arrive bientôt et qu'elle reste trois mois, et pas *(nur)* une semaine!

WB: Lückentext

Médiation

9 **Le journal de ton école présente des objets typiques du monde entier. Écris un texte sur le Carambar, en allemand.** (▶ Méthodes, p. 133/33)

DIFF

Nos objets cultes

Ah … le Carambar! Ce bonbon que tous les enfants français connaissent et adorent! On l'appelle Carambar parce qu'il s'agit d'une «barre» de «caramel» dure et longue de 8 centimètres. Quand a-t-on inventé le Carambar? Eh bien justement, on ne l'a pas inventé! Il est né en 1954 quand une machine à fabriquer les bonbons n'a pas marché correctement et a fait des bonbons beaucoup trop longs. Depuis, ce bonbon fait plaisir aux enfants: on le mange à la récré, au goûter, à la maison et on peut acheter des Carambars presque partout! Mais si vous avez la chance d'en manger un, faites attention: il est très, très dur! C'est pourquoi il vaut mieux le garder un peu dans la main avant de le manger. Mais où est passé le papier d'emballage du Carambar? Ne me dites pas que vous l'avez mis à la poubelle! Il ne faut pas, surtout pas! En effet, quand on sort le Carambar de son papier d'emballage, surprise: il y a des blagues sur le papier! Ce sont les célèbres «blagues Carambar». Un exemple?

Dans la rue, un homme demande à une vieille dame:
- *Vous n'auriez pas vu un policier?*
- *Non.*
- *Alors donnez-moi votre sac à main!*

Allez, encore une:
- *Maman, maman, l'armoire est tombée!*
- *Mon dieu, il faut prévenir ton père!*
- *Il le sait déjà, il est dessous.*

une barre de Carambar

Vous n'êtes pas morts de rire? Bon, c'est vrai que les blagues ne sont pas toujours très intelligentes, mais on les adore justement pour ça! L'expression «blague Carambar» est même passée dans le langage de tous les jours pour dire «blague nulle».
Le 21 mars 2013, dans une campagne de publicité qu'ils appellent «C'est du sérieux», les producteurs de Carambar expliquent qu'ils vont arrêter les blagues et proposer des questions de grammaire à la place. Tous les journaux en parlent et crient que c'est une catastrophe et que les blagues Carambar manqueraient trop aux Français! Eh bien justement, quatre jours plus tard, les Français apprennent que «la fin des blagues» était une blague, «la plus grande blague de l'année»!
Ah, sacré Carambar!

Écrire

10 **Va sur le site de l'OFAJ dans la rubrique «Participer», puis «Petites annonces». Choisis une annonce d'un/e élève français/e qui cherche un/e corres et réponds-y par mail.** (▶ Dictionnaire)

KV 22: Fehler in DaF- und FLE-Sätzen durch Kontrastierung finden

Apprendre à apprendre

11 **Wie du deinen Wortschatz individuell erweiterst**

29|8

DIFF

a Wenn dir französische Wörter und Ausdrücke begegnen, die du noch nicht kennst, dann entscheide selbstständig, ob sie für dich wichtig und nützlich sind, und nimm sie in deinen Lernwortschatz auf.
Lies die Ratschläge im Methodenteil (S. 123/10) und wende sie in **b** an.

b Lies deine E-Mail aus Aufgabe **10**. Entscheide, welche der neuen Wörter und Ausdrücke für dich nützlich sind, und nimm sie in deinen Lernwortschatz auf.

F 9: Einführung / Vorentlastung neuer Lexik

KV 23: Textpuzzle zum Ausschneiden

CD 1 27–31

Le coin des anecdotes

Écrivez-nous!

Ayoub **le 11 décembre**

J'ai participé à un échange quand j'étais en quatrième. J'étais à Hambourg. Un jour, on m'a servi une sorte de soupe avec des pois, des pommes de terre et des morceaux de saucisse. J'en ai pris très peu parce que je voulais aussi goûter le plat principal. Eh bien, vous savez quoi? Cette spécialité allemande, qu'on appelle «Eintopf», c'était le plat unique! J'ai eu faim tout l'après-midi, mais je n'ai pas osé le dire. LOL

▶ Commentaire

Fan-de-moi **le 12 décembre**

Moi, un jour où il faisait chaud, j'ai eu envie d'une glace. J'ai demandé à ma corres Selma: «Gibt es Glas?» J'étais étonnée qu'elle m'apporte un verre. Mais au bout d'un moment, j'ai compris le malentendu: «Glas» ne veut pas dire «glace» mais «verre», bien sûr! Selma et moi, on a bien ri! Eh oui, il faut faire attention aux faux amis. ;-)

▶ Commentaire

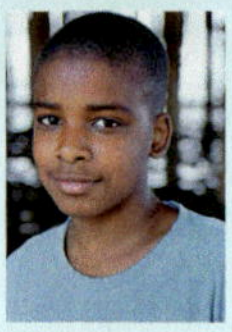

Karim **le 12 décembre**

Le premier jour où je suis allé au lycée, mon corres a sorti une boîte en plastique du placard qui ressemblait à une boîte à cache. Alors, je lui ai demandé: «C'est quoi, ça? Ça sert à quoi?» Matti était étonné que je ne connaisse pas cet objet, mais il m'a expliqué. En fait, il s'agit d'une «Brotdose» (mot à mot «boîte à pain») qu'on remplit avec des tartines de fromage ou de charcuterie, des fruits et même des boissons pour les emporter à l'école ou en pique-nique. Il paraît qu'il existe aussi des boîtes à banane, à pomme et même à kiwi. Il fallait y penser!

▶ Commentaire

Nolwenn **le 14 décembre**

Moi, un jour, je suis allée toute seule en ville parce que je voulais acheter des cadeaux pour ma famille et mon copain. J'avais rendez-vous avec ma corres et son amie devant la gare principale de Stuttgart à cinq heures et demie. J'ai rejoint les filles avec exactement une heure de retard! Je me trompe toujours! Eh oui, les Allemands disent «halb sechs» pour «cinq heures et demie», et moi, quand j'entends «halb sechs», j'ai six heures et demie en tête. :-/

▶ Commentaire

Le Chti **le 15 décembre**

Mon corres Gustav n'arrêtait pas de se plaindre. Un matin, au petit-déjeuner, il s'est plaint de son «oreiller en forme de grosse saucisse» qui le dérangeait pour dormir. J'ai trouvé la comparaison amusante, et j'ai tout de suite compris. «Tu veux dire un ‹traversin›?» Alors, ma mère lui a donné un oreiller à la place.

▶ Commentaire

Lire et comprendre

WB: Übungsvariante zum Anhören

30|1 30|2 31|3

1 a **Lis les anecdotes. Dans quelle(s) situation(s) s'agit-il d'un problème de langue et dans quelle(s) situation(s) d'habitudes différentes? Quelquefois plusieurs réponses sont possibles.**

	problème de langue	*habitudes différentes*
Ayoub		
Fan-de-moi		

b **Résume chaque anecdote au présent en une ou deux phrases.** //○ ▸ p. 117
Exemple: Ayoub ne mange pas beaucoup de «Eintopf» parce qu'il ___.

Parler

31|4

2 **Tu vas bientôt faire un échange en France. Quel(s) cadeau(x) est-ce que tu pourrais apporter à ta famille d'accueil? Discutez.**

du pain noir / de la moutarde / un «Stollen» / ___
le DVD / le dernier album de ___
un livre sur ___
un tee-shirt avec ___ / le maillot* de l'équipe ___
___

* **le maillot** das Trikot

parce que/qu'
- c'est une spécialité allemande / de notre région
- ils ne connaissent peut-être pas ça en France
- c'est hyper bon/original/drôle/pratique/___
- ___

Ah oui, génial!
Super, mais il faudra leur expliquer ce que c'est.
Bonne idée, mais comment tu vas le/la/les transporter?
Non, ça ne sert à rien / c'est nul ___!

S'entraîner

3 **Travaillez à trois. A demande quelque chose à B, qui le dit à C, qui demande à A si c'est vrai. Puis, échangez les rôles. Utilisez les expressions** *demander à qn de* + **infinitif et** *dire à qn de* + **infinitif.**

Exemple:
A (à B): Dessine un hamster.
B (à C): Il/Elle m'a demandé de dessiner un hamster.
C (à A): Tu lui as demandé de dessiner un hamster?!

dessiner un hamster | *disparaître* | *dépenser* mille euros | *s'énerver* | *applaudir* | *s'envoler* | *compter* jusqu'à cent | *ressembler* à une chaise | *dormir* pendant douze heures | *écrire* les yeux fermés | ___

Vocabulaire et expression

4 a Quelle définition correspond à quelle photo? Traduis les légendes des photos en allemand.

1

un verre à eau

2

un verre d'eau

C'est un verre dans lequel il y a de l'eau.

C'est un verre qui sert à boire de l'eau.

DIFF **b Trouve les mots composés qu'on peut former à partir de ces mots et explique-les.** WB: Zuordnungsübung

une cuillère une boîte une assiette un cornet	à de	café biscuits fromage glace soupe

C 21|4 DIFF **5 a Attention aux faux-amis! À quels mots allemands ces mots ressemblent-ils? Cherche les mots français dans un dictionnaire (▶ Méthodes, p. 120/5.1) et explique le malentendu possible.** WB: Zuordnungsübung

Exemple:

1. une glace → Ça ressemble au mot allemand «Glas», mais ça veut dire «Eis».

1. la glace
2. le régal
3. la canne
4. l'infusion *f.*
5. le baiser
6. la démonstration
7. le tricot
8. la dose

b Traduis mot à mot les expressions suivantes. Puis cherche dans un dictionnaire quelles expressions allemandes leur correspondent. (▶ Méthodes, p. 120/5.1) WB: Übungsvariante als Memory-Spiel

Exemple:

«Ne pas être dans son assiette», ça veut dire mot à mot «nicht in seinem Teller sein» et ça correspond à l'expression allemande «sich nicht wohl fühlen».

- ne pas être dans son assiette
- casser les pieds à qn
- poser un lapin à qn
- chercher midi à quatorze heures
- raconter des salades
- ne pas être sorti/e de l'auberge
- mettre les pieds dans le plat
- appeler un chat un chat
- faire la tête
- tomber dans les pommes

KV 24: Dt./Frz. Redewendungen

Regarder et comprendre

Hinweis zu 6: Die Hörtexte auf der CD sind so bearbeitet, dass die Szenen auch über das Hören verständlich sind.

KV 25: Arbeitsblatt zu 6

DVD
CD 1 32–37
32|6

6 a **Regarde les scènes d'un échange entre jeunes Français et jeunes Allemands. Résume ce qui se passe à l'aide des mots suivants.**

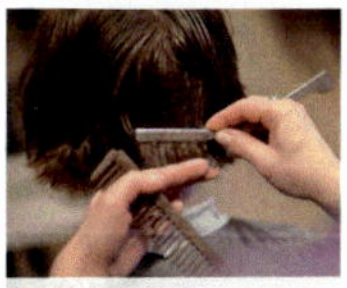
le coiffeur

le clavier

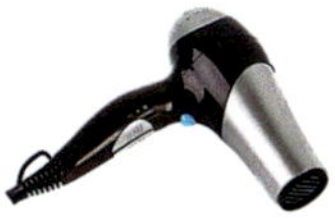
le sèche-cheveux

la prise

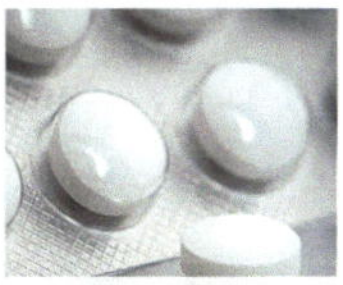
le comprimé

le digicode

Koop

b **Qu'est-ce que les jeunes disent pour parler des problèmes qu'ils rencontrent? Regardez encore une fois et notez les expressions dans un tableau.**

S. O. S. échange – les expressions qui sauvent!

J'ai compris quelque chose	*Je remarque que quelque chose ne va pas*	*Je ne sais pas comment on utilise quelque chose*	*Je veux parler d'un malentendu*	*Je ne sais pas comment on dit quelque chose en français*
Ah bon!				

c **Trouvez d'autres expressions avec lesquelles vous pouvez parler d'un problème et le résoudre. Complétez votre liste** *S. O. S. échange*. **(▶ Textes, p. 44, p. 48, ▶ Liste alphabétique, p. 188)**

Apprendre à apprendre

7 **Wie du beim Sprachmitteln mit kulturellen Besonderheiten umgehst**

a Wenn du beim Sprachmitteln daran denkst, auch kulturelle Besonderheiten zu erläutern, kannst du verhindern, dass dich dein Gegenüber nicht versteht oder missversteht.
Lies die Ratschläge im Methodenteil (S. 133/33.2) und wende sie in b an.

DIFF

b Tu es chez ton/ta corres en France. Ton oncle t'a envoyé cette anecdote par mail. Raconte-la à ton/ta corres.

Als ich das erste Mal in Frankreich war, wäre ich gleich am ersten Morgen fast überfahren worden … Ich war mit meinem Austauschpartner Michel auf dem Weg zur Schule und wir wollten die Straße überqueren. Da war ein Zebrastreifen, also wollte ich einfach, ohne groß nach links und rechts zu sehen, über die Straße gehen. Da hat Michel „Attention!" gerufen und mich am Arm gepackt, gerade noch rechtzeitig, wie sich herausstellte, denn das Auto hielt nicht an! Ich war total fertig und habe mich auch ein bisschen geschämt, dass ich nicht mal im Straßenverkehr alleine klar komme … Dann hat mir Michel erklärt, dass die Autofahrer in Frankreich nur ganz selten am Zebrastreifen anhalten und den Fußgängern den Vortritt lassen, und dass man immer aufpassen muss. Nach diesem Erlebnis wurde ich ein wenig übervorsichtig, was mir Michels Spott einbrachte, wenn ich mal wieder brav an der Ampel wartete, dass es grün wird – während alle anderen ganz selbstverständlich bei Rot über die Straße gingen. Nach einer Weile habe ich mich aber irgendwie an die geheimen Regeln des französischen Straßenverkehrs gewöhnt und als ich wieder frisch zurück in Deutschland war, hatte ich Schwierigkeiten, hier wieder zurechtzukommen.

WB: Aufdeckübung

Choisis une des deux tâches.

KV 26: Bewertungsbogen *Tâche A*

P F **A** **Chez nous, c'est comme ça!**

Les élèves du collège Victor Hugo de Nantes et leurs correspondants (▶ Texte, p. 42) ont fait une liste d'objets, d'habitudes et d'évènements sur lesquels ils aimeraient en savoir plus. Aide-les: présente un objet, une habitude quotidienne ou un évènement typiquement allemand/e, qui n'existe pas ou qui existe différemment en France. Écris un texte à la «Karambolage».

1. Lis la liste et choisis un objet, un évènement ou une habitude quotidienne. Tu peux aussi faire une recherche sur le site de l'émission «Karambolage» ou choisir quelque chose qui est typique de ta région, ta ville, ton village et qui existe peut-être uniquement chez vous.
2. Décris l'objet et explique à quoi il sert. / Décris la fête ou l'habitude et explique pourquoi vous faites comme ça.
   - S'il te manque des mots, cherche-les dans un dictionnaire. (▶ Méthodes, p. 121/5.2)
   - S'il te manque des informations, fais une recherche sur Internet.
   - Si par exemple chez toi, vous fêtez une fête autrement qu'elle se fête en général en Allemagne, parles-en aussi dans ton texte.
   - Dis aussi comment tu trouves l'objet, l'évènement ou l'habitude que tu expliques.
3. Si tu connais quelque chose en France qui ressemble à ton objet ou à la tradition que tu veux décrire, dis à quoi cela correspond en France ou utilise des comparaisons.
4. Écris ton texte. Tu peux aussi faire un film à la «Karambolage».

- *Silvester: das Bleigießen, „Dinner for One", die Silvesterknaller, ...*
- *Karneval: die Weiberfastnacht, die Umzüge, ...*
- *das Oktoberfest*
- *Ostern: Ostereier bemalen, das Osterfeuer, ...*
- *die Bundesjugendspiele*
- *die Walpurgisnacht, der Maibaum, der Tanz in den Mai*
- *das Schützenfest*
- *der Abistreich*
- *die deutschen Schulnoten*
- *der Getränkekasten*
- *das Kirschkernkissen*
- *das Poesiealbum*
- *die Currywurst*
- *der Waldmeister-Geschmack*
- *...*

Tu cherches des expressions utiles? ▶ *Repères (Qu'est-ce qu'on dit*, p. 54*)*, *textes* (p. 42, p. 44, p. 48), *exercices* (p. 43/2+3, p. 46/5, p. 51/7)

Hinweis: *Le réveillon de la Saint-Sylvestre* = Modelltext für *Tâche A*

Le réveillon de la Saint-Sylvestre

Moi, j'aime cette fête parce qu'on fête jusqu'à tard dans la nuit – ou tôt le matin!

La soirée se déroule comme ça: vers 20 h, mes parents et moi, on va chez ma tante et mes cousins et cousines parce qu'on s'amuse bien avec eux, mais je sais que beaucoup de gens fêtent le réveillon aussi entre amis.

On prend l'apéritif bien sûr, avec du champagne et, pour les enfants, du jus de fruits. Puis, ma tante présente son dîner spécial (et très cher!): on mange du foie gras[1] (j'aime bien), des huîtres[2] (beurk – je déteste ça!) ou du poisson (ça va), des gâteaux et d'autres desserts (miam!). Et après, les adultes boivent du champagne (encore!). Le repas dure très longtemps: à minuit, on n'a même pas encore mangé le fromage! Je trouve drôle que les adultes veuillent bavarder tout le temps, mais parfois, on danse et on fait des jeux. Notre jeu préféré, c'est «Loup-garou»! C'est cool.

Mais il faut faire attention à ne pas oublier l'heure parce qu'à minuit, on se souhaite une bonne année, on s'embrasse sous le gui[3], on va dans la rue pour souhaiter la bonne année aux gens. Après on rentre, et la fête continue avec le fromage, le dessert ... À la fin, on n'a plus faim du tout!

Je sais qu'il y a une grande fête sur les Champs-Élysées ou sous la tour Eiffel. C'est sûrement beau aussi, mais je préfère être avec ma famille.

Adrien, 15 ans, Paris

1 **le foie gras** die Gänsestopfleber
2 **l'huître** *f.* die Auster
3 **le gui** der Mistelzweig

KV 27: Bewertungsbogen *Tâche B*

B Mon anecdote

Présentez un malentendu amusant entre Français et Allemands dans un jeu de rôle. (▶ Méthodes, p. 125/17)

1. Quel problème ou quel malentendu voulez-vous montrer? Vous pouvez vous inspirer des textes et des exercices de l'unité, mais vous pouvez choisir aussi quelque chose de drôle ou d'intéressant qui vous est arrivé pendant un échange ou qu'on vous a raconté.
   Notez vos idées, puis mettez-vous d'accord sur le thème de votre scène. Il pourrait s'agir d'une histoire autour:
   - d'un objet ou d'une habitude inconnue (comme les mouillettes, le «Abendbrot», la «Schultüte», le traversin ...).
   - d'un faux-ami comme «la glace» – «das Glas».
   - d'un malentendu comme celui de Henrik dans le film «Französisch für Anfänger».
2. Répartissez les rôles.
3. Écrivez votre scène. N'oubliez pas de trouver une solution au malentendu que vous avez choisi.
4. Entraînez-vous à la jouer.
5. Jouez la scène. (Vous pouvez aussi la filmer.)

Vous cherchez des idées? Le tableau des faux-amis peut vous aider.
Vous cherchez des expressions utiles? ▶ *Repères* (*Qu'est-ce qu'on dit*, p. 54), *textes* (p. 42, p. 48), *exercices* (p. 43/2+3, p. 50/5 a, p. 51/6)

	FAUX-AMIS		
traduction allemande	mot français	mot allemand	traduction française
das Schlagzeug	la batterie	die Batterie	la pile
der Zirkel	le compas	der Kompass	la boussole
die Sporthalle	le gymnase	das Gymnasium	le lycée
der Schläger	la raquette	die Rakete	la fusée
tapfer	brave	brav	sage
der Kofferraum	le coffre	der Koffer	la valise
der Streuzucker	le sucre en poudre	der Puderzucker	le sucre glace

KV 28: Mini-bilan

Qu'est-ce qu'on dit?

Du beschreibst einen Gegenstand

C'est (un grand cornet) en (carton) qui (se ferme avec un ruban).
C'est une sorte de (soupe) avec (des pois et des pommes de terre).
Il s'agit d'(une «Brotdose»), mot à mot («boîte à pain»), qu'on (remplit avec des tartines).
C'est (un grand oreiller) en forme de (grosse saucisse).

Du beschreibst eine Gewohnheit

Ça se mange en général comme ça.
Les (Allemands) utilisent (une petite cuillère) à la place des (mouillettes).
On met (du beurre).
On (la) découpe en morceaux.
On (les) trempe (dans son œuf).
En Allemagne, le premier jour d'école, les parents offrent une «Schultüte» à leur enfant.
On la remplit par exemple avec (des choses utiles).
Il y avait toujours (de l'eau gazeuse à table).
(Les Français) disent toujours («Allô?») quand ils (répondent au téléphone).
(En France), on (mange) très souvent (du fromage à la fin du repas).
(Les Allemands) ont l'habitude de (passer leurs vacances à l'étranger).

Hinweis: → Modelldialog in den Lehrermaterialien (CD-Extra)

Du vergleichst und bewertest etwas

(La 10ᵉ classe) correspond à (la seconde).
Je pense que (les élèves) sont plus (libres) que chez nous.
Ils travaillent différemment, de manière plus autonome.
Ce qui m'a beaucoup plu, c'est qu'il n'y a pas de carnets de correspondance comme en France.
J'ai trouvé la comparaison amusante.
Je trouve bizarre qu'(ils appellent ça «Armenbrot»).

Du drückst deine Gefühle aus

J'avais peur que (ça se passe mal).
C'est dommage que (ce soit fini).
Je suis content/e qu'(Anna vienne chez moi).
Je n'ai pas osé (le dire).
(L'eau plate) m'a énormément manqué.

Du erzählst von einem Erlebnis

J'ai demandé (à Anna) de (m'expliquer) le mot.
On m'a dit de (ne pas m'inquiéter).
Mais au bout d'un moment, (j'ai compris le malentendu).

Du räumst ein Missverständnis aus

(«Glas») ne veut pas dire («glace»), mais («verre»).
Les Allemands disent («halb sechs») pour («cinq heures et demie»).

Grammaire

Du drückst Gefühle aus oder bewertest etwas:

Dazu brauchst du:

GH 16 **1**

Je suis content qu'il vienne. → **weitere Auslöser des** *subjonctif (déclencheurs du subjonctif)*

J'ai peur que ça se passe mal.
C'est dommage que ce soit fini.
Je suis contente qu'Anna vienne chez moi. — **GEFÜHL**

Je trouve bizarre qu'ils appellent ça «Armenbrot». — **BEWERTUNG**

Das kennst du schon:

Je veux / Je voudrais que ___. — **WUNSCH/WILLE**
Il faut / Il faudrait que ___. — **NOTWENDIGKEIT**

WB: Aufdeckübung

Übt und wiederholt gemeinsam:

a Wiederholt die Bildung der *subjonctif*-Formen der Verben. (▶ Pense-bête, p. 232, ▶ Verbes, p. 138)

b Sammelt Adjektive, mit denen man Gefühle und Bewertungen ausdrücken kann, und formuliert damit weitere Auslöser des *subjonctif*. (▶ Exercice, p. 46/6)

c Reagiert auf folgende Aussagen und benutzt dabei eure Liste aus b:

1 Environ 200 000 jeunes Français et Allemands font un échange chaque année.

2 Les Français découpent le fromage autrement que les Allemands.

3 Les élèves français ont des vacances d'été plus longues que les élèves allemands.

4 Les notes de musique s'appellent do-ré-mi-fa-sol-la-si-do en français.

5 En France, les enfants vont à l'école maternelle vers 3 ans.

6 Les radios françaises doivent passer 40 % de musique francophone.

Du gibst wieder, worum jemand bittet oder wozu jemand auffordert: Dazu brauchst du:

GH 18 **2** On m'a demandé **de** vous **raconter** mon expérience. → *dire de / demander de + infinitif*

«Ne t'inquiète pas.» → On m'a dit **de** ne pas **m'inquiéter**.
«Anna, est-ce que tu peux m'expliquer ce mot?» → J'ai demandé à Anna **de** m'**expliquer** ce mot.
«Raconte-leur ton expérience.» → On m'a demandé **de** vous **raconter** mon expérience.

Übt und wiederholt gemeinsam:

Lest die englische Entsprechung der Beispielsätze (▶ p. 145/2) und vergleicht mit dem Französischen.

WB: Aufdeckübung

Du beschreibst, auf welche Art und Weise etwas passiert oder gemacht wird: Dazu brauchst du:

GH 17 **3** Ils travaillent **différemment**. → **Adverbien** *(les adverbes)*

Adjektiv	Adverb
différ**ent**/e	→ différ**emment**
viol**ent**/e	→ viol**emment**
intellig**ent**/e	→ intellig**emment**
indépend**ant**/e	→ indépend**amment**

! énorm**ément**, forc**ément**, carr**ément**, gent**iment**, absol**ument**

! intéressant/e → ~~intéressamment~~
→ **de manière** intéressante

Ein Adjektiv und das davon abgeleitete Adverb können unterschiedliche Bedeutungen haben.

Nicht von jedem Adjektiv kann man ein Adverb ableiten. Die Art und Weise kannst du auch mit *de manière + adjectif* ausdrücken.

Übt und wiederholt gemeinsam:

a Betrachtet die Adjektive und die dazugehörigen Adverbien. Wie werden diese Adverbien gebildet?

b Lernt die Ausnahmen auswendig.

Neue Verben: **WB:** Aufdeckübung

GH 19 **4** (se) plaindre, rejoindre → *Verbes,* p. 138–143

32|5

▶ Solutions, p. 145

Tu es en forme pour l'unité 3? facultatif

Hinweis zu 1: Vorbereitung auf das Sprechen über ein Land, eine Region, eine Stadt → V1. Einsetzbar vor S. 66/4.

Arbeitsblatt unter www.cornelsen.de/webcodes APLUS-4-56

Wortfeld „Geographie"

1 a Décris les deux villes à ton/ta partenaire sans les nommer. Il/Elle trouve de quelles villes tu parles. Vous pouvez vous aider de la carte à la fin du livre. (B ▶ p. 110) DIFF

compter ___ habitants
être à ___ kilomètres de ___
se trouver en ___
à ___
près de ___
au bord de ___
entre ___ et ___
être situé dans une région de montagnes / de lacs / de forêts ___

WB: Lückentextübung

35|2 **b Continuez avec des villes, des régions ou des pays de votre choix.**

Hinweis zu 2: Vorbereitung auf die Beschreibung von Lebensläufen → V2. Einsetzbar S. 68 (vor dem Text), vor S. 71/5b.

Ländernamen und Präpositionen

35|1 35|3

2 a Présente ces personnalités à l'aide des informations données. Utilise *de*/*d'*, *du*, *des*, *en*, *au* ou *aux*. DIFF
Exemple: 1. Samuel Eto'o est un joueur de foot. Il vient d'Afrique. Il est né au Cameroun. …

1. Samuel Eto'o, joueur de foot
– *venir* ? Afrique
– *être* né ? Cameroun
– *avoir* joué ? Espagne, puis dans d'autres clubs ? Europe.

4. Stromae, chanteur
– son père *venir* ? Rwanda
– sa mère *venir* ? Belgique
– *être* né et *habiter* ? Belgique

2. Leïla Bekhti, actrice
– ses parents *venir* ? Algérie
– *être* née ? France
– *jouer* ? France et ? Maroc

5. Omar Sy, acteur
– *être* né ? France
– son père *venir* ? Sénégal
– sa mère *venir* ? Mauritanie
– *vivre* ? États-Unis

3. Tony Parker, joueur de basket
– *être* né ? Belgique
– son père *venir* ? États-Unis
– sa mère *venir* ? Pays-Bas
– *être* célèbre ? États-Unis et ? France

WB: Aufdeckübung

6. Eugenie Bouchard, joueuse de tennis
– *venir* ? Canada
– *avoir* gagné des matchs importants ? Japon et ? Allemagne
– son entraîneur *venir* ? États-Unis

féminin		masculin	
l'Afrique	l'Espagne	le Cameroun	le Maroc
l'Algérie	l'Europe	le Canada	les Pays-Bas
l'Allemagne	la France	les États-Unis	le Rwanda
la Belgique	la Mauritanie	le Japon	le Sénégal

Ländernamen, die auf *-e* enden, sind in der Regel feminin. Auch die Namen der Kontinente enden auf *-e* und sind feminin. Ländernamen, die nicht auf *-e* enden, sind meistens maskulin.

b À toi. Choisis une personnalité et présente-la comme en a.

Hinweis: Möglichkeit der Lernstandsüberprüfung → Arbeitsblätter unter Webcode → Diagnosebögen und Förderübungen (Lehrermaterialien). Die Arbeitsblätter, KVs und Hörtexte sind für die Verwendung in Lernplattformen freigegeben.

Hinweis zu Tu es en forme pour l'unité 3: Wiederholungsübungen von Grammatik und Lexik in Vorbereitung auf die *Unité 3* → entweder *en bloc* bearbeiten oder einzeln an passender Stelle im Laufe der *Unité*.

Hinweis zu 3: Vorbereitung auf die indirekte Rede in der Vergangenheit → V3. Einsetzbar vor S. 74/3.

3

Indirekte Rede im Präsens

DIFF

36|7

Avec des amis, vous êtes dans un magasin de produits africains à Paris. Tes amis ne parlent pas français. Fais l'interprète. Utilise le discours indirect au présent.

Hinweis zu 3: Vorbereitung auf die indirekte Rede in der Vergangenheit + Zeitenfolge → V3. Einsetzbar vor S. 74/3.

4 a

conditionnel présent

DIFF

36|6

Les élèves d'une classe de troisième veulent organiser une journée de la francophonie dans leur collège. Ils discutent et font des propositions. Mets les verbes entre parenthèses au conditionnel. (▶ Pense-bête, p. 232)

1. Cette année, nous *(pouvoir)* choisir l'Afrique comme thème.
2. Ah oui, ce *(être)* super. Bocar et Djenabou *(pouvoir)* nous donner des tuyaux.
3. Moi, je *(faire)* un stand avec des spécialités africaines que je *(vendre)* aux visiteurs.
4. Toi, Marie, tu *(emprunter)* de la musique africaine au CDI.
5. Vous, Idriss et Ashraf, vous *(montrer)* un film et des photos de votre dernier voyage au Maroc.
6. Tous nos parents *(venir)* et ils *(apprendre)* des choses sur ce continent.

b À toi. Imagine que ta classe veut organiser une journée portes ouvertes au collège. Qui pourrait s'occuper de quoi? Fais au moins cinq propositions et utilise le conditionnel comme en a. (▶ Pense-bête, p. 232)

Hinweis zu 5: Vorbereitung auf das *plus-que-parfait* + Zeitenfolge → V2, V3. Einsetzbar nach S. 65/1b, vor S. 70/3.

5

imparfait, passé composé und *présent*

DIFF

36|4
36|5

Présente l'Algérie à différentes époques de son histoire. Utilise l'imparfait, le passé composé et le présent. (▶ Pense-bête, p. 232)

1. Autrefois, l'Algérie *(compter)* peu d'habitants.
2. Beaucoup d'habitants *(vivre)* près de la côte.
3. La pêche *(être)* une activité importante.
4. En montagne, il y *(avoir)* des tribus nomades.
5. Les gens ne *(parler)* pas français.
6. La majorité des gens *(se déplacer)* à pied.

1. En 1830, les Français *(occuper)* la capitale.
2. Après, ils *(coloniser)* tout le pays.
3. Les Algériens *(se battre)* contre les Français.
4. Entre 1954 et 1962, la Guerre d'Algérie *(avoir)* lieu.
5. Pendant cette guerre, plus de 500 000 hommes *(perdre)* la vie.
6. En 1962, le pays *(devenir)* indépendant.

1. Aujourd'hui, on *(parler)* arabe, berbère et français en Algérie.
2. Le pays *(compter)* environ 40 millions d'habitants, contre 9 millions en 1950.
3. Quelques tribus nomades *(exister)* toujours.
4. Pour beaucoup d'Algériens, la France *(rester)* un pays d'accueil.
5. Beaucoup de personnalités françaises *(venir)* d'Algérie.
6. Plusieurs films *(raconter)* l'histoire de la relation franco-algérienne.

Unité 3 **Bienvenue sur le continent africain**

Tâches – au choix
Am Ende dieser Unité kannst du

A ein frankophones Land Afrikas vorstellen.

B Musik aus Afrika vorstellen.

F10: Bildbeschreibung zum Einstieg in die *Unité*

F11: Landeskunde Afrika

WB: Aufdeckübung

Coin lecture – au choix

- ein Auszug aus einem Jugendbuch (S. 60–61)
- ein Auszug aus einem Comic (S. 62–63)

Compétences communicatives

Du lernst

- geographische und geschichtliche Angaben zu einem Land zu machen. (▶ V1)
- über Vergangenes zu berichten. (▶ V2)
- biographische Angaben zu Personen zu machen. (▶ V2)
- wiederzugeben, was jemand gesagt hat. (▶ V3)

Dazu brauchst du z. B.

- Bruchzahlen und weitere Mengenangaben.
- das *plus-que-parfait*.
- die indirekte Rede in der Vergangenheit.
- Außerdem lernst du die Verben *accueillir* und *jeter*.

Compétences interculturelles

- Du erhältst einen Überblick über das frankophone Afrika.
- Du lernst Persönlichkeiten des frankophonen Afrikas kennen.
- Du lernst den Senegal näher kennen.

Apprendre à apprendre

Du lernst

- wie du ein Resümee anfertigst.

Hinweis zu Coin lecture: Thematisch passende Texte zur *Unité* = fakultativ → Auswahl ● / ○ auf der Auftaktseite

CD 1 38–39

Une journée inoubliable

Dimanche 7 mars

Il y avait une foule[1] énorme tout à l'heure au stade Amadou Barry. Tout le monde se bousculait[2] pour assister à la rencontre historique entre nos deux grands lutteurs, Bombardier et Tyson. Un policier a dû tirer deux coups de fusil en l'air pour effrayer[3] les fraudeurs[4] qui voulaient entrer sans billet. La place devant le stade s'est vidée en un clin d'œil[5]!

C'est une bonne chose parce que ça nous a permis d'aller nous asseoir plus vite dans les gradins[6]. Mon père était très fier d'avoir ses fils autour de lui. C'est la première fois qu'il nous emmenait tous ensemble pour nous féliciter[7] de la fin de notre ramadan. Le stade était plein à craquer[8]. Un peu plus bas, j'ai reconnu des jeunes de mon quartier, des fous de lutte qui passent leur journée à faire de la musculation[9] pour devenir champion un jour. Pendant tout l'après-midi ils lançaient leur cri de ralliement[10]: «Jaap mba dé*.»

* **Jaap mba dé** «réussir ou mourir»

1 **la foule** beaucoup de gens ensemble 2 **se bousculer** sich drängen
3 **tirer deux coups de fusil en l'air pour effrayer qn** zweimal mit dem Gewehr in die Luft schießen um jdn einzuschüchtern
4 **le fraudeur** une personne qui essaie d'entrer sans payer 5 **se vider en un clin d'œil** sich im Handumdrehen leeren
6 **le gradin** die Sitzreihe 7 **féliciter qn** jdm gratulieren 8 **être plein à craquer** brechend voll sein
9 **faire de la musculation** Krafttraining machen 10 **le cri de ralliement** der Schlachtruf

Hinweis zur Lexik: Grundwortschatz im Lesetext → *Liste des mots.* Dieser Wortschatz ist fakultativ und wird im Folgenden nicht vorausgesetzt.

1 **Avant de lire le texte, raconte: est-ce que tu as déjà assisté ou participé à un évènement où il y avait beaucoup de monde (un concert, une fête, un match, ...)? Comment est-ce que c'était? Raconte.**

l'évènement *m.* l'endroit *m.* les gens *m. pl.* l'ambiance *f.* le début le déroulement la fin

Hinweis: Lesetext und Vokabelannotationen als PDF → Webcode APLUS-4-60

J'ai adoré l'ambiance. Il y a d'abord de très longs préparatifs où les lutteurs dansent au son des djembés[11], et se jettent des sorts[12] avec l'aide de leur marabout[13]. On leur renverse[14] du lait caillé[15] sur la tête pour leur porter chance. Ils ont même des gris-gris[16] dans leur pagne[17]. Puis vient le combat. Il ne dure que quelques minutes. Mais tout le public reste très concentré. C'est Bombardier, mon favori, qui a fini par gagner en mettant à terre[18] les épaules[19] de Tyson. Je n'oublierai jamais cette journée. Il faut que je raconte ça à Sylvain.

La séance de lutte

Plus populaire que le football, la lutte traditionnelle, avec ou sans frappe, allie[20] sport et mysticisme[21].

Footing sur la plage de Dakar, musculation en salle, entraînement de boxe, de karaté, de judo, de lutte gréco-romaine, depuis les années 1980 la **préparation des lutteurs** s'est professionnalisée[22].

Autrefois, on luttait pour porter l'**honneur** de son quartier dans des combats de rue, la nuit. Aujourd'hui, les séances ont lieu dans des arènes.

Extrait de: Aujourd'hui au Sénégal: Bocar, Dakar, Hervieu-Wane/Fronty/Silloray, Éditions Gallimard Jeunesse 2005, p. 40–41

11 le djembé *afrikanische Trommel* **12 se jeter des sorts** sich (böse) Zaubersprüche zurufen, sich (gegenseitig) verwünschen
13 le marabout *hier:* der Hellseher, das Medium **14 renverser qc** etw. kippen **15 le lait caillé** die Dickmilch
16 le gris-gris *ici:* le porte-bonheur **17 le pagne** der Lendenschurz **18 mettre à terre** zu Boden bringen
19 l'épaule *f.* die Schulter **20 allier qc et qc** etw. mit etw. verbinden **21 le mysticisme** *hier:* die spirituellen Rituale
22 se professionnaliser devenir plus professionnel

2 Le jeune Bocar va voir un spectacle à Dakar, au Sénégal. Lis le texte. Compare ton expérience à ce que Bocar raconte. Qu'est-ce qui est pareil? Qu'est-ce qui est différent? Qu'est-ce qui t'étonne?

3 Explique ce qu'est la lutte sénégalaise. Si tu as besoin de plus d'informations, fais des recherches.

KV29: Wortschatz *Sport* | **WB:** Zuordungsübung

Hinweis zum Text: Authentischer Comic mit Vokabelannotationen

CD1 40

[...]

baptiser qc/qn donner un nom à qc/qn **le galérien** *Ausdruck aus der Elfenbeinküste* un jeune homme qui a beaucoup de temps / qui ne travaille pas

Hinweis: Comic und Vokabelannotationen als PDF → Webcode APLUS-4-62

Extrait de: Aya de Yopougon, Abouet/Oubrerie, Éditions Gallimard Jeunesse 2005, p. 3–5

gaspiller qc etw. verschwenden **le génito** *Ausdruck aus der Elfenbeinküste* un jeune homme riche **De quoi je me mêle?** Was geht dich das an? **la bouche** der Mund **On dirait cul de vache** *fam. hier:* Du siehst wie der Hintern einer Kuh aus.

Hinweis zur Lexik: Grundwortschatz im Comic → *Liste des mots*. Dieser Wortschatz ist fakultativ und wird im Folgenden nicht vorausgesetzt.

C 47|13 **1** **Lis la bédé. Expose ce que tu apprends sur Adjoua.**

//● **2** **Raconte la scène entre Adjoua, son frère et Bintou.** //○ ▶ p. 118

Koop **3** **Décris Adjoua ou son frère. Tu peux aussi utiliser la fiche de travail sur webcode** (APLUS-4-63).

beau	branché	curieux	content	ennuyeux	étonné	fier
fort	furieux	intelligent	intéressant	joli	libre	moche
nul	pénible	prêt	sérieux	sympa	timide	touchant

Pense à l'accord des adjectifs.

WB: Zuordungsübung

4 **Le soir, la mère demande à son fils où est Adjoua. Qu'est-ce qu'il répond? Imaginez le dialogue.**

Hinweis zu 3 und 4: Vorbereitung auf die gängigen Aufgabentypen der Oberstufe. Unter Webcode = Arbeitsblatt mit Redemitteln zur Figurencharakterisierung.

F12: Landeskunde Afrika: Einführung / Vorentlastung neuer Lexik

F13: Bildbeschreibung → weitere Eindrücke von Afrika

CD 1 41–45

Visages de l'Afrique

KV 36: *Bloc-notes* zur Vorbereitung auf *Tâche*

le souk à Marrakech

un village traditionnel

la pêche

Le Maroc

32,5 millions d'habitants

Langues: l'arabe et le berbère (langues officielles), le français et l'espagnol

Ressources: l'agriculture (les olives, les oranges, les tomates), l'élevage de moutons, les phosphates, l'argent, le tourisme (8 millions de touristes par an)

Le Sénégal

13,7 millions d'habitants

Langues: le français (langue officielle), les langues nationales comme le wolof ou le peul

Ressources: l'agriculture (les arachides, le coton, le riz, les mangues), la pêche, le tourisme

le coton

le cacao

La Côte d'Ivoire

21,5 millions d'habitants

Langues: le français (langue officielle), les langues nationales comme le baoulé, le dioula ou le malinké

Ressources: l'agriculture (le cacao, le café, le caoutchouc, l'huile de palme, les bananes, les ananas), le bois, la pêche

Abidjan

les bananes

les oranges

des moutons dans l'Atlas

Alger

L'Algérie

38,5 millions d'habitants

Langues: l'arabe (langue officielle), le berbère (langue nationale), le français

Ressources: l'agriculture (les dattes, les olives), l'élevage de moutons, le gaz naturel, le pétrole

les dattes

le désert du Sahara

INFOS

- L'Afrique est le continent le plus peuplé après l'Asie. Elle compte plus d'un milliard d'habitants.
- La majorité des Africains parlent plusieurs langues.
- Le français est la langue de l'enseignement dans la plupart des pays de l'Afrique francophone.
- Environ la moitié des francophones dans le monde vivent en Afrique. En 2050, l'Afrique comptera plus de 90 % des jeunes francophones de 15 à 29 ans dans le monde.
- L'Algérie est la dernière colonie française qui devient indépendante, en 1962.
- Sur les 7,2 millions d'immigrés qui vivent en France, près d'un tiers viennent du Maghreb et environ 13 % d'Afrique subsaharienne.
- Beaucoup de jeunes Français d'origine africaine partent pour s'installer dans le pays de leurs parents ou grands-parents, à Dakar et Abidjan mais aussi à Alger ou Casablanca.

Lire et comprendre

Koop

1 a Regardez les photos et lisez les informations (p. 64–65). Puis dites ce que vous saviez déjà et ce qui est nouveau pour vous.

37|1 37|2 39|5 39|6

b Comparez les deux cartes d'Afrique (p. 64–65). Expliquez pourquoi on parle français dans beaucoup de pays d'Afrique.

WB: Zuordungsübung

Je savais qu'il y a du cacao en Côte d'Ivoire. Mais je ne savais pas qu'on y parle plusieurs langues.

Écouter et comprendre

WB: Zuordungsübung

CD 1 46–47

2 a Écoute l'émission de radio. D'où viennent Akissi et Issam? DIFF

b Quels indices t'ont aidé/e à trouver le pays d'origine d'Akissi et d'Issam? Note-les dans ton cahier. DIFF

CD 1 48

c Écoutez les extraits de musique. Lesquels vous plaisent? Donnez votre avis. Vous trouverez la liste des extraits sur webcode (APLUS-4-66).

Akissi

Issam

Recherche

37|3 38|4

3 a Regardez cette statistique et dites ce qu'on y apprend. (▶ Méthodes, p. 126/20)

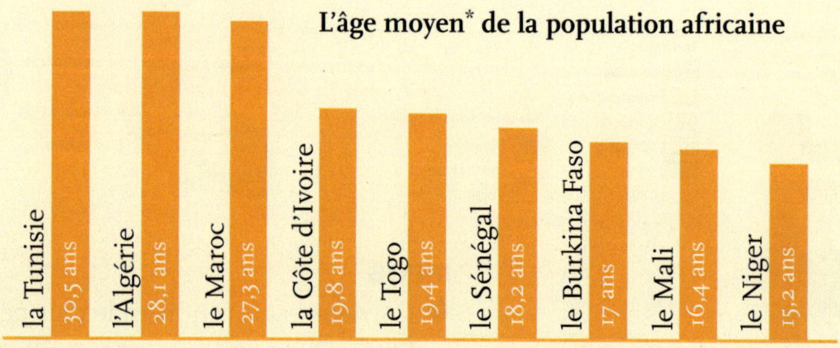

Info
La moitié des Africains sur tout le continent ont 17 ans ou moins. Deux tiers des Africains subsahariens ont moins de 25 ans.

* **moyen/ne** durchschnittlich

b Chacun choisit un pays d'Afrique et trouve sur Internet combien de langues on y parle. Mettez vos résultats en commun et discutez.

KV 30: Arbeitsblatt zur Recherche

c Comparez ce que vous avez appris sur l'Afrique francophone avec l'Allemagne ou votre land*. Faites des recherches. (▶ Texte p. 64–65, ▶ Exercice 3 a)

* **le land** das Bundesland

On parle plus/moins/autant de langues en/au ___ qu'en/au ___.
En général, les gens sont plus jeunes en/au ___ qu'en/au ___.
L'âge moyen en/au ___ est ___ ans contre ___ ans en/au ___.
Il y a plus/moins/autant d'habitants en/au ___ qu'en/au ___, mais c'est beaucoup plus grand/petit.
Les ressources sont les mêmes / sont très différentes en/au ___ et en/au ___.

WB: Zuordungsübung

Écrire

KV 31: Arbeitsblatt zu 4

4 Choisis un pays d'Afrique francophone et décris-le comme Akissi et Issam dans le quiz *Devinez d'où je viens* (▶ Exercice 2 a). Prépare ton texte par écrit, puis lis-le. Les autres retrouvent le pays dont tu parles. Tu peux utiliser les expressions suivantes.

être francophone
parler français/arabe/dioula/berbère/___
habiter au bord de la mer
se trouver sur la côte Atlantique / à ___ km de la capitale
être la capitale de ce pays / une ville de plus de ___ habitants
avoir environ ___ millions d'habitants
être le premier producteur mondial de ___
avoir une histoire compliquée

Médiation

5 Tu as lu cet article sur les Jeux de la Francophonie. Explique ce que c'est à un/e ami/e français/e qui ne connaît pas ces jeux. (▶ Méthodes, p. 133/33)

DIFF

Auf die Plätze, fertig, los!

Jeder kennt die Olympischen Spiele. Alle vier Jahre treten dabei Sportler und Sportlerinnen aus aller Welt in den unterschiedlichen Disziplinen gegeneinander an. Wer läuft am schnellsten? Wer springt am höchsten? Die Besten gewinnen schließlich die Medaillen.

Aber hast du auch schon einmal von den „Spielen der Frankophonie" gehört?

Diese Spiele finden ebenfalls alle vier Jahre statt, auch hier geht es um sportliche Wettkämpfe und auch hier kommen die Teilnehmer jedes Mal in einer anderen Region der Welt zusammen.

JEUX DE LA FRANCOPHONIE
JEUNESSE, ARTS ET SPORTS

Aber – dieses Land ist immer eines, in dem Französisch gesprochen wird, denn die Spiele der Frankophonie richten sich nur an die etwa 60 Mitgliedsstaaten der „Internationalen Organisation der Frankophonie".

Noch etwas ist anders als bei Olympia: Es nehmen nicht nur junge Sportler und Sportlerinnen an den

Spielen teil, sondern auch Künstler und Künstlerinnen! Die Organisatoren dieser Spiele wollen nämlich die kulturelle Vielfalt der frankophonen Länder zeigen und fördern. Du kannst hier also die Werke von Fotografen, Malern und Bildhauern betrachten. Du kannst Sängern und Geschichtenerzählern zuhören. Und du kannst die Darbietung von Jongleuren und Hip-Hoppern bewundern. Bei diesen kulturellen Wettbewerben entscheidet eine Jury darüber, wer die Gold-, Silber- und die Bronze-Medaille gewinnt.

Aber es gibt natürlich auch die sportlichen Wettkämpfe, zum Beispiel in Leichtathletik (übrigens mit und ohne Körperbehinderung), Basketball, Judo, Radsport und in Gambischem Wrestling (das ist ein traditioneller afrikanischer Ringkampf). Bei der Siegerehrung kann man oft Sportler sehen, die später auch an Weltmeisterschaften oder den Olympischen Spielen teilnehmen.

Die Rechnung geht auf!
250 Mio. Besucher und Fernsehzuschauer
+ 2500 aktive Teilnehmer
+ 60 Nationalitäten
+ 10 Tage Programm
+ 1 Sprache
= das größte frankophone Fest weltweit!

1989 – 1993 – 1997 – 2001 – 2005 – 2009 – 2013 – 2017

Marokko | Frankreich (Paris) | Madagaskar | Kanada | Niger | Libanon | Frankreich (Nizza) | Elfenbeinküste

Hinweis zur Progression: V2 = Einführung des *plus-que-parfait*
V3 = Einführung der indirekten Rede in der Vergangenheit

CD 1 49–51

Portraits d'artistes

KV 36: *Bloc-notes* zur Vorbereitung auf *Tâche*

1 Tiken Jah Fakoly: le chanteur amoureux de l'Afrique

Le chanteur de reggae Tiken Jah Fakoly est né en 1968 à Odienné, en Côte d'Ivoire, sous le nom de Doumbia Moussa Fakoly. Depuis 2003, il vit au Mali, à Bamako, où il s'est exilé parce qu'il avait critiqué le pouvoir ivoirien. Depuis toujours, ses deux passions sont la musique et la danse. Ses chansons engagées parlent de la corruption en Afrique et des problèmes qui touchent ce continent. Tiken Jah Fakoly chante en français parce qu'il veut qu'une majorité de gens comprennent le message de ses chansons. Il s'engage aussi pour les enfants d'Afrique et lutte contre la pauvreté. Avec l'organisation «Action contre la faim», il a voyagé au Burkina Faso pour aider les plus pauvres. Et, dans ses chansons, il leur donne une voix. Il a créé sa propre organisation «Un concert, une école». L'argent des concerts qu'il donne sert à construire des écoles en Afrique. Le chanteur aime discuter avec les jeunes. Il va dans les écoles pour leur expliquer qu'ils sont l'Afrique de demain et pour les encourager à rester dans leur pays. Il pense que seuls les Africains peuvent et doivent changer les choses sur leur continent. Enfin, le chanteur se bat pour donner une image positive de l'Afrique.

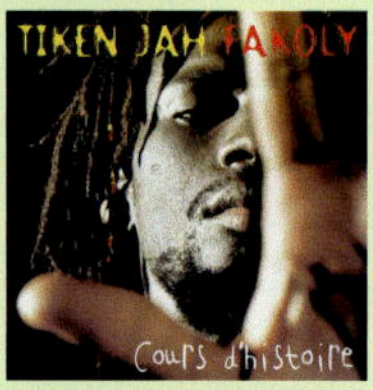

2 Fatym Layachi: l'actrice engagée

Fatym Layachi est une actrice marocaine. Elle est née en 1983 à Casablanca. Après le bac, elle a fait ses études à Paris et a appris le métier d'actrice au Cours Florent. Pour beaucoup de jeunes Marocains, elle est un symbole de la femme moderne et libre depuis qu'elle a joué dans «Marock» (Laïla Marrakchi, 2006), un film sur la jeunesse dorée marocaine qui vit selon les modèles occidentaux mais qui reste attachée à son pays et ses traditions. En 2009, elle est revenue s'installer au Maroc. Dans «Machi Lkhatri», une série marocaine sur le thème du multiculturalisme, elle s'est imposée comme l'une des meilleures actrices de son pays et elle est devenue une star au Maghreb. En 2012, elle a mis en scène une pièce de théâtre, «Je dis non», sur le refus de tout accepter.

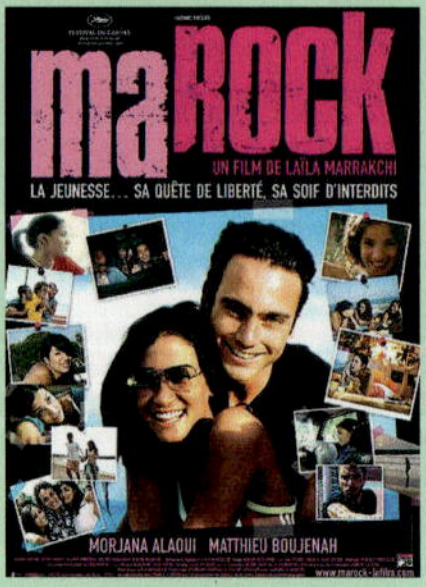

Pour Fatym Layachi, il ne faut jamais accepter quelque chose «parce que c'est comme ça», mais il faut se poser des questions et essayer de comprendre. Avant la création de cette pièce, l'actrice s'était déjà engagée pour la liberté de penser. Pour elle, la censure empêche l'art de se développer.

3 **Marguerite Abouet: la mère d'«Aya»**

Marguerite Abouet est née en 1971 en Côte d'Ivoire, à Yopougon, un quartier populaire d'Abidjan. Elle vit en France, près de Paris. Elle avait douze ans quand ses parents ont décidé de l'envoyer avec son frère chez un oncle à Paris. Après le lycée, elle n'a pas fait de longues études comme le voulaient ses parents. Elle a fait du baby-sitting et a travaillé comme serveuse avant de commencer à écrire des romans. Un jour, elle a voulu écrire une histoire pour donner une image plus réaliste de son pays et elle a commencé à raconter l'Afrique de son enfance en bédé. C'est son mari, Clément Oubrerie, qui a fait les dessins. «Aya de Yopougon» a vu le jour en 2005. Marguerite Abouet y montre avec beaucoup d'humour une Afrique où il fait bon vivre. En 2013 «Aya de Yopougon» est sorti au cinéma. En 2006, la bédé avait reçu le prix du premier album au festival international de la bande dessinée d'Angoulême. Marguerite Abouet a fondé une organisation «Des livres pour tous» qui crée des bibliothèques de quartier en Afrique pour permettre à tous les enfants de lire.

Lire et comprendre

WB: Übungsvariante zum Aufdecken

//● **1** a **Lis les trois portraits. Relève tout ce que ces personnes ont en commun.** //○ ▶ p. 118

40|1 DIFF b **Des gens donnent leur avis. Qui parle de Tiken Jah Fakoly, qui de Fatym Layachi et qui de Marguerite Abouet? Justifie ta réponse à l'aide du texte.**

1. «C'est quelqu'un qui a fait des études en Europe mais qui est revenu vivre et travailler dans son pays. Pour moi, c'est un modèle!»
2. «Son message pour la jeunesse africaine: Il faut vous engager chez vous, en Afrique!»
3. «Lire est une clé pour réussir dans la vie et cette personne s'est beaucoup engagée pour la lecture en Afrique.»
4. «C'est une personne courageuse qui prend des risques et qui dénonce la corruption.»
5. «J'aime voir comment des gens de cultures différentes vivent ensemble. C'est pour ça que j'adore la série dans laquelle cette star joue.»
6. «Cette personne veut que les artistes puissent dire tout ce qu'ils pensent et elle lutte pour ça. Je l'admire.»
7. «C'est quelqu'un qui donne son argent pour aider les pauvres et qui se bat pour la culture dans différents pays d'Afrique. Je voudrais l'aider.»

Koop DIFF c **Travaillez en groupe. Retrouvez sur une carte d'Afrique les noms géographiques nommés dans les textes (p. 68–69), trouvez des informations supplémentaires sur ces lieux dans le** *Petit dictionnaire de civilisation* **(p. 134–137) et sur Internet. Puis informez vos partenaires.**

KV 32: Karte Nordwestafrika

Parler

2 **Il y a une semaine africaine près de chez toi. Tu peux voir le film «Marock» avec Fatym Layachi, le film «Aya de Yopougon» de Marguerite Abouet, ou aller à un concert de Tiken Jah Fakoly. Qu'est-ce que tu choisis? Justifie ta réponse.**

Découvrir

3 a Lies den Satz. Welche der beiden Handlungen liegt zeitlich weiter zurück?
«Tiken Jah Fakoly **s'est exilé** au Mali parce qu'il **avait critiqué** le pouvoir ivoirien.»

b Beschreibe die Bildung des *plus-que-parfait*.
1. Il avait dormi.
2. Elle était partie.
3. Ils s'étaient éclatés.

DIFF

c Qu'est-ce qui s'est passé pendant que Fatym Layachi était en France? Complète par les verbes au plus-que-parfait.
1. Quand Fatym est rentrée au Maroc après cinq ans en France, son pays ? . (*changer*)
2. Dans son ancien quartier, on ? une école. (*construire*)
3. Le tourisme ? . (*se développer*)
4. Trois nouveaux hôtels ? sur la côte. (*ouvrir*)
5. Mais les familles pauvres ? pauvres. (*rester*)
6. Et les familles riches ? encore plus riches. (*devenir*)

S'entraîner

F14: Bildergeschichte zum Üben des *plus-que-parfait*

C 41|3 41|4 42|5

4 Une mauvaise journée pour Akissi. Racontez-la ensemble. Utilisez le passé composé et le plus-que parfait.
(▶ Repères, p. 78/1) (B ▶ p. 111)
Exemple: 1. Quand Akissi s'est levée le matin, son frère avait déjà bu tout le café.

DIFF

1

A: Akissi / se lever le matin
B: ?

2

B: ?
A: ses amies / partir

3

A: Akissi / arriver au cinéma
B: ?

4

B: ?
A: elle / dépenser tout son argent

5

A: Akissi / retourner au magasin
B: ?

6

B: ?
A: ses parents et son frère / manger

WB: Schreib- und Aufdeckübung

Vocabulaire et expression

WB: Memory-Spiel

DIFF

5 a Trouve dans les textes (p. 68–69) des mots et expressions qui servent à écrire la biographie d'une personne.
(▶ Méthodes, p. 122/9)

KV33: Arbeitsblatt zu 5a

40|2 DIFF

b Choisis une de ces personnalités, fais des recherches et écris sa biographie pour le journal de ton école. Tu peux aussi choisir une autre personnalité ou imaginer ta propre biographie.

> Une biographie s'écrit à la troisième personne.

Didier Drogba

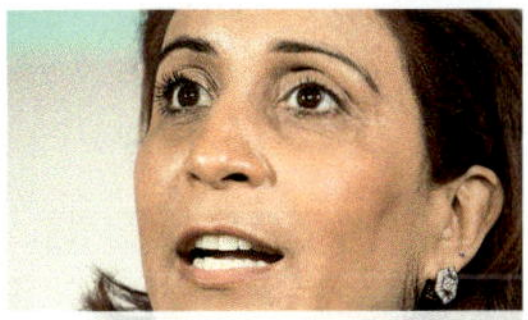
Nawal El Moutawakel

Thomas Sankara

Kofi Annan

Activité

KV 34: Liedtext und Tabelle zum Ausfüllen → **6b**

CD 1 52

6 a Écoute la chanson puis réponds. Qu'est-ce que Fakoly nous demande de faire?

b Maintenant, lis les paroles de la chanson. Tu peux utiliser un dictionnaire. Complète le tableau dans ton cahier à l'aide du texte.

Pour Fakoly, l'Afrique, ce n'est pas seulement …	*Pour Fakoly, l'Afrique, c'est aussi …*
…	

Viens voir de Tiken Jah Fakoly

Viens voir, viens voir
Viens voir, viens voir
Toi qui parles sans savoir

Bamako, Abidjan ou Dakar
Sierra Leone, Namibie, Kenya
Viens voir

Mon Afrique n'est pas ce qu'on te fait croire[1]
Pourquoi toujours les mêmes visages?
Pourquoi toujours les mêmes commentaires?
Pourquoi toujours les mêmes reportages?
À les écouter
Mon Afrique ne serait que[2] sécheresse et famine
Quand on les écoute
Mon Afrique ne serait que combats
Et champs de mines
Viens voir

Viens voir, viens voir
Viens voir, viens voir
Toi qui parles sans savoir

Mon Afrique n'est pas ce qu'on te fait croire
Pas un mot sur l'Histoire de ce continent
Sur les civilisations et les richesses d'antan[3]
Aucun mot sur le sens des valeurs
Des gens qui t'accueillent la main sur le cœur
Viens voir

Viens voir, viens voir
Viens voir, viens voir
Toi qui parles sans savoir

Mon Afrique n'est pas ce qu'on te fait croire
Africa n'est pas ce qu'on te fait croire
Viens dans nos familles
Viens dans nos villages
Tu sauras ce qu'est l'hospitalité
La chaleur, le sourire, la générosité
Viens voir ceux qui n'ont rien
Regarde comme ils savent donner
Tu repartiras riche
Et tu ne pourras pas oublier
Viens voir

Viens voir, viens voir
Viens voir, viens voir
Toi qui parles sans savoir

1 **faire croire qc à qn** jdn etw. glauben machen
2 **ne serait que** wäre nur
3 **d'antan** aus vergangenen Zeiten

c Explique le passage l. 35–37 à l'aide de ton tableau de **b**.

42|6 42|7

d Comment trouves-tu cette chanson? Te donne-t-elle envie d'aller en Afrique? Change-t-elle ton image de l'Afrique? Justifie ta réponse.

CD2 1–2

«Bonne arrivée au Sénégal!»

KV 36: *Bloc-notes* zur Vorbereitung auf *Tâche*

Le voyage de Boubacar

Salut les copains!

Je veux vous donner mes impressions de voyage avant de rentrer à Paris parce que j'ai trop de choses à raconter! Moi qui n'étais pas revenu au Sénégal depuis huit ans, j'ai découvert mon pays! Bon, je commence par le début.

Mon grand frère, Yerim, et moi, on habite chez ma tante Kaba, à la Médina, un vieux quartier, un des plus peuplés de Dakar. Kaba vit dans une maison avec mes cinq cousins et cousines.

Quand on est arrivés là-bas, Yerim et moi, tout le monde nous a dit: «Bonne arrivée au Sénégal!» C'est une phrase de bienvenue. C'est comme ça qu'on accueille les gens ici. Les deux premiers jours, on a passé notre temps à recevoir la famille et à faire la fête. On nous avait préparé des spécialités sénégalaises comme le tiep-bou-diene (du poisson avec du riz rouge à la sauce tomate) ou le poulet yassa (du poulet au citron vert).

Mes cousins, en train de jouer au foot

Ma famille est wolof, alors, elle parle wolof. Avec mon frère, on le comprend bien, mais on le parle mal. Pourtant ma famille nous a dit qu'on avait fait des progrès en peu de temps!

Après ces deux jours de fête, mon cousin Élimane et moi, on s'est baladés dans le centre de Dakar: on est allés au Plateau, un quartier branché où se trouvent les principales entreprises du Sénégal.

On est passés par la place de l'Indépendance avec ses tours modernes et on est allés au marché Sandaga. C'est très grand et on y trouve de tout: de la vaisselle, des tissus, des fruits et des légumes, de la viande, etc. J'ai voulu acheter un boubou. Alors, mon cousin m'a expliqué qu'il fallait toujours marchander parce qu'il n'y a pas de prix fixes. (Il ne faut pas être pressé pour faire ses courses! 😉) J'ai payé le boubou 12 000 francs CFA (environ 18 euros). Élimane a trouvé que je m'étais mal débrouillé et que je pouvais mieux faire. Alors, j'ai marchandé quelques bananes à un bon prix parce que je ne voulais pas passer pour un touriste étranger!

Le lendemain, on est allés à la plage parce qu'il faisait très chaud (35° ou même plus, mais en avril, c'est normal). Les plages de Dakar ne sont pas super et les gens y jettent leurs déchets au lieu de les jeter dans des poubelles! ☹ Yerim et moi, on voulait aller à Saly où il y a des plages de rêve. Mais ma cousine Souadou nous a dit que c'était trop loin pour une journée et qu'on irait une autre fois. Le soir, on est allés voir un match de foot au stade Léopold-Sédar-Senghor avec mon oncle Mattar. C'étaient les Lions du Sénégal contre les Éléphants de Côte d'Ivoire. Mattar nous a promis que si les Lions gagnaient, il nous inviterait à un concert des Daara J, un groupe de rap sénégalais. Il nous a dit ça parce qu'il était sûr que les Éléphants gagneraient. Eh bien, ce sont les Lions qui ont gagné! 🙂 Avec mon oncle, on a vu aussi un tournoi de lutte sénégalaise. C'est un sport traditionnel dont je suis devenu fan. Ici, c'est encore plus populaire que le foot!

Un autre jour, on est allés sur l'île de Gorée, près de Dakar. Cet endroit est un symbole de la traite des Noirs en Afrique pendant trois siècles! On a visité la maison des esclaves avec sa célèbre «porte du voyage sans retour». C'est de là que les bateaux avec les esclaves partaient pour l'Amérique. J'ai appris avec horreur que les Africains aussi avaient participé à la traite des Noirs et qu'ils avaient échangé des hommes, des femmes et des enfants contre des tissus ou des armes.

Après, on a fait encore plein de choses intéressantes. On est allés au Lac rose dont l'eau est vraiment rose! On a voyagé en Casamance, la région la plus verte du pays! On a aussi visité le parc national de Niokolo Koba où on peut voir les animaux du Sénégal, mais je vous raconterai ça en détail à mon retour parce que mes cousins m'attendent pour aller danser!

Voilà! Après-demain, on rentre à Paris, mais je suis content de vous revoir. Je compte sur vous pour m'accueillir avec ces mots: «Bonne arrivée en France!» 🙂

Lire et comprendre

C 43|3 **1** a **Lis le blog et indique ce qu'on apprend sur Boubacar et sa famille.** DIFF

C 43|1 b **Raconte ce que Boubacar a fait pendant ses vacances.** DIFF

C 43|2 46|9 c **Retrouve sur la carte du Sénégal (au début du livre) les endroits où Boubacar est allé.** **KV 35:** Stadtplan Dakar

d **Fais des recherches et explique pourquoi le stade de Dakar s'appelle «Léopold-Sédar-Senghor».**

WB: Sortierübung

Parler

WB: Lückentextübung

DIFF **2** **Au marché Sandaga, Boubacar cherche des souvenirs pour ses amis. Il marchande. Faites des dialogues.**

1000 francs CFA correspondent à environ 1,50 €.

les bracelets *m. pl.*

les babouches *f. pl.*

les boucles d'oreilles *f. pl.*

les lanternes *f. pl.*

les épices *f. pl.*

les poupées *f. pl.*

Pour le rôle de Boubacar, tu peux utiliser:
Combien est-ce que vous voulez pour ___?
C'est (très/trop) cher!
J'ai vu ___ pour ___ francs CFA là-bas.
Là, vous exagérez!
Mais regardez, là, c'est / ce n'est pas ___.
Je ne vous crois pas!
D'accord, je vous donne ___ francs CFA.

Pour le rôle du marchand, tu peux utiliser:
Je vous le/la/les vends pour ___ francs CFA.
Mais regardez cette qualité! C'est ___.
Vous ne trouverez pas ça moins cher.
Bon, faites-moi une proposition.
Quoi? Mais il faut bien que je vive, moi aussi!
Vous voulez ma mort?!
C'est mon dernier prix!

traditionnel ancien nouveau original difficile à faire idéal pour ___ magnifique
beau en coton en bois en argent en verre en or en papier ___

Découvrir

KV 37: Arbeitsblatt zu 3

discours direct	*discours indirect au passé*
présent	*imparfait*

3 a Lies die Beispielsätze und bestimme die Verbformen in der direkten und in der indirekten Rede in der Vergangenheit. (▶ Pense-bête, p. 232)

1. Souadou a expliqué: «C'**est** trop loin.» → Souadou a expliqué que c'**était** trop loin.
2. Souadou nous a promis: «On **ira** une autre fois.» → Souadou nous a promis qu'on **irait** une autre fois.
3. Kaba nous a dit: «Vous **avez fait** des progrès!» → Kaba nous a dit qu'on **avait fait** des progrès.

Koop **b Vergleicht die indirekte Rede in der Vergangenheit im Englischen mit der im Französischen.**

S'entraîner

//● 44|6

4 Souadou a consulté un marabout. Le soir, elle raconte à sa sœur ce que le marabout lui a dit. Fais des phrases. Utilise le discours indirect au passé. (▶ Repères, p. 79/2, ▶ Pense-bête, p. 232) //○ ▶ p. 118

WB: Schreib- und Aufdeckübung

2. Vous avez eu beaucoup de problèmes les derniers mois.
3. Vous êtes malheureuse et vous cherchez le bonheur.
4. Bientôt, les choses changeront.
5. Vous réussirez.
6. Vous rencontrerez un jeune homme.
7. Je le vois! Il est très beau!
8. Est-ce que vous voulez écouter la suite?
9. Ça fait encore 1000 francs CFA …!

Il a dit/expliqué/raconté/promis que ___.
Il a demandé/voulu savoir si ___.

Denke auch daran, Pronomen oder Begleiter anzupassen, wenn nötig.

45|7 45|8 DIFF

5 Boubacar a envoyé un mail à son ami Jérémy. Prends le rôle de Jérémy et raconte ce que Boubacar a écrit. Utilise le discours indirect au passé. (▶ Repères, p. 79/2, ▶ Pense-bête, p. 232).
Exemple: Boubacar a demandé s'il faisait beau à Paris.

Salut Jérémy!
Est-ce qu'il fait beau à Paris? À Dakar, le temps est génial.
On a fait beaucoup de choses. Un jour, nous sommes allés à Cayar, le village de ma grand-mère. Je ne connais pas trop ma grand-mère, je la vois très rarement. Dans sa maison, il n'y a pas d'eau. Il faut aller la chercher au puits du village. Je te montrerai plus de photos à mon retour!
Ma grand-mère nous a préparé un très bon repas traditionnel. Nous avons mangé des pastels (des petits gâteaux avec du poisson).
Quand j'ai dit «au revoir» à ma grand-mère, j'ai presque pleuré. Je ne sais pas si je la reverrai un jour.
Au Sénégal, les gens vivent moins longtemps qu'en France …
À bientôt, Boubacar

Hinweis zu 6: Rezeptive Übung zu *dont*

6 **Lisez les devinettes. Votre partenaire trouve la réponse dans l'unité 3. A commence. B continue.** (B ▶ p. 111)

A

1. C'est le continent dont on parle dans cette unité.
3. C'est une organisation dont Tiken Jah Fakoly s'occupe.
5. C'est une bédé dont Marguerite Abouet est l'auteure.
7. C'est le pays dont Boubacar parle dans son blog.
9. Ce sont les plages dont Boubacar et Yerim rêvent.
11. C'est une maison sur l'île de Gorée dont une porte est célèbre.

WB: Übungsvariante zum Aufdecken

Apprendre à apprendre

7 **Wie du ein Resümee anfertigst**

47|12

a Indem du ein Resümee eines Textes anfertigst, zeigst du, ob du einen Text verstanden hast und seine wesentlichen Inhalte wiedergeben kannst. Lies den Abschnitt im Methodenteil (S. 132/32) und wende die Hinweise in b an.

b Lis le texte ▶ webcode (**APLUS-4-75**) et fais-en un résumé.

WB: Markierübung

Médiation

CD 2
3

DIFF

8 **Un nouveau restaurant africain a ouvert près de chez toi. Tu y vas avec une copine qui ne parle pas français. Le serveur parle mieux français qu'allemand. Écoute et fais la médiation entre ta copine et le serveur.**

Regarder et comprendre

DVD

9 **a** **Regarde les séquences du film *Ouaga Saga*, qui se passe au Burkina Faso. Décris ce qu'on voit dans la rue.**

b **Dis ce que le jeune Pelé fait chez Sidibé.**

c **Explique ce qui se passe au magasin de musique.**

KV 38: Arbeitsblatt zu 9

Écrire

46|10
47|11

10 **Tu as déjà appris beaucoup de choses sur l'Afrique francophone. Imagine que tu vas y passer tes vacances. Qu'est-ce que tu voudrais voir? Où est-ce que tu voudrais aller? Pourquoi? Écris un mail à ton/ta corres français/e.**

pays? région? ville?
monument? parc national?

nature? cuisine? musique?
Histoire? sport?

KV 39: Steckbriefvorlage *Un pays d'Afrique* | **KV 40:** Gestaltungselemente für Poster

Choisis une des deux tâches.

A L'Afrique francophone

Pour la journée internationale de la francophonie, vous préparez une exposition sur l'Afrique francophone. Choisis un pays qui t'intéresse spécialement, fais des recherches et prépare une affiche.
Vous pouvez aussi combiner les présentations des deux tâches A et B: organisez une journée portes ouvertes dans votre école, avec des stands.

Ton affiche doit être composée de deux parties:
1. Des informations générales sur le pays que tu as choisi:
   - la population
   - la capitale
   - les grandes dates de l'histoire
   - les langues qu'on y parle
   - les ressources
2. La présentation d'une personnalité et/ou d'un thème qui a un rapport avec ce pays:
   - un acteur / une actrice, un homme / une femme politique, un sportif / une sportive, ...
   - la cuisine, un évènement, un sport, une tradition, ...

Puis, à l'aide de ton affiche, essaie de donner envie à tes camarades de classe de mieux connaître ce pays / de voyager dans ce pays.

Tu cherches des expressions utiles? ▶ *Repères* (*Qu'est-ce qu'on dit*, p. 78), *textes* (p. 64–65, p. 68–69, p. 72–73), *exercices* (p. 66/3+4, p. 70/5)
Tu cherches des idées? Les photos sur cette page peuvent t'aider.

le caftan

les cornes de gazelle

les moyens de transport

le beurre de karité

les Lions du Sénégal

le jeu de l'awalé

KV 41: Bewertungsbogen *Tâche A*

B La musique en Afrique

Vous faites une exposition sur la musique africaine. Choisis un sujet qui t'intéresse, fais des recherches et prépare une présentation. (▶ Méthodes, p. 127/21)
Vous pouvez aussi combiner les présentations des deux tâches A et B: organisez une journée portes ouvertes dans votre école, avec des stands.

Dans ta présentation, tu peux parler:
- d'une chanson,
- du chanteur et de sa biographie,
- d'un groupe et de ses activités,
- d'un style de musique ou des rythmes typiques,
- des instruments traditionnels,
- d'un festival de musique, ...

Trouve des extraits de chansons que tu peux passer comme exemples.
Trouve aussi des photos que tu peux montrer.

Tu cherches des expressions utiles? ▶ *Repères* (*Qu'est-ce qu'on dit*, p. 78), *textes* (p. 68–69), *exercices* (p. 70/5)
Tu cherches des idées? ▶ *exercices* (p. 66/2 c), ▶ photos sur cette page

la kora

le Festival international du raï

Rokia Traoré

Douzi

le balafon

la tradition des griots

Magic System

KV 42: Bewertungsbogen *Tâche B* KV 43: Mini-bilan

Qu'est-ce qu'on dit?

Du sprichst über ein Land / einen Kontinent

Bevölkerung

(L'Afrique) compte plus d'(un milliard) d'habitants.
C'est le continent le plus peuplé après l'Asie.
La moitié (de la population a 17 ans ou moins).
Deux tiers (des Africains subsahariens ont moins de 25 ans).
Sur les (7,2 / «sept virgule deux» millions d'immigrés en France), environ 30 pour cent (viennent du Maghreb).
Environ cinquante pour cent des (francophones vivent en Afrique).
C'est comme ça qu'on accueille les gens ici.

Sprachen

La majorité (des Africains) parlent plusieurs langues.
(Le français) est la langue de l'enseignement dans la plupart des pays (d'Afrique).
Dans ce pays, (l'arabe) est la langue officielle.
Les langues nationales sont (le baoulé, le dioula et le malinké).

Geographie

(Oran) se trouve à (430) kilomètres de (la capitale).
(La Côte d'Ivoire) est le premier producteur mondial de (cacao).
Le climat est agréable.
(La capitale) est dans le (sud/nord) du pays.
C'est un des quartiers les plus peuplés de (Dakar).

Du stellst eine Person und ihr Werk vor

Il est né en (1968) sous le nom de (Doumbia Moussa Fakoly).
Après le lycée / le bac, elle a fait ses études à (Paris).
Elle n'a pas fait de (longues études).
Il/Elle a appris le métier d'(acteur/actrice).
Depuis (2003), il vit (au Mali / en France).
Depuis toujours, ses passions sont (la musique et la danse).
Ses chansons engagées parlent de (la corruption).
Il veut qu'une majorité de gens comprennent (son message).
Elle s'engage pour (les enfants d'Afrique).
Il a créé/fondé sa propre organisation.
Elle se bat pour (donner une image positive de l'Afrique).
Il lutte contre (la pauvreté).
Son argent sert à (construire des écoles en Afrique).
Elle est un symbole de (la femme moderne et libre).
Il est devenu une star (au Maghreb / en Europe).
Il/Elle a travaillé comme (serveur/serveuse) avant de commencer à (écrire des romans).
Elle est revenue s'installer (au Maroc / en Tunisie).
Elle s'est imposée comme (l'une des meilleures actrices) de son pays.
(En 2012), il a mis en scène (une pièce de théâtre).
Pour elle/lui, il ne faut jamais accepter quelque chose «parce que c'est comme ça».

Hinweis: → Modelldialog in den Lehrermaterialien (CD-Extra)

Grammaire

Du berichtest über Ereignisse in der Vergangenheit: Dazu brauchst du:

GH 21 **1**

En 2013, «Aya» est sorti au cinéma. Avant, la bédé **avait reçu** le prix du premier album. → **das** *plus-que-parfait*

Il **s'est exilé** (en 2003) parce qu'**il avait critiqué** le pouvoir ivoirien (en 2002).

Fakoly **avait critiqué** le pouvoir ivoirien.	Il **s'est exilé**.	Il **habite** à Bamako.
Vorvergangenheit	Vergangenheit	Gegenwart

WB: Aufdeckübung

Das *plus-que-parfait* mit *avoir*

parler	
j' avais	parlé
tu avais	parlé
il/elle/on avait	parlé
nous avions	parlé
vous aviez	parlé
ils/elles avaient	parlé

Das *plus-que-parfait* mit *être*

aller	
j' étais	allé/allée
tu étais	allé/allée
il était	allé
elle était	allée
on était	allé(s)/allée(s)
nous étions	allés/allées
vous étiez	allé(s)/allée(s)
ils étaient	allés
elles étaient	allées

À vous:

a **Bildet das** *plus-que parfait* **und korrigiert euch gegenseitig:** *(je) regarder, (tu) prendre, (il) s'engager, (elle) sortir, (on) arriver, (nous) voir, (vous) lire, (ils) venir, (elles) s'intéresser.*

b **Complétez les phrases et utilisez le plus-que parfait.**

1. *Quand nous sommes arrivés au cinéma, (film / déjà commencer).*

2. *Dimanche, Marlène était fatiguée parce qu'(elle / danser toute la nuit).*

3. *Quand je suis arrivé chez mes cousins, (ils / déjà sortir).*

Du gibst wieder, was jemand gesagt hat: Dazu brauchst du: **WB:** Aufdeckübung

GH 22 **2**

Mattar: «Je vous inviterai à un concert.»
Mattar a dit qu'il nous inviterait à un concert.

→ **die indirekte Rede in der Vergangenheit**
(le discours indirect au passé)

Boubacar a dit:	Boubacar a dit ...
«Il **faut** toujours marchander.»	... qu'il **fallait** toujours marchander.
«Nous **avons fait** des progrès.»	... qu'ils **avaient fait** des progrès.
«J'**irai** une autre fois à Saly.»	... qu'il **irait** une autre fois à Saly.

Boubacar a dit:	Boubacar a dit ...
«Il **faisait** chaud.»	... qu'il **faisait** chaud.
«Mes tantes **avaient préparé** des spécialités.»	... que ses tantes **avaient préparé** des spécialités.
«Je **voudrais** aller au Lac rose.»	... qu'il **voudrait** aller au Lac rose.

À vous:

a **Comparez le discours direct au discours indirect dans les phrases ci-dessus et complétez votre tableau de l'exercice, p. 74/3 a.**

b **Qu'est-ce que Yerim a dit? Utilisez le discours indirect au passé.**

1. *«Boubacar s'est mal débrouillé.»* **2.** *«À Dakar, les plages ne sont pas super.»*
3. *«Boubacar et Élimane voulaient aller au marché.»* **4.** *«Élimane viendra à Paris.»*
5. *«Élimane pourrait monter sur la tour Eiffel.»*

Neue Verben: **WB:** Aufdeckübung

GH 24 **3**

44|4
44|5

accueillir, jeter → *Verbes*, p. 138–143

▶ Solutions, p. 145

Hinweis: Möglichkeit der Lernstandsüberprüfung → Arbeitsblätter unter Webcode für Verwendung in Lernplattformen freigegeben.

Hier kannst du überprüfen, was du in den Unités 1–3 gelernt hast. Unter www.cornelsen.de/webcodes **APLUS-4-80** kannst du diese Aufgaben als Arbeitsblatt herunterladen. Die Hörtexte findest du dort als Audiodateien.

Compréhension écrite

DELF **1** **Tu as trouvé cette recette dans un livre. Lis la recette et trouve les bonnes réponses.**

FÖR

1. D'où vient la tarte Tatin?
2. Quelle est l'histoire d'une des sœurs Tatin et de sa tarte Tatin?
   - a Elle voulait essayer une nouvelle recette de tarte aux pommes pour son restaurant.
   - b Elle voulait faire une tarte aux pommes normale, mais elle a fait une erreur.
   - c Elle a trouvé une vieille recette de ses parents pour faire une tarte aux pommes.
3. Combien de temps est-ce qu'il faut mettre le gâteau au four?
   - a exactement une heure et demie
   - b 25 minutes au maximum
   - c 30 minutes puis encore 25 minutes
4. Pour faire une tarte Tatin, qu'est-ce qu'il faut d'abord mettre au four?

a 

b 

c 

5. Quand la tarte est finie, il vaut mieux la manger ...
   - a tout de suite.
   - b une heure après.
   - c froide.

Tarte Tatin

La tarte Tatin est une spécialité que tout le monde connaît et adore dans la région entre Orléans et Bourges. Son histoire a commencé à la fin du 19e siècle dans un village près d'Orléans, dans l'hôtel-restaurant des sœurs Tatin (ou plutôt dans l'hôtel de leurs parents). Un jour, une des sœurs voulait préparer un gâteau aux pommes. Mais elle rêvait un peu. Elle a mis les pommes avec du sucre dans le four mais elle a oublié la pâte. Quand elle a sorti le moule du four, elle a vu ce qui était arrivé. Elle a rajouté la pâte et a remis le gâteau au four.

Quand elle a sorti le gâteau, sans trop réfléchir, elle a vite retourné le gâteau et l'a servi aux clients qui ont adoré ce nouveau dessert. Le sucre était devenu du caramel. Très vite, cette «tarte Tatin» est devenue célèbre dans toute la région! Les clients venaient de loin pour la goûter! Aujourd'hui, c'est un classique des restaurants dans toute la France.

Temps de préparation:	1 h 30
Difficulté:	facile
Recette pour:	6 personnes
Ingrédients:	
170 g de	farine
70 g de	beurre
20 g de	sucre
1 pincée de	sel
1	œuf
1,6 kg de	pommes
80 g de	beurre fondu
130 g de	sucre

Préparation

1. Pour faire la pâte: mélanger le beurre avec la farine, le sucre et le sel. Ajouter l'œuf et un peu d'eau. Mettre au frigo pendant une heure.
2. Pendant ce temps: découper les pommes, mettre le beurre fondu, le sucre et les pommes dans un moule. Mettre le moule dans le four à 200° C pendant 30 minutes.
3. Après 30 minutes, sortir le moule avec les pommes du four. Étaler la pâte, poser la pâte sur les pommes et remettre le gâteau au four pendant 25 minutes.
4. Sortir le moule du four, poser une assiette sur le moule et retourner le gâteau.

La tarte Tatin est meilleure quand elle est encore chaude.

Bon appétit!

Hinweis: Diagnosebögen und Förderübungen → Diagnose und Förderteil der Lehrermaterialien. Auch diese KVs und ihre Hörtexte sind für Verwendung in Lehrplattformen freigegeben.

PRÉPARATION AU DELF

DELF **2** **Lis les annonces. Quelle personne répondra à quelle annonce? Attention: il y a une annonce en trop.**

FÖR

A Jeune Française, 16 ans, élève de 3e, donne cours d'anglais, d'allemand et de français par correspondance (e-mail, Facebook, msn, Skype) à des élèves de la 6e à la 4e; 5 € de l'heure.
Florine: **floritorture2000@rouge.fr**

B esfa / Échanges Scolaires Franco-Allemands pour jeunes Français(es) et jeunes Allemand(e)s
76, Cours Charlemagne, 75016 Paris
Où? Mer du Nord (mai) et Ardèche (juin)
Niveau: 4 ans (ou plus) d'apprentissage de la langue étrangère
Pour toutes informations, s'adresser à: **esfa1@bleu.fr**

C aev – Apprendre en vacances
38, Place Européenne, 75002 Paris
Pâques: Méditerranée 23/03–07/04
Été: Provence 08/08–22/08
Qui participe? Jeunes Anglais(es) et Allemand(e)s
Quel niveau de langue? Minimum 2 ans d'apprentissage du français
Cela vous intéresse? Alors informez-vous sur: **www.aev.fr** *ou demandez plus d'informations:* **aev1@internet.com.**

D **Jeune Allemande (15 ans) cherche jeune Française pour s'entraider.** Tu pourrais corriger mes exercices et mes textes. Et moi, je peux t'aider en allemand. On pourrait correspondre par e-mail. *J'attends ta réponse:* **maja.schneider11@wepp.de**

E Salut, je m'appelle Yann, j'ai 16 ans et je viens de France. Je voudrais correspondre en anglais avec quelqu'un de mon âge pour préparer mon année aux États-Unis. Donc, des correspondant(e)s américain(e)s ou anglais(es) sont les bienvenu(e)s.
À bientôt peut-être!
Yann222@bleu.fr

F *Quoi?* Année au pair
Où? Paris et région parisienne
Quand? D'août à juillet
Qui? Entre 16 et 21 ans, niveau brevet, avec ou sans expérience de baby-sitting
Comment contacter?
Tél: **01.42.22.50.34,** AFJE

1. Nadja, 13 ans, Allemande, veut avoir des meilleures notes et cherche une fille française pour l'aider en français.
2. Muriel, 15 ans, qui habite à Paris, cherche quelqu'un pour contrôler ses devoirs en allemand.
3. Jana, 17 ans, qui a terminé l'école voudrait passer une année en France.
4. Tom, 16 ans, élève de 2de à Londres (Angleterre) cherche quelqu'un pour échanger des e-mails, mais il n'est pas très bon en français.
5. Nico, 15 ans, Allemand, apprend le français depuis trois ans et cherche des cours pendant deux semaines pour préparer un examen.

Compréhension orale

CD2 4 **3** **Tu vas entendre un enregistrement. Pour cet exercice, tu vas avoir:**

DELF

FÖR

– *30 secondes pour lire les questions,*
– *une première écoute, puis 30 secondes de pause pour commencer à répondre aux questions,*
– *une deuxième écoute, puis 30 secondes de pause pour compléter tes réponses.*

Il y a un nouveau message sur ta messagerie. Écoute et trouve la bonne réponse.

1. Qui a appelé?
   a Marie b Karine c Sandra
2. Qui ne va pas venir ce soir? C'est ?.
3. Où est-ce que tu vas retrouver tes copines?
   a 

   b 

   c 

4. Quand est-ce que tu vas les retrouver?
   a À 19h b À 19h20 c À 19h30
5. À quelle heure est-ce que le film commence?
6. Au cinéma, il y a un film d' ? et un film d' ?.

CD2 5

4 DELF FÖR

Tu vas entendre un enregistrement. Pour cet exercice, tu vas avoir:
- *30 secondes pour lire les questions,*
- *une première écoute, puis 30 secondes de pause pour commencer à répondre aux questions,*
- *une deuxième écoute, puis 30 secondes de pause pour compléter tes réponses.*

Ta classe fait un échange avec un collège à Paris. Au collège, tu entends le message suivant. Écoute et trouve la bonne réponse.

1. Pourquoi est-ce que la piscine ferme?

a 
b 
c 

2. Où se retrouvent les élèves français?
3. Où doivent aller les élèves allemands?
4. Quand est-ce que les cours finissent aujourd'hui pour les Allemands?

a 11:00 b 14:00 c 16:30

Production écrite

5 DELF FÖR

Sur ton portable, il y a un message de ta copine française Sandra. Elle t'invite à son anniversaire. Tu ne peux pas venir à sa fête et tu lui envoies ton cadeau avec une lettre. Dans ta lettre,
- **tu la remercies,**
- **tu dis pourquoi tu ne peux pas venir et tu t'excuses,**
- **tu proposes un autre rendez-vous (quand? où? que faire ensemble?),**
- **tu dis quel cadeau tu as choisi pour elle et pourquoi.**

Salut toi! Enfin mes 16 ans! Je t'invite à ma fête d'anniversaire. Quand? Samedi 13 mai. Où? Chez moi. Tu as le temps de venir? Réponds-moi vite, s'il te plaît! Bisous, Sandra

Salut Sandra!
…

6 DELF PF FÖR

Tu es chez ton/ta corres en France. Il/Elle n'est pas là quand un copain de l'école téléphone pour t'inviter au cinéma. Le film commence dans 20 minutes. Avant de sortir, tu écris un message à ton/ta corres pour le mettre au courant. Dans le message, tu écris:
- **à quelle heure tu es sorti/sortie,**
- **où tu vas,**
- **ce que tu fais,**
- **avec qui tu es,**
- **à quelle heure tu vas rentrer.**

Production orale

DELF FÖR

7 Entretien dirigé: A se présente. B écoute, pose des questions et prend des notes. Puis vous échangez les rôles. Vous parlez de:
- votre nom/prénom et votre âge,
- votre maison/appartement,
- votre famille / vos amis,
- vos hobbys.

DELF FÖR

8 a Monologue suivi. B va à la page 112. A: Tu dois parler pendant deux minutes sur l'un de ces sujets. Tu as deux minutes pour te préparer. B t'écoute et peut te poser des questions pour t'aider. (B ▶ p. 112)

La télévision

Le collège

DELF FÖR

b B choisit un sujet. Il/Elle doit en parler pendant deux minutes. Tu peux lui poser des questions pour l'aider.

Manger en famille
- *Toi et ta famille, quand est-ce que vous mangez ensemble?*
- *Quels sont tes plats et boissons préférés?*
- *Qui est-ce qui fait la cuisine chez vous?*

Les technologies modernes (le portable, l'ordinateur)
- *Pourquoi est-ce que l'ordinateur / le portable est important pour toi?*
- *Quand et pourquoi est-ce que tu les utilises?*
- *Combien de temps est-ce que tu passes sur ton portable/ordinateur?*

Médiation

FÖR

9 Un ami français doit préparer un expose sur une personnalité franco-allemande et il a choisi Emmanuel Peterfalvi alias «Alfons», un Français qui vit en Allemagne. Il a trouvé une interview en allemand et ne la comprend pas bien. Il voudrait que tu lui expliques:
- ce qu'Emmanuel voulait devenir quand il était jeune,
- ce qu'il a fait avant de devenir «Alfons»,
- de quelles différences entre Allemands et Français il parle dans l'interview.

Lis l'interview, p. 112–113. Puis écris un mail à ton ami et réponds à ses questions.

CD 2 6 FÖR

10 Avec tes parents et la famille de ton correspondant, tu fais une randonnée à vélo en France. La mère de ton correspondant parle avec la réceptionniste d'un hôtel pour réserver des chambres. Tu les écoutes pendant que les autres vous attendent dehors avec les vélos. Quand vous sortez, tes parents ont plein de questions. Écoute d'abord la conversation et prends des notes. Puis, réponds à leurs questions:

Sie wollen wissen,
1. ob ihr alle unterkommt und in welchem Zimmer du schlafen wirst,
2. wie teuer die Übernachtung für euch alle sein wird,
3. ob im Preis auch das Frühstück inbegriffen ist,
4. wo man etwas Typisches essen gehen kann,
5. ob das Hotel abends geschlossen ist oder ob die Rezeption die ganze Nacht über besetzt ist.

Hier lernst du, in einer Diskussion zu einem Film Stellung zu nehmen.

CD2 7–8

Au cinéclub

F15: Filmplakat zum Beschreiben

Allgemeiner Hinweis zu den Modulen: Alle Module basieren auf dem Kenntnisstand nach *Unité 3* (neuer Wortschatz → *Liste des mots*). Sie können unabhängig voneinander erarbeitet oder auch weggelassen werden → bundeslandspezifische Stoffverteilungspläne unter www.cornelsen.de/aplus → Planungshilfen & Downloads.

Lycée Louis Lumière –

Cinéclub

Mercredi 10 mars:

«Entre les murs» de Laurent Cantet (2008)

Synopsis

François Marin est un jeune professeur de français dans un collège difficile du 20e arrondissement de Paris. Il a des élèves parfois agressifs et insolents, mais il discute beaucoup avec eux et il fait tout pour les motiver et les aider, même s'il doit prendre des risques.

Critique du film

«Entre les murs» est un film du réalisateur Laurent Cantet. Il est sorti en 2008 et a reçu la Palme d'or au Festival de Cannes. C'est une adaptation d'un roman de François Bégaudeau, un ancien professeur de français. Bégaudeau a écrit le scénario avec Robin Campillo et Laurent Cantet et il a aussi joué son propre rôle dans le film. D'ailleurs, tous les acteurs du film sont des amateurs parce que le réalisateur voulait tourner avec des visages inconnus pour rendre l'histoire plus authentique.

Un peu comme dans un documentaire, «Entre les murs» décrit le quotidien d'un professeur et de ses élèves de quatrième, des jeunes de toutes les origines, qui sont très différents par leur culture, leur caractère, leurs idées et leurs goûts. Tout le film se passe à l'intérieur de ce collège et dans cette classe en particulier.

Laurent Cantet a su rendre son film vivant: il est à la fois dur et plein d'humour, il captive le spectateur. La caméra montre les personnages en gros plan. Elle filme leurs émotions. Elle suit le professeur, puis un élève et un autre … Au premier plan, on voit des élèves qui participent au cours, à l'arrière-plan, on en voit qui pensent à autre chose. On a l'impression d'être dans la classe. À voir absolument!

Hinweis: Alle Filmszenen in **Module A** → DVD

Hinweis zur Grammatik: Irreale Bedingungssätze in der Vergangenheit (*irréel du passé*)

Vos commentaires

Caméra-man:

Le film ne m'a pas plu: il est trop long et il n'y a pas d'histoire. Et puis, ce prof est nul! Je ne comprends pas son comportement. Il joue avec les mots et il veut toujours discuter de tout. Il croit bien faire, mais à la fin, il ne maîtrise plus la situation. Si Souleymane devient violent, c'est à cause de lui. Il aurait dû empêcher Esmeralda et Louise de dire n'importe quoi au sujet du conseil de classe.

Jeanne-de-Cannes:

Moi, je ne me suis pas ennuyée et je n'ai pas été déçue non plus. Les dialogues sont bons et les acteurs jouent aussi bien que des acteurs professionnels, ils sont vraiment touchants. J'ai beaucoup aimé la scène où il y a un malentendu entre Khoumba et le prof. Elle pense qu'il a quelque chose contre elle. Dans une lettre, elle lui reproche de ne pas la respecter, mais il ne réagit pas. À la place de Khoumba, je n'aurais pas écrit à mon prof. Je serais allée le voir et je lui aurais parlé.

Ciné-Phil:

C'est un film qui donne à réfléchir. La scène où Esmeralda et Louise rient pendant le conseil de classe est exagérée, mais c'est un moment-clé de l'histoire. C'est leur faute si la situation dégénère à la fin. Au lieu de rigoler, elles auraient dû prendre leur tâche de déléguées de classe plus au sérieux.

> > >

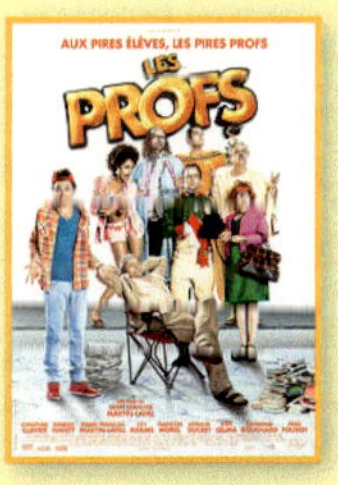

Mercredi 17 mars:

«Les Profs» de Pierre-François Martin-Laval (2013)

Dans un style complètement différent, la comédie «Les Profs», qui s'inspire de la B. D. du même nom, nous invite dans un lycée très spécial …

> [Lire la suite]

Mercredi 24 mars:

«Sur le chemin de l'école» de Pascal Plisson (2012)

Ce documentaire montre l'aventure quotidienne de quatre enfants qui veulent … aller à l'école!

> [Lire la suite]

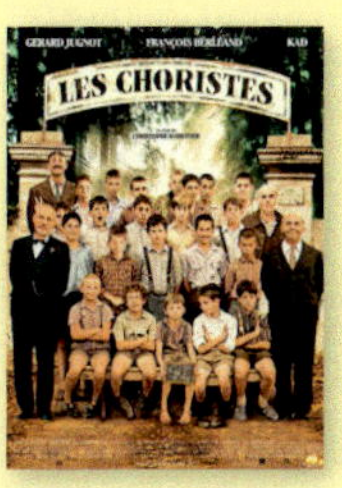

Mercredi 31 mars:

«Les Choristes» de Christophe Barratier (2004)

Un voyage dans le temps qui nous emmène en 1949, dans un internat de garçons où la vie est très dure. Un nouveau surveillant, ancien prof de musique, arrive et change tout.

> [Lire la suite]

KV 46: Zum Film *Les Profs* **KV 47:** Zum Film *Sur le chemin de l'école* **KV 48:** Zum Film *Les Choristes*

KV 44: Arbeitsblatt zum Leseverstehen

1 a Lis la synopsis et la critique du film *Entre les murs*. Indique ce que tu apprends sur François Bégaudeau et Laurent Cantet et leur rôle dans la création du film.

50|1

WB: Markierübung

▶ p. 119

Koop

b Lisez les commentaires sur le film et notez dans une grille ce que Caméra-man, Jeanne-de-Cannes et Ciné-Phil ont aimé ou n'ont pas aimé.

50|2 50|3 50|4 51|5

WB: Zuordnungsübung

	a aimé	*n'a pas aimé*
Caméra-man	—	—
—		

DVD

2 a Regarde la scène et explique la dispute entre Khoumba et son prof, M. Marin. DIFF

b Relisez le commentaire de Jeanne-de-Cannes (p. 85). Partagez-vous son avis? Discutez et justifiez votre opinion. (▶ Méthodes, p. 125/18) DIFF

3 Choisissez une des activités suivantes (a, b ou c):

a Jouez la scène entre M. Marin et Khoumba et trouvez une autre fin. Si vous voulez lire les dialogues, vous les trouverez sur webcode (APLUS-4-86).

b Vous voulez comprendre les raisons du comportement de M. Marin et de Khoumba. Deux élèves prennent leur rôle et prennent place sur «la chaise chaude» devant la classe. Les autres posent des questions et les deux élèves imaginent les réponses de M. Marin et de Khoumba et répondent aux questions.

Khoumba, pourquoi est-ce que tu n'as pas voulu lire?

M. Marin, pourquoi est-ce que vous avez choisi Khoumba?

c Khoumba envoie un mail à une copine et lui raconte ses problèmes avec son professeur. Écris son mail.

Salut Rachel,

ça va? Moi, ça ne va pas trop. Aujourd'hui, au collège, on s'est disputés avec le prof de français, M. Marin. Je te raconte tout: …

Hinweis zu 4: Die Szenen können nacheinander erarbeitet werden → Szene 1 = Vorentlastung von Szene 2

DVD **4 a** **Regardez les deux scènes. Puis, regardez les portraits, lisez les énoncés suivants et retrouvez qui a dit quoi.**

M. Marin

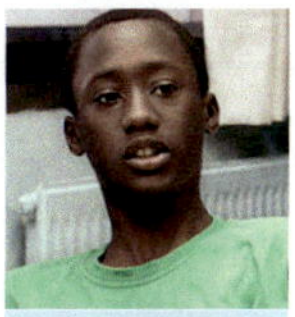
Boubacar

Carl

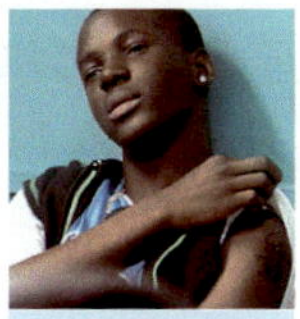
Souleymane

Esmeralda

Khoumba

Louise

KV 45: Arbeitsblatt zum Hör-/Sehverstehen

1 Je me tire[1] d'ici.

2 Il paraît que, hier, au conseil de classe, vous m'avez cassé[2].

3 C'est pas une question de force, c'est une question de discipline.

4 Aïe!

5 Tu ne me parles pas comme ça.

6 Eh, Souleymane, arrête, arrête.

7 Ça n'a rien à voir avec de la vengeance[3].

8 Eh, Souleymane, hier, il t'a trop insulté[4]!

9 Il a dit que t'étais «limité[5]». J'ai même souligné, tellement ça m'a choquée.

10 Je suis désolé, mais rire comme ça en plein conseil de classe, c'est ce que j'appelle une attitude de pétasse[6].

11 Calme-toi, là, calme-toi.

12 Eh, Monsieur, on ne parle pas comme ça aux filles.

1 **se tirer** *fam.* abhauen
2 **casser qn** *fam. hier:* jdn fertigmachen
3 **la vengeance** die Rache
4 **insulter qn** jdn beleidigen
5 **limité/e** beschränkt
6 **la pétasse** *Schimpfwort hier:* die Tussi

b **Regarde les scènes encore une fois et résume-les au présent. Ces mots et expressions peuvent t'aider.** DIFF

se calmer
blesser qn
tutoyer qn[1]
défendre qn
apprendre qc
informer qn
choquer qn[2]
se disputer

parler des points forts et des difficultés
rire tout le temps
quitter la salle[3]
revenir dans la salle
prendre la défense de qn
prendre ses affaires

être réuni(e)s[4]
être scolairement limité/e[5]
être humilié/e[6]
être furieux/-euse

les résultats du conseil de classe
le comportement
la discussion
l'ambiance *f.*

1 **tutoyer qn** jdn duzen 2 **choquer qn** jdn schockieren 3 **quitter la salle** den Raum verlassen
4 **être réuni(e)s** versammelt sein 5 **être scolairement limité/e** in schulischer Hinsicht an seine Grenzen stoßen
6 **être humilié/e** gedemütigt sein

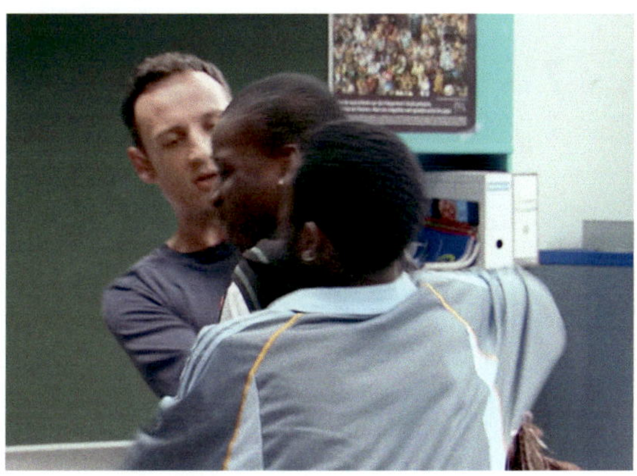

Hinweis zu 5: Einführung des *conditionnel passé* anhand der Übersicht in 6

52|6 52|7 **5 a Qu'est-ce que tu aurais fait à leur place? Utilise le conditionnel passé.** (▶ p. 88/6) DIFF

Exemple: 1. Les élèves n'ont pas fait leurs devoirs.
→ À la place des élèves, j'aurais fait mes devoirs / je n'aurais pas fait mes devoirs non plus.

1. Les élèves n'ont pas fait leurs devoirs.
2. Khoumba n'a pas lu le texte en cours.
3. M. Marin s'est énervé après la discussion avec Khoumba.
4. Esmeralda a mangé des biscuits pendant le conseil de classe.
5. Esmeralda et Louise n'ont pas pris au sérieux leur tâche de déléguées.
6. M. Marin a discuté de tout avec ses élèves.
7. Souleymane a tutoyé* son professeur.
8. M. Marin a provoqué Souleymane.
9. Souleymane est parti sans s'occuper de Khoumba.

* **tutoyer qn** jdn duzen

WB: Schreib- und Aufdeckübung

b À toi. Réfléchis à ton propre comportement: qu'est-ce que tu as fait / n'as pas fait ces derniers jours? Note au moins trois phrases sur une feuille. Puis échangez vos feuilles. Ton/Ta partenaire fait un commentaire et utilise le conditionnel passé. (▶ p. 88/6) DIFF

Hier, mon frère s'est moqué de moi. J'étais furieuse et je suis partie sans lui parler.

GH 25 **6 Das *conditionnel passé*: Bildung und Gebrauch** Hinweis zu 6: Übersicht mit *Repères*-Funktion

WB: Aufdeckübung

parler		aller	
j' aurais	parlé	je serais	allé/allée
tu aurais	parlé	tu serais	allé/allée
		il serait	allé
il/elle/on aurait	parlé	elle serait	allée
		on serait	allé(s)/allée(s)
nous aurions	parlé	nous serions	allés/allées
vous auriez	parlé	vous seriez	allé(s)/allée(s)
ils/elles auraient	parlé	ils seraient	allés
		elles seraient	allées

À ta place, je ne **serais** pas **parti/e** mais j'**aurais parlé** à mon frère.
Au lieu de rire, vous **auriez dû** aider ce pauvre enfant.

7 Tâche KV 49: Bewertungsbogen *Tâche*

Koop

a Quel autre film du cinéclub du lycée Louis Lumière voudriez-vous regarder en classe? Trouvez et regardez sur Internet les bandes-annonces* des trois autres films proposés (▶ Texte, p. 85). Puis chaque élève note quel film il/elle voudrait regarder et pourquoi. Notez aussi des arguments contre les autres films.

b Formez des groupes avec les élèves qui sont pour le même film que vous. Échangez vos arguments pour vous préparer à la discussion. DIFF
(▶ Méthodes, p. 125/18)

* **la bande-annonce** die Vorschau, der Trailer

c Discutez en classe et mettez-vous d'accord sur un film que vous allez regarder ensemble.

Un/e élève peut prendre le rôle de l'animateur/-trice de la discussion.

Hier erarbeitest du an Stationen verschiedene Aspekte der deutsch-französischen Geschichte.

Hinweis zur Grammatik: Das *passé simple* (rezeptiv)

F16: Veranschaulichung der dt.-frz. Geschichte

CD 2 9

Regards sur l'Histoire franco-allemande

Hinweis zu *Atelier A*: Wichtige Daten / Ereignisse der dt.-frz. Geschichte

Hinweis zu Module B: Arbeitsblätter zu den Stationen (inkl. Lösungen) + 2 weitere Stationen (**KV 55:** das Elsass; **KV 56:** Ludwig XIV.) → Lehrermaterialien

Atelier A: Introduction

KV 50 / WB: Zuordnungsübung

Koop **1** Recopie la frise* dans ton cahier. Étudie les documents 1 à 11. À quelle date correspondent-ils? Fais des recherches. Comparez vos résultats. (▶ Civilisation, p. 134–137)

C 53|1 53|2

* **la frise** die Zeitleiste

1

la naissance de l'euro

2 Au siècle des Lumières, le roi de Prusse Frédéric II invite Voltaire chez lui au château de Sanssouci à Potsdam. Le philosophe français y habite pendant trois ans.

3 Les petits-fils de Charlemagne signent le traité de Verdun qui partage l'Empire en trois pays: la Francie occidentale et orientale et la Lotharingie.

4

les accords de Schengen

5 De Gaulle et Adenauer signent le traité de l'Élysée.

6 La Première Guerre mondiale a lieu. En France, on l'appelle la Grande Guerre.

7

la création d'Arte

8 À la fin de la guerre franco-prussienne, la France perd l'Alsace et la Lorraine. Les guerres suivantes sont programmées …

9 L'Édit de Nantes met fin aux guerres de religion entre les catholiques et les protestants qui ont eu lieu après la Réforme de Luther. En France, les protestants peuvent vivre en paix – jusqu'à la révocation de cet édit …

10

Paris pendant la Seconde Guerre mondiale

11 Napoléon et ses troupes envahissent une grande partie de l'Allemagne et de l'Europe.

843 | 1598 | 1750–53 | 1805–06 | 1870–71 | 1914–18 | 1939–45 | 1963 | 1991 | 1995 | 2002

Maintenant, faites les ateliers B, C et D (p. 90–93) dans l'ordre que vous voulez. Vous pouvez travailler seul/e ou en tandem. Notez vos résultats pour l'évaluation en classe. Enfin, faites la tâche (p. 93/1).

Allgemeiner Hinweis zu den Modulen: Alle Module basieren auf dem Kenntnisstand nach *Unité 3* (neuer Wortschatz → *Liste des mots*). Sie können unabhängig voneinander erarbeitet oder auch weggelassen werden → bundeslandspezifische Stoffverteilungspläne unter www.cornelsen.de/aplus → Planungshilfen & Downloads.

Hinweis zu *Atelier B*: Entstehungsgeschichte und Inhalte des Élysée-Vertrages

CD2 10–12

Atelier B: Le traité de l'Élysée

KV 52: Arbeitsblatt für das Lernen an Stationen

Le début d'une amitié

Longtemps, l'Allemagne a été l'ennemie de la France. Ces deux pays se sont battus l'un contre l'autre pendant plusieurs guerres, comme par exemple la guerre franco-prussienne de 1870/71, et surtout les deux guerres mondiales. En effet, la Première Guerre mondiale a fait plus de 3,4 millions de morts en France et en Allemagne. Après la Seconde Guerre mondiale, on comptait plus de 6 millions de morts dans les deux pays.
En 1945, une réconciliation entre les deux pays semble alors impossible. Pourtant, en 1963, le président français de l'époque, Charles de Gaulle, et le chancelier allemand, Konrad Adenauer, réussissent ce tour de force. Le 22 janvier 1963, les deux hommes signent le traité de l'Élysée qu'on appelle aussi «traité d'amitié franco-allemand». Dans ce traité, la France et l'Allemagne déclarent qu'elles coopèrent dans plusieurs domaines comme la politique étrangère et la défense.

Mais son principal objectif est de rapprocher les citoyens français et allemands. Les deux gouvernements encouragent alors l'enseignement du français en Allemagne et l'enseignement de l'allemand en France. Grâce à la création de l'Office franco-allemand pour la Jeunesse en juillet 1963, les jeunes Allemands partent faire des échanges en France. Et les Français, eux, partent faire la connaissance de jeunes Allemands en Allemagne. Des écoles franco-allemandes voient le jour, et les jumelages entre villes françaises et allemandes se développent. Depuis 1963, plus de 8 millions de jeunes des deux côtés du Rhin ont participé à un échange.
Grâce à ces échanges, l'amitié des Allemands et des Français est devenue une réalité.

C'est qui, lui?
Nom: Adenauer
Prénom: Konrad
Nationalité: allemande
Né en: 1876
Mort en: 1967
Profession: Homme politique
Carrière politique:
1917–1933: Maire de Cologne
Juillet–Novembre 1944: En prison parce qu'il lutte contre le nazisme.
1949–1963: Chancelier de la République fédérale d'Allemagne

C'est qui, lui?
Nom: de Gaulle
Prénom: Charles
Nationalité: française
Né en: 1890
Mort en: 1970
Profession: Général et homme politique
Carrière politique:
18 juin 1940–1943 (à Londres): Organise la Résistance contre l'Allemagne nazie
1944–1946: Chef du gouvernement provisoire
1958–1969: Président de la République française

C 54|3 54|4

1 **Qu'est-ce que tu apprends sur le traité de l'Élysée? Dans ta réponse, parle des aspects suivants:**

DIFF

WB: Aufdeckübung

la situation en 1945 | la date du traité | les personnes qui agissent | le contenu et le but du traité | les conséquences du traité

DIFF

2 **Retrouve dans l'article des compléments* pour ces verbes. Puis trouve d'autres compléments possibles.**

* **le complément** die Ergänzung

se battre | compter | sembler | réussir | signer | coopérer | faire | voir

DVD

3 a **Regarde la séquence. Ta petite sœur ne comprend pas le français mais elle trouve la séquence amusante. Décris-lui en quelques phrases de quoi il s'agit.** (▶ Méthodes, p. 133/30)

b **Regarde la séquence encore une fois. Puis note dans ton cahier les informations sur de Gaulle qui sont nouvelles pour toi.**

Hinweis zu *Atelier C*: Auswirkungen des Élysée-Vertrages am Beispiel einer deutsch-französischen Liebesgeschichte

Atelier C: Une lettre pour Karin

KV 53: Arbeitsblatt für das Lernen an Stationen

CD 2 13–14

1 a Écoute l'interview une première fois et dis de quoi les personnes parlent.

WB: Zuordnungsübung

DIFF

b Lis les questions. Puis écoute l'interview encore une fois et note les bonnes réponses.

	a	b	c
1. Cécile a fait son premier échange en ...	1963.	1968.	1972.
2. Cécile est partie à ...	Hamburg	Nürnberg	Frankfurt
3. Qui n'était pas content que Cécile parte?	ses parents	son oncle	son prof d'allemand
4. Pendant son séjour, Cécile se sentait ...			
5. Qui est Werner?	le copain de Karin	le cousin de Karin	le frère de Karin
6. Plus tard, Cécile est partie à Bonn pour ...			
7. Comment est-ce que Werner a su que Cécile était amoureuse de lui?			
8. Peu après, ...	Cécile a épousé Werner.	Werner a rencontré une autre femme.	Cécile et Werner sont devenus parents.

55|5

2 Maintenant lis l'interview (▶ webcode APLUS-4-91) et surligne tous les mots et expressions pour parler d'émotions. Fais une liste avec des dessins et des traductions. Puis apprends-les.

français	*dessin*	*allemand*
avoir honte (de qc)		*sich (wegen etw.) schämen*

3 Choisis une des activités suivantes.

a Imagine et écris la lettre de Cécile à Karin dans laquelle elle parle de Werner.

b Imagine et écris une interview avec Werner sur sa rencontre avec Cécile.

Hinweis zu *Atelier D*: Die Hugenotten: Geschichte und Vermächtnis

CD2 15–16

Atelier D: Les huguenots

KV54: Arbeitsblatt für das Lernen an Stationen

1 **Pour préparer la lecture de cette lettre, relis les informations sur l'Édit de Nantes, p. 89. Consulte aussi le** ***Petit dictionnaire de civilisation*****, p. 137. Explique l'importance de cet édit en allemand.**

À Potsdam, ce jeudi 27 avril 1686

Chère Tante Anne-Joséphine,

Depuis votre départ pour la Nouvelle-France, il y a maintenant presque 20 ans, nous ne nous sommes plus donné de nouvelles.

Aujourd'hui, je vous écris parce que je dois malheureusement vous annoncer une triste nouvelle. Ah! Chère Tante, vous ne pouvez pas vous imaginer ce qui se passe en France! Vous devez savoir que depuis votre départ de La Rochelle, la vie pour nous, les huguenots, est une épreuve quotidienne, toujours plus triste et toujours plus difficile.

Avant votre départ pour la Nouvelle-France, les catholiques et les protestants pouvaient encore pratiquer leur religion comme ils le voulaient. L'Édit de Nantes de 1598 nous avait donné cette liberté. Vous vous en souvenez encore? Mais l'année dernière, cette liberté de religion disparut tout à coup. Au mois d'octobre 1685, le roi Louis XIV révoqua l'Édit de Nantes et il interdit aux huguenots de pratiquer leur religion. Ce fut un choc pour nous tous.

Depuis cette révocation, les soldats du roi menacent les huguenots pour essayer de les convertir à la religion catholique. Ils battent les hommes, et même les femmes ou alors ils mettent le feu aux maisons de familles huguenotes. Il n'y a pas assez de mots pour raconter toute cette violence. Ma mère Jeanne et mes frères – que Dieu ait leur âme! – furent victimes de ces horreurs. Ma mère voulut sauver mes deux jeunes frères dans l'incendie de notre maison. Malheureusement, elle n'y réussit pas et elle perdit la vie avec eux. Ce jour-là, mon père et moi, nous nous trouvions dans notre imprimerie. Cela nous sauva.

Le lendemain de ce drame, mon père décida de partir en exil pour un pays réformé, même si la révocation de l'Édit de Nantes nous l'interdisait. La nuit, nous marchions le plus vite et le plus longtemps possible. Le jour, nous nous cachions, et nous dormions juste un peu. Trop souvent, nous ne pouvions pas manger, nous avions tout le temps faim et soif. Enfin, ce fut un voyage malheureusement trop dur et pénible pour mon pauvre vieux père. Hélas, il en est mort. Qu'il repose en paix!

Moi, j'eus plus de chance: je viens d'arriver à Potsdam. On raconte que les réfugiés huguenots reçoivent ici des aides financières pour s'installer avec leur famille. C'est vraiment incroyable! Cette solidarité me touche. C'est une chance pour mon avenir. Chère tante, vous êtes la seule personne de la famille qui me reste. Je ne sais pas si vous recevrez un jour ma lettre. C'est ici, à Potsdam, que je vais commencer une nouvelle vie. J'espère que Dieu m'aidera.

Je vous embrasse.

Votre neveu, Albert Courtin

DIFF **2** **Lis la lettre. Qu'est-ce qui s'est passé en 1685, 87 ans après l'Édit de Nantes? Réponds et justifie ta réponse à l'aide du texte. Utilise:**

WB: Sortierübung

les catholiques | les protestants | pratiquer une religion | avoir le droit | se convertir

56|6 **3** **Qu'est-ce que tu apprends sur Albert Courtin et sa famille? Prends des notes ou fais un schéma de lecture. (▶ Méthodes, p. 128/26.1)**

Albert Courtin | la tante Anne-Joséphine | la mère Jeanne | le père | les deux jeunes frères

la Nouvelle-France | La Rochelle | à l'imprimerie | pendant le voyage | Potsdam

56|7 **4** **Retrouve dans la lettre tous les mots et expressions pour parler de religion. Prépare un exercice de vocabulaire pour tes camarades. (▶ Liste des mots, p. 172)** DIFF

56|8 **5** **Retrouve les formes du passé simple dans la lettre d'Albert Courtin et note-les au passé composé et avec leur infinitif (▶ p. 93/6).**
Exemple: disparut → a disparu → disparaître

Das *passé simple* ist eine Zeit der Vergangenheit, die nur in der Schriftsprache verwendet wird. Im Mündlichen verwendet man stattdessen das *passé composé*.

Hinweis zu 5: Rezeptive Erarbeitung des *passé simple* → Übersicht in 6

GH 26 **6** Das *passé simple* **Hinweis zu 6:** Übersicht mit *Repères*-Funktion **WB:** Aufdeckübung

! Die *passé simple*-Formen einiger Verben sind unregelmäßig.

						avoir	être	faire
	-ai		-is		-us	j'eus	je fus	je fis
	-as		-is		-us	tu eus	tu fus	tu fis
sauv~~er~~	-a	réuss~~ir~~	-it	dispar~~aître~~	-ut	il/elle eut	il/elle fut	il/elle fit
	-âmes	perd~~re~~	-îmes	voul~~oir~~	-ûmes	nous eûmes	nous fûmes	nous fîmes
	-âtes		-îtes		-ûtes	vous eûtes	vous fûtes	vous fîtes
	-èrent		-irent		-urent	ils/elles eurent	ils/elles furent	ils/elles firent

7 **Fais des recherches sur les huguenots et leur vie:**
1. Où est-ce que les huguenots se sont réfugiés?
2. Ils avaient des connaissances dans beaucoup de domaines. Qu'est-ce qu'ils ont emmené en exil? Donnez des exemples.
3. Est-ce qu'il y a des traces d'origine huguenote dans votre région/ville? Lesquelles? Montrez des exemples et racontez-en l'histoire.

Koop **1** **Tâche** **KV 51:** Angeleitete Recherche zu verschiedenen Daten, Orten und Personen der dt.-frz. Geschichte **KV 57:** Bewertungsbogen *Tâche*

Faites un dossier sur l'Histoire franco-allemande. Chacun/e choisit une date ou une personne importante pour l'Histoire franco-allemande et la présente sur une affiche. Vous pouvez aussi créer une grande frise en classe avec vos affiches. (▶ Texte, p. 89)

Hier lernst du eine Werbung zu analysieren.

Hinweis zur Grammatik: Verneinung mit *ne ... ni ... ni*

Le Monde des jeunes

100 % pub!

CD 2 17

La publicité est partout. Tu ne veux pas qu'elle te manipule? Pour cela, il faut savoir comment elle fonctionne. Alors voici quelques tuyaux pour mieux la décoder.

1 En haut, le gros titre sert à attirer l'attention du consommateur sur la marque Volvic. Ce titre suggère que la bouteille d'eau minérale ne pollue pas l'environnement parce qu'elle est d'origine végétale. Mais quand on lit les sous-titres en bas, on apprend seulement qu'il existe une bouteille plus petite de 50 cl. Ces bouteilles sont 20 % d'origine végétale. Mais quels en sont les autres composants? La publicité ne le dit pas.

2 Ce symbole qui montre une bouteille et une feuille d'arbre ressemble à un écolabel. Mais attention! La marque Volvic se sert d'un label qui n'est ni officiel ni réel. Avec ce faux écolabel, Volvic veut convaincre le consommateur que sa bouteille d'eau minérale est un produit écologique: il faut l'acheter parce qu'il respecte la nature. On appelle cette pratique l'écoblanchiment.

3 Dans une publicité, les couleurs jouent un grand rôle. Sur cette image, ce sont le vert et le bleu qui ont une place importante. Le paysage est en vert, et les éléments de la bouteille aussi. La couleur verte évoque la nature. Le ciel bleu derrière la bouteille évoque le bien-être et l'harmonie dans une ambiance tranquille. Avec cette publicité, la marque Volvic veut associer son produit à la nature et à la protection de l'environnement.

4 Sous le faux écolabel, on retrouve les mêmes informations qu'en bas. La publicité utilise la répétition pour convaincre le consommateur. Mais encore une fois, Volvic ne donne ni détails ni informations sur les autres composants (80 %!) de la bouteille.

5 Au premier plan, on voit une grande bouteille d'eau minérale dans un pré. À l'arrière-plan, il y a des montagnes vertes et des volcans. Ce paysage est en Auvergne, la région où se trouve la source de Volvic. De cette façon, la publicité suggère que la bouteille fait partie de la nature. Mais sur l'eau de Volvic, la publicité ne nous apprend rien.

Allgemeiner Hinweis zu den Modulen: Alle Module basieren auf dem Kenntnisstand nach *Unité 3* (neuer Wortschatz → *Liste des mots*). Sie können unabhängig voneinander erarbeitet oder auch weggelassen werden → bundeslandspezifische Stoffverteilungspläne unter www.cornelsen.de/aplus → Planungshilfen & Downloads.

Le Monde des jeunes

CD2 18

L'écoblanchiment

L'écoblanchiment est une pratique dans la publicité qui a commencé au début des années 2000. On présente des produits avec des éléments qui suggèrent **un engagement** pour **l'écologie** et pour l'environnement. L'argument écologique sert à vendre plus de produits.

Il existe plusieurs façons de lutter contre l'écoblanchiment. Les **slogans ironiques** comme «Manger bio, c'est pour les idiots.» ou «Tout pour nous, maintenant! Rien pour nos enfants!», ont rendu **l'association** «O-Vert-Dose» célèbre. Il y a d'autres associations qui agissent de la même façon. Les unes veulent **dénoncer** la publicité, les autres veulent **sensibiliser** le public et **provoquer** les entreprises qui ne font rien contre **la pollution**. Toutes ces associations s'engagent pour l'écologie et **le développement durable**. Leur idéal est **une société équitable** qui respecte les hommes et l'environnement.

NF ENVIRONNEMENT

EU Ecolabel www.ecolabel.eu

Les écolabels officiels certifient - entre autre - que tous les composants du produit sont biodégradables et qu'après un mois, il reste seulement 39 % du produit dans l'eau.

1 Décrivez une publicité qui vous a plu à votre partenaire et dites pourquoi. DIFF

57|2

2 Regarde l'affiche (p. 94) pendant dix secondes, puis ferme ton livre. De quoi est-ce que tu te souviens? Décris l'affiche en une phrase.

3 Lis l'article (p. 94), puis nomme les éléments de la publicité qui évoquent la nature et/ou la protection de l'environnement. WB: Aufdeckübung

4 Discutez et donnez votre avis sur les points suivants. (▶ Méthodes, p. 125/18)

1. Pourquoi est-il marqué «origine Végétale» avec un grand V dans la publicité? Formulez des hypothèses à l'aide du texte.
2. D'après vous, pourquoi est-ce que la publicité donne des informations sur la bouteille mais pas sur l'eau?
3. À votre avis, pourquoi est-ce que Volvic a créé son propre label?

WB: Schreib- und Aufdeckübung zu *convaincre*

DIFF **5 a** **Qu'est-ce qui va ensemble? Retrouve les combinaisons possibles. Parfois, il y a plusieurs possibilités. Échangez vos résultats.**

WB: Aufdeckübung | WB: Memory-Spiel

donner polluer sensibiliser
manipuler décoder se servir
associer convaincre attirer lutter
protéger pratiquer respecter faire

l'environnement *m.* l'attention *f.* de qn
partie de qc d'un label le public
les consommateurs *m. pl.* l'écoblanchiment *m.*
contre qc la publicité le produit à qc
la nature des détails *m. pl.*

58|4
DIFF

b **Explique à un consommateur naïf comment fonctionne la publicité en général. Utilise des expressions de a. Tu peux t'inspirer des vignettes ci-dessous.**
Exemple: La publicité veut attirer l'attention des consommateurs. Elle ____.

Extrait de: Grrreeny, Vert un jour, vert toujours, Midam, Mad Fabrik 2012, p. 17

WB: Schreib- und Aufdeckübung

58|5
DIFF

6 **Les consommateurs sont tous différents. Décris le comportement* de Paul. Utilise *ne ... ni ... ni ...* (▶ p. 97/7)**

Exemple: 1. Pierre achète des produits bios et des marques écologiques.
→ Paul **n'**achète **ni** produits bios **ni** marques écologiques.

1. Pierre achète des produits bios et des marques écologiques.
   Paul ____.
2. Pierre utilise des sacs en papier et des produits recyclables.
   Paul ____.
3. Pierre s'intéresse à la nature et à la protection de l'environnement.
   Paul ____.
4. Pierre déteste la publicité et les grandes marques.
   Paul ____.
5. Pierre a créé une association et un blog.
   Paul ____.
6. Pierre trouve normal et important de s'engager.
   Paul ____.

* **le comportement** das Verhalten

Hinweis zu 6: Einführung der Verneinung mit *ne ... ni ... ni* → Übersicht in **7**

GH 27 **7** **Die Verneinung mit** *ne … ni … ni …* **Hinweis zu 7:** Übersicht mit *Repères*-Funktion

1. La marque Odela se sert d'un label qui est officiel et réel.
   La marque Odissi se sert d'un label qui **n'**est **ni** officiel **ni** réel.
2. La marque Odela donne des détails et des informations sur son produit.
   La marque Odissi **ne** donne **ni** détails **ni** informations sur son produit.
3. Il a une voiture et un vélo.
   Il **n'**a **ni** voiture **ni** vélo.
4. J' aime les gâteaux et les biscuits.
   Je **n'**aime **ni** les gâteaux **ni** les biscuits.
5. Je vais à la piscine et au club de sport.
   Je **ne** vais **ni** à la piscine **ni** au club de sport.

8 **Lisez le texte sur l'écoblanchiment (p. 95) et inventez des slogans à la** *O-Vert-Dose*. **WB:** Aufdeckübung

57|1
DVD
Koop
59|5

9 a **Regardez et écoutez le clip du groupe Tryo. Qu'est-ce que vous comprenez?**

b **Regardez le clip et lisez les paroles sur webcode (APLUS-4-97). Expliquez qui est «on» et résumez le message de la chanson. Puis, donnez votre avis sur le clip.** **KV 58:** Arbeitsblatt zum Videoclip

– Ce qui me frappe, c'est ___.
– Je me retrouve dans ___.
– Moi non plus, je ___.
– Moi aussi, je ___.
– Ce que j'aime, c'est ___.
– Les images montrent bien que ___.
– Ce clip est exagéré ___.
– Je trouve bizarre que ___.
– Ce n'est pas normal que + *subjonctif* ___.
– Je n'ai pas tout compris, mais ___.

10 **Tâche** **KV 59:** Bewertungsbogen *Tache*

Analyse une publicité. Tu peux:
1. travailler sur la publicité ci-dessous (tu la trouveras en grand format sur webcode **APLUS-4-97**),
2. choisir une publicité qui pratique l'écoblanchiment dans les médias allemands ou français,
3. créer une publicité toi-même.

Écris des commentaires comme dans l'article *100 % pub!* (p. 94). Puis, présente ton article en classe.
Tu cherches des expressions utiles? ▶ Méthodes (p. 125/18), ▶ exercices (p. 96/5)

Hinweis zu Module D: Frankreichs aktualisierte *carte des régions* ab Inkrafttreten der neuen Regionenaufteilung → Webcode APLUS-4-98

Hier erfährst du, wo die Franzosen am liebsten ihre Ferien verbringen und lernst verschiedene Regionen kennen, in denen du die Ferien verbringen kannst.

CD 2 19–22

Régions à la carte

Le Monde des jeunes

C'est bientôt l'été, et pour toi, comme pour les trois quarts des Français, c'est la saison des grandes vacances. Mais avec tes parents, vous ne savez pas encore où aller? Les informations suivantes peuvent t'aider.

La majorité des Français passent leurs vacances en France. En général, seulement 4 % des Français passent leurs vacances dans un pays étranger.

Les Français préfèrent passer leurs vacances d'été …

au bord de la mer	36,1 %
à la campagne	30,6 %
en ville	21,7 %
à la montagne	11,6 %

Source: dgcis – Études et statistiques/chiffres clés du tourisme, 2013

Les régions de vacances d'été préférées des Français

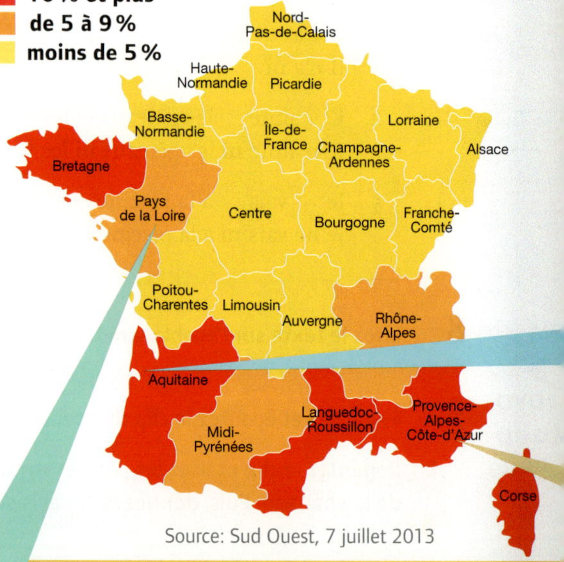

Source: Sud Ouest, 7 juillet 2013

HISTOIRE ET NATURE:

LA LOIRE ET SES CHÂTEAUX

Tu peux découvrir l'histoire de la Renaissance française de différentes façons. Pourquoi pas à vélo? Entre Orléans et Angers, environ 300 kilomètres de «véloroute» te permettent de découvrir de nombreux châteaux et des paysages fantastiques autour de la Loire.

Les bons plans

▶ **Le château de Chambord**

Il se trouve au bord de l'eau, au milieu d'un parc-forêt immense, presque aussi grand que la ville de Paris!

Il est le plus grand et le plus prestigieux des châteaux de la Renaissance française. Viens visiter les 440 pièces de ce magnifique château et ne rate surtout pas son célèbre escalier dont Léonard de Vinci a peut-être dessiné les plans.

▶ **Le château de Chenonceau**

C'est le château qu'on visite le plus après le château de Versailles. C'est le seul château-pont au monde!

WB: Lückentextübung

60|1 60|4 **1** a **Lis les informations sur les Français et leurs vacances et dis ce que tu apprends.** (▶ Méthodes, p. 126/20) DIFF

60|2 60|3 b **Lis les informations sur les différentes régions touristiques. Dis quelle région t'intéresse le plus et explique pourquoi.**

F 17: Urlaubsort zum Beschreiben / Umwälzung der neuen Lexik — WB: Zuordnungsübung — DIFF

CD 2 23 **2** a **Où est-ce que les cinq jeunes passent leurs vacances? Écoute et réponds. Retrouve les endroits sur une carte de France.**

KV 60: Arbeitsblatt zu 2 — WB: Zuordnungsübung

//● b **Qu'est-ce que les jeunes disent sur ces endroits? Écoute encore une fois, prends des notes et raconte.**

//○ ▶ p. 119

Allgemeiner Hinweis zu den Modulen: Alle Module basieren auf dem Kenntnisstand nach *Unité 3* (neuer Wortschatz → *Liste des mots*). Sie können unabhängig voneinander erarbeitet oder auch weggelassen werden → bundeslandspezifische Stoffverteilungspläne unter www.cornelsen.de/aplus → Planungshilfen & Downloads.

MER ET NATURE:
LE BASSIN D'ARCACHON

Situé à 50 kilomètres de Bordeaux, le bassin d'Arcachon est un lac d'eau salée qui s'ouvre sur l'océan Atlantique. Avec ses 80 kilomètres de côte, c'est l'endroit idéal pour se baigner sans danger, faire du bateau, aller à la pêche, jouer au volley sur la plage ou tout simplement pour bronzer.

Les bons plans

▶ **La dune du Pilat**
C'est la plus haute dune de sable fin d'Europe. Elle a entre 100 et 115 mètres de hauteur selon les années. En haut de la dune, la vue est unique. D'un côté, on voit l'océan et les plages, et de l'autre, la forêt. On te conseille la balade sur la dune au coucher du soleil. Les couleurs sont magnifiques et l'ambiance est magique!

▶ **L'Île aux oiseaux**
Cette île magnifique avec ses oiseaux et ses parcs à huîtres est une réserve naturelle. On peut y observer un tas d'oiseaux différents. Alors, n'oublie surtout pas tes jumelles!

MONTAGNE ET AVENTURE:
LES ALPES FRANÇAISES

Les Alpes françaises sont une région de montagnes qui se trouvent dans le sud-est de la France, entre la vallée du Rhône et la Méditerranée. En hiver, on peut bien sûr y faire du ski. En été, cette région propose un tas d'activités sportives.

Les bons plans

▶ **Les gorges du Verdon**
Le Verdon est une rivière qui traverse les Alpes sur environ 30 kilomètres, entre Castellane et le lac Sainte-Croix. On appelle ce passage les Gorges du Verdon. C'est un endroit idéal pour partir à l'aventure et faire de l'escalade, du canoë-kayak ou du rafting.

▶ **Le parc national du Mercantour**
Avec ses 1700 kilomètres de sentiers, le Mercantour est le paradis du randonneur. En plus des randonnées à pied, il existe des circuits en VTT ou à cheval.

3 Tâche **KV 61:** Bewertungsbogen *Tâche*

61|5 61|6 62|7

DIFF

Imaginez que vous allez faire un voyage de classe en France. Choisissez une région qui vous intéresse et faites des recherches. Puis présentez cette région à vos camarades. Expliquez aussi ce que vous pourriez y faire («les bons plans»). Essayez de convaincre les autres.

Tu cherches des idées? ▶ Carte de France, à la fin du livre

Hier erhältst du Einblicke in Frankreichs multikulturelle Gesellschaft und schreibst einen Beitrag für eine französische Jugendzeitschrift.

Hinweis zur Grammatik: Infinitivsatz mit *après avoir / après être* + Partizip Perfekt

CD 2 24–25

Vive la diversité!

WB: Aufdeckübung

Le Monde des jeunes

Après avoir gagné un concours de slam contre le racisme dans son collège, Djenabou a répondu à nos questions.

Le Monde des jeunes (MDJ): Bonjour, Djenabou! Tu viens de gagner le concours de slam. Bravo! Qu'est-ce qui t'a donné l'idée de composer un slam contre le racisme?

Djenabou: Eh bien … En ce moment, on entend souvent des propos racistes contre les immigrés dans notre quartier. Il y a des gens qui ne sont pas tolérants. Pour mes amis et moi, rejeter les immigrés à cause de leur apparence ou de leur accent étranger, c'est trop nul. Alors nous avons composé un slam contre le racisme et nous avons participé au concours. Ça a super bien marché, c'est trop cool.

MDJ: Et toi, Djenabou, tu as aussi été victime des préjugés racistes?

Djenabou: On me demande souvent d'où je viens. Et pourtant, je suis née en France et j'y ai grandi. C'est là que j'ai ma famille et mes amis. Je suis de nationalité française.

MDJ: Et quel est le pays d'origine de tes parents?

Djenabou: Mon père vient d'un petit village du Burkina Faso. Il y vivait avec ses parents et ses frères et sœurs. Mais là-bas, les conditions de vie étaient dures. À l'âge de 18 ans, il a quitté son village pour fuir la misère. Mon père est arrivé en France au début des années 1980.

MDJ: Et pourquoi ton père a-t-il choisi de partir en France?

Djenabou: Pour mon père, la France représentait la liberté, la tolérance et l'espoir d'une vie meilleure. Un de ses cousins avait déjà réussi à s'installer. Alors mon père était très motivé. Après être arrivé en France, il a retrouvé des compatriotes qui l'ont aidé à s'installer. Et c'est parmi eux qu'il a rencontré ma mère.

MDJ: Depuis quand est-ce que ta mère vit en France?

Djenabou: Depuis l'âge de 10 ou 12 ans, je crois. Après être partis du Burkina Faso, ses parents et elle se sont installés en France. Ma mère est devenue infirmière.

MDJ: Tes parents voudraient revenir un jour au Burkina Faso?

Djenabou: Je ne sais pas trop. Bien sûr, leurs familles et leur pays d'origine leur manquent beaucoup. Pour eux, parler le dioula …

MDJ: Le dioula? C'est la langue qu'ils parlaient au Burkina Faso?

Djenabou: Oui, c'est ça! Mes parents le parlent aussi à la maison avec mes frères et moi. Nous sommes donc tous bilingues. Pour mes parents, la langue reste un lien vivant avec le Burkina Faso. Mais là-bas, la vie est dure, les gens souffrent. Chaque mois, mon père envoie de l'argent à ses parents. Ici, en France, tout est quand même plus simple.

MDJ: Tu es optimiste pour l'avenir?

Djenabou: Oui, j'ai confiance en l'avenir, et c'est même ce que mes copains et moi disons dans notre slam …

MDJ: Alors pour finir notre interview, tu pourrais nous dire ton slam?

Djenabou: Bon, voilà …

Tu es d'ici, né ici, ou dans un autre pays,
Tu parles arabe ou baoulé, mais surtout tu parles français
Aux gens qui te demandent toujours «tu viens d'où?»,
j'ai envie de dire
Que la question importante, c'est pas ça, c'est de savoir
où on va.
Elle est une belle aventure, la vie entre plusieurs cultures,
C'est pas une vie entre deux chaises, française,
sénégalaise …
Tu n'as pas besoin de choisir. Ensemble, on peut réussir
À vivre tous égaux et s'aimer, vive la diversité!

Allgemeiner Hinweis zu den **Modulen**: Alle Module basieren auf dem Kenntnisstand nach *Unité 3* (neuer Wortschatz → *Liste des mots*). Sie können unabhängig voneinander erarbeitet oder auch weggelassen werden → bundeslandspezifische Stoffverteilungspläne unter www.cornelsen.de/aplus → Planungshilfen & Downloads.

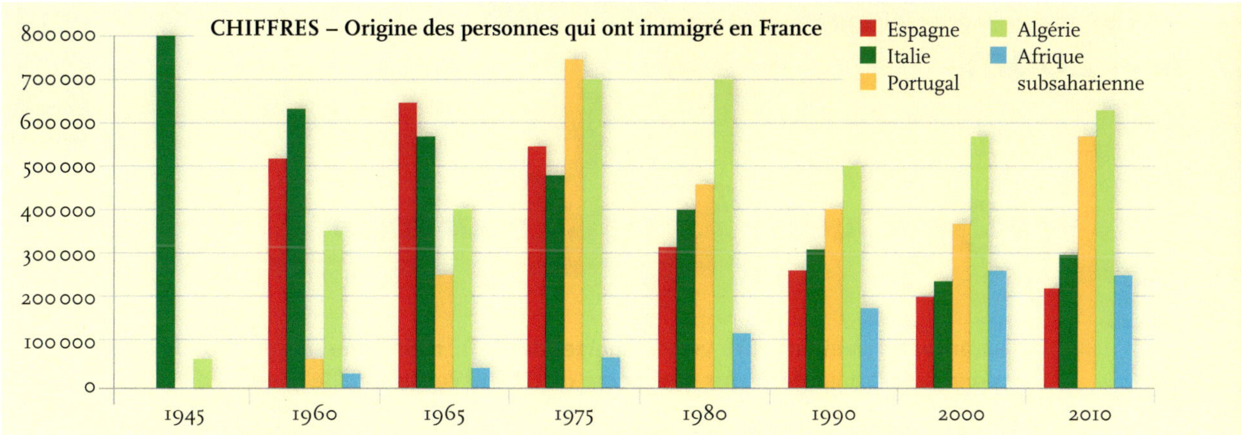

Hinweis zur Statistik: Die Zahlen beziehen sich auf die Herkunftsländer der insgesamt in Frankreich ansässigen Immigranten zu einem bestimmten Zeitpunkt.

Source: INSEE, France, 2010

1 a Lis le début de l'interview et dis pourquoi le journaliste interviewe Djenabou. DIFF

63|1 **b** Lis l'interview et note ce qu'on apprend sur Djenabou et sa famille. DIFF **WB:** Aufdeckübung zu *fuir*

c Explique le message du slam de Djenabou.

64|3 64|4 **2** Regardez la statistique et expliquez ce qu'on apprend sur l'immigration en France. (► Méthodes, p. 126/20)

Qui? Combien? Quand?

CD 2 26 **3** Écoute la chanson et explique son message. Tu trouveras les paroles sur webcode (APLUS-4-101).

Hinweis zu 4: Einführung des Infinitivsatzes mit *après avoir / être* → Übersicht in **5**

65|5 Koop 65|7 **4** Reconstitue la biographie de Mariam, la mère de Djenabou et écris-la. Utilise *après avoir / après être* + participe passé. Puis compare ce que tu as écrit avec les résultats de ton/ta partenaire. (► p. 101/5) DIFF

Exemple: 1. Après avoir quitté son village, Mariam est arrivée en France avec ses parents.
Après être arrivée en France, elle ___.

épouser Salif | *réussir* son bac | *rencontrer* Salif, le père de Djenabou | *devenir* infirmière | *aller* à l'école pendant sept ans | *quitter* son village | *fonder* une famille | *arriver* en France avec ses parents

WB: Schreib- und Aufdeckübung

Hinweis zu 5: Übersicht mit *Repères*-Funktion

65|8 **5** Der Infinitivsatz mit *après avoir / après être* + Partizip Perfekt

Après avoir gagné un concours de slam, Djenabou a répondu à une interview.
Après être rentrée chez elle, elle a écouté des slams de Grand Corps Malade.

Haupt- und Infinitivsatz müssen das gleiche Subjekt haben.

63|2 **6** Choisissez des mots de l'interview et expliquez-les selon les règles de jeu du taboo. DIFF

F19 / F20: Auseinandersetzung mit dem Thema „Rassismus" / Umwälzung des Themenwortschatzes

65|6 **7** Tâche **KV 63:** Bewertungsbogen *Tâche*

Le Monde des jeunes organise une campagne sur le thème: «Vive la diversité». Participez-y. Vous pouvez écrire un slam, un rap, un poème ou une biographie …

Hinweis zu 7: Slam-Modelldialog zum Thema *Diversité* → Lehrermaterialien (CD-Extra)

Hinweis zur Grammatik: Angleichung des *participe passé* nach *avoir* (rezeptiv)

Hier lernst du die Welt des französischsprachigen Comics kennen und gestaltest selbst einen Comic.

Le Monde des jeunes

Zoom sur la B. D.!

CD 2
27–28

TEST «Quelle B. D. pour toi?»

Les vacances arrivent enfin! Tu veux emporter des B. D., mais tu ne sais pas lesquelles? Fais donc ce test pour découvrir quel genre de B. D. te correspond le mieux.

1 Tu as encore de la place dans ta valise. Tu y mets ...
- ★ un guide touristique.
- ● une lampe de poche et un GPS.
- ❖ un objet très spécial – on va rigoler ...!
- ◀ les contes et légendes de la région où tu vas.

2 Sur la route des vacances, tu écoutes ...
- ❖ les sketches d'Omar et Fred.
- ◀ le livre audio des «Héros de l'Olympe».
- ★ de la musique classique, bien sûr.
- ● la bande originale du film «La Guerre des étoiles».

3 Ça y est! Tu es arrivé/e! Tu ...
- ◀ cherches un endroit tranquille pour pouvoir lire en paix.
- ❖ es fatigué/e, et tu vas tout de suite te coucher.
- ★ vas à l'office du tourisme pour chercher des informations sur la région.
- ● fais une balade pour découvrir les environs.

4 Pour toi, l'endroit idéal pour passer tes vacances, c'est ...
- ◀ une maison au bord de la mer.
- ★ un château du 16e siècle.
- ● un bateau pour partir à l'autre bout du monde.
- ❖ un camping avec tous tes copains.

5 Sur une île déserte, ...
- ★ tu trouverais enfin le temps de lire ta nouvelle encyclopédie.
- ◀ tu commencerais à écrire un roman.
- ❖ tu dirais: «Super, enfin seul/e!»
- ● tu irais chercher du bois pour construire une cabane.

6 Tu vas au ciné. C'est pour voir ...
- ❖ une comédie.
- ◀ un film d'animation.
- ★ un documentaire.
- ● un film d'action ou d'aventure.

7 Tes copains seront heureux de te retrouver après les vacances parce que ...
- ❖ tu es le roi / la reine des blagues.
- ★ tu sais toujours tout.
- ● tu n'as jamais peur de rien.
- ◀ tes dessins sont des œuvres d'art.

66|1
66|2

1 a **Fais le test et lis tes résultats. Est-ce que tu te reconnais dans ce que le test dit sur toi? Est-ce que les bédés qu'on te propose t'intéressent? Justifie ta réponse.**

Allgemeiner Hinweis zu den Modulen: Alle Module basieren auf dem Kenntnisstand nach *Unité 3* (neuer Wortschatz → *Liste des mots*). Sie können unabhängig voneinander erarbeitet oder auch weggelassen werden → bundeslandspezifische Stoffverteilungspläne unter www.cornelsen.de/aplus → Planungshilfen & Downloads.

Résultats

© Casterman

© Casterman

Tu as une majorité de ★ → Histoire

La culture et l'histoire t'intéressent. Tu pourrais lire par exemple: «Putain de guerre!» de Jacques Tardi qui parle de la «Grande Guerre» de 1914–1918 et qui montre que les horreurs de la guerre sont les mêmes pour tous les soldats – anglais, français ou allemands … Dur, mais passionnant!

Plus loin de nous, «Le Code noir» de Jacques Martin t'amène à l'époque de Louis XIV. Le jeune Loïs Lorsey va être le témoin du terrible trafic d'esclaves entre les Français et les Anglais au 17e siècle.

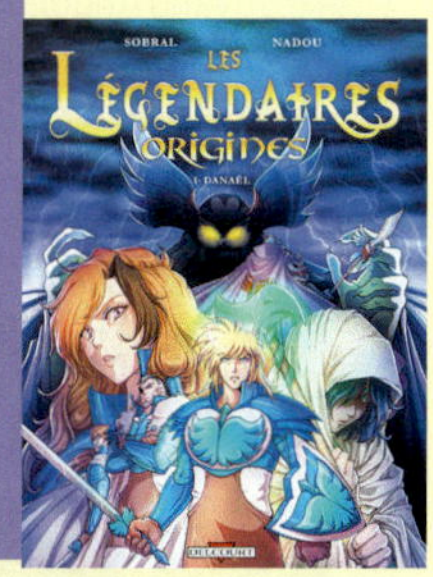

Tu as une majorité de ● → Aventure

Tu aimerais voyager pour découvrir des endroits inconnus. Ta passion, ce sont les histoires extraordinaires et les héros qui veulent sauver le monde. Tu es accro de fantasy? Alors tu pourrais lire «Les Légendaires» de Patrick Sobral. Les «Légendaires» sont cinq jeunes qui vivent dans le monde d'Alysia. Ils doivent se battre contre le sorcier Darkhell qui veut conquérir Alysia. Vont-ils réussir?

Ou tu préfèrerais partir en Afrique? Alors tu pourrais lire «Jungle urbaine» de l'auteur congolais Thembo Kash. L'histoire se passe au Congo. Bwana, un petit mécanicien, rencontre Lola, qui est la fille d'un riche homme d'affaires, et tombe amoureux d'elle. Mais des hommes inconnus les menacent et vont tout faire pour empêcher cette histoire d'amour …

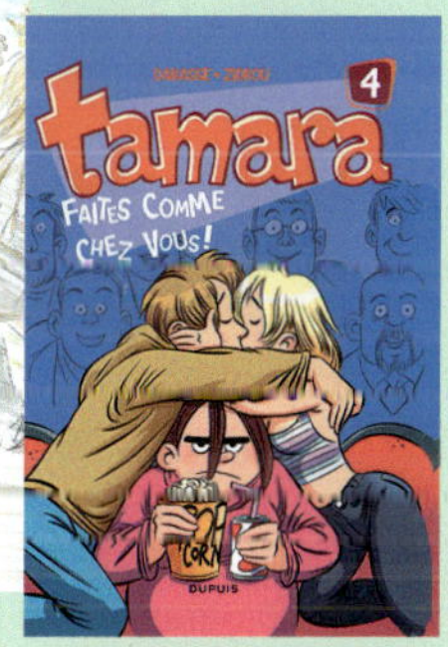

Tu as une majorité de ❖ → Humour

Tu adores passer du temps avec tes copains et leur raconter des histoires drôles. Alors, tu pourrais lire «Pico Bogue – La Vie et moi» de Dominique Roques et Alexis Dormal. Tu vas découvrir la vie quotidienne de Pico Bogue et de sa petite sœur Ana Ana. Dans toutes les situations, Pico Bogue a toujours le dernier mot, ce qui est vraiment dur pour ses parents, ses grands-parents et ses professeurs …

«Tamara – Faites comme chez vous!» de Darasse et Zidrou est aussi une B. D. drôle qui pourrait te plaire. Tamara est une adolescente qui rêve d'avoir un copain. Mais elle a des kilos en trop et ses camarades de classe ne sont pas toujours sympa avec elle. Heureusement, sa demi-sœur de huit ans a toujours un tas de bonnes idées et va l'aider à trouver le grand amour.

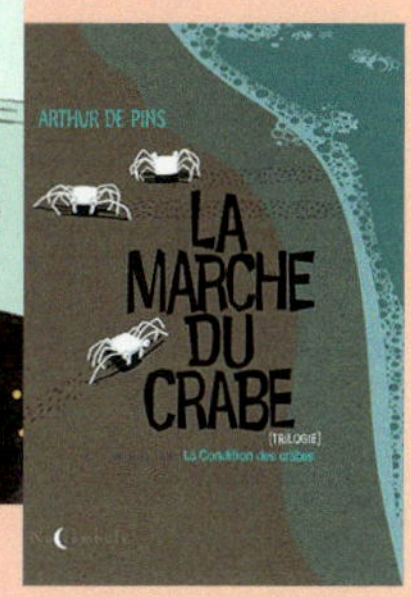

Tu as une majorité de ◀ → Roman graphique

Tu aimes la lecture et les belles choses! Pour toi, dans une B. D., les textes sont aussi importants que les illustrations. Tu pourrais lire «La Ballade de la mer salée» de Hugo Pratt. C'est le premier «roman» en bande dessinée qui est devenu un classique de la «littérature dessinée». Sur un bateau dans les mers du Sud, Corto Maltese, un personnage élégant et romantique, retrouve son ami, le pirate Raspoutine. À bord, ils ont deux prisonniers qu'ils doivent amener chez «le Moine», leur chef mystérieux qui ne montre jamais son visage …

Tu pourrais mettre aussi dans ta valise «La Marche du crabe» d'Arthur de Pins. Tu apprendras ce qui se passe quand les crabes font la révolution: un jour, les crabes en ont assez de toujours marcher sur la même ligne et ils trouvent un moyen pour changer de direction. Mais cela ne plaît pas à tout le monde …

b Forme un groupe avec des camarades qui ont eu d'autres résultats que toi. Informez-vous sur les bédés que le magazine vous conseille. Puis, chacun choisit la bédé qu'il aurait le plus envie de lire et justifie son choix.

CD 2 29

Le festival d'Angoulême

Qui sont les rois de la B. D. en Europe? Les Belges? Les Français? Une chose est sûre: C'est en France, et plus exactement à Angoulême, qu'a lieu le plus grand festival de la bande dessinée francophone.

Le Festival international de la bande dessinée d'Angoulême qu'on appelle tout simplement «festival d'Angoulême» existe depuis 1974. Tous les ans, les fans de B. D. du monde entier se retrouvent à la fin du mois de janvier dans cette ville française. Ils viennent bien sûr rencontrer des auteurs de B. D., discuter avec eux et leur demander des dédicaces. Mais il y a un tas d'autres activités. Ces activités, que les organisateurs ont créées pour le festival, correspondent chaque année à un thème précis. «La science-fiction», «l'autobiographie» ou «les différents regards sur le monde» sont les thèmes que les organisateurs ont choisis ces dernières années.

Une des activités préférées des visiteurs sont les «concerts de dessins». Pendant ces concerts, des auteurs de B. D. dessinent une histoire en direct et des musiciens les accompagnent sur leurs instruments.

Les visiteurs peuvent aussi aller à des expositions, lire des B. D. dans des coins-lecture, assister à des ateliers de B. D. pendant lesquels ils apprennent le travail de scénariste et de dessinateur: inventer une histoire, dessiner des personnages de B. D. et écrire ce que ces personnages disent ou pensent dans des bulles.

Au programme du festival, il y a aussi des spectacles de «cosplay» (jeu de costumes). Dans ces spectacles, les acteurs, des fans, sont déguisés exactement comme les personnages de B. D. célèbres et ils jouent le rôle de ces personnages sur scène. Le public adore!

Le festival dure quatre jours. Le dernier jour, le jury du festival remet les «fauves d'Angoulême», c'est-à-dire les prix d'Angoulême qui récompensent des albums et des auteurs de B. D. Grâce à ce festival, beaucoup d'auteurs inconnus sont devenus célèbres, comme par exemple Marguerite Abouet. Le festival d'Angoulême l'a accueillie et récompensée en 2006 et aujourd'hui, elle est une star de la bande dessinée.

Zoom sur la B. D.!

INFO: La B.D. en chiffres

Production de B. D. dans le monde

D'après: Ministère de la Culture et de la Communication, 2012

Les lecteurs de B. D. en France

Le savais-tu? Les Français lisent en moyenne trois B. D. par an.

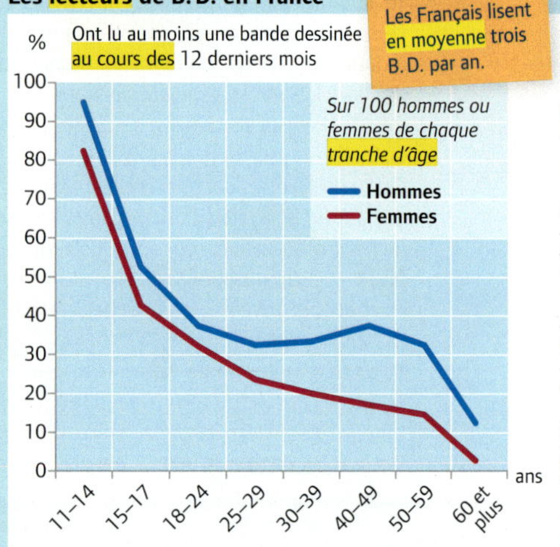

Source: Ministère de la Culture et de la Communication, 2012

Nombre de visiteurs du festival d'Angoulême

Pour aller plus loin

Vous avez envie d'en savoir plus? Alors lisez aussi «La Dédicace» de Roland Fuentès, qui raconte l'histoire d'un jeune qui va au festival d'Angoulême pour la première fois.

WB: Markierübung

DIFF **2** a Lis la rubrique «Info», puis résume les informations principales des trois documents. (▶ Méthodes, p. 126/20)

//● b Lis l'article et note les aspects du festival d'Angoulême que le journaliste présente. //○ ▶ p. 119

WB: Zuordnungsübung

Koop c Qui fait quoi au festival d'Angoulême? Faites un tableau et répondez.

le public | *le jury* | *les organisateurs* | *les auteurs* | *les musiciens*

3 Et vous, qu'est-ce que vous voudriez faire ou voir au festival d'Angoulême? Regardez le programme et mettez-vous d'accord. (▶ Méthodes, p. 125/18)

67|3
DIFF

Jeudi – 10-19 h – *Vaisseau Moebius*
EXPOSITION: **Tardi et la Grande Guerre**

Jeudi – 10 h 30 (durée 2 h 00) – *Pavillon Jeunes Talents®*
ATELIER: **Créer un héros: apprentissage des bases de dessin et de scénario**

Jeudi – 14 h (durée 1 h) – *Théâtre*
SPECTACLE: **Concerts de dessins®**

Jeudi – 14 h (durée 1 h 30) – *Conservatoire – Salle Brassens*
CONFÉRENCE: **Le Moyen-Âge en bande dessinée**

Jeudi – 16 h (durée 1 h 30) – *Pavillon Jeunes Talents®*
RENCONTRE: **Dédicaces avec Patrick Sobral, auteur des Légendaires**

Jeudi – 17h (durée 1 h 30) – *Conservatoire – Salle Brassens*
CONFÉRENCE: **Les maîtres du manga**

Hinweis zu 4: Einführung und rezeptive Einübung der Angleichung des *participe passé* nach *avoir*

GH 31

4 a **Vergleiche in beiden Satzpaaren das Partizip Perfekt und die Stellung des direkten Objekts.**

Le festival d'Angoulême a accueilli Marguerite Abouet en 2006.
C'est Marguerite Abouet. Le festival d'Angoulême l'a accueillie en 2006.

Il m'a offert des bédés géniales.
Les bédés qu'il m'a offertes sont géniales.

KV 64: Angleichung des *participe passé* nach *avoir*

b **Formuliere die dazugehörige Regel.**
Auch im *passé composé* mit *avoir* kann das Partizip Perfekt angeglichen werden, und zwar an ? , wenn dieses ? dem Verb steht.

68|4

c **Des fans de bédé attendent leur dédicace. Retrouve qui dit quoi.**

1 Il m'a regardée!
2 Ah bon, nous, il nous a engagés pour le cosplay!
3 L'année dernière, il nous a dessinées avec nos costumes!
4 Son dernier album m'a vraiment impressionné!

Simon — Lou et Ida — Paul et Yann — Sarah

CD 2 30

d **Écoute. De quoi est-ce qu'ils parlent?** **WB:** Aufdeckübung

1 le texto – la lettre – les dédicaces
2 le roman – les mangas – la bande dessinée
3 les dessins – les bulles – l'atelier dessin
4 la photo – le programme – les billets

Koop
DIFF

5 **Allez sur le site Internet du festival d'Angoulême. Travaillez en groupe. Chacun fait une des trois recherches suivantes (a, b ou c). Puis, informez vos partenaires sur les résultats de vos recherches.**

a **Tu es fan de bédé et tu veux aller au festival d'Angoulême. Réponds aux questions suivantes:**
– Où se trouve la ville d'Angoulême? Comment peut-on y aller? Où peut-on dormir?
– Quand le prochain festival d'Angoulême a-t-il lieu? Combien les billets d'entrée coûtent-ils?

b **Trouve des informations sur les différents prix du festival.**

c **Choisis une bédé qui a déjà gagné le prix du meilleur album à Angoulême et présente-la.**

Zoom sur la B. D.!

CD 2
31

68|5

Comment **fonctionne** une B. D.

[…]

6 a Lis les deux planches*, puis expose de quoi il s'agit. **KV 65:** Wortschatz zu *B. D.*

* **la planche** die Comicseite

b Relisez la bédé, puis interrogez-vous en français. A commence. (B ▶ p. 113)

Fordere B auf Französisch auf, dir Folgendes im Comic zu zeigen:

1. eine Nahansicht.
3. einen Bildrand, der zeigt, dass jemand wütend ist.
5. ein Einzelbild ohne Rand.
7. eine Schriftgestaltung für jemanden, der mit Akzent spricht.
9. eine Schriftgestaltung für jemanden, der schreit.

A

Extrait de: Bande dessinée – Apprendre et comprendre, Lewis Trondheim / Sergio García, Éditions Delcourt 2006, p. 4–8

7 **À toi! Choisis une des deux activités suivantes.**

68|6

a **Dessine:**
- un plan pour montrer un personnage qui est complètement seul.
- un bord de case pour quelqu'un qui est malade.
- un lettrage pour quelqu'un qui a peur.
- un lettrage pour quelqu'un qui est amoureux et qui demande: «On rentre ... ensemble?»

b **Trouve dans une bédé que tu connais les éléments suivants et explique leur effet à ton/ta partenaire.**
- un bord de case original
- un lettrage original
- un plan original

Zoom sur la B. D.!

CD 2 32

Les onomatopées!

8 **Explique les onomatopées.** F21: Lautmalerische Ausrufe / Wörter zum Zuordnen | WB: Zuordnungsübung

Exemple: «Snif», ça veut dire que quelqu'un pleure.

pleurer · *tomber* dans l'eau · *(se) casser* · *fermer* une porte · *s'énerver* · *faire* du bruit avec son moteur · *être* surpris/e · *avoir* mal · *boire* qc · *pleuvoir* · *râler* · *rire* · *trouver* qc dégoûtant · *frapper* qn · *dormir*

KV 66: Wortschatz Lautmalerei

9 a **Trouve les onomatopées allemandes qui correspondent et fais un dictionnaire des onomatopées.**

b **Va sur le site de l'émission *Karambolage* (qui passe sur Arte) et cherche d'autres exemples d'onomatopées françaises et allemandes, puis complète ton dictionnaire de a.**

DIFF

PF **10** **Tâche** KV 67: Bewertungsbogen *Tâche*

Transforme une histoire de ton choix en bande dessinée. Tu peux choisir une scène de roman ou de film, une histoire qui t'est arrivée, une blague, une chanson etc.

Avant de commencer, réfléchis aux points suivants (▶ p. 106–107):
- Quels moments est-ce que tu veux représenter?
- Dans chaque moment, qu'est-ce que tu veux représenter par le dessin et qu'est-ce que tu veux écrire (récitatif, dialogue etc.)?

Puis, fais une esquisse et choisis à chaque fois en fonction de ce que tu veux exprimer:
- la taille de la case
- le plan
- le bord de case
- le lettrage
- les onomatopées.

Enfin, dessine ta bédé.

Tu cherches des expressions utiles? ▶ *Texte* (p. 108), ▶ *exercices* (p. 108/9)
Tu cherches des idées? Voici une histoire sur laquelle tu peux travailler:

Un garçon drague[1] une fille dans le métro. Elle hésite mais il fait un truc qui lui plaît, alors elle lui donne son numéro puis sort du métro. Le garçon est super content. Il ne peut pas attendre et appelle la fille tout de suite, mais il entend une sonnerie sous le siège[2]. Il regarde et voit que la fille a oublié son sac ...

1 **draguer qn** jdn anmachen
2 **le siège** der Sitz

Tu peux aussi faire une bédé-collage.

PARTENAIRE B

Unité 2

page 34

2 **Lis les deux portraits, puis présente tes deux personnalités à ton/ta partenaire, en allemand. Précise en quoi ces personnes sont franco-allemandes.**

Irié Révoltés, musiciens

Nous avons fondé notre groupe à Heidelberg en 2000. Maintenant, nous sommes neuf, six musiciens et trois chanteurs: les deux frères franco-allemands Mal Élevé et Carlito et le rappeur allemand Silence. Pourquoi ce nom «Irié Révoltés»? «Irié» vient du créole jamaïcain et veut dire quelque chose comme «positif», «joyeux» et «libre» et «révoltés» veut dire «qui se battent». Dans notre musique, on retrouve des styles différents: le reggae, le ska, le hip hop … Dans nos chansons, on parle de ce qu'il faut changer dans le monde. On joue souvent pendant des manifestations et des concerts de bienfaisance et on s'engage pour des projets comme «Kein Platz für Rassismus» ou «Rollis für Afrika». En ce moment, nous vivons tous en Allemagne, mais nous essayons de réfléchir aux problèmes dans toutes les régions du monde.

Daniel Cohn-Bendit, homme politique

Je suis né en 1945 en France, à Montauban. (Mes parents étaient des juifs allemands et habitaient en France depuis 1933 à cause de la politique antisémite des nazis.) À 16 ans, mon frère et moi, avons dû nous décider entre la nationalité allemande et française. Mon frère a choisi d'être Français, moi d'être Allemand. Puis, en 1958, nous sommes retournés en Allemagne. En 1965, j'ai commencé des études à Paris. Puis, pendant les grandes manifestations des étudiants en 1968, je suis devenu célèbre parce que j'aimais bien la provocation. On m'a même donné un surnom: Dany le Rouge. Je suis retourné en Allemagne pour finir mes études, mais j'ai continué à faire de la politique et en 1978, j'ai été un des premiers Verts d'Allemagne. De 1994 à 2013, j'ai été député des Verts au Parlement européen et j'ai changé de surnom. Maintenant, c'est Dany le Vert.

Unité 3

page 56

1 a **Décris les deux villes à ton/ta partenaire sans les nommer. Il/Elle trouve de quelles villes tu parles. Vous pouvez vous aider de la carte à la fin du livre.**

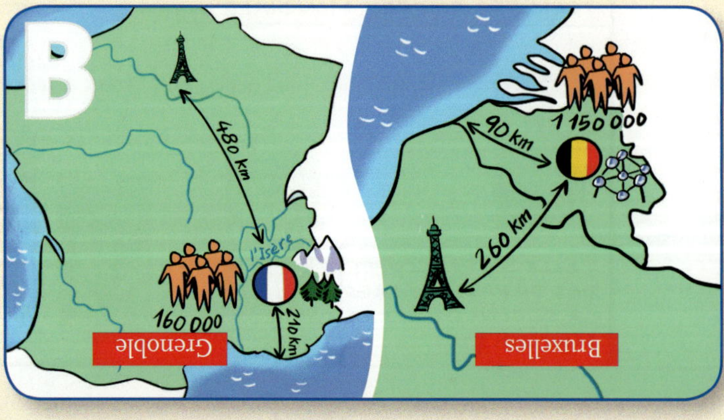

compter ____ habitants
être à ____ kilomètres de ____
se trouver en ____
à ____
près de ____
au bord de ____
entre ____ et ____
être situé dans une région de montagnes / de lacs / de forêts
____

page 70

4 **Une mauvaise journée pour Akissi. Racontez-la ensemble. Utilisez le passé composé et le plus-que parfait. (▶ Repères, p. 78/1)**

Exemple: 1. Quand Akissi s'est levée le matin, son frère avait déjà bu tout le café.

A: ?
B: son frère / boire tout le café

B: Akissi / arriver chez Nadia et Manou
A: ?

A: ?
B: le film / commencer

B: Akissi / vouloir acheter la robe de ses rêves
A: ?

A: ?
B: le marchand / vendre la robe à quelqu'un d'autre

B: Akissi / rentrer à la maison
A: ?

page 75

6 **Lisez les devinettes. Votre partenaire trouve la réponse dans l'unité 3. A commence. B continue.**

B

2. C'est le pays dont la capitale est Bamako.
4. C'est une série marocaine dont Fatym Layachi est la star.
6. C'est un festival international dont on parle dans le volet 2.
8. C'est un lac au Sénégal dont l'eau est rose.
10. C'est un quartier de Dakar dont Boubacar parle dans son blog.
12. C'est le sport traditionnel dont Boubacar est devenu fan.

Bilan des compétences

page 83

DELF

8 a A choisit un sujet. Il/Elle doit parler pendant deux minutes. Tu peux lui poser des questions pour l'aider.

la télévision
- *Combien de temps est-ce que tu passes devant la télé?*
- *Quand est-ce que tu regardes la télé et avec qui?*
- *Quelle émission est-ce que tu adores/détestes et pourquoi?*

le collège
- *Qu'est-ce que tu aimes dans ton école (ta classe, tes profs)? Pourquoi?*
- *Qu'est-ce que tu aimerais changer dans ton école (devoirs, emploi du temps, cantine ...)? Pourquoi?*
- *Quelles matières est-ce que tu préfères? Pourquoi?*

DELF

b Monologue suivi: Tu dois parler pendant deux minutes sur l'un de ces sujets. Tu as deux minutes pour te préparer. A t'écoute et peut te poser des questions pour t'aider.

Manger en famille

Les technologies modernes (le portable, l'ordinateur)

9

„Ich fühle mich als Beruf: Franzose in Deutschland"

Emmanuel Peterfalvi alias Alfons im Gespräch

Alfons, der unsichere Franzose mit dem Puschelmikrofon, wurde mit seiner Sendung "Puschel-TV" bekannt. Er versucht mit Straßenumfragen die Deutschen zu verstehen und beschäftigt sich dabei immer wieder mit dem Vergleich zwischen seinem Geburtsland und seiner Wahlheimat Deutschland.

Marina Schweizer: Heute mein Thema: der Komiker Alfons. Hallo.

Alfons: Hallo.

Schweizer: Wären Sie lieber hauptberuflich Franzose oder Komiker?

Alfons: Also eigentlich gar nicht Komiker. Ich fühle mich als Beruf: Franzose in Deutschland. Das ist schon ein Fulltime-Job, also, das reicht mir schon. [...]

Schweizer: Das Gespräch mit der Figur Alfons ist jetzt schon beendet, dafür spreche ich jetzt mit dem Mann, der dahinter steht: Emmanuel Peterfalvi. Ist Alfons denn das deutsche Klischee eines Franzosen, wie es von Ihnen tatsächlich wahrgenommen wird?

Alfons: Ich werde Sie ein bisschen enttäuschen, weil jetzt werden Sie wahrscheinlich keinen Unterschied merken, ob Sie mit Alfons oder Emmanuel sprechen. Non, nicht wirklich. Der Klischeefranzose, der ist sehr elegant, der spricht schnell und der ist sehr höflich etcetera. Und als Alfons bin ich so, wie ich bin. Das heißt: Nicht wirklich der Frauenheld und nicht wirklich der Geschickteste, aber so bin ich im Leben, insofern muss ich da nichts ändern und das ist auch praktisch.

Nur echt mit Puschel: Alfons

Schweizer: Bei Ihnen geht es ja viel um den Vergleich Deutsche und Franzosen. Und Sie sind ja jetzt nun seit über 20 Jahren hier in Deutschland. Inwiefern verkörpern Sie denn diese deutsch-französische Freundschaft?

Alfons: Insofern, dass ich tatsächlich seit 20 Jahren in Deutschland lebe - freiwillig. Das ist schon mal eine Leistung für einen Franzosen. Und, dass ich eigentlich nichts anderes mache, als dass ich mir einfach das Leben in Deutschland von den Deutschen angucke und sehr viel Spaß daran habe, mir das anzugucken. Und dann Euch zu sagen, was ich da gesehen habe. Viel mehr mache ich nicht, aber viel mehr muss eine Freundschaft auch nicht machen.

Schweizer: Also Sie sind im Prinzip mit den Deutschen schon befreundet, Sie begegnen denen nicht mit einem sehr kritischen Blick ...

Alfons: Ich bin viel mehr als befreundet, ich bin mittlerweile eingedeutscht. Ich mache Dinge, wo meine französischen Freunde sagen: „Hey, hast du sie noch alle?"

Schweizer: Zum Beispiel?

Alfons: Zum Beispiel: Ich erscheine pünktlich. Und wenn es eine Feier gibt und der Kumpel sagt: Um 20 Uhr treffen wir uns, bin ich der einzige, der um 20 Uhr da ist. Um 20 Uhr 45 kommt der Gastgeber an und dann der Rest eine Stunde später. Und die verstehen nicht, warum. Aber das vergesse ich: Stimmt, ich bin in Frankreich. Da muss man immer zwei Stunden plus zählen.

Schweizer: In Ihrem Bühnenprogramm geht es ja auch genau um solche Beispiele, das ist ja auch ein Beispiel daraus. Es geht auch um Ihre Kindheit und um Ihre Kindheitsfreunde. Sie beschreiben, wie Sie ein Puschelmikrofon zu Weihnachten bekommen haben oder zum Geburtstag. Was war denn damals los? Wie kam diese Initialzündung?

Alfons: Die Geschichte mit dem Puschelmikrofon, die stimmt auch. Ich habe mit sechs ein Mikrofon mit einem Kassettenrekorder, es war noch kein großes Puschelmikrofon, aber ein Mikrofon, dann als Geschenk bekommen und gleich habe ich damit angefangen, Leute, Geräusche, Geschichten aufzunehmen. Da war ich schon sechs. Und dann habe ich Vorträge in der Schule und alles mit diesem Kassettenrekorder gemacht. Das war schon ein Großteil der Motivation sozusagen.

Schweizer: Sind Sie dann darüber auch tatsächlich zu dem Beruf gekommen?

Alfons: Ja, also der Beruf kam ein bisschen zufällig. Ich wollte immer im Radio arbeiten und dann im Fernsehen. Meine Mutter hat das nie gewollt, weil sie gesagt hat: Du musst erstmal studieren. Also habe ich Langweiliges studiert und auch Diplom tatsächlich gemacht. Nur, weil meine Mutter sagte: Du, also, es ist wichtig, ein Diplom zu haben, bevor du Clown wirst, so ungefähr.

Schweizer: Also: Kind, lern' erstmal was Richtiges!

Alfons: Genau. Aber dann habe ich das gemacht, aber immer parallel dazu habe ich tatsächlich mit zwei Freunden ein Piratenradio gegründet zum Beispiel oder für das ernsthafte Studium musste man oft ein Praktikum machen und das habe ich immer entweder in Radiostationen gemacht oder in Fernsehstationen. Ich bin auch nach Amerika für ein Praktikum gegangen und habe da in Amerika in einer TV-Station gearbeitet. Also, das habe ich nie losgelassen. Aber das nahm sehr viele Umwege.

Schweizer: Heißt das, Sie wollten am Anfang eher Journalist werden?

Alfons: Ich glaube, wenn Sie mich damals gefragt hätten, hätte ich gesagt: „Ja, Journalist oder Moderator." Und dann hat sich das irgendwie gewandelt. […]

Schweizer: Verstehen Sie denn die Deutschen mittlerweile?

Alfons: Ja, einige Dinge schon. Aber zum Glück bin ich immer noch auf der Suche nach Dingen, die mich immer wieder überraschen und die mir Spaß machen. Insofern: So lange das dauert, bleibe ich.

Schweizer: Was hat Sie denn zuletzt noch am meisten an den Deutschen überrascht?

Alfons: Also eigentlich tagtäglich. Ich glaube, das, was ich jetzt gezeigt habe mit den Nacktwanderern ist schon so ein Beispiel, wo ich sagen würde: Ok, so etwas gibt es eigentlich nur in Deutschland. Vielleicht stimmt das auch nicht, aber so in der Art, wie es gemacht wird. Aber auch dieser Skandal, den ich erzählt habe über Marseille und über die Polizisten in Marseille, die alles geklaut haben und Drogen und Bargeld von den Drogendealern genommen haben und einfach die Drogen dann wieder verkauft haben. Wenn ich das den Deutschen erzähle, die glauben es mir nicht. In Frankreich weiß jeder, dass es stimmt, und ich kann es so viel erzählen, wie ich will: Der Deutsche kann das einfach nicht fassen, dass ein Polizist auch klauen kann. Aber das stimmt.

Schweizer: Sie haben vorhin schon anklingen lassen: Sie sind selber schon so eingedeutscht. Was sind die Dinge, die Ihnen begegnen, wenn Sie nach Frankreich kommen, wo Sie es an sich selbst merken?

Alfons: Also, es gibt Dinge, da schäme ich mich. Also ich habe mich erwischt: Letzte Woche war ich in Paris. Ich habe mich erwischt, eine Straße nicht zu überqueren, weil die Fußgängerampel rot war. Also, das war ein Reflex. Und alle gucken mich an, als ob ich eine Krankheit hätte und das könnte sogar ansteckend sein. Da hatte ich komplett vergessen, dass die Gefahr die Autos sind und nicht die rote Ampel. Also, so kann es einen ganz, ganz schnell überrennen.

Source: Deutschlandradio 2013

Module F

page 106

6 b Relisez la bédé, puis interrogez-vous en français. A commence. B continue.

Fordere A auf Französisch auf, dir Folgendes im Comic zu zeigen:

2. eine Panorama-Ansicht.
4. einen klassischen Bildrand.
6. einen Bildrand, mit dem man zeigen kann, dass eine Figur sich an etwas erinnert.
8. eine Schriftgestaltung, die zeigt, welche Wörter wichtig sind.
10. eine Schriftgestaltung, die nicht zu der Figur passt, die spricht.

B

Unité 1

page 22

//O **5** **Comment ce serait sans ___? Imagine. Utilise le conditionnel présent.** **(▶ Repères, p. 33/2)**

les gens on je la vie ___	(ne pas)	*aller* *devoir* *écrire* *être* *faire* *parler* *pouvoir* *prendre* *voyager* ___	___

sans télé   sans Internet   sans ami/e
sans casque   sans chocolat   sans vélo
sans vêtements de marque   sans livres
sans ___

page 25

//O **4 a** **Qu'est-ce que tu ferais dans ces situations? Pose des questions à ton/ta partenaire et réponds à ses questions.** **(▶ Repères, p. 33/3)**

Qu'est-ce que tu ferais …

1. … si tu pouvais partir en vacances avec tes copains – sans tes parents?
2. … si tu étais le/la principal/e de ton collège?
3. … si tu étais très riche?
4. … si tu avais 18 ans?

s'engager (pour ___)
vivre un tas d'expériences
rêver d'avoir une vie normale
aller en colonie de vacances
passer trois semaines au bord de la mer
faire des randonnées / du camping
monter ma propre entreprise
partir sur une île déserte
changer les emplois du temps
prendre des décisions importantes
proposer une cantine sympa

//O **b** **Qu'est-ce que tu ferais si …? Imagine et réponds par écrit. Utilise l'imparfait et le conditionnel présent.** **(▶ Repères, p. 33/3)**

1. *vivre* seul/e sur une île déserte
2. *parler* sept langues
3. *rencontrer* un acteur célèbre dans la rue
4. *avoir* des pouvoirs surnaturels
5. ne pas *devoir* aller à l'école
6. ___

Si je vivais seul/e sur une île déserte, je mangerais seulement du poisson, je parlerais aux animaux et je dormirais sur la plage.

1. *manger* du poisson – *parler* aux animaux – *dormir* sur la plage
2. *travailler* dans une entreprise internationale – *discuter* avec un tas de gens dans tous les pays – en *apprendre* encore deux autres
3. lui *dire* bonjour – l'*inviter* à une fête – lui *donner* mon avis sur ses films
4. *changer* le monde – *aider* les pauvres – *passer* mon temps à faire ce que je veux
5. *surfer* toute la journée sur Internet – *faire* plus de sport/musique – *apprendre* ce qui me plaît – *écrire* un livre/une bédé

//O **8** *Le Monde des jeunes* **fait une enquête sur l'avenir des jeunes et sur le thème: «À 25 ans, je serais heureux/heureuse si …» Réponds-y. Écris un petit texte.**

À 25 ans, je serais heureuse si j'étais directrice d'un zoo. Je m'occuperais des animaux, je ___

faire des études — *vivre* dans une grande ville / à la campagne — *avoir* des enfants
gagner beaucoup d'argent — *être* journaliste/___ — *pouvoir* faire des grands voyages
avoir une voiture / une maison / ___ — *parler* six langues — *être* célèbre — *travailler* comme ___ à ___

Unité 2

page 38

//O **1 b** **À ton avis, quel est le genre du film et quelle est l'histoire? Formule des hypothèses.**

C'est une comédie
C'est une tragi-comédie
C'est une tragédie
C'est un documentaire

qui raconte

une histoire de vacances.
une histoire d'amour entre ___.
l'histoire d'une bande de copains qui ___.
une histoire qui se passe en France / en Allemagne.
une histoire franco-allemande.

On dirait que ___.
Peut-être que ___.

page 41

//O **2 a** **Maintenant, lis la bédé en entier. Décris la rencontre entre Mathieu et Nils. Comment se comportent-ils? Que font-ils et pourquoi? Justifie à l'aide de la bédé.**

arriver devant le collège allemand — *appeler* les élèves — *s'approcher* — *être* timide — *rire* — *vouloir* se dire bonjour — ne pas *savoir* quoi faire — *vouloir* donner la main — *vouloir* faire la bise — ne pas *faire* la même chose — *être* surpris/e — ne pas *savoir* quoi dire — *apprendre* à se connaître — *s'amuser* ensemble

page 43

//O **3 b** **Choisis un mot et explique-le. Ton/Ta partenaire devine ce que c'est.** **WB:** Schreib- und Aufdeckübung

un stylo	une porte	«merci»	une glace
le foot	les vêtements	le pain	la lecture

	acheter	avec une clé.
	manger	quand quelqu'un te donne quelque chose.
	dire	très froid.
	jouer	avec les pieds.
Ça se/s'	*ouvrir*	à la boulangerie.
	mettre	dans l'armoire.
	apprendre	pour écrire.
	utiliser	à l'école.
	___	___.

page 45

//O **1 a** **Lis le texte, puis complète le schéma avec les informations du texte. Utilise aussi:**

sa motivation	les élèves	les problèmes de langues
les parents d'Anna	la nourriture	les activités

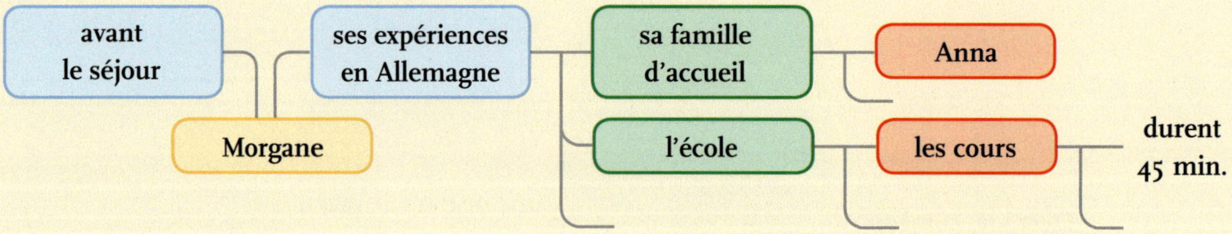

//O **c** **Que penses-tu de ce que Morgane dit de l'Allemagne à propos des thèmes suivants? Commente.**

les repas *m. pl.*	la durée des cours	l'ambiance à l'école *f.*

Je (ne) suis (pas) d'accord avec ce que Morgane dit de ___.
Chez nous, ___.
Je (ne) trouve (pas) que ___.

page 46

//O **6** **Imaginez le corres de vos rêves et le corres de vos pires cauchemars* et décrivez-les à votre partenaire. Utilisez le subjonctif.** (▶ Repères, p. 54/1, ▶ Pense-bête, p. 232)

Ce serait cool / ____ que ____.
J'ai envie / Je voudrais que ____.
Je trouverais super/____ que ____.
Il faudrait que ____.

Ça m'énerverait que ____.
J'ai peur que ____.
Il ne faudrait pas que ____.
Je ne voudrais pas que ____.

(ne pas)

m'*apprendre* un tas de nouveaux mots
me *présenter* ses copains
me *montrer* la ville
être beau/belle/____
être fan de ____
s'intéresser à ____
aimer ____
faire du / de la / ____, comme moi
se moquer de mon français
comprendre bien l'allemand / l'anglais
passer tout son temps à ____
me *laisser* seul/e

* **les pires cauchemars** *m. pl.* die schlimmsten Albträume

//O **8** **Morgane prépare le séjour de sa corres Anna à Brest. Rends le texte plus vivant en le complétant par les adverbes français qui conviennent. Parfois, il y a plusieurs possibilités.**

absolument
autrement
carrément
couramment
différemment
énormément
évidemment
forcément
gentiment
justement
seulement
sûrement
vraiment

1. Il faut *(unbedingt)* qu'Anna se sente chez elle quand elle viendra. Il faut que j'explique à papa et maman qu'Anna ne parle pas *(fließend)* le français et qu'il faudra parler moins vite.
2. À l'école, ça va être moins cool qu'à Rüsselsheim ... En France, on apprend *(anders)* et j'ai *(wirklich)* peur que ce soit ennuyeux pour Anna. En plus, on a *(sehr viel)* de devoirs ...
3. *(selbstverständlich)*, on va faire un tas d'activités. Qu'est-ce qui plairait à Anna? Ah oui! Ce serait *(total)* cool si on pouvait aller au théâtre. Et *(ausgerechnet)*, mamie m'a *(netterweise)* offert deux places pour aller voir «Le bal des voleurs» d'Anouilh, ça tombe bien!
4. Et puis, on ne peut pas faire de séjour à Brest sans voir l'océan! Alors, *(zwangsläufig)*, on fera un tour en bateau et je lui montrerai Océanopolis, elle va *(sicherlich)* trouver ça génial!
5. Je suis contente qu'elle arrive bientôt et qu'elle reste trois mois, et pas *(nur)* une semaine!

page 49

//O **1 b** **Vrai ou faux? Relis les anecdotes et réponds. Corrige les phrases fausses.**

1. Ayoub ne mange pas beaucoup de soupe parce qu'il n'a pas faim.
2. Selma apporte un verre à Fan-de-moi, comme Fan-de-moi le voulait.
3. Matti est étonné parce que Karim ne connaît pas les «Brotdosen».
4. Nolwenn arrive en retard à son rendez-vous parce qu'elle a raté le bus.
5. Gustav a mal dormi parce qu'il n'a pas l'habitude de dormir avec un traversin.

Unité 3

page 63

//O **2** **Raconte la scène entre Adjoua, son frère et Bintou.**

appeler qn *proposer* qc *écouter* *s'éclater* *accepter* qc (ne pas) *parler* librement
(ne pas) *dire* la vérité *sortir* *surveiller* qn *avoir* des doutes *se disputer* *dénoncer* qn

page 69

//O **1 a** **Lis les trois portraits (▶ p. 68–69). Relève tout ce que ces personnes ont en commun. Fais un tableau dans ton cahier pour structurer les informations du texte.**

	Tiken Jah Fakoly	*Fatym Layachi*	*Marguerite Abouet*
métier			
projets			
pays			

page 74

//O **4** **Souadou a consulté un marabout. Le soir, elle raconte à sa sœur ce que le marabout lui a dit. Complète ce qu'elle raconte par les bonnes formes des verbes.** **(▶ Repères, p. 79/2, ▶ Pense-bête, p. 232)**

2. Vous **avez eu** beaucoup de problèmes les derniers mois. – Il a dit que j' (avais / avais eu / aurais) beaucoup de problèmes ces derniers mois.
3. Vous **êtes** malheureuse et vous **cherchez** le bonheur. – Il a dit que je/j' (étais / avais été / serais) malheureuse et que je/j' (cherchais / avais cherché / chercherais) le bonheur.
4. Bientôt, les choses **changeront**. – Il a dit que bientôt, les choses (changeaient / avaient changé / changeraient).
5. Vous **réussirez**. – Il a dit que je/j' (réussissais / avais réussi / réussirais).
6. Vous **rencontrerez** un jeune homme. – Il a dit que je/j' (rencontrais / avais rencontré / rencontrerais) un jeune homme.
7. Je le **vois**! Il **est** très beau! – Il a dit qu'il le/l' (voyait / avait vu / verrait) et qu'il (était / avait été / serait) très beau.
8. Est-ce que vous **voulez** écouter la suite? – Il a demandé si je/j' (voulais / avais voulu / voudrais) écouter la suite.
9. Ça **fait** encore 1000 francs CFA ...! – Il a dit que ça (faisait / avait fait / ferait) encore 1000 francs CFA!

Module A

page 86

//O **1** a **Lis la synopsis et la critique du film *Entre les murs*. Indique ce que tu apprends sur François Bégaudeau et Laurent Cantet et leur rôle dans la création du film. Fais un tableau dans ton cahier.**

François Bégaudeau	*Laurent Cantet*

être le réalisateur du film — *jouer* le rôle de François Marin — *tourner* avec des visages inconnus — *être* un ancien professeur de français — *écrire* le scénario avec Robin Campillo — *jouer* son propre rôle dans le film — *rendre* l'histoire plus authentique — *être* l'auteur d'un roman

Module D

page 98

//O CD 2 23 **2** b **Qu'est-ce que les jeunes disent sur ces endroits? Écoute encore une fois, prends des notes et raconte.**

Endroit?	Région?	Activités?
Saint-Malo	sur le Bassin d'Arcachon	se baigner / aller à la plage
Paris	dans les Alpes	faire des randonnées à pied / à cheval / à vélo
Gavarnie	dans les Pyrénées	faire de la voile / du camping / de l'accrobranche
Andernos	en Bretagne	faire des photos
Marseille		observer les animaux
		voir l'arrivée du Tour de France

Module F

page 104

//O **2** b **Lis l'article et retrouve les aspects du festival d'Angoulême que le journaliste présente. Il y a quatre aspects en trop.**

l'importance du festival *f.* — l'histoire du festival *f.* — les «concerts de dessins» *m. pl.* — les activités *f. pl.* — les problèmes des organisateurs *m. pl.* — les ateliers *m. pl.* — l'âge du public *m.* — les prix *m. pl.* — la bédé et le cinéma — les expositions *f. pl.* — les spectacles de «cosplay» *m. pl.* — le salaire du jury

Outils pour apprendre | Lernhilfen

1 Nachschlagehilfen im Buch

Nutze die Übersichten in deinem Französischbuch, wenn du eine Aufgabe bearbeitest oder dich auf eine Klassenarbeit vorbereitest. Im Inhaltsverzeichnis (S. 4–7) steht, was du wo findest.

2 Verbkartei

Führe deine Verbkartei weiter oder lege dir eine an: Auf der Karteikarte trägst du alle Verbformen ein, die du schon kennst. Ergänze deine Verbkarten immer dann, wenn du eine neue Zeitform (z. B. das *plus-que-parfait*) oder einen neuen Modus (z. B. das *conditionnel*) kennen lernst.

3 Lernplakate

So erstellst du ein Lernplakat für die Klasse:

1. Sammle die Lerninhalte, die du auf deinem Lernplakat darstellen willst.
2. Fertige eine Skizze des Plakats an. Du kannst Zeichen (z. B.: → oder !), Symbole (z. B. ☺ oder ⚠), Kästchen, Farben und Unterstreichungen zur Verdeutlichung verwenden.
3. Überprüfe deine Skizze auf Fehler. Außerdem kannst du sie von deinem/deiner Lehrer/in korrigieren lassen.
4. Übertrage die Skizze gut lesbar auf ein Blatt Papier, das in der Klasse als Lern- und Merkhilfe aufgehängt werden kann.

4 Dein Französisch-Ordner

In deinem Französisch-Ordner sammelst und ordnest du, was du in Französisch gelernt hast und aufbewahren willst. Lege in deinem Französisch-Ordner verschiedene Abteilungen an, z. B. Wortschatz, Informationen über Frankreich, Grammatik, Methoden, Portfolio, Tests und Klassenarbeiten. Erstelle für jede Abteilung ein Inhaltsverzeichnis und trage darin die Inhalte fortlaufend und nummeriert ein.

TIPP Auch deine Verbkartei, den *Pense-bête* (▶ p. 232) und den Fehlerfahnder (▶ p. 132/31.2) kannst du in deinem Französisch-Ordner abheften.

5 Wörter im Wörterbuch nachschlagen

Du suchst ein Wort und findest es nicht in den Wortlisten deines Französischbuches?
Schlage es in einem Wörterbuch nach.

1. Das französisch-deutsche Wörterbuch

CD 2 33

Schlage das französische Wort unter seiner Grundform nach, d. h. Verben im Infinitiv, Nomen im Singular und Adjektive in der maskulinen Singularform. Hat das Wort verschiedene Bedeutungen, musst du die passende heraussuchen. Neben der Übersetzung findest du auch Hinweise zur Aussprache des Wortes und zu seinem Gebrauch.

TIPP In Online-Wörterbüchern kannst du dir die Wörter anhören und bei der Suche anstatt des Infinitivs auch konjugierte Verbformen eingeben (z. B. *ils soigneraient*).

Übung

a Hör dir das Lied *Être écolo, c'est très rigolo* an und lies dabei den Text mit (beides findest du unter Webcode: **APLUS-4-120**). Markiere dabei alle dir unbekannten Wörter und schlage sie dann im Wörterbuch nach.

b Erstelle ein Vokabelnetz zum Thema *écologie* und hefte es in deinem Französisch-Ordner ab.

So ist ein Wörterbucheintrag aufgebaut:

1, 2, 3, 4, 5, 6 = verschiedene Bedeutungen des Wortes

Wortart:
n. = *nom* (Nomen)
v. = *verbe* (Verb)
adj. = *adjectif* (Adjektiv)

le billet [bijɛ] *n. m.*
1 der Zettel, der Brief
2 **le ~ (de banque)** der (Geld-)Schein
3 **le ~ d'avion, le ~ de train** das Flugticket, das Zugticket
4 **le ~ aller-retour** das Hin- und Rückfahrtticket
5 **le ~ d'entrée** die Eintrittskarte
6 *fam.* **prendre un ~ de parterre** fallen

Genus:
f. = *féminin* (weiblich)
m. = *masculin* (männlich)

~ = Tilde (Die Tilde ersetzt das gesuchte Wort.)

fam. = *familier* (umgangssprachlich)

zusammengesetzter Ausdruck

2. Das deutsch-französische Wörterbuch

Wenn du ein französisches Wort suchst, schlägst du das deutsche Wort im deutsch-französischen Teil des Wörterbuches nach. Lies den gesamten Eintrag und wähle diejenige französische Übersetzung aus, die zu dem Zusammenhang passt, in dem du das Wort verwenden willst.

TIPP Wenn du dir nicht sicher bist, dann schlage die angegebenen Übersetzungen im französisch-deutschen Teil des Wörterbuches nach und prüfe, ob die angegebenen Bedeutungen zu dem passen, was du ausdrücken willst.

Übung

Für ein Bewerbungsschreiben benötigst du folgende Adjektive: offen – flexibel – fleißig – schnell – geschickt – freundlich – pünktlich – zuverlässig
Schlage sie im Wörterbuch nach und finde jeweils eine französische Übersetzung, die du deiner Ansicht nach in einer Bewerbung verwenden kannst.

Aussprache in Lautschrift ▶ p. 146

Karte, die
1 *Geografie* la carte [kaʀt] *n. m.*
2 *im Restaurant* la carte [kaʀt] *n. f.*
3 **(Spiel-)~** la carte (de jeu) [kaʀt(dəʒø)] *n. f.*
4 **Fahr~** le billet [bijɛ] *n. m.*
5 **(Eintritts-)~** le billet d'entrée [bijedɑ̃tʀe] *n. m.*, la place [plas] *n. f.*
6 **Kartei~** la fiche [fiʃ] *n. f.*
7 **Post~** la carte postale [kaʀtpɔstal] *n. f.*
8 **SIM~** la carte SIM [kaʀtəsim] *n. f.*
9 **Speicher~** la carte mémoire [kaʀtmemwaʀ] *n. f.*
10 *beim Fußball* **gelbe/rote ~** le carton jaune/rouge [kaʀtɔ̃ʒon/kaʀtɔ̃ʀuʒ] *n. m.*
11 **mit offenen ~n spielen** jouer cartes sur table [ʒuekaʀtsyʀtabl]
12 *umg.* **gute/schlechte ~n haben** avoir de bonnes chances / peu de chances de réussir [avwaʀdəbɔnʃɑ̃sdəʀeysiʀ / avwaʀpødəʃɑ̃sdəʀeysiʀ]

umg. = umgangssprachlich

Redewendung

TIPP Verwende zur Übersetzung von Texten keine Übersetzungsprogramme (z. B. Google Übersetzer)! Sie wählen willkürlich unter den möglichen Bedeutungen von Wörtern aus. Dadurch wird die Übersetzung fehlerhaft und oft auch völlig unverständlich.

Apprendre le vocabulaire | Wortschatz lernen – einprägen – wiederholen

6 Mit der Wortliste lernen

Unter www.cornelsen.de/webcodes **APLUS-4-147** findest du zu jeder *Unité* die passende Wortliste zum Ausdrucken, Lernen und Üben.

TIPP Schreibe Wörter, die du dir schlecht merken kannst, auf Klebezettel und bringe diese gut sichtbar in deinem Zimmer an.

7 Mit digitalen Medien lernen

Vokabeln kannst du auch mit Hilfe von Vokabellernprogrammen auf deinem Computer oder deinem Handy lernen. Der Vorteil dieser Medien: Du kannst die Wörter anhören und nachsprechen.

8 Wortschatz systematisieren

Beim Vokabellernen ersparst du dir Aufwand, wenn du über gewisse Regelmäßigkeiten Bescheid weißt. Z. B. kannst du einigen Nomen an ihrer Endung ansehen, ob sie männlich oder weiblich sind. Merke dir folgende Endungen:

Typisch weibliche Endungen sind:

-tion	(la récréation)
-ine	(la cantine)
-ette	(la recette)
-ie	(la librairie)
-ure	(la voiture)
-trice	(la médiatrice)
-ade	(la balade)
-elle	(la poubelle)
-ance	(la chance)
-ité	(la vérité)

Typisch männliche Endungen sind:

-ent	(le vêtement)
-eau	(le bateau)
-teur	(le chanteur)
-age	(le village)

Übung

1 Finde weitere Nomen, die du schon kennst und die in diese Listen passen.
2 Finde auch Ausnahmen, die du kennst.

9 Wortschatz sammeln

Du kannst die Texte deines Lehrbuches als Fundgrube für den systematischen Aufbau deines Wortschatzes nutzen. Sammle Wörter und Ausdrücke aus den Lehrbuchtexten und ordne sie in Gruppen wie z. B.:
– nach Themen (mit Hilfe eines Vokabelnetzes),
– nach Situationen und Redeabsichten,
– nach Wortfamilien oder
– nach weiteren Gemeinsamkeiten.

Erweitere deine Listen nach und nach mit neuem Wortschatz und nutze sie, wenn du Texte schreibst.

TIPP Sammle die Listen in der Wortschatz-Abteilung deines Französisch-Ordners. (▶ p. 120/4)

Ausdrücke mit *avoir*:

	de la chance
	faim
	l'air + *adjectif*
avoir	le droit de + *infinitif*
	mal (à qc)
	envie de + *infinitif*
	qc en tête

Wortfamilie:

le livre
la lecture
le lecteur / la lectrice
la librairie
lire

Gefühle ausdrücken / etwas bewerten:

être triste/content(e)/____ que ____ + *subjonctif*
avoir peur/envie que ____ + *subjonctif*
c'est dommage que ____ + *subjonctif*
trouver génial/bizarre/____ que ____ + *subjonctif*

Neu

10 Den Wortschatz individuell erweitern

Je weiter du im Französischlernen voranschreitest, desto selbstständiger solltest du dein Lernen gestalten. Entscheide selbst, welche Wörter und Ausdrücke für dich wichtig und nützlich sind, und nimm diesen Wortschatz in dein Vokabellernsystem auf (Lernkartei, Redemittellisten usw.).

TIPP Gehe jeden Text, den du mithilfe eines Wörterbuches geschrieben hast, nach dem Schreiben durch und notiere diejenigen Wörter und Ausdrücke, über die du in Zukunft (z. B. bei Gesprächen mit französischen Muttersprachlern oder beim Schreiben) verfügen möchtest.

Écouter et comprendre | Hörverstehen

In diesem Buch begegnen dir drei Arten von Höraufgaben: Je nach Aufgabenstellung musst du entweder grob verstehen, worum es in einem Text geht, nur ganz bestimmte Informationen heraushören oder ganz genau verstehen, was gesagt wird. Für alle Aufgabenarten gilt:

- Du musst nicht jedes Wort verstehen. Wenn dir also unbekannte Wörter begegnen, hör einfach weiter zu!
- Bevor du einen Hörtext hörst, lies die Aufgabenstellung genau: Um welche Art von Hörtext handelt es sich (Telefongespräch, Durchsage, Radiosendung, ...)? Zu welchem Thema? Welche Wörter könnten vorkommen? Stelle dich auf die dort beschriebene Situation ein.

Neu

11 Gespräche von Muttersprachlern verstehen

CD 2 34

Die französische Umgangssprache unterscheidet sich stark von der Schriftsprache. Wenn du also Gespräche zwischen Muttersprachlern hörst, stell dich auf folgende Besonderheiten ein:

In der französischen Umgangssprache:

- spricht man kein Verneinungs-*ne*:
  elle ne dort pas → **elle dort** pas
  il n'a vu personne → **il a** vu personne
- „verschluckt" man Laute:
  tu as raison → **t'as** raison
  je suis → **chuis**
- kürzt man gerne ab:
  le cinéma → le **ciné**
- verwendet man andere Wörter:
  fatigué → **crevé**
- verdreht man Silben oder Buchstaben:
  bizarre → **zarbi**
  cher → **rech**

Übung

1 Höre die Gespräche an (CD 2, Track 34). Wer spricht umgangssprachlich? In welcher Situation?

2 Welche Phänomene der Umgangssprache erkennst du wieder? Mache dir Notizen und tausche dich mit deinem Partner aus.

12 Sich Notizen machen

Mach dir beim Hören Notizen, damit du nicht vergisst, was du gehört und verstanden hast.
Halte deine Notizen so knapp wie möglich:

- Notiere nur einzelne Wörter, keine ganzen Sätze.
- Lasse Artikel und Bindewörter weg, z. B. *métro + bus* (anstatt *le métro et le bus*).
- Kürze lange Wörter ab und verwende Abkürzungen, z. B.: *km (kilomètre), ND (Notre-Dame)* usw.
- Verwende Zeichen und Symbole statt Wörter, z. B. = → ♥ ! } ♪ ☼ ♀ ♂ > ✔ ⊝ ⊕

13 Verstehen, worum es geht (Globalverstehen)

Es gibt drei Grundfragen, die dir helfen, Hörtexte grob zu verstehen und zu erklären, worum es geht:
1. Qui parle? (Wer?)
2. Où sont les personnes? (Wo?)
3. De quoi est-ce que les personnes parlent? (Was/Worüber?)

TIPP Achte beim Hören auch auf Geräusche und den Tonfall der Sprecher. Sie können dir zusätzliche Informationen über Ort, Handlung und die Entwicklung der Situationen geben.

14 Einzelne Informationen heraushören (selektives Verstehen)

Wenn die Aufgabenstellung von dir verlangt, nur bestimmte Informationen zu verstehen, dann achte beim Hören nur auf die Informationen, die gefragt sind, und notiere sie. Alles andere kannst du ausblenden.

TIPP Wenn du mehrere Informationen aus einem Text heraushören sollst, lege dir vor dem Hören eine Tabelle an, in die du die gehörten Informationen eintragen kannst. Denk daran, dass die Informationen nicht zwingend in der Reihenfolge der Aufgabenstellung vorkommen.

15 Das Gehörte genau verstehen (Detailverstehen)

In einigen Situationen musst du kurze Texte oder Hinweise im Detail verstehen, um zu wissen, was genau passiert bzw. was du zu tun hast (z. B. wenn dir jemand am Telefon einen Weg beschreibt).
Wenn du beim Hören etwas nicht verstehst, lass an dieser Stelle eine Lücke. Beim nächsten Hördurchgang kannst du die Lücken in deinen Notizen schließen.

TIPP Wenn du mit jemandem in direktem Kontakt bist, ist das „Lückenschließen" einfacher: Frag deinen Gesprächspartner oder Umstehende gezielt nach dem, was du noch nicht verstanden hast.

Parler | Sprechen

16 Freies Sprechen trainieren

CD 2
35

1. Die Aussprache trainieren
Trainiere deine Aussprache, indem du Texte laut vorliest. Das kannst du zum Beispiel mit der CD im *Carnet d'activités* üben, auf der sich alle Lektionstexte deines Buches befinden. Binde die Wörter beim Nachsprechen aneinander: Sprich jeden Satz in einem Schwung, als wäre er ein einziges Wort!

TIPP Die Aussprache einzelner Wörter kannst du dir in Online-Wörterbuchern im Internet oder digitalen Vokabeltrainern anhören.

Übung

1 Hör zu (CD 2, Track 35) und sprich nach dem Signal dreimal nach.
2 Nimm selbst einen solchen *„dialogue à imiter"* auf. Lass deine Aufnahme von deinem/deiner Lehrer/in überprüfen und übt damit in der Klasse.

2. Nützliche Sätze und Redewendungen auswendig lernen
Wenn du Redewendungen oder Sätze auswendig lernst, kannst du sie beim freien Sprechen leichter verwenden. Dadurch sprichst du flüssiger und sicherer. Lerne vor allem die Sätze aus dem Abschnitt *Qu'est-ce qu'on dit?* in den *Repères*. Im Vokabeltaschenbuch findest du auch *Les mots pour le dire*: Wortschatz, der nach Situationen geordnet ist und den du dir anhören und auswendig lernen kannst.

17 Einen Dialog oder ein Rollenspiel vorspielen

So geht ihr vor:

1. Zuerst sammelt ihr Ideen zur vorgegebenen Situation und notiert sie in Stichpunkten.
2. Dann schreibt ihr das „Drehbuch“ und verteilt die Rollen.
3. Danach arbeitet jeder für sich, um sich auf seine Rolle vorzubereiten und sie einzuüben: Stimmung, Gestik, Mimik, Requisiten usw.
4. Am Ende probt ihr gemeinsam euer Rollenspiel.

TIPP Werde spontaner und freier in deiner Rolle, anstatt sie auswendig zu lernen. Dabei kann dir ein Sprechfächer helfen, auf dem du zur Gesprächssituation passende Redemittel notierst. Weißt du beim Sprechen nicht weiter, klappst du den Fächer auf. Du kannst auch auf einer der Fächerkarten Redemittel aufschreiben, die man braucht, um ein Gespräch aufrechtzuerhalten oder eine Diskussion zu führen (▶ p. 125/18).

Neu

18 Eine Diskussion führen

Zu einer guten Diskussion gehören gute Argumente und eine strukturierte Gesprächsführung. Sammle vorab Argumente für den Standpunkt, den du vertreten willst/sollst, und formuliere sie aus. In der Diskussion selbst kannst du folgende Redewendungen und Ausdrücke benutzen:

Du möchtest

– **deine Meinung sagen:**
Je pense / trouve / crois que ____.
Je sais / Je suis sûr/e que ____.
À mon avis, ____.
Je suis pour/contre ____.
Le vrai problème, / Le plus important, c'est ____.

– **Argumente anführen:**
Comme ____, ____.
____ parce que ____.
De plus, ____.
Donc, ____.
Pour finir, on peut dire que ____.

– **Rückfragen stellen / das Gespräch aufrecht erhalten:**
Pardon? / Qu'est-ce que tu as dit?
Je n'ai pas compris / Je ne vois pas ce que tu veux dire.
Tu peux répéter / expliquer encore une fois, s'il te plaît?
Alors, tu trouves que ...? / Tu veux dire que ____?

– **etwas richtigstellen:**
Ce n'est pas ce que je voulais dire.
En fait, ____. / Je voulais dire que ____.

– **jemanden nach seiner Meinung fragen:**
Qu'est-ce que tu en penses?
Qu'est-ce que tu penses de ____?
Tu es d'accord avec ce que ____ a dit?

– **deine Zustimmung ausdrücken:**
Je suis d'accord avec toi/lui/____.
Tu as raison. / C'est ça.

– **deine Ablehnung ausdrücken:**
Je ne suis pas (du tout) d'accord (avec toi).
Ah, non. / Ce n'est pas vrai. / C'est faux.
N'importe quoi! / Tu exagères!
Si! / Si, justement!

etwas einwenden:
Je n'en suis pas sûr/e. / Je ne sais pas.
Ça dépend (de ____).
D'un autre côté[1], ____.
Il ne faut pas oublier que ____.
Il ne suffit[2] pas de ____, il faut aussi ____.

– **die Diskussion kommentieren:**
Ce n'est pas une raison[3] / un argument.
On ne peut pas comparer[4] ____ et ____.
Ce n'est pas la question.

– **Zeit gewinnen:**
ben ... / euh ...
tu sais / vous savez ...

– **ausreden:**
Je n'ai pas fini. / Attends.
Laisse-moi parler / terminer ma phrase.

1 **d'un autre côté** auf der anderen Seite 2 **il ne suffit pas** es reicht nicht 3 **la raison** der Grund 4 **comparer qc** etw. vergleichen

19 Ein Bild und seine Wirkung beschreiben

Wenn du ein Bild beschreibst (z. B. ein Foto oder ein Werbeplakat), dann beantworte dabei folgende Fragen und nutze dabei die folgenden Redemittel:

Décrire une image:

– **Was ist auf dem Bild zu sehen?**

C'est une photo / une affiche / une publicité[1] pour ___.

À gauche, / À droite, / Au centre, Au premier plan[2], / À l'arrière-plan[3], Ici, / Là, / En haut[4], / En bas[5],	on voit ___. il y a ___.

Le slogan, c'est ___.

– **Wie wirkt das Bild auf mich?**

La photo / la publicité	suggère[6] que ___ associe[7] ___ à ___. a quelque chose de ___. (me) fait penser à ___.

La couleur ___ ___	évoque[8] ___. est un symbole de ___.

– **Welche Botschaft vermittelt das Bild?**

Le message, c'est ___.
À mon avis, ___.
Je trouve que / pense que ___.

1 **la publicité** die Werbung
2 **au premier plan** im Vordergrund
3 **à l'arrière-plan** im Hintergrund
4 **en haut** oben
5 **en bas** unten
6 **suggérer qc** jdm etw. weismachen, so tun als ob
7 **associer qc à qc** etw. mit etw. anderem verknüpfen
8 **évoquer qc** an etw. erinnern

Neu

20 Eine Statistik oder eine Infografik vorstellen

WB: Aufdeckübung

Wenn du den Inhalt einer Statistik oder einer Infografik wiedergeben sollst, dann gehe nach diesem Muster vor:

Présenter les informations d'une statistique:

– **Thema, Zeitraum, Quelle**

Ce tableau Ce diagramme	est une statistique de (2013) sur montre	(l'âge moyen dans les pays africains). (les habitudes de lecture des Français.)

– **Information**

La moitié[1] / Plus de la moitié La plupart[2] / La majorité[3] (Presque/Environ) un tiers[4] / deux tiers Un quart / Trois quarts (Quarante) pour cent	des Français / ___ des jeunes des plus de (15) ans[5]	trouvent / pensent / croient que ___. possèdent[6] ___. préfèrent ___. sont pour / contre ___. ___.

Il y a une (grande) différence entre (2009) et (2010).

– **Zusammenfassung**

En conclusion[7], on peut dire que (l'Afrique est un continent très jeune).

1 **(plus de) la moitié** (mehr als) die Hälfte 2 **la plupart** die meisten 3 **la majorité** die Mehrheit 4 **un tiers** ein Drittel
5 **les plus de 15 ans** *m. pl.* die über 15-Jährigen 6 **posséder qc** etw. besitzen 7 **en conclusion** zusammenfassend

21 Einen Vortrag vorbereiten

So gehst du vor:

1. Informationen sammeln

– Was weißt du schon über das Thema, das du vorstellen wirst? Sammle alles auf einem Blatt. Notiere das, was du schon auf Französisch sagen kannst, gleich auf Französisch.
– Lies die Texte (Sachtexte, Diagramme usw.), die dir für deinen Vortrag zur Verfügung stehen oder die du recherchiert hast, und markiere die wichtigsten Inhalte (▶ p. 130/28.1).

2. Inhalte sinnvoll gliedern

Beantworte für dich folgende Fragen und finde anhand deiner Antworten einen roten Faden für deinen Vortrag:
– Wie viel Zeit steht mir für den Vortrag zur Verfügung?
– Worüber will/soll ich informieren? Was ist interessant?
– Welche Unterthemen spreche ich an?
– In welcher Reihenfolge spreche ich über meine verschiedenen Unterthemen?

Schreibe eine Gliederung auf. Gehe dann noch einmal deine Texte durch und ordne die dort markierten Informationen in deine Gliederung ein. Fehlen noch Informationen? Recherchiere sie gezielt.

Gliederung: ***Les sports favoris des Français***
A. Le football: sport national
1. les clubs
2. l'équipe nationale («les Bleus»)
B. Les sports régionaux
1. le rugby (sud-ouest)
a. les règles du jeu
b. les clubs
c. l'équipe de France («le Quinze de France»)
2. la pétanque (sud-ouest/sud-est)
...

3. Den Vortrag ausarbeiten und einüben

Formuliere jetzt den Text deines Vortrags:
Verwende schon beim Schreiben die strukturierenden Ausdrücke, die du auch später beim Vortragen benutzen wirst (siehe Kasten unten).
– Arbeite mit Beispielen und Vergleichen, dann kann dein Publikum mit deinen Informationen mehr anfangen.
– Überprüfe deinen fertigen Text mithilfe des Fehlerfahnders (▶ webcode **APLUS-4-132**).
– Schreibe dir dann die wichtigsten Stichwörter aus deinem Text auf einen Stichwortzettel.
TIPP Dazu kannst du auch den „Kniff mit dem Knick" verwenden: Du schreibst den Text, den du vortragen möchtest, auf ein Blatt und unterstreichst darin die wichtigsten Stichwörter. Dann überträgst du diese Stichwörter in die Randspalte und klappst den ausführlichen Text weg. Die Randspalte dient dir beim Vortragen als Gedächtnisstütze, im „Notfall" greifst du auf den weggeklappten Text zurück.
– Erstelle ein Plakat, Overhead-Folien oder eine digitale Präsentation, um die Inhalte deines Vortrags zu veranschaulichen. Du kannst auch zum Thema passende Gegenstände mitbringen.
– Übe deinen Vortrag nur mit deinem Stichwortzettel als Gedächtnisstütze. Prüfe dabei, ob du die für deinen Vortrag vorgegebene Zeit einhältst.

Structurer son exposé:

commencer	Je vais / J'aimerais vous parler de / présenter mon livre préféré / ___. Il s'agit de ___. / Le roman / ___ s'appelle ___. Voilà les mots inconnus que je vais utiliser dans ma présentation. J'ai choisi ce roman / ___ parce que ___.
annoncer la structure de l'exposé	D'abord, / Au début de ma présentation, je vais vous parler de / dire quelques mots sur ___. Après, / Ensuite, ___. Pour finir, ___.
structurer l'exposé	Je commence par ___. / Maintenant, je passe au point suivant: ___. Pour finir, ___.
finir	Merci de votre attention! / Est-ce que vous avez des questions?

22 Einen Vortrag halten

Wenn du deinen Vortrag hältst, beachte die folgenden Regeln:
- Schreibe unbekannte Wörter vorher an die Tafel und erkläre sie deinen Mitschülern.
- Sprich beim Vortragen langsam, möglichst frei und schau dein Publikum an.
- Stell dich beim Vortragen so hin, dass immer alle freie Sicht auf dein Plakat, deine Folien usw. haben.

23 Eine Rückmeldung geben

Bewertet eure Vorträge und Dialoge bzw. Rollenspiele gegenseitig. Legt die Kriterien vorher mit eurem Lehrer / eurer Lehrerin fest und schreibt sie auf.
Ein Beispiel für einen Rückmeldungsbogen findet ihr unter Webcode (**APLUS-4-128**).
TIPP Fangt bei eurer Rückmeldung immer mit dem an, was gut war, und verbindet Kritik mit konkreten Verbesserungsvorschlägen.

Lire et comprendre des textes | Texte lesen und verstehen

In diesem Buch triffst du auf drei Arten von Leseaufgaben: Je nach Aufgabenstellung musst du entweder grob verstehen, worum es in einem Text geht, nur ganz bestimmte Informationen herauslesen oder ganz genau verstehen, was im Text steht.

24 Verstehen, worum es geht (Globalverstehen)

- Schau dir den Text zuerst an: Um welche Textsorte handelt es sich (Magazinartikel, Blog, ...)?
- Lies den Text dann einmal ganz durch, ohne dich von unbekannten Wörtern aufhalten zu lassen.
- Beantworte die drei Grundfragen (siehe Kasten) und notiere deine Antworten als Stichwörter (▶ p. 123/12).

1. De qui / De quoi parle le texte?
2. Où est-ce que cela se passe?
3. Qu'est-ce qui se passe?

25 Einzelne Informationen herauslesen (selektives Verstehen)

Lies die Aufgabenstellung genau. Welche Informationen sollst du finden? Überfliege den Text und „scanne" ihn dabei nur nach diesen Informationen ab. Alles andere kannst du überlesen.
TIPP Notiere dir sofort, was du herausgefunden hast.

26 Einen Lesetext genau verstehen (Detailverstehen)

Du hast nach dem ersten Lesen eines Textes schon grob verstanden, worum es geht. Um den Text ganz zu „knacken", näherst du dich ihm am besten in drei Schritten.

1. Einen Text in Sinnabschnitte gliedern
Um einen Text genau zu verstehen, kannst du dir seine Gliederung bewusst machen.
- Teile den Text in Sinnabschnitte ein. Ein solcher Sinnabschnitt kann einen oder mehrere Absätze des Textes umfassen.
- Notiere zu jedem Sinnabschnitt ein oder mehrere Stichworte, die deutlich machen, worum es geht.

Neu Anstatt ein Stichwort aufzuschreiben, kannst du auch etwas zeichnen: wichtige Gegenstände (z. B. einen Brief, der für eine Beziehung entscheidend sein wird) oder Symbole für das, worum es im Sinnabschnitt geht (z. B. eine Medaille, um zu zeigen, dass jemand auf sich stolz sein kann). Solche Zeichnungen machen dir klar, was du verstanden hast, ohne dass du es sofort sprachlich ausdrücken musst.

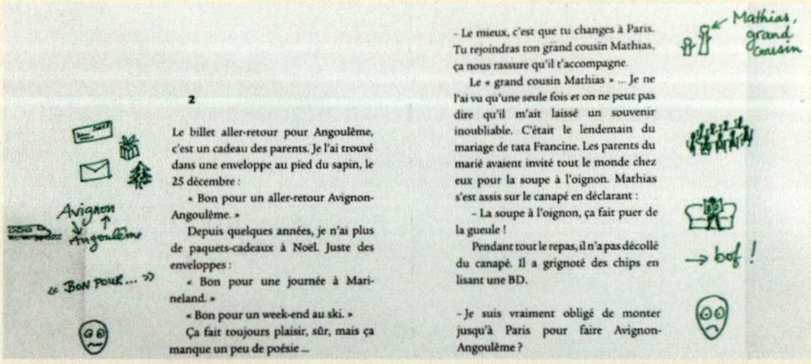
2

Le billet aller-retour pour Angoulême, c'est un cadeau des parents. Je l'ai trouvé dans une enveloppe au pied du sapin, le 25 décembre :

« Bon pour un aller-retour Avignon-Angoulême. »

Depuis quelques années, je n'ai plus de paquets-cadeaux à Noël. Juste des enveloppes :

« Bon pour une journée à Marineland. »

« Bon pour un week-end au ski. »

Ça fait toujours plaisir, sûr, mais ça manque un peu de poésie ...

– Le mieux, c'est que tu changes à Paris. Tu rejoindras ton grand cousin Mathias, ça nous rassure qu'il t'accompagne.

Le « grand cousin Mathias » ... Je ne l'ai vu qu'une seule fois et on ne peut pas dire qu'il m'ait laissé un souvenir inoubliable. C'était le lendemain du mariage de tata Francine. Les parents du marié avaient invité tout le monde chez eux pour la soupe à l'oignon. Mathias s'est assis sur le canapé en déclarant :

– La soupe à l'oignon, ça fait puer de la gueule !

Pendant tout le repas, il n'a pas décollé du canapé. Il a grignoté des chips en lisant une BD.

– Je suis vraiment obligé de monter jusqu'à Paris pour faire Avignon-Angoulême ?

2. Mit „Verstehensinseln“ arbeiten
- Lies jeden Abschnitt und markiere darin alles, was du verstehst. Das sind deine „Verstehensinseln“.
- Schau dir diese „Verstehensinseln“ genauer an. Welche Wörter und Informationen kannst du dir um sie herum erschließen? Nutze dazu auch Worterschließungstechniken (▶ p. 129/27).

3. Die „W“-Fragen beantworten (Qui? Où? Quand? Quoi? Comment? Pourquoi?)
Sammle und vervollständige deine Leseergebnisse mit Hilfe einer Tabelle.
- Trage zu jedem Sinnabschnitt die Informationen ein, die du verstanden hast.
- Wo sind noch Lücken? Lies den Text ein weiteres Mal und suche dabei gezielt nach den noch fehlenden Informationen. Notiere sie.

TIPP Gibt es noch immer Fragen, zu denen du im Text keine Antwort findest? Das ist möglich, denn nicht alle Texte liefern Antworten auf alle „W“-Fragen.

27 Unbekannte Wörter erschließen

1. Kenntnisse aus anderen Sprachen nutzen
Nutze dein Wissen aus anderen Sprachen, um französische Wörter zu erschließen.
Manchmal führen dich ähnliche Wörter allerdings auf eine falsche Fährte und legen eine ganz andere Bedeutung nahe, als das französische Wort tatsächlich hat. Z. B. bedeutet *le compas* nicht „der Kompass“, wie man vermuten würde, sondern „der Zirkel“. Diese Wortpaare werden *faux-amis* („falsche Freunde“) genannt. Prüfe mithilfe des Kontextes (siehe Punkt 3), ob die von dir vermutete Bedeutung stimmig ist. Wenn du Zweifel hast und du annimmst, dass das Wort entscheidend für dein Textverständnis ist, schlage es im Wörterbuch nach (▶ p. 120/5).

2. Wörter über Wortfamilien erschließen
Wie im Deutschen gibt es auch im Französischen sogenannte Wortfamilien. Wörter gehören dann zu derselben Wortfamilie, wenn sie einen gemeinsamen Wortstamm haben, z. B. *chanter – le chant – le chanteur / la chanteuse*. Diese Ähnlichkeit kannst du dir zunutze machen, um unbekannte Wörter zu erschließen.

TIPP Wortendungen (Nachsilben, Verbendungen, usw.) geben Hinweise auf die Wortart eines Wortes und erleichtern das Erschließen. Manchmal sind an den Wortstamm Vorsilben oder Nachsilben angehängt, die eine bestimmte Bedeutung haben. Hier zwei Beispiele:

Vorsilbe *re-* (noch einmal, wieder, zurück)
demander → *redemander* = noch einmal fragen
Nachsilbe *-eur/-euse* (jd, der eine Tätigkeit ausübt)
jouer → *le joueur* = der Spieler → *la joueuse* = die Spielerin

Neu

3. Wörter über den Kontext erschließen
Nutze das, was du verstehst, um unbekannte Wörter zu erschließen. So kann dir der Satz, in dem das unbekannte Wort vorkommt, Hinweise liefern, worum es sich handeln könnte. Ein Beispiel: *On a fait une balade en 4x4*. Der Satz legt nahe, dass es sich bei *le 4x4* um ein Verkehrsmittel handelt, da dem Wort die Präposition *en* vorangeht und dies auch zum Ausdruck *faire une balade* passt.

C'est à ce moment-là qu'a lieu l'accident. À cause de la pluie, la [redacted] est devenue [redacted] et la voiture rouge devant nous [redacted] vers la droite et [redacted] contre un arbre. Nous [redacted] à nous arrêter cent mètres plus loin, sur la [redacted], et après un [redacted] de choc, nous appelons les secours, puis nous courons vers la voiture rouge dont la [redacted] s'ouvre un peu.

Übung

1 **a** Lies den Textauszug (siehe links) ein erstes Mal. Überlies dabei die geschwärzten Stellen. Fasse zusammen, worum es in dem Auszug geht.
b Lies den Text noch einmal und versuche herauszufinden, was die geschwärzten Wörter bzw. Satzteile bedeuten.

2 Vergleicht jetzt eure Ergebnisse zu zweit und erläutert dabei, wie ihr vorgegangen seid.

28 Inhalte von Texten wiedergeben

1. Wichtige Informationen im Text markieren

Wenn du den Inhalt eines Textes zusammenfassen sollst, musst du dich dabei auf die wichtigen Informationen beschränken. Finde diese Informationen im Text und markiere sie. Um zu entscheiden, welche Informationen in einem Text wichtig, weniger wichtig oder eher unwichtig sind, musst du den Text zunächst genau lesen (▶ p. 128/26). Folgende Fragen leiten dich bei der Auswahl der zu markierenden Begriffe:

– Was sind die Hauptinformationen, die für deine Aufgabe von Bedeutung sind?
  Markiere sie mit einem Textmarker.
– Welche Informationen sind wichtig, aber weniger wichtig als die Hauptinformationen?
  Unterstreiche diese Nebeninformationen.
– Was sind Details (= Nebensachen), die die Haupt- und Nebeninformationen ausschmücken oder näher erläutern?
  Lass sie unmarkiert.

2. Informationen nach Stichpunkten ordnen

Informationen zu einem Thema oder einer Person sind einfacher zu präsentieren, wenn du sie nach Stichpunkten ordnest, z. B. indem du zu einer Person einen Steckbrief erstellst.

3. Die Informationen eines Textes wiedergeben

Wenn du die Informationen eines Textes möglichst vollständig wiedergeben sollst, kannst du einen Spickzettel erstellen. Lies den Text und notiere zu jeder Information, die du dir merken willst, Stichwörter oder zeichne ein Symbol, z. B. ♥ (= Liebe), ✚ (= Krankenhaus), ♫ (= Musik) oder  (= traurig). Auf der Grundlage deines Spickzettels bist du in der Lage, den Inhalt des Textes wiederzugeben.

4. Ein Lesebild zu einem Lesetext erstellen

Ein Lesebild ist ein gestaltetes Plakat, das deinen ganz persönlichen Blick auf eine Erzählung widerspiegelt – ein bisschen wie deine ganz persönliche Titelseite. Es kann folgende Dinge enthalten:

– den Titel des Textes
– eine kurze Zusammenfassung der Geschichte
– einige Abschnitte oder Schlüsselwörter des Textes
– deine Meinung zum Text
– eine Zeichnung oder Collage, die einen wichtigen Ausschnitt oder eine zentrale Botschaft des Textes veranschaulicht.

Um dein Lesebild der Klasse zu präsentieren, beschreibst du es zuerst (▶ p. 126/19) und erklärst dann, warum du diese Darstellung gewählt hast.

Écrire | Schreiben

29 Vor dem Schreiben

Beim Schreiben von Texten gilt: Nicht einfach drauflosschreiben! Je besser du das Schreiben vorbereitest, desto besser werden dir deine Texte gelingen. So gehst du vor:

1. Lies die Aufgabenstellung genau und stell dir folgende Fragen:
   – Welche Art von Text wird von dir verlangt? Sollst du eine E-Mail, einen Blogeintrag oder die Fortsetzung einer Erzählung schreiben? Was ist typisch für diese Textsorte?
   – Worum soll es im Text gehen? Was gibt die Aufgabenstellung vor?
     TIPP Wenn du eine Geschichte weiterschreiben sollst, hilft dir neben der Aufgabenstellung auch der Anfang der Geschichte: Lies ihn gründlich und entwickle die Handlung weiter unter Beibehaltung des Erzählers, der Hauptfiguren und der Erzählzeit.
   – An wen richtet sich der Text? Das ist wichtig, weil du anders schreibst, je nachdem ob du dich an Gleichaltrige oder Erwachsene, Freunde oder Unbekannte wendest.

Neu

Einen Text als Modelltext nutzen

Nutze andere Texte als Modelltexte, um eigene Texte zu schreiben. Du sollst eine bestimmte Textsorte schreiben, z. B. einen Brief, eine Bewerbung oder die Analyse einer Werbung? Suche in deinem Lehrwerk nach diesen Textsorten und nutze die folgenden Fragen, um deinen Modelltext zu analysieren und deinen eigenen Text vorzubereiten:

- An wen richtet sich der Text? Welches Sprachregister (Standard-Französisch oder Umgangssprache) wird verwendet?
- Wie ist der Text aufgebaut? Was ist die Funktion der einzelnen Teile? Mach dir Notizen am Rand.
- Welche Aspekte werden darin angesprochen? Notiere sie am Rand (in einer anderen Farbe).
- Kommen im Text Wendungen vor, die du wiederverwenden kannst (Anreden, Grußformeln, Fachwörter, gute Formulierungen usw.)? Markiere sie.

2. Sammle Ideen zum Thema und zu den inhaltlichen Punkten, die die Aufgabenstellung verlangt.
   - Formuliere sie am besten gleich auf Französisch. Notiere sie in Stichpunkten.
   - Wenn du nach geeigneten Ausdrücken suchst, schau in den *Repères* in der Rubrik *Qu'est-ce qu'on dit?* und in deinem Französisch-Ordner nach.
3. Plane nun den Aufbau deines Textes: Womit fängst du an? Was kommt danach? Wie beendest du den Text? Ordne deine Stichpunkte in einer Mindmap oder einem Stichwortgeländer.

Übung

1 Lies das Filmporträt von *„Entre les murs"* (▶ p. 82, ▶ webcode **APLUS-4-131**). Welche der folgenden Randnotizen passen zu welchem Abschnitt?
exemples de scènes – synopsis – avis – jeu des acteurs – résumé du film – message du film – sans commentaires – critique – thèmes du film – idée – genre de film – mise en scène – bilan – court – long

2 Schreibe ein Filmporträt zu einem Film deiner Wahl. Nutze dabei den Text aus **1** als Modelltext.

30 Während des Schreibens

1. Eigene Texte klar gliedern

Der Leser soll den Aufbau deines Textes (▶ p. 131/29.3) gut nachvollziehen können. Das erreichst du, indem du deinen Text in Absätze einteilst und zeitliche Angaben und Konjunktionen verwendest, die den Leser durch den Text führen (▶ *Pense-bête*, p. 232).

d'abord / tout d'abord
puis / ensuite / après
c'est pourquoi / comme / parce que / si
enfin / pour finir

2. Den Ausdruck verbessern

Gestalte deinen Text so, dass er für den Leser abwechslungsreich ist.

- Verwende Adjektive: J'ai fait un stage dans une **petite** auberge de jeunesse **sympathique**.
- Verwende Adverbien: Il a cherché son porte-monnaie **calmement** et **heureusement**, il l'a retrouvé.
- Vermeide Wiederholungen:
  - Ersetze Nomen oder Namen, die sich wiederholen, durch die entsprechenden Pronomen (z. B. Objektpronomen, Relativpronomen, *y* oder *en*): Julia appelle sa corres Lucie et **lui** demande le chemin.
  - Verwende nicht immer die gleichen Wörter: Statt *dire* zu wiederholen, kannst du z. B. je nach Situation *demander, raconter, répondre* usw. verwenden.

Neu

3. Fehler vermeiden

Du weißt, welches Tempus oder welchen Modus du verwenden sollst, hast aber vergessen, wie die entsprechende Verbform gebildet wird? Verwende schon beim Schreiben den *Pense-bête* (▶ p. 232).

31 Nach dem Schreiben

Wenn du deinen Text fertig geschrieben hast, lies ihn gründlich durch und achte dabei auf folgende Punkte:

1. Der Inhalt

- Hast du dich an die Aufgabenstellung gehalten? Setze ein Häkchen hinter jede Vorgabe, die du erfüllt hast.
- Ist dein Text gut gegliedert? Hast du zeitliche Angaben und Konjunktionen verwendet?

2. Die Sprache

- Überprüfe deinen Ausdruck. Hast du das passende Register verwendet (Standard-Französisch oder Umgangssprache)? Hast du dich abwechslungsreich ausgedrückt und Wiederholungen vermieden?
- Suche und berichtige sprachliche Fehler mit dem Fehlerfahnder. Unter Webcode (**APLUS-4-132**) findest du den Fehlerfahnder als Arbeitsblatt zum Download.

TIPP Lege dir deinen persönlichen Fehlerfahnder mit deinen „Lieblingsfehlern" an und benutze ihn zur Überprüfung deiner Texte.

Übung

Überarbeite dein Filmporträt (siehe Übung auf S. 131/29), indem du:
- zeitliche Angaben und Konjunktionen einfügst,
- Adjektive und Adverbien verwendest,
- Wiederholungen herausnimmst,
- deine Fehler anhand des Fehlerfahnders korrigierst.

Neu

32 Ein Resümee schreiben

Das Resümee *(le résumé)* ist die französische Form der knappen Zusammenfassung, die du bereits aus dem Deutsch-Unterricht als „Inhaltsangabe" und aus dem Englisch-Unterricht als „summary" kennst. Im Resümee geht es darum, so kurz wie möglich über die zentralen Informationen eines Textes zu berichten.
Um diese Informationen im Text auszumachen, kannst du auf unterschiedliche Weise vorgehen:

A Lege die dir bereits bekannte Tabelle mit den „W"-Fragen an (▶ p. 129/26.3) und fülle sie mit den Informationen des Textes. Die ausgefüllte Tabelle ist eine gute Grundlage für dein Resümee.

B Markiere die Haupt- und Nebeninformationen im Text (▶ p. 130/28.1) und berücksichtige nur diese Informationen beim Schreiben deines Resümees.

C Nimm ein Lineal und streiche in dem Text, den du resümieren sollst, alles durch, was unwichtig ist. Das, was übrig bleibt, sind die zentralen Informationen, die du für das anschließende Resümee verwendest.

Schreibe das Resümee so knapp wie möglich.
Nutze dabei die folgende Checkliste.

- im Präsens ✔
- in der 3. Person ✔
- deutlich kürzer als der Originaltext (ca. ein Drittel) ✔
- Einleitungssatz (Textsorte, Titel, Autor und Thema des Textes) ✔
- keine wörtlichen Zitate, sondern Umschreibungen ✔
- nur Fakten, keine persönliche Meinung ✔

Übung

Lies Boubacars Reisebericht (▶ p. 72–73) und schreibe dazu ein Resümee. Lade den Text herunter (▶ webcode **APLUS-4-132**) und wende die Markierungs- oder die Wegstreichmethode an.

TIPP Prüfe am Schluss, ob jemand, der den Text nicht gelesen hat, alle wichtigen Fakten aus deinem Resümee erfährt.

Faire une médiation | Sprachmittlung

33 Wichtige Informationen in die andere Sprache übertragen

1. Das Wesentliche mitteilen

Die Grundregeln beim Sprachmitteln von Gesprächen oder schriftlichen Texten lauten:

- Übersetze nicht Wort für Wort oder Satz für Satz.
- Teile nur das mit, was der andere unbedingt wissen muss.

Das ist im Gespräch oft leichter, weil du das Gesprochene nicht vor Augen hast und dadurch automatisch nur die wichtigsten Informationen übermittelst.

Neu

2. Kulturelle Unterschiede beachten

Sprachmitteln heißt auch zwischen zwei Kulturen vermitteln, denn für manche Dinge in Frankreich oder Deutschland gibt es keine wörtliche Entsprechung in der jeweils anderen Sprache oder sie existieren überhaupt nicht in der anderen Kultur. Manchmal verbirgt sich auch hinter ein- und demselben Ausdruck (z. B. *petit-déjeuner* und Frühstück) etwas Unterschiedliches (siehe Tabelle). Auf diese Dinge musst du beim Sprachmitteln Rücksicht nehmen und sie erklären, wenn sie für das Verstehen des Sachverhalts wesentlich sind.

Phänomen	Gibt es das in 🇩🇪?	Gibt es das in 🇫🇷?	Das gibt es in 🇩🇪 und 🇫🇷, aber anders.		Was tun?
			in 🇩🇪	in 🇫🇷	
petit-déjeuner	✔	✔	auch Herzhaftes	*bol, tartines de confiture, croissants*	übersetzen + Unterschiede erklären
CPE	—	✔	—	—	erklären
Schultüte	✔	—	—	—	erklären

34 Wörter umschreiben

Wenn du vom Deutschen ins Französische sprachmitteln sollst und dir ein wichtiges Wort fehlt, dann umschreibe, was du meinst. Dazu kannst du folgende Strategien nutzen:

- **Erläutere das Wort mit Hilfe eines Relativsatzes:**
  - ein Anlegesteg → *l'endroit où on monte dans un bateau*
  - unsichtbar → *quelque chose qu'on ne peut pas voir*
  - ein Verkäufer → *une personne qui vend des choses dans un magasin*
  - ein Bogen → *l'objet avec lequel on joue du violon*
- **Beschreibe seine Verwendung (mit *pour* + Infinitiv):**
  - eine Taschenlampe → *une lampe pour faire une balade, la nuit*
- **Erkläre das Wort mit einem Wort aus der gleichen Familie:**
  - eine Beschreibung → *C'est quand on décrit quelque chose.*
- **Vergleiche es mit etwas anderem, das du ausdrücken kannst:**
  - ein Hut → *C'est un peu comme une casquette, mais c'est plus grand.*
- **Erkläre über Beispiele:**
  - Komiker → *Ce sont des gens comme Omar et Fred et Jamel Debbouze.*

Petit dictionnaire de civilisation | Kleines landeskundliches Lexikon

Personen

Marguerite Abouet [maʀgəʀitabue] (geb. 1971)
Schriftstellerin von der Elfenbeinküste. Ihre preisgekrönte Comic-Reihe *Aya de Yopougon* spielt Ende der 1970er-Jahre, erzählt Geschichten aus Abouets Jugend und vermittelt dabei mit viel Witz ein lebendiges Afrika, fern von westlichen Klischees. Heute lebt sie in Paris und hat bereits zwei weitere Comic-Reihen veröffentlicht, *Akissi* und *Bienvenue*. (→ U3/2)

Leïla Bekhti [lɛjlabɛkti] (geb. 1984)
Französische Schauspielerin. Angetrieben von ihren Freundinnen, bewirbt sie sich bei einem Casting und erhält 2005 ihre erste Rolle im Film *Sheitan* von Kim Chapiron. 2011 wird sie für ihre Rolle in *Tout ce qui brille* mit dem französischen Filmpreis César als beste Nachwuchsschauspielerin ausgezeichnet. (→ U1/1)

Laurent Cantet [lɔʀɑ̃kɑ̃tɛ] (geb. 1961)

Französischer Filmregisseur, Drehbuchautor und Kameramann. Für den Film *Ressources humaines* erhält er den César. Den größten Erfolg hat der Regisseur mit seinem Film *Entre les murs*, für den er beim Filmfestival von Cannes mit der Goldenen Palme ausgezeichnet wird. (→ Module A)

Daara J [daʀaʒi]

Senegalesische Hip-Hop-/Reggae-Gruppe. In ihren Texten fordert sie die Jugendlichen dazu auf, jeder Diskriminierung zum Trotz, die Hoffnung nicht zu verlieren. (→ U3/3)

les Éléphants de Côte d'Ivoire [lezelefɑ̃dəkotdivwaʀ]
Ivorische Fußballnationalmannschaft der Herren. 2006 qualifiziert sich die Mannschaft erstmalig für eine Weltmeisterschaft. Zudem haben die Spieler Didier Drogba und Yaya Touré mehrmals die Auszeichnung „Bester afrikanischer Spieler des Jahres" erhalten. (→ U3/3)

Fatym Layachi [fatimlajaʃi] (geb. 1983)
Marokkanische Schauspielerin. Sie wird mit nur 17 Jahren auf der Straße in Casablanca von dem Regisseur Hakim Noury entdeckt. Für ihn spielt sie ihre erste Kinorolle in *Une histoire d'amour* und schlüpft seitdem in viele Rollen marokkanischer Frauen. Sie ist Mitglied der Bewegung „Culture libre", die sich für die größtmögliche Freiheit der Kulturschaffenden einsetzt. (→ U3/2)

les Lions du Sénégal [leljɔ̃dysenegal]
Senegalesische Fußballnationalmannschaft der Herren. Bei der Weltmeisterschaft in Japan und Südkorea 2002 bezwang die senegalesische Nationalelf den Titelverteidiger und Turnierfavoriten Frankreich und sorgte damit für eine Sensation. (→ U3/3)

Léopold Sédar Senghor [leopoldsedaʀsɛŋgɔʀ] (1906–2001)

Senegalesischer Dichter und Philosoph. Zählt zu den herausragendsten Persönlichkeiten Afrikas seiner Zeit. Nach der Unabhängigkeit Senegals wird er 1960 zum ersten Präsidenten des Landes gewählt. Dieses Amt erfüllt er bis 1980. Als erstes und bisher einziges schwarz-afrikanisches Mitglied wird er 1984 in die Académie Française gewählt, die höchste Auszeichnung, die es in Frankreich für einen Gelehrten gibt. (→ U3/3)

Louis XIV [lwikatɔʀz] (1638–1715) Ludwig XIV.
Von 1643 bis 1715 König von Frankreich. Der „Roi-Soleil" (Sonnenkönig) ist der Inbegriff eines absolutistischen Herrschers. Unter seiner Regentschaft wird die französische Verwaltung zentralisiert und das Territorium durch Eroberungskriege vergrößert. Er ist ein großer Förderer von Kunst und Kultur und lässt das Schloss und den Park von Versailles errichten, wo er ab 1682 mit dem Hofstaat residiert. (→ Module B)

Napoléon (Bonaparte) [napɔleɔ̃] (1769–1821)
Französischer General, Staatsmann und Kaiser. Seine militärischen Erfolge machen ihn nach der französischen Revolution von 1789 zum politischen Hoffnungsträger. 1799 übernimmt er die Macht, 1804 krönt er sich selbst zum Kaiser. Auf dem Höhepunkt seiner Macht umfasst das Kaiserreich das gesamte Gebiet zwischen Spanien und Polen. 1815 verliert er die bedeutende Schlacht von Waterloo gegen Großbritannien und Preußen. Er wird abgesetzt, aus Frankreich verbannt und stirbt im Exil. (→ Module B)

Brigitte Sauzay [bʀiʃitsozɛ] (1947–2003)
Französische Dolmetscherin. Brigitte Sauzay war für drei französische Präsidenten tätig, Georges Pompidou, Valérie Giscard d'Estaing und François Mitterand. Als Frankreichberaterin kommt sie 1998 nach Berlin ins Kanzleramt und arbeitet für Gerhard Schröder. Sie ist Mitbegründerin der Stiftung Genshagen und ruft Schüleraustauschprogramme ins Leben. (→ U2/2)

Sinsemilia [sinsemilia]
Französische Reggae-Band aus Grenoble. Mit ihren Songs vertritt die elfköpfige Gruppe offen ihre politischen Ansichten und kritisiert immer wieder die französische Regierung. (→ Module E)

Jacques Tardi [ʒaktaʀdi] (geb. 1946)
Französischer Comiczeichner und Illustrator. Zu seinen Hauptwerken zählt *C'était la guerre des tranchées*, ein Album von vielen, die er dem Thema Erster Weltkrieg widmet. Bekannt wurde er durch die Reihe *Les Aventures extraordinaires d'Adèle Blanc-Sec*. (→ Module F)

Voltaire [vɔltɛʀ] (1694–1778)
Französischer Philosoph und Schriftsteller. Wichtiger Vertreter der französischen Aufklärung, Verfasser von historischen und philosophischen Schriften, Gedichten, Dramen und Erzählungen, wie z. B. *Candide*. Aufgrund seiner scharfen Kritik an der absolutistischen Monarchie unter → *Louis XIV.* und der katholischen Kirche wird er verfolgt und zeitweise inhaftiert. Von 1750 bis 1753 lebt er am Hof Friedrichs des Großen *(Frédéric II)* in Potsdam. (→ Module B)

Geographisches

Abidjan [abidʒɑ̃]
Metropolregion, wirtschaftliches Zentrum und Regierungssitz der Elfenbeinküste mit ca. 4,3 Millionen Einwohnern. Abidjan liegt am Atlantischen Ozean und ist eine Lagunenstadt. Über den Hafen werden u. a. Kaffee, Kakao, Holz und Ananas in die ganze Welt verschifft. Die Stadt ist aufgeteilt in zehn einzelne Städte mit jeweils eigenem Bürgermeister. Die Unterschiede zwischen diesen Gemeinden sind sehr groß: Le Plateau ist die reichste und modernste Stadt, die bevölkerungsreichste und sozial schwächste Stadt ist Yopougon. (→ U3/1)

Alger [alʒe] Algier
Hauptstadt Algeriens sowie Namensgeberin des Landes. Algier ist mit ca. 2 Millionen Einwohnern sowohl die größte Stadt als auch Verwaltungszentrum des Landes. Berühmt ist Algier für seine Altstadt, die Kasbah. Sie wurde 1992 wegen der Einzigartigkeit ihrer Architektur zum UNESCO-Weltkulturerbe erklärt. (→ U3/1)

l'Atlas [latlas] *m.*
Hochgebirge, das sich über die Länder Marokko, Algerien und Tunesien erstreckt. Die Gebirgskette trennt den fruchtbaren Küstenstreifen Nordafrikas von der → Sahara. (→ U3/1)

l'Auvergne [lovɛʀɲ] *f.*

Region im Zentrum Frankreichs, bekannt für ihre Vulkanlandschaften mit insgesamt 80 Vulkanen und vielen Seen und Wäldern. Die letzten Vulkanausbrüche haben sich vor ca. 8 000 Jahren ereignet. Der berühmteste Vulkan ist der Puy-de-Dôme (1465 m Höhe). (→ Module C)

Bamako [bamakɔ]
Hauptstadt Malis mit ca. 2 Millionen Einwohnern. Der Fluss Niger teilt die Stadt in zwei Teile. Mit einer Wachstumsrate von 4,8 % ist sie derzeit die am schnellsten wachsende Stadt in Afrika. Wegen seiner zentralen Lage in Westafrika ist Bamako ein wichtiger Verkehrsknotenpunkt. (→ U3/2)

Casablanca [kasablɑ̃ka]
Wirtschaftliches Zentrum von Marokko mit ca. 3,5 Millionen Einwohnern. Etwa 80 % der marokkanischen Industrie sind hier angesiedelt und ca. 60 % des Seehandels des Landes werden über den städtischen Hafen abgewickelt. (→ U3/1)

la Casamance [lakazamɑ̃s]

Der 320 km lange Fluss Casamance gibt der Region im Südwesten Senegals ihren Namen. Die Region ist die fruchtbarste des Landes, nur dort gibt es subtropische Wälder und viele Gewässer. Sie lebt von der Landwirtschaft und vom Tourismus. Durch das Staatsgebiet von Gambia ist die Casamance vom übrigen Teil des Senegals getrennt. Die dort ansässige Volksgruppe, die Diola, strebt nach Autonomie. Der sogenannte Casamance-Konflikt ist bis heute ungelöst. (→ U3/3)

Dakar [dakaʀ]
Hauptstadt des Senegal mit ca. 2,5 Millionen Einwohnern. Dakar liegt an der Atlantikküste, ist die wichtigste Hafenstadt und das Wirtschaftszentrum des Landes. Das modernste Viertel, Dakar-Plateau, liegt an der Westspitze der Stadt und ist europäisch geprägt. Hier befindet sich auch der zentrale und wichtigste Markt des Landes, der *Marché Sandaga*. (→ U3/1)

l'Île de Gorée [lildəgɔʀe] *f.*
Insel vor der senegalesischen Küste. Zu besichtigen ist dort die *Maison des esclaves*, ein ehemaliges Bürgerhaus aus dem 18. Jahrhundert. Es dient als Museum und dokumentiert die gesamte Geschichte des europäischen Sklavenhandels an der afrikanischen Küste vom 15. bis zum 19. Jahrhundert. Heute ist die Insel ein Ort der Erinnerung und wurde 1978 zum Weltkulturerbe der UNESCO ernannt. (→ U3/3)

le Lac rose [ləlakʀoz]

Senegalesischer Salzsee nordöstlich von → Dakar und Touristenmagnet. Seine weltweit einmalige Farbe, ein dunkles Pink, verdankt er den Cyanobakterien, die wegen des hohen Salzgehalts des Wassers rotes Eisenoxid ausscheiden. (→ U3/3)

le Maghreb [ləmagʀɛb]
Der Maghreb bezeichnet den westlichen Teil Nordafrikas. Die drei Staaten Algerien, Tunesien und Marokko bilden den *Petit Maghreb*. Der *Grand Maghreb* umfasst zusätzlich Libyen und Mauretanien. In den Maghreb-Staaten werden hauptsächlich Berbersprachen und Arabisch gesprochen, Französisch ist jedoch als Handels-, Bildungs- und Kultursprache von großer Bedeutung. Heute leben in der ländlichen Bevölkerung traditionelle muslimische Wertevorstellungen weiter, vor allem die gebildeten Schichten orientieren sich jedoch kulturell an Europa und Amerika und pflegen einen westlich geprägten Lebensstil. (→ U3/1)

le Mali [ləmali]

Westafrikanischer Staat mit ca. 14,5 Millionen Einwohnern. Das Land war von 1883 bis 1960 eine französische Kolonie. Die Hauptstadt ist → Bamako. Die Stadt Djenné ist bekannt für ihre Große Moschee, das berühmteste Lehmgebäude der Welt. Zwei Drittel des Landes sind Wüste. Die Amtssprache ist Französisch, die wichtigsten der insgesamt 35 Sprachen sind Bambara, Senufo, Songhai, Fulfulde, Maninka und Arabisch. Obwohl Mali über Bodenschätze wie Gold und Salz verfügt, gehört es zu den ärmsten Ländern der Welt. (→ U3/2)

Marrakech [maʀakɛʃ] Marrakesch
Provinzhauptstadt im Südwesten Marokkos mit knapp 1 Million Einwohnern. Sehenswert ist vor allem die Architektur der Stadt: Die Altstadt und die Gärten wurden 1985 zum UNESCO-Weltkulturerbe ernannt. Berühmt sind auch die *Souks*, die Geschäfts- und Handwerksviertel. (→ U3/1)

le Niokolo-Koba [lənjokolokoba]
9130 km² großer Nationalpark im Südosten Senegals. Seit 1981 gilt er als UNESCO-Welterbe. Neben saisonal überfluteten Grassavannen und Sümpfen gibt es auch trockene Wälder. Im Park leben mehr als 80 Säugetierarten und 1500 Pflanzenarten. Für einige Tierarten, wie den senegalesischen Elefanten und die Riesen-Elenantilope, bietet er die letzte, wenn auch unsichere Heimat. Wegen der herrschenden Wilderei wurde der Park 2007 in die rote Liste gefährdeten Welterbes aufgenommen. (→ U3/3)

le Rhin [ləʀɛ̃] der Rhein
1200 km langer Fluss, der eine natürliche Grenze zwischen Deutschland und Frankreich bildet. Wenn man in Frankreich von „Outre-Rhin" (Über-den-Rhein) spricht, meint man damit Deutschland. (→ U2/1)

Saly [sali]

Touristischer Badeort südlich von → Dakar, der in ganz Westafrika berühmt ist. Der Ort zeichnet sich durch ein ruhiges, klares Meer und goldgelbe Sandstrände mit Kokospalmen aus. (→ U3/3)

le Sahara [ləsaaʀa] die Sahara

Größte Trockenwüste im Norden des afrikanischen Kontinents. Sie hat eine Ausdehnung von 9 Millionen km². Diese Wüste erstreckt sich über zehn Länder: Im Norden sind es Ägypten, Marokko, Algerien, Tunesien und Libyen, im Süden Mauretanien, Mali, Niger, Tschad und der Sudan. Der Nil ist der einzige Fluss, der die Sahara durchquert. Das Klima bestimmt der Nordost-Passatwind Harmattan. (→ U3/1)

Yamoussoukro [jamusukʀo]
Seit 1983 Hauptstadt der Elfenbeinküste mit ca. 250 000 Einwohnern. Die Stadt liegt 240 km nördlich von → Abidjan, im Zentrum des Landes in der Nähe des Kossousees, einer der größten Stauseen der Welt. Berühmtestes Bauwerk der Stadt ist die Basilika Notre-Dame-de-la-Paix, erbaut nach dem Vorbild des Petersdoms in Rom. (→ U3/1)

Sonstiges

l'Édit de Nantes [ledidənɑ̃t] *m.* das Edikt von Nantes
1598 unterzeichnet von *Henri IV* (Heinrich IV.) Das Edikt gewährt den französischen Protestanten (= Hugenotten) Religionsfreiheit und beendet damit die Religionskriege. 1685 widerruft→ *Louis XIV* das Edikt. Über 200 000 Hugenotten fliehen in die Niederlande, die Schweiz und nach Deutschland. (→ Module B)

Karambolage [kaʀɑ̃mbɔlaʒ]
Sendung des deutsch-französischen Fernsehsenders ARTE, die sich seit 2004 spielerisch und humorvoll den kleinen und großen Unterschieden zwischen Deutschen und Franzosen widmet. Für die Idee, Gestaltung und Realisierung dieser Sendung erhielt die französische Filmemacherin Claire Doutriaux 2006 den Adolf-Grimme-Preis, die höchste Auszeichnung für Fernsehdokumentationen in Deutschland. (→ U2/1)

Médecins du monde [medsɛ̃dymɔ̃d]
1980 von Ärzten gegründetes internationales Hilfe-Netzwerk für Menschen in Krisen- oder Kriegsgebieten. Es zählt Mitglieder in 15 Ländern, u. a. „Ärzte der Welt e. V." in Deutschland. 2013 engagierten sich über 12 000 Mitglieder in 78 Ländern. (→ U1/1)

l'OFAJ [lofaʒ] (Office franco-allemand pour la jeunesse)
Das Deutsch-Französische Jugendwerk (DFJW) hat seinen Sitz in Berlin und Paris. Es fördert mit vielfältigen kulturellen, sozialen und politischen Angeboten den Austausch zwischen deutschen und französischen Jugendlichen, so z. B. mit den Schüleraustauschprogrammen „Brigitte Sauzay" und „Voltaire". Die Organisation wurde 1963 auf die Initiative von Charles de Gaulle und Konrad Adenauer hin gegründet. (→ U2/2, Module B)

La conjugaison des verbes | Die Konjugation der Verben

Symbole und Abkürzungen

(ê) So gekennzeichnete Verben bilden das *passé composé* mit *être*. Beachte, dass das Partizip dieser Verben veränderlich ist.

! Das Ausrufezeichen macht dich auf Besonderheiten aufmerksam.

Les verbes auxiliaires *avoir* et *être* | Die Hilfsverben *avoir* und *être*

infinitif		**avoir**		**être**
présent	j'	ai	je	suis
	tu	as	tu	es
	il/elle/on	a	il/elle/on	est
	nous	avons	nous	sommes
	vous	avez	vous	êtes
	ils/elles	ont	ils/elles	sont
imparfait	j'	avais	j'	étais
futur simple	j'	aurai	je	serai
conditionnel	j'	aurais	je	serais
subjonctif	que j'	aie	que je	sois
	que tu	aies	que tu	sois
	qu'il/elle/on	ait	qu'il/elle/on	soit
	que nous	ayons	que nous	soyons
	que vous	ayez	que vous	soyez
	qu'ils/elles	aient	qu'ils/elles	soient
impératif	Aie. Ayons. Ayez.		Sois. Soyons. Soyez.	
passé composé	j'ai	eu	j'ai	été

Les verbes réguliers en *-er* | Die regelmäßigen Verben auf *-er*

infinitif		**regarder**
présent	je	regard **e**
	tu	regard **es**
	il/elle/on	regard **e**
	nous	regard **ons**
	vous	regard **ez**
	ils/elles	regard **ent**
imparfait	je	regard**ais**
futur simple	je	regard**erai**
conditionnel	je	regard**erais**
subjonctif	que je	regarde
impératif	Regarde. Regardons. Regardez.	
passé composé	j'ai	regardé

Die folgenden Verben auf *-er* haben eine Besonderheit in der Schreibung:

acheter: j'achète, nous achetons
ebenso: amener, harceler
appeler: j'appelle, nous appelons
ebenso: rappeler
commencer: nous commençons
ebenso: dénoncer, menacer, recommencer
essayer: j'essaie, nous essayons
ebenso: nettoyer, payer
jeter: je jette, nous jetons
manger: nous mangeons
ebenso: bouger, changer, corriger, déranger, échanger, encourager, engager, nager, ranger, télécharger, voyager
préférer: je préfère, nous préférons
ebenso: espérer, exagérer, récupérer, répéter
protéger: je protège, nous protégeons

Les verbes réguliers en *-re* | Die regelmäßigen Verben auf *-re*

infinitif		**attendre**
présent	j'	attend **s**
	tu	attend **s**
	il/elle/on	attend
	nous	attend **ons**
	vous	attend **ez**
	ils/elles	attend **ent**
imparfait	j'	attend**ais**
futur simple	j'	attend**rai**
conditionnel	j'	attend**rais**
subjonctif	que j'	attend**e**
impératif	Attends. Attendons. Attendez.	
passé composé	j'ai	attendu
ebenso:	*(ê) descendre, entendre, perdre, répondre, vendre*	

Les verbes en *-ir (sortir, réagir* et *offrir)* | Die Verben auf *-ir* (Typen *sortir*, *réagir* und *offrir*)

infinitif		(ê) **sortir**		**réagir**		**offrir**
présent	je	sor **s**	je	réagi **s**	j'	offr **e**
	tu	sor **s**	tu	réagi **s**	tu	offr **es**
	il/elle/on	sor **t**	il/elle/on	réagi **t**	il/elle/on	offr **e**
	nous	sort **ons**	nous	réagiss **ons**	nous	offr **ons**
	vous	sort **ez**	vous	réagiss **ez**	vous	offr **ez**
	ils/elles	sort **ent**	ils/elles	réagiss **ent**	ils/elles	offr **ent**
imparfait	je	sort**ais**	je	réagiss**ais**	j'	offr**ais**
futur simple	je	sorti**rai**	je	réagi**rai**	j'	offri**rai**
conditionnel	je	sorti**rais**	je	réagi**rais**	j'	offri**rais**
subjonctif	que je	sort**e**	que je	réagiss**e**	que j'	offr**e**
impératif	Sors. Sortons. Sortez.		Réagis. Réagissons. Réagissez.		Offre. Offrons. Offrez.	
passé composé	je suis	sorti/e	j'ai	réagi	j'ai	offert
ebenso:	*dormir, mentir, (ê) partir, sentir, servir*		*agir, applaudir, choisir, finir, grandir, réfléchir, réussir*		*découvrir, ouvrir*	

Tableau des verbes avec préposition et infinitif | Verben mit Präposition und Infinitivergänzungen

mit *à*

*aider qn **à** faire qc*
*apprendre **à** faire qc*
*arriver **à** faire qc*
*demander **à** parler à qn*
*réussir **à** faire qc*
*servir **à** faire qc*

mit *de*

*arrêter **de** faire qc*
*décider **de** faire qc*
*demander (à qn) **de** faire qc*
*dire (à qn) **de** faire qc*
*empêcher qn/qc **de** faire qc*
*interdire (à qn) **de** faire qc*
*permettre (à qn) **de** faire qc*
*promettre (à qn) **de** faire qc*
*proposer (à qn) **de** faire qc*
*rêver **de** faire qc*

Les verbes irréguliers | Die unregelmäßigen Verben

infinitif	**accueillir**	(ê) **aller**	**battre**
présent	j' accueille	je vais	je bats
	tu accueilles	tu vas	tu bats
	il/elle/on accueille	il/elle/on va	il/elle/on bat
	nous accueillons	nous allons	nous battons
	vous accueillez	vous allez	vous battez
	ils/elles accueillent	ils/elles vont	ils/elles battent
imparfait	j' accueillais	j' allais	je battais
futur simple	j' accueillerai	j' irai	je battrai
conditionnel	j' accueillerais	j' irais	je battrais
subjonctif	que j' accueille	que j' aille ! que nous allions	que je batte
impératif	Accueille. Accueillons. Accueillez.	Va. Allons. Allez.	Bats. Battons. Battez.
passé composé	j'ai accueilli	je suis allé/e	j'ai battu

infinitif	**boire**	**connaître**	**construire**
présent	je bois	je connais	je construis
	tu bois	tu connais	tu construis
	il/elle/on boit	il/elle/on connaît	il/elle/on construit
	nous buvons	nous connaissons	nous construisons
	vous buvez	vous connaissez	vous construisez
	ils/elles boivent	ils/elles connaissent	ils/elles construisent
imparfait	je buvais	je connaissais	je construisais
futur simple	je boirai	je connaîtrai	je construirai
conditionnel	je boirais	je connaîtrais	je construirais
subjonctif	que je boive ! que nous buvions	que je connaisse	que je construise
impératif	Bois. Buvons. Buvez.	Connais. Connaissons. Connaissez.	Construis. Construisons. Construisez.
passé composé	j'ai bu	j'ai connu	j'ai construit
ebenso:		*disparaître, reconnaître*	*conduire, introduire*

infinitif	**courir**	**croire**	**décevoir**
présent	je cours	je crois	je déçois
	tu cours	tu crois	tu déçois
	il/elle/on court	il/elle/on croit	il/elle/on déçoit
	nous courons	nous croyons	nous décevons
	vous courez	vous croyez	vous décevez
	ils/elles courent	ils/elles croient	ils/elles déçoivent
imparfait	je courais	je croyais	je décevais
futur simple	je courrai	je croirai	je décevrai
conditionnel	je courrais	je croirais	je décevrais
subjonctif	que je coure	que je croie ! que nous croyions	que je déçoive ! que nous décevions
impératif	Cours. Courons. Courez.	Crois. Croyons. Croyez.	Déçois. Décevons. Décevez.
passé composé	j'ai couru	j'ai cru	j'ai déçu
ebenso:			*recevoir*

infinitif		devoir		dire		écrire
présent	je	dois	je	dis	j'	écris
	tu	dois	tu	dis	tu	écris
	il/elle/on	doit	il/elle/on	dit	il/elle/on	écrit
	nous	devons	nous	disons	nous	écrivons
	vous	devez	vous	dites	vous	écrivez
	ils/elles	doivent	ils/elles	disent	ils/elles	écrivent
imparfait	je	devais	je	disais	j'	écrivais
futur simple	je	devrai	je	dirai	j'	écrirai
conditionnel	je	devrais	je	dirais	j'	écrirais
subjonctif	que je	doive	que je	dise	que j'	écrive
	! que nous	devions				
impératif			Dis. Disons. Dites.		Écris. Écrivons. Écrivez.	
passé composé	j'ai	dû	j'ai	dit	j'ai	écrit
ebenso:			*interdire* ! vous interdisez		*décrire*	

infinitif		envoyer		faire		falloir
présent	j'	envoie	je	fais		
	tu	envoies	tu	fais		
	il/elle/on	envoie	il/elle/on	fait	il	faut
	nous	envoyons	nous	faisons		
	vous	envoyez	vous	faites		
	ils/elles	envoient	ils/elles	font		
imparfait	j'	envoyais	je	faisais	il	fallait
futur simple	j'	enverrai	je	ferai	il	faudra
conditionnel	j'	enverrais	je	ferais	il	faudrait
subjonctif	que j'	envoie	que je	fasse	qu'il	faille
	! que nous	envoyions				
impératif	Envoie. Envoyons. Envoyez.		Fais. Faisons. Faites.			
passé composé	j'ai	envoyé	j'ai	fait	il a	fallu

infinitif		lire		mettre		plaire
présent	je	lis	je	mets	je	plais
	tu	lis	tu	mets	tu	plais
	il/elle/on	lit	il/elle/on	met	il/elle/on	plaît
	nous	lisons	nous	mettons	nous	plaisons
	vous	lisez	vous	mettez	vous	plaisez
	ils/elles	lisent	ils/elles	mettent	ils/elles	plaisent
imparfait	je	lisais	je	mettais	je	plaisais
futur simple	je	lirai	je	mettrai	je	plairai
conditionnel	je	lirais	je	mettrais	je	plairais
subjonctif	que je	lise	que je	mette	que je	plaise
impératif	Lis. Lisons. Lisez.		Mets. Mettons. Mettez.			
passé composé	j'ai	lu	j'ai	mis	j'ai	plu
ebenso:			*promettre*			

infinitif		**pleuvoir**		**pouvoir**		**prendre**
présent			je	peux	je	prends
			tu	peux	tu	prends
	il	pleut	il/elle/on	peut	il/elle/on	prend
			nous	pouvons	nous	prenons
			vous	pouvez	vous	prenez
			ils/elles	peuvent	ils/elles	prennent
imparfait	il	pleuvait	je	pouvais	je	prenais
futur simple	il	pleuvra	je	pourrai	je	prendrai
conditionnel	il	pleuvrait	je	pourrais	je	prendrais
subjonctif	qu'il	pleuve	que je	puisse	que je	prenne
					! que nous	prenions
impératif					Prends. Prenons. Prenez.	
passé composé	il a	plu	j'ai	pu	j'ai	pris
ebenso:					*apprendre, comprendre*	

infinitif		**rejoindre**		**rire**		**savoir**
présent	je	rejoins	je	ris	je	sais
	tu	rejoins	tu	ris	tu	sais
	il/elle/on	rejoint	il/elle/on	rit	il/elle/on	sait
	nous	rejoignons	nous	rions	nous	savons
	vous	rejoignez	vous	riez	vous	savez
	ils/elles	rejoignent	ils/elles	rient	ils/elles	savent
imparfait	je	rejoignais	je	riais	je	savais
futur simple	je	rejoindrai	je	rirai	je	saurai
conditionnel	je	rejoindrais	je	rirais	je	saurais
subjonctif	que je	je rejoigne	que je	rie	que je	sache
impératif	Rejoigne. Rejoignons. Rejoignez.		Ris. Rions. Riez.		Sache. Sachons. Sachez.	
passé composé	j'ai	rejoint	j'ai	ri	j'ai	su
ebenso:	*(ê) se plaindre, plaindre*					

infinitif		**suivre**		(ê) **venir**		**vivre**
présent	je	suis	je	viens	je	vis
	tu	suis	tu	viens	tu	vis
	il/elle/on	suit	il/elle/on	vient	il/elle/on	vit
	nous	suivons	nous	venons	nous	vivons
	vous	suivez	vous	venez	vous	vivez
	ils/elles	suivent	ils/elles	viennent	ils/elles	vivent
imparfait	je	suivais	je	venais	je	vivais
futur simple	je	suivrai	je	viendrai	je	vivrai
conditionnel	je	suivrais	je	viendrais	je	vivrais
subjonctif	que je	suive	que je	vienne	que je	vive
			! que nous	venions		
impératif	Suis. Suivons. Suivez.		Viens. Venons. Venez.		Vis. Vivons. Vivez.	
passé composé	j'ai	suivi	je suis	venu/e	j'ai	vécu
ebenso:			*(ê) devenir, prévenir, tenir*			

infinitif		**voir**		**vouloir**
présent	je	vois	je	veux
	tu	vois	tu	veux
	il/elle/on	voit	il/elle/on	veut
	nous	voyons	nous	voulons
	vous	voyez	vous	voulez
	ils/elles	voient	ils/elles	veulent
imparfait	je	voyais	je	voulais
futur simple	je	verrai	je	voudrai
conditionnel	je	verrais	je	voudrais
subjonctif	que je	voie	que je	veuille
	! que nous	voyions	! que nous	voulions
impératif	Vois. Voyons. Voyez.			
passé composé	j'ai	vu	j'ai	voulu

Les verbes pronominaux | Die reflexiven Verben

infinitif		(ê) **s'**	**entraîner**		(ê) **se**	**souvenir**
présent	je	m'	entraîne	je	me	souviens
	tu	t'	entraînes	tu	te	souviens
	il/elle/on	s'	entraîne	il/elle/on	se	souvient
	nous	nous	entraînons	nous	nous	souvenons
	vous	vous	entraînez	vous	vous	souvenez
	ils/elles	s'	entraînent	ils/elles	se	souviennent
imparfait	je	m'	entraînais	je	me	souvenais
futur simple	je	m'	entraînerai	je	me	souviendrai
conditionnel	je	m'	entraînerais	je	me	souviendrais
subjonctif	que je	m'	entraîne	que je	me	souvienne
impératif	Entraîne-toi. Entraînons-nous. Entraînez-vous.			Souviens-toi. Souvenons-nous. Souvenez-vous.		
passé composé	je me suis		entraîné/e	je me suis		souvenu/e

! Die reflexiven Verben bilden das *passé composé* mit dem Hilfsverb *être*. Das Partizip der reflexiven Verben ist veränderlich.

Achte auf die besondere Schreibung von:

(ê) **s'appeler:** je m'appelle, nous nous appelons
(ê) **se déplacer:** je me déplace, nous nous déplaçons
(ê) **s'ennuyer:** je m'ennuie, nous nous ennuyons
(ê) **s'inquiéter:** je m'inquiète, nous nous inquiétons
(ê) **se lever:** je me lève, nous nous levons (*ebenso:* (ê)*se promener*)

Unité 1

pages 32–33, Repères

1 a Niemand hindert dich daran, es auch so zu machen (wie er). Nichts ändert sich.
Er hindert niemanden daran, es auch so zu machen (wie er). Er ändert nichts.

Personne ne und *rien ne* sind das Subjekt des Satzes.
Ne personne und *ne rien* sind das Objekt des Satzes.

b 1. Personne ne l'a vu. 2. Personne ne vient aujourd'hui. 3. Personne ne m'aide. 4. Rien ne s'est passé. 5. Rien n'est intéressant. 6. Rien ne lui plaît.

2 a 1. Je voyagerais. 2. Ce serait super. 3. Qu'est-ce que tu ferais à ma place? 4. À ta place, je deviendrais reporter. 5. Je voudrais avoir un métier intéressant.

b Wünsche, Vermutungen (Annahmen, Möglichkeiten), Ratschläge (Vorschläge), höfliche Bitten, Bedingungen

3 Wenn du ein Praktikum machen würdest, würdest du viele Sachen lernen.
Wenn wir im Urlaub wären, würden wir jeden Tag an den Strand gehen.
Im *si*-Satz verwendet man *imparfait*, im Hauptsatz *conditionnel présent*.

Unité 2

page 41, Coin lecture

4 b Sondage réalisé par Cornelsen en 2014 auprès de 75 élèves français de seconde, première et terminale à Nantes et à Saint-Malo (sondage complet ▶ webcode APLUS-4-144):

1. Qu'est-ce que tu associes à l'Allemagne?
72 % Berlin / le mur de Berlin; 69 % la bière; 35 % les saucisses / la «Currywurst»; 29 % les bretzels; 28 % le foot / l'équipe nationale; 25 % la Seconde Guerre mondiale / les nazis / Hitler; 16 % le chocolat Kinder; 16 % les bonbons Haribo; 12 % le froid; 12 % les voitures de luxe (Mercedes, BMW etc.); 9 % les châteaux; 8 % la charcuterie (au petit-déjeuner); 8 % les après-midis libres; 7 % une langue difficile (l'allemand); 7 % le drapeau allemand; 7 % la Bavière / Munich; 7 % Cologne / la cathédrale de Cologne; 5 % les marchés de Noël; 5 % les correspondants / les échanges; 5 % plus que trois repas par jour; 5 % le handball

2. Comment les Allemands sont-ils?
47 % sympa / gentils; 29 % blonds; 28 % grands; 25 % accueillants; 16 % mangent beaucoup / mangent tout le temps; 13 % ouverts; 13 % sportifs; 12 % comme nous / comme tout le monde; 11 % drôles; 8 % généreux; 8 % ont les yeux bleus; 7 % végétariens; 7 % chaleureux; 5 % ont l'air sévère; 5 % fêtards

Sondage réalisé par Cornelsen en 2014 auprès de 72 élèves allemands de 10ᵉ classe à Hanovre et Bonn (sondage complet ▶ webcode APLUS-4-144):

1. Qu'est-ce que tu associes à la France?
50 % Paris; 50 % la cuisine française; 42 % la baguette; 35 % la tour Eiffel; 35 % la mer / la plage; 28 % le soleil; 26 % les croissants; 25 % des beaux paysages; 24 % les vacances; 23 % la mode; 18 % le vin; 18 % les pâtisseries (macarons, pains au chocolat etc.); 18 % les spécialités bizarres: les cuisses de grenouille etc.; 17 % la côte d'Azur / la Provence; 15 % une belle langue (le français); 15 % l'amour; 14 % le fromage; 14 % les crêpes; 12 % la Révolution française; 12 % la diversité des régions françaises; 11 % le savoir-vivre; 10 % la culture; 8 % l'art; 7 % Napoléon; 7 % le Louvre; 7 % le calme idyllique; 7 % les longs dîners qu'on prend tard; 6 % la musique; 6 % les monuments (châteaux, cathédrales etc.)

2. **Comment les Français sont-ils?**
44 % sympa / aimables; 31 % ouverts; 25 % fiers de leur pays, de leur langue et de leur culture; 23 % n'aiment pas parler d'autres langues / sont nuls en langues; 15 % paraissent arrogants; 15 % accueillants; 15 % élégants; 14 % décontractés; 14 % parlent vite et beaucoup / aiment parler; 11 % rient beaucoup / ont de l'humour; 11 % serviables; 10 % disciplinés / ambitieux; 10 % polis; 8 % bons cuisiniers; 8 % gourmands / mangent longtemps; 8 % généreux; 7 % créatifs / artistes; 7 % prétentieux; 7 % portent le béret; 7 % heureux de vivre; 7 % normaux / comme nous; 6 % petits; 6 % plus politiques que nous; 6 % plus à droite que nous; 6 % xénophobes; 6 % stressés (à Paris); 6 % on ne peut pas généraliser

pages 54–55, Repères

1 a Stamm der 3. Pers. Pl. Präsens + Endung (*-e, -es, -e, -ions, -iez, -ent*) = *subjonctif présent*

b **Beispiellösung:**
Je suis content(e) / triste / étonné(e) / fier/fière que ____.
C'est dommage / super / bizarre / incroyable / agréable que ____.
Je trouve passionnant / normal / intéressant / amusant / drôle que ____.

c **Beispiellösung:**
1. C'est super qu'environ 200.000 jeunes Français et Allemands fassent un échange chaque année.
2. Je trouve drôle que les Français découpent le fromage autrement que les Allemands.
3. C'est incroyable que les élèves français aient des vacances d'été plus longues que les élèves allemands.
4. Je trouve amusant que les notes de musique s'appellent do-ré-mi-fa-sol-la-si-do en français.
5. C'est bizarre qu'en France, les enfants aillent à l'école maternelle vers 3 ans.
6. Je suis étonné/e que les radios françaises doivent passer 40 % de musique francophone.

2 → They **told** me **not to worry**.
→ I **asked** Anna **to explain** this word to me.
→ They **asked** me **to tell** you about my experience.
Die französischen Infinitiv-Wendungen *dire à qn de + inf.* und *demander à qn de + inf.* entsprechen den englischen Infinitiv-Wendungen *to tell sb. to + inf.* und *to ask sb. to + inf.*

3 a Endet ein Adjektiv auf *-ent*, endet das davon abgeleitete Adverb auf *-emment*. Endet ein Adjektiv auf *-ant*, endet das davon abgeleitete Adverb auf *-amment*.

Unité 3

pages 78–79, Repères

1 a j'avais regardé – tu avais pris – il s'était engagé – elle était sortie – on était arrivé(e)s – nous avions vu – vous aviez lu – ils étaient venus – elles s'étaient intéressées

b 1. Quand nous sommes arrivés au cinéma, le film avait déjà commencé.
2. Dimanche, Marlène était fatiguée parce qu'elle avait dansé toute la nuit.
3. Quand je suis arrivé chez mes cousins, ils étaient déjà sortis.

2 a **discours direct → discours indirect au passé:**
imparfait → imparfait; plus-que-parfait → plus-que-parfait; conditionnel présent → conditionnel présent

b 1. Yerim a dit que Boubacar s'était mal débrouillé.
2. ... qu'à Dakar, les plages n'étaient pas super.
3. ... que Boubacar et Élimane voulaient aller au marché.
4. ... qu'Élimane viendrait à Paris.
5. ... qu'Élimane pourrait monter sur la tour Eiffel.

🇬🇧	Hier findest du ein englisches Wort, das dem französischen Wort ähnlich ist.
→	Hinter diesem Pfeil findest du ein Wort, das zur gleichen Familie gehört und das du schon gelernt hast.
=	Hier findest du ein Wort mit gleicher Bedeutung.
≠	Hier findest du das Gegenteil des Wortes.
▶ ◀	Zwischen diesen beiden Pfeilen findest du den Lernwortschatz aus den Hörtexten.
(ê)	So gekennzeichnete Verben bilden das *passé composé* mit *être*.

adj.	*adjectif* (Adjektiv)	*inv.*	*invariable* (unveränderlich)	*qn*	*quelqu'un* (jemand)
adv.	*adverbe* (Adverb)	*m.*	*masculin* (männlich)	*etw.*	etwas
f.	*féminin* (weiblich)	*pl.*	*pluriel* (Plural)	*jdm*	jemandem
fam.	*familier* (umgangssprachlich)	*qc*	*quelque chose* (etwas)	*jdn*	jemanden

Les signes dans la phrase | Die Zeichen im Satz

LA MAJUSCULE – l'apostrophe *f.* – le trait d'union – le point d'exclamation – l'accent circonflexe *m.* – les deux-points – le « c » cédille – la minuscule

Samedi, c'est l'anniversaire de Jérôme! Il fait une fête et il invite ses amis: deux garçons et trois filles. Mercredi après-midi, les copains achètent des cadeaux. Hélène achète le CD « Joyeux anniversaire », Raphaël regarde une bédé – elle est super, mais trop chère. Et moi? (Je n'ai pas encore d'idée ...)

les parenthèses *f. pl.* – les guillemets *m. pl.* – les points de suspension – le tréma – l'accent aigu *m.* – le tiret – la virgule – l'accent grave *m.* – le point – le point d'interrogation

L'alphabet phonétique | Die Lautschrift

Les consonnes | Die Konsonanten

- [b] bleu, célèbre
- [d] donner, perdre
- [f] photo, offrir
- [g] grave, guitare
- [k] calme, chorale, magique
- [l] lire, mille, pull
- [m] malade, aimer, calme, homme
- [n] non, sonnerie
- [ŋ] ping-pong
- [ɲ] gagner, montagne
- [p] parfois, important
- [ʀ] région, ouvrir
- [s] *scharfes „s" wie in* Kuss: ça, merci, savoir, possible
- [z] *summendes „s" (tritt nur zwischen zwei Vokalen, als Bindungs-*s *bzw.* -x *oder in der Schreibung „z" auf) wie in* rasen: maison, les‿enfants, six‿heures, zéro
- [ʃ] „sch" *wie in* Tasche: champion, toucher
- [ʒ] *wie in* Garage: intelligent, petit-déjeuner
- [t] tourner, attirer
- [v] vendre, pauvre, trouver, élève

Les voyelles | Die Vokale

- [a] *kurzes „a" wie in* Ball: album, femme, féria
- [ɑ] *langes „a" wie in* Bahn: ne ... pas, lâche
- [ɛ] *offenes „e" wie in* Ende: vrai, cette, c'est, scène
- [e] *geschlossenes „e" wie in* See: écrire, cité
- [ə] *stummes „e" wie in* Kabel: me, se, cheval
- [i] idole, hésiter, J'y vais!
- [o] *geschlossenes „o" wie in* Floh: eau, autre, trop
- [ɔ] *offenes „o" wie in* doch: catastrophe, porter
- [ø] *geschlossenes „ö" wie in* böse: malheureux, lieu
- [œ] *offenes „ö" wie in* öffnen: acteur, sœur
- [u] „u" *wie in* Mut: où, humour, jouer
- [y] „ü" *wie in* müde: unité, réussir, plutôt, tu

Les semi-voyelles | Die Gleitlaute

- [ɥ] cuisine, depuis
- [j] hier, surveiller, famille, Aïe!
- [w] oiseau, loi, oui

Les voyelles nasales | Die nasalierten Vokale

- [ɑ̃] enfin, pantalon, lampe
- [ɔ̃] confier, longtemps, pantalon
- [ɛ̃] un, dessin, moins ... que, faim, train

Unter www.cornelsen.de/webcodes APLUS-4-147 findest du Arbeitsblätter zum Üben der neuen Wörter.

Unité 1 | Lecture A

(ê) **ne pas se poser de questions** [nəpasəpozedəkɛstjɔ̃]	nicht groß nachdenken	Il ~[1], il prend le billet d'avion.
les petites annonces [lepətitzanɔ̃s] *f. pl.*	die Kleinanzeigen	À la sortie des supermarchés, il y a souvent des ~.
en général [ɑ̃ʒeneʀal]	normalerweise, im Allgemeinen	~, elle n'est pas comme ça.
d'occasion [dɔkazjɔ̃]	gebraucht	Dans les petites annonces on trouve des vélos ~.
bon marché [bɔ̃maʀʃe] *adj. inv.*	günstig, preiswert	Les vélos d'occasion sont souvent ~.
parfait/parfaite [paʀfɛ/paʀfɛt] *adj.*	perfekt	C'était une journée ~[2].
le coup de fil [ləkudfil] *fam.*	der Anruf	Tous les soirs, elle me passe un ~.
la tête [latɛt]	der Kopf, *hier:* das Gesicht	J'ai souvent mal à la ~.
l'intello [lɛ̃tɛlo] *m./f.* → intelligent	der/die Streber/in	Ils disent que je suis un ~.
(ê) **sortir avec qn** [sɔʀtiʀavɛk]	mit jdm zusammen sein *in einer Beziehung* ▶ *Verbes, p. 138*	J'aimerais bien ~ Philippe, mais il a déjà une petite amie.
faire du baby-sitting [fɛʀdybabisitiŋ]	babysitten	Depuis un an, je ~[3] chez les voisins.
tellement (de) [tɛlmɑ̃]	so (viel/e), dermaßen (viel/e)	J'ai ~ de choses à te raconter, je ne sais pas par où commencer.
servir à qc [sɛʀviʀa]	von Nutzen sein, zu etw. dienen *wird wie* sortir *konjugiert* ▶ *Verbes, p. 138*	Ça ~[4] quoi, ce truc?
le ciel [lɔsjɛl]	der Himmel	Il pleut et le ~ est gris.
les pâtes [lepɑt] *f. pl.*	die Nudeln	Les ~ à la sauce tomate, c'est très bon.
gagner de l'argent [gaɲedəlaʀʒɑ̃]	Geld verdienen	Avec un petit job, les jeunes peuvent ~.
l'impression [lɛ̃pʀesjɔ̃] *f.* → impressionner	der Eindruck	J'ai l'~ qu'il ment.
le centimètre [ləsɑ̃timɛtʀ]	der Zentimeter	

1 ne se pose pas de questions 2 parfaite 3 fais du baby-sitting 4 sert à

Unité 1 | Lecture B

cartonner [kaʀtɔne] *fam.*	großen Erfolg haben	«Breaking Bad» est une série américaine qui a ~[1].
le succès [ləsyksɛ]	der Erfolg	Malheureusement, je n'ai pas eu de ~.
le tome [lətɔm]	der Band	C'est ma B. D. préférée. J'ai tous les ~[2].

la file d'attente [lafildatɑ̃t]	die Warteschlange	Devant le musée, il y avait une longue ~.
le chômeur / la chômeuse [ləʃomœʀ/laʃomøz]	der/die Arbeitslose	L'entrée est moins chère pour les ~[3].
carrément [kaʀemɑ̃] *fam.*	total, direkt	Je lui ai ~ dit ce que je pensais de lui.
flipper [flipe] *fam.*	Panik kriegen, ausflippen	Il a peur des chiens. S'il en voit, il ~[4].

1 cartonné **2** tomes **3** chômeurs **4** flippe

Unité 1 | Volet 1

l'avenir [lavniʀ] *m.*	die Zukunft	– Tu as des projets d'~? – Non, pas vraiment.
le métier [ləmetje]	der Beruf	Mon ~ de rêve, c'est professeur.
le dessinateur / la dessinatrice [lədesinatœʀ/ladesinatʀis]	der/die Zeichner/in	~[1] est un métier créatif.
la passion [lapasjɔ̃] passion	die Leidenschaft	Le foot, c'est ma ~!
être doué/douée pour qc [ɛtʀduepuʀ]	begabt sein für etw.	Madeleine ~[2] la photo.
doué/douée [due] *adj.*	begabt	Léo est bon en tout. Il est vraiment ~[3].
le succès [ləsyksɛ] success	der Erfolg	Le nouveau roman de Fred Vargas est un grand ~.
le conseiller d'orientation [ləkɔ̃sɛjedɔʀjɑ̃tasjɔ̃]	der Berufsberater	Si tu ne sais pas quel métier choisir, va chez un ~.
l'article [laʀtikl] *m.*	der Artikel, der Zeitungsartikel	J'ai lu un ~ intéressant sur les métiers.
Leïla Bekhti [lɛjlabɛkti]	*französische Schauspielerin* ▶ *Civilisation, p. 134*	
impressionner qn [ɛ̃pʀɛsjɔne]	jdn beeindrucken	Souleymane m'~[4] vraiment. Il sait tout!
le courage [ləkuʀaʒ] courage → courageux/courageuse	der Mut	Il faut avoir du ~ pour vivre dans un autre pays.
(ê) **partir de rien** [paʀtiʀdəʀjɛ̃]	von nichts ausgehen	Pour ce projet, il faudra ~.
(ê) **se battre** [səbatʀ]	sich (durch)schlagen, kämpfen ▶ *Verbes, p. 138*	Parfois, il faut ~ pour arriver à quelque chose.
battre qn/qc [batʀ]	jdn schlagen, jdn besiegen ▶ *Verbes, p. 138*	Max est très fort à ce jeu. Il ~ tout le monde.

malgré [malgʀe]	trotz	~ le mauvais temps, Sophie va à la piscine.
modeste [modɛst] *m./f. adj.*	bescheiden	Manon est très douée pour la musique, mais elle n'en parle pas. Elle est trop ~.
ressembler à qn/qc [ʀəsɑ̃blea]	jdm/etw. ähneln	– Ton père ~[5] à François Cluzet. – Tu trouves?!
Médecins du monde [medsɛ̃dymɔ̃d]	Ärzte der Welt *internationale Hilfs-organisation* ▶ *Civilisation, p. 134*	
le médecin [ləmedsɛ̃]	der Arzt, die Ärztin	Plus tard, je voudrais devenir ~ et aider les personnes malades.
soigner qn/qc [swaɲe]	jdn/etw. pflegen	Ludivine aime ~ les gens.
(ê) **s'engager** [sɑ̃gaʒe] → engager qn	sich engagieren	Laurent ~[6] pour la solidarité à l'école.
l'exclusion [lɛksklyzjɔ̃] *f.* exclusion	die Ausgrenzung	Il faut lutter contre ~.
quelqu'un de bien [kɛlkœ̃dəbjɛ̃]	ein guter Mensch, *wörtl.:* jemand gutes	J'ai rencontré ~.
admirer qn/qc [admiʀe] to admire	jdn/etw. bewundern	J'~[7] ma sœur. Elle est très intelligente.
utile [ytil] *m./f. adj.*	nützlich	Des connaissances de langues sont très ~[8] pour travailler à l'étranger.
empêcher qn/qc de + *inf.* [ɑ̃peʃedə]	etw. verhindern, jdn an etw. hindern	Mes parents m'~[9] de faire des études. Ils voudraient que je trouve vite un travail.
à ta place [ataplas]	an deiner Stelle	Moi, ~, je partirais faire des études aux États-Unis.

▶ Hörtext

en ligne [ɑ̃liɲ]	online	Laura achète ses tickets ~.
Ça ne me dit rien (du tout). [sanəmədiʀjɛ̃dytu]	Das ist (gar) nichts für mich.	L'équitation, ~.
le/la reporter [lə/laʀəpɔʀtɛʀ] *m./f.*	der/die Reporter/in	Ma mère est ~. Elle va partout dans le monde pour faire des recherches.
imaginer qc [imaʒine] to imagine	sich etw. vorstellen	Je ne pourrais pas ~ travailler dans un bureau. Je préfère travailler chez moi.
décider de qc [desidedə] to decide → décider qc	über etw. bestimmen	Chacun a le droit de ~ son avenir.

1 Dessinateur 2 est douée pour 3 doué 4 impressionne 5 ressemble 6 s'engage 7 admire 8 utiles 9 empêchent

Unité 1 | Volet 2

la responsabilité [larɛspɔ̃sabilite]	die Verantwortung	Les parents ont la ~ de leurs enfants.
n'en savoir rien [nɑ̃savwaʀjɛ̃]	keine Ahnung haben (von etw.) ▶ *Verbes, p. 138*	– Qu'est-ce que tu voudrais faire plus tard? – Je ~[1].
emporter qc [ɑ̃pɔʀte] → porter qc	etw. mitnehmen	Quand il part en vacances, Maxime ~[2] toujours un tas de vêtements.
la montre [lamɔ̃tʀ]	die Armbanduhr	Regarde, j'ai acheté une ~. Comment tu la trouves?
rater qc [ʀate] ≠ réussir qc	etw. verpassen, durchfallen	Vera a ~[3] le bus.
l'examen [lɛgzamɛ̃] *m* exam	die Prüfung, *auch:* die ärztliche Untersuchung	Demain, j'ai un ~ très important.
propre [pʀɔpʀ] *m./f. adj.* proper	eigen	Sarah voudrait avoir sa ~ chambre.
l'entreprise [lɑ̃tʀəpʀiz] *f.*	das Unternehmen	Mon père travaille dans une grande ~.
repasser qc [ʀəpase]	etw. wiederholen *Prüfung*	Lucie a raté l'examen d'anglais, mais elle peut le ~ dans un mois.
poser sa candidature [pozesakɑ̃didatyʀ]	sich bewerben	Selma ne sait pas comment ~. Alors, elle va chez le conseiller d'orientation.
la candidature [lakɑ̃didatyʀ] → le/la candidat/e	die Bewerbung	Fatih a envoyé sa ~ à plusieurs entreprises.
l'étranger [letʀɑ̃ʒe] *m.* → étranger/étrangère	das Ausland	– Tu pourrais imaginer vivre à l'~? – Non, pas vraiment.
passionnant/passionnante [pasjɔnɑ̃/pasjɔnɑ̃t] *adj.* → la passion ≠ ennuyeux/ennuyeuse	faszinierend, fesselnd	Reporter doit être un métier ~[4]. On voyage beaucoup et on rencontre plein de gens.
enrichissant/enrichissante [ɑ̃ʀiʃisɑ̃/ɑ̃ʀiʃisɑ̃t] *adj.* → riche	bereichernd	Notre voyage au Portugal a été très ~[5].
permettre à qn de + *inf.* [pɛʀmɛtʀə]	jdm erlauben, etw. zu tun *wird wie* mettre *konjugiert* ▶ *Verbes, p. 138*	Mes parents ne me ~[6] pas de sortir tous les soirs.
l'horaire [lɔʀɛʀ] *m.* → l'heure *f.*	die Arbeitszeit, *auch:* der Fahrplan	– Quels seront mes ~[7] de travail? – Tous les jours de 9h à 17h30.
flexible [flɛksibl] *m./f. adj.* flexible	flexibel	Parfois, il faut être ~ pour trouver du travail.
gagner de l'argent [gaɲedəlaʀʒɑ̃]	Geld verdienen	Mara voudrait un métier où on ~[8].

l'ordre [lɔʀdʀ] *m.* order	der Befehl, *auch:* die Ordnung	L'entraîneur donne des ~[9] aux joueurs.
prendre une décision [pʀɑ̃dʀyndesizjɔ̃]	eine Entscheidung treffen, einen Entschluss fassen	Où est-ce qu'on part en vacances, cet été? Il faut ~.
la décision [ladesizjɔ̃] decision → décider de + *inf.*	die Entscheidung, der Entschluss	Choisir un métier, c'est une ~ difficile.
le super-héros / la super-héroïne [ləsypɛʀeʀo/lasypɛʀeʀɔin] superhero	der/die Superheld/in	Spiderman est mon ~[10] préféré.
sauver qn/qc [sove] to save	jdn/etw. retten	Élise veut devenir médecin pour ~ les gens malades dans les pays pauvres.
la qualité [lakalite] quality	die Qualität, der Vorzug	– Quelle est ta ~ principale? – Je suis courageuse.
être prêt/prête (à + *inf.*) [ɛtʀəpʀɛ/ɛtʀəpʀɛt]	bereit sein (etw. zu tun)	Samira veut devenir journaliste. Pour y arriver, elle ~[11] à faire des efforts.
prêt/prête [pʀɛ/pʀɛt] *adj.*	bereit	À table, le déjeuner est ~[12]!
le domaine [lədomɛn] domain	das Gebiet, der Bereich	Damien veut travailler dans le ~ de la recherche.
optimiste [optimist] *m./f. adj.*	optimistisch	Tout est plus facile quand on reste ~!
le concepteur / la conceptrice de jeux vidéo [ləkɔ̃sɛptœʀ/lakɔ̃sɛptʀisdəʒøvideo]	Game Conceptioner *Entwickler für Videospiele*	~[13], c'est le métier de rêve de Siri!
le traducteur / la traductrice [lətʀadyktœʀ/latʀadyktʀis]	der/die Übersetzer/in	Un ~[14] doit être doué pour les langues.
le salaire fixe [ləsalɛʀfiks]	das Festgehalt	Je voudrais un travail avec un ~.
le salaire [ləsalɛʀ] salary	das Gehalt	Pour moi, le ~ est moins important. Je veux surtout un travail enrichissant.
fixe [fiks] *m./f. adj.*	fest, unveränderlich	Le rendez-vous est ~, je ne peux plus le changer.
l'économie [lekɔnɔmi] *f.* economy	die Wirtschaft, die BWL (= Betriebswirtschaftslehre)	Pauline ne s'intéresse pas à l'~. Elle voudrait faire des études de géographie.
curieux/curieuse [kyʀjø/kyʀjøz] *adj.* curious	neugierig, merkwürdig	Nadine veut toujours tout savoir. Elle est très ~[15].
l'expérience [lɛkspeʀjɑ̃s] *f.* experience	die Erfahrung	Mon voyage en Chine a été une ~ formidable!

1 n'en sais rien 2 emporte 3 raté 4 passionnant 5 enrichissant 6 permettent 7 horaires 8 gagne de l'argent 9 ordres 10 super-héros 11 est prête 12 prêt 13 Conceptrice de jeux vidéo 14 traducteur 15 curieuse

Unité 1 | Volet 3

le stage [ləstaʒ]	das Praktikum	Maurice voudrait faire un ~ dans un grand journal.
voici [vwasi] = voilà	das ist/sind, hier ist/sind	– ~ les horaires des clubs de sport. – Merci, c'est gentil.
le tuyau / ! **les tuyaux** [lətɥijo/letɥijo]	der Tipp	Avant de poser ta candidature, demande des ~[1] à ton conseiller d'orientation.
la lettre de motivation [lalɛtʀdəmɔtivasjɔ̃]	das Bewerbungsschreiben	Mélanie écrit une ~ pour trouver un stage.
l'employeur / **l'employeuse** [lɑ̃plwajœʀ/lɑ̃plwajøz] *m./f.* employer	der/die Arbeitgeber/in	Heureusement, mon nouvel ~[2] est sympa.
la demande [ladəmɑ̃d] → demander qc (à qn)	die Anfrage, die Bitte	Nora prépare sa ~ de stage pour un travail à la FNAC.
être intéressé/intéressée par qn/qc [ɛtʀɛ̃teʀɛsepaʀ] → intéressant/e, s'intéresser	interessiert sein an jdm/etw.	Loïc ~[3] un stage dans un supermarché.
de plus [dəplys] *adv.*	außerdem	Élise est douée pour les maths. ~, elle parle l'anglais et l'allemand.
décorer qc [dekɔʀe] to decorate	etw. dekorieren, etw. (aus-) schmücken	Philippe adore ~ la maison pour Noël.
servir qn/qc [sɛʀviʀ] to serve	jdn bedienen, etw. servieren *wird wie* sortir *konjugiert* ▶ *Verbes, p. 138*	Si tu veux travailler dans un restaurant, tu dois aimer ~ les gens.
en rajouter [ɑ̃ʀaʒute]	dick auftragen	Quand Stéphanie raconte des histoires, elle ~[4] toujours.
particulièrement [paʀtikyljɛʀmɑ̃] *adv.* = surtout, spécialement	besonders	Je m'intéresse beaucoup à la musique, ~ à la musique moderne.
le service [ləsɛʀvis] service → servir qn/qc	der Service, die Bedienung	Ma sœur travaille dans un grand restaurant. Elle s'occupe du ~ en salle.
les connaissances [lekɔnɛsɑ̃s] *f. pl.* → connaître (qn/qc)	die Kenntnisse, das Wissen	– Est-ce que vous avez des ~ de langues? – Oui, je parle l'anglais et l'allemand.
le serveur / **la serveuse** [ləsɛʀvœʀ/lasɛʀvøz] → servir qn/qc, le service	der/die Kellner/in	Germain voudrait travailler comme ~[5].
motivé/motivée [mɔtive] *adj.* motivated	motiviert	Sophie est vraiment ~[6] pour ce stage.

Dans l'attente de votre réponse, je vous prie de recevoir, Madame, Monsieur, mes salutations respectueuses.	Mit freundlichen Grüßen *Französische Grußformel, die am Ende eines offiziellen Briefes verwendet wird.*	
signer qc [siɲe] to sign	etw. unterschreiben	N'oublie pas de ~ ta lettre de motivation!
la pièce jointe [lapjɛsʒwɛ̃t]	der Anhang	– Tu pourrais m'envoyer les photos en ~? – Oui, bien sûr.
le CV (= curriculum vitae) [ləseve]	der Lebenslauf	Pour une candidature, il te faut un ~ et une lettre de motivation.
le document [lədɔkymɑ̃] document	das Dokument, die Unterlagen	Je vais t'envoyer le ~ par mail.
la photo d'identité [lafotodidɑ̃tite]	das Passfoto	Une jolie ~ est très importante pour une candidature.
sourire [suʀiʀ]	lächeln *wird wie* rire *konjugiert* ▶ *Verbes, p. 138*	~[8] pour la photo, s'il vous plaît!
ça fait + *adj.* [safɛ]	das wirkt *+ Adjektiv*	Je vais décorer la table. ~ plus joli.
la formation [lafɔʀmasjɔ̃]	die Ausbildung	Paula voudrait faire une ~ pour devenir animatrice dans un club de vacances.
le niveau [lənivo]	das Niveau	Louise a des connaissances d'anglais ~ A2.
l'échange [leʃɑ̃ʒ] *m.* exchange → échanger qc contre qc	der Austausch, der Tausch	Maman, papa, notre classe va faire un ~ avec un collège de Berlin!
quinze jours [kɛzʒuʀ]	vierzehn Tage, zwei Wochen	J'ai ~ de vacances en mai.
professionnel/professionnelle [pʀɔfɛsjɔnɛl] *adj.* professional	beruflich, Berufs-	– Quels sont tes projets ~[7]? – Je veux devenir médecin.
l'informatique [lɛ̃fɔʀmatik] *f.*	die Informatik	Pour faire des études d'~, tu dois t'intéresser aux maths.
la réponse [laʀepɔ̃s] → répondre (à qn/qc) ≠ la question	die Antwort	– Je n'ai toujours pas de ~ à ma demande de stage. – Il faut rester optimiste!
recevoir qn/qc [ʀəsəvwaʀ] to receive	jdn empfangen, etw. erhalten *wird wie* décevoir *konjugiert* ▶ *Verbes, p. 138*	– Est-ce que vous avez ~[9] ma candidature? – Attendez, je vais regarder.

▶ Hörtext

à l'appareil [alapaʀɛj]	am Apparat	Bonjour, Monsieur, Morgane Laurier ~.

Ne quittez pas. [nəkitepa]	Bleiben Sie dran.	– Je voudrais parler à M. Lessac, s'il vous plaît. – ~.
Je vous (le/la) passe. [ʒəvulə/lapas]	Ich stelle Sie (zu ihm/ihr) durch.	– Je voudrais parler à Mme Leblanc. – Un moment, s'il vous plaît, ~[10].
le patron / la patronne [ləpatʀɔ̃/lapatʀɔn]	der/die Chef/in	Je vous présente la nouvelle ~[11] de l'entreprise, Mme Jessaitou.
c'est bien ça? [sebjɛ̃sa]	nicht wahr? *Rückfrage*	– Vous travaillez depuis trois ans, ~? – Oui, c'est ça.
l'apprenti *m.* / **l'apprentie** *f.* [lapʀɑ̃ti] *m./f.* → apprendre qc	der/die Auszubildende/r, der Lehrling	Victor est ~[12] dans une boulangerie.
autonome [otonɔm] *m./f. adj.*	selbstständig	Maurice n'a pas souvent besoin d'aide. Il est assez ~.
la réception [laʀesɛpsjɔ̃] 🇬🇧 reception → recevoir qn/qc	die Rezeption, der Empfang	Perrine n'aime pas trop le service en salle. Elle préfère travailler à la ~.
discuter (de qc) [diskyte] 🇬🇧 to discuss	reden, über etw. diskutieren	Les jeunes ~[13] de leurs projets d'avenir.
demander à parler à qn [dəmɑ̃deapaʀlea]	nach jdm fragen	Quand vous passez au bureau, ~[14] au patron.

1 tuyaux **2** employeur **3** est intéressé par **4** en rajoute **5** serveur **6** motivée **7** professionnels **8** Souriez **9** reçu **10** je vous la passe **11** patronne **12** apprenti **13** discutent **14** demandez à parler

Unité 2 | Lecture A

J'en ai jusque-là! [ʒɑ̃nɛʒyskəla]	Mir steht's bis hier!	Il y a tout le temps des problèmes. ~!
le vin [ləvɛ̃] 🇬🇧 wine	der Wein	La France est célèbre pour ses fromages et son ~.
n'est-ce pas [nɛspa]	nicht (wahr), oder (etwa nicht)	C'est joli, ~?

Unité 2 | Lecture B

la pomme de terre [lapɔmdətɛʀ]	die Kartoffel	Pour faire des frites, il faut des ~[1].
serrer la main à qn [seʀelamɛ̃a]	jdm die Hand geben	Il m'a dit «bonjour» et il m'a ~[2].
[(ê)] **se faire la bise** [səfɛʀlabiz]	sich mit Küsschen begrüßen/verabschieden	À l'arrivée, tout le monde ~[3].

se faire la bise

se serrer la main

la saucisse [lasosis] 🇬🇧 sausage	die Wurst	Au marché de Noël, on mange toujours une ~ avec de la moutarde.
(ê) **se marrer** [səmaʀe]	Spaß haben	J'adore mes copains. Avec eux, je ~[4] bien.

1 pommes de terre **2** serré la main **3** s'est fait la bise **4** me marre

Unité 2 | Volet 1

le côté [ləkote]	die Seite	Mon collège est de l'autre ~ de la rue. C'est tout près.
le Rhin [ləʀɛ̃]	der Rhein ▶ *Civilisation, p. 134*	Le ~ est un fleuve entre l'Allemagne et la France.
la différence [ladifeʀɑ̃s] 🇬🇧 difference	der Unterschied	Il y a une grande ~ d'âge entre mon frère et moi.
le vasistas [levazistɑs]	das (kleine) Klappfenster	
Karambolage [kaʀɑ̃bɔlaʒ]	Karambolage *Fernsehsendung des deutsch-französischen Kanals Arte* ▶ *Civilisation, p. 134*	
faire pareil (que) [fɛʀpaʀɛj]	etw. genauso machen (wie)	Mon frère a fait un stage au Canada. Moi, je veux ~.
l'habitude [labityd] *f.*	die Gewohnheit	Mes grand-parents ne changent plus leurs ~[1].
quotidien/quotidienne [kɔtidjɛ̃/kɔtidjɛn] *adj.*	täglich	Ma lecture ~[2], c'est le journal.
les mouillettes [lemujɛt] *f. pl.*	*Brotstreifen zum Tunken*	
l'œuf à la coque [lœfalakɔk] *m.*	das (weich) gekochte Ei	Je ne sais pas faire la cuisine. Même pas un ~.
en général [ɑ̃ʒeneʀal] 🇬🇧 generally	normalerweise, im Allgemeinen	– J'adore ce jeu! – Oui, parce qu'~ c'est toi qui gagnes.
mettre qc [mɛtʀ]	*hier:* etw. streichen ▶ *Verbes, p. 138*	Je ~[3] de la moutarde et du ketchup sur mon sandwich.
la tranche [latʀɑ̃ʃ]	die Scheibe	– Vous voulez le pain en ~[4]? – Oui, s'il vous plaît.
découper qc [dekupe]	etw. schneiden, ausschneiden	Il a ~[5] un article du journal.

le morceau / ! les morceaux [ləmɔʀso]	das Stück	Tu veux un ou deux ~[6] de sucre?
fin/fine [fɛ̃/fin] *adj.*	fein, dünn	Ma petite sœur a les cheveux très ~[7].
tremper [tʀɑ̃pe]	tunken	On peut ~ son croissant dans le café au lait.
drôlement [dʀolmɑ̃] *adv.*	ziemlich, ganz schön	Brrr! Ce matin, il fait ~ froid!
cuit/cuite [kɥi/kɥit] *adj.*	gekocht	Berk! Les légumes ne sont pas assez ~[8].
en mettre partout [ɑ̃mɛtʀpaʀtu]	alles voll kleckern	Fais attention avec la sauce! Tu ~[9]!
dommage [dɔmaʒ]	schade	Tu ne peux pas venir avec nous ce soir? C'est ~!
la petite cuillère [lapətitkɥijɛʀ]	der Teelöffel	Une ~ sur la table, ça promet un dessert.
en plastique [ɑ̃plastik]	aus Plastik	Il y a des bouteilles en verre et des bouteilles ~.
le plastique [ləplastik] plastic	das Plastik, der Kunststoff	Il y a beaucoup de restes de ~ dans la mer.
le métal [ləmetal] metal → métallique	das Metall	Le fer, c'est un ~.
à la place de [alaplasdə]	anstelle von, statt	Pour faire du sport, je prends l'escalier ~ l'ascenseur.
le cornet [ləkɔʀnɛ]	die spitze Tüte, *auch:* die Eiswaffel	
le carton [ləkaʀtɔ̃]	der Karton	Regarde ma nouvelle chaise! Elle est en ~.
le papier [ləpapje] paper	das Papier, das Dokument	Prenez une feuille de ~ et écrivez votre nom.
le ruban [ləʀybɑ̃]	das Band	Autour du cadeau, il y avait un ~ rouge.
fièrement [fjɛʀmɑ̃] *adv.* → fier/fière	stolz	Il m'a dit ~ qu'il avait réussi.
faire qc soi-même [fɛʀswamɛm]	etw. selbst machen	On peut demander de l'aide ou le ~.
remplir qc [ʀɑ̃pliʀ]	etw. füllen, etw. ausfüllen *wird wie* réagir *konjugiert* ▶ *Verbes, p. 138*	Tous les papiers doivent être ~[10] et signés.
Chut! [ʃyt]	Pst!	~! Ne faites pas de bruit.
le contenu [ləkɔ̃tny] content	der Inhalt	La boîte n'a pas de ~.
introduire qn/qc [ɛ̃tʀɔdɥiʀ] introduce	jdn/etw. einführen, einleiten *wird wie* construire *konjugiert* ▶ *Verbes, p. 138*	Pour ouvrir la porte, il faut ~ la carte.

1 habitudes 2 quotidienne 3 mets 4 tranches 5 découpé 6 morceaux 7 fins 8 cuits 9 en mets partout 10 remplis

Unité 2 | Volet 2

le lycée [ləlise]	das Gymnasium, die gymnasiale Oberstufe	Après le ~, on peut aller à l'université.
Brigitte Sauzay [bʀiʒitsozɛ]	▶ *Civilisation, p. 134*	
(ê) **revenir** [ʀəvniʀ]	zurückkommen	Mon fils est parti travailler au Japon. Il ~[1] en France pour Noël.
évidemment [evidamɑ̃] *adv.*	natürlich, selbstverständlich	Il s'est marié, alors ~, je suis allé au Japon moi aussi.
le site (web) [ləsit] website	die Webseite	Charlotte est photographe. Elle publie ses photos sur son ~.
l'OFAJ (Office franco-allemand pour la Jeunesse) [lɔfaʒ] *m.*	das DFJW (Deutsch-französisches Jugendwerk) ▶ *Civilisation, p. 134*	L'~ m'a aidé à trouver un stage en Allemagne.
correspondre à qn/qc [kɔʀɛspɔ̃dʀa]	etw./jdm entsprechen	Le métier d'ingénieur ~[2] à mes rêves.
la seconde [lasəgɔ̃d]	*wörtl.:* die zweite *erstes Jahr der Oberstufe*	Je m'appelle Jérôme, j'ai 15 ans et je suis en ~.
la famille d'accueil [lafamijdakœj]	die Gastfamilie	Pendant mon séjour, ma ~ s'est bien occupée de moi.
absolument [apsɔlymɑ̃] *adv.* absolutely	ganz, unbedingt	Le concert est le 13 septembre. Je veux ~ y aller!
gentiment [ʒɑ̃timɑ̃] *adv.* → gentil	freundlich, netterweise	Il lui a parlé ~, alors elle a arrêté de crier.
mot à mot [motamo]	wortwörtlich	Ne traduisez pas ~.
même si [mɛmsi]	auch wenn, selbst wenn	J'aimerais partir un an à l'étranger ~ mes parents ne sont pas d'accord.
éclater de rire [eklatedəʀiʀ]	in Lachen ausbrechen	Il m'a montré son nouveau look. J'ai ~[3].
couramment [kuʀamɑ̃] *adv.*	fließend	– Tu parles italien? – Oui un peu, mais pas ~.
énormément [enɔʀmemɑ̃] *adv.*	sehr viel, gewaltig	Un film qui cartonne, c'est un film qui a ~ de succès.
le progrès [ləpʀɔgʀɛ]	der Fortschritt	Il a fait des ~. Ses résultats sont meilleurs qu'avant.
le séjour [ləseʒuʀ]	der Aufenthalt	Pendant son ~ en France, Max a appris le français.
différemment [difeʀamɑ̃] *adv.*	anders	Moi, je ne ferais pas comme ça. Je ferais ~.
de manière ... [dəmanjɛʀ]	auf ... Art und Weise	Mon père a réagi ~ calme.
être assis/assise [ɛtʀasi/asiz]	sitzen	Tous les gens qui ~[4] se sont levés.

faire le tour (de qc) [fɛʀlətuʀ]	um etw. herumgehen	Tous les soirs, on fait une balade. Souvent, on ~[5] du village.
pas grand-chose [pagʀɑ̃ʃoz]	nicht viel, nichts Besonderes	– Qu'est-ce que tu fais ce soir? – ~, je reste à la maison.
le carnet de correspondance [ləkaʀnɛdəkɔʀɛspɔ̃dɑ̃s]	*Mitteilungsheft zur Kommunikation zwischen Eltern und Schulverwaltung*	
carrément [kaʀemɑ̃] *adv. fam.*	total, direkt	– Tu as oublié son anniversaire? – Oui, ~.
(ê) **s'entendre (bien)** [sɑ̃tɑ̃dʀ]	sich (gut) verstehen	En général, les chats ne ~ pas ~[6] avec les chiens.
pourtant [puʀtɑ̃]	trotzdem	J'aimais bien le judo. ~, j'ai arrêté.
(ê) **passer** [pase] to pass	*hier:* vorbeigehen, vergehen *zeitlich*	Oh non, les vacances ~[7] trop vite!
le mal du pays [ləmaldypei]	das Heimweh	Quand ils sont loin de chez eux, ils ont souvent le ~.
par contre [paʀkɔ̃tʀ]	jedoch, allerdings	J'adore passer du temps avec mes amis. ~, j'ai besoin d'être seul parfois.
avoir mal (à) [avwaʀmal]	Schmerzen haben (an/am)	J'ai trop réfléchi au problème. Maintenant, j'~[8] à la tête.
le ventre [ləvɑ̃tʀ]	der Bauch	Hier soir, j'ai trop mangé. Après, j'ai eu mal au ~.
l'eau gazeuse [logazøz] *f.*	das Mineralwasser mit Kohlensäure	Pour une «Apfelschorle» il faut du jus de pomme et de l'~.
l'eau plate [loplat] *f.*	das stille (Mineral-)Wasser	Je n'aime pas l'eau gazeuse, je préfère l'~.
manquer [mɑ̃ke]	fehlen	Il me ~[9] encore vingt euros pour m'acheter le vélo de mes rêves.
(ê) **se débrouiller** [sədebʀuje]	zurechtkommen	Je n'ai pas besoin d'aide. Je ~[10] seule.
forcément [fɔʀsemɑ̃] *adv.*	zwangsläufig	Elle a parlé trop fort. Alors ~, il a tout entendu!
indépendant/indépendante [ɛ̃depɑ̃dɑ̃/ɛ̃depɑ̃dɑ̃t] *adj.* independent	unabhängig	Il n'a besoin de personne. Il est ~[11].

1 revient 2 correspond 3 éclaté de rire 4 étaient assis 5 fait le tour 6 s'entendent … bien 7 ont passé 8 ai mal 9 manque 10 me débrouillerai 11 indépendant

Unité 2 | Volet 3

l'anecdote [lanɛkdɔt] *f.*	die Anekdote	
une sorte de [ynsɔʀtdə] some sort of	eine Art (von)	La motoneige c'est ~ traîneau.
la pomme de terre [lapɔmdətɛʀ]	die Kartoffel	Les «Klöße» sont une spécialité allemande qu'on fait avec des ~[1].
la saucisse [lasosis] sausage	die Wurst	Un «hot-dog», c'est un petit pain avec une ~ chaude.
goûter qc [gute]	etw. probieren, etw. kosten	– Tu as ~[2] la sauce? – Oui, il manque un peu de sucre.
unique [ynik] *adj. inv.*	einzig, einzigartig	La pyramide du Louvre est ~ au monde.
le verre [ləvɛʀ]	das Glas	J'ai soif! Je voudrais un grand ~ d'eau, s'il vous plaît.
au bout de qc [obudə]	am Ende von etw.	Les toilettes se trouvent ~[3] couloir.
le malentendu [ləmalɑ̃tɑ̃dy]	das Missverständnis	On s'est disputé pour rien. C'était un ~.
les faux amis [lefozami] *m. pl.*	*wörtl.:* falsche Freunde *Wörter aus unterschiedlichen Sprachen, die sich sehr ähnlich sind, aber nicht dieselbe Bedeutung haben*	«La batterie» en français, ce n'est pas «die Batterie» en allemand. Ce sont des ~[4].
servir à qc [sɛʀviʀa]	von Nutzen sein, zu etw. dienen *wird wie* sortir *konjugiert* ▶ *Verbes, p. 138*	C'est vieux. Ça ne ~[5] plus à grand chose.
il paraît que [ilparɛkə]	angeblich	On n'a pas anglais aujourd'hui! ~ M. Williams est malade.
le kiwi [ləkiwi]	die Kiwi	Le kiwi, c'est un fruit qui a beaucoup de vitamine C.
Il fallait y penser! [ilfalɛipɑ̃se]	Darauf muss man erst mal kommen!	
rejoindre qn [ʀəʒwɛ̃dʀ]	jdn treffen, jdn einholen ▶ *Verbes, p. 138*	Je ne suis pas encore prêt. Je vous ~[6] dans dix minutes.
exactement [ɛgzaktəmɑ̃] *adv.* exactly	genau	On t'attend ~ dix minutes. Pas plus!
(ê) **se tromper** [sətʀɔ̃pe]	sich täuschen, sich irren	Si je ne ~[7] pas, ils reviendront mardi.
avoir qc en tête [avwaʀɑ̃tɛt]	sich etw. vorstellen, an etw. denken, *wörtlich:* etw. im Kopf haben	Ce n'est pas ce que j'~[8].
la tête [latɛt]	der Kopf, *auch:* das Gesicht	Avant de me dire bonjour, elle m'a regardé de la ~ aux pieds.

(ê) **se plaindre de qc** [səplɛ̃dʀ]	sich beklagen über etw. *wird wie* rejoindre *konjugiert* ▶ *Verbes, p. 138*	Les élèves ~[9] avoir trop de devoirs.
l'oreiller [lɔʀeje] *m.*	das Kopfkissen	C'est agréable de dormir avec un ~ sous la tête.
en forme de [ɑ̃fɔʀmdə]	in Form von	Pour les enfants, il existe des sacs ~[10] ours.
gros/grosse [gʀo/gʀos] *adj.* ≠ fin/fine	groß, dick	Le gâteau était très bon, alors Luc en a repris un ~[11] morceau.
la comparaison [lakɔ̃paʀɛzɔ̃] 🇬🇧 comparaison	der Vergleich	Mes parents font souvent la ~ entre mon frère et moi. Ça m'énerve!
amusant/amusante [amyzɑ̃/amyzɑ̃t] *adj.* 🇬🇧 amusing	lustig, unterhaltsam	Il y a plein de sites ~[12] sur Internet.
le traversin [lətʀavɛʀsɛ̃]	*langes Kopfkissen in Form einer Rolle*	Tu dors avec un ~ ou avec un oreiller?

1 pommes de terre 2 goûté 3 au bout du 4 faux amis 5 sert 6 rejoins 7 me trompe 8 avais en tête 9 se plaignent d' 10 en forme d' 11 gros 12 amusants

Unité 3 | Lecture A

énorme [enɔʀm] *m./f. adj.*	riesig	Les surfers rêvent de vagues ~[1].
(ê) **se bousculer** [səbuskyle]	sich drängeln	Arrêtez de vous ~, il y a de la place pour tout le monde!
assister à qc [asistea]	bei etw. dabei sein, an etw. teilnehmen	J'ai ~[2] un concert de Zaz. C'était trop bien!
tirer [tiʀe]	ziehen, schießen	– Je n'arrive pas à ouvrir la porte. – ~[3] plus fort!
le clin d'œil [ləklɛ̃dœj]	der Augenblick, das Zwinkern	De l'autre bout de la table, mon grand-père m'a fait un ~.
en un clin d'œil [ɑ̃nɛ̃klɛ̃dœj]	im Handumdrehen	Ça s'est passé ~!
(ê) **s'asseoir** [saswaʀ]	sich hinsetzen	J'ai trouvé encore une seule chaise vide pour m'~.

je m'assois, tu t'assois, il/elle/on s'assoit, nous nous asseyons, vous vous asseyez, ils/elles s'assoient

emmener qn/qc [ɑ̃mne]	jdn/etw. mitnehmen	Je pars en vacances et cette fois, j'~[4] mon chien.
plein/pleine [plɛ̃/plɛn] *adj.*	voll	La salle est ~[5]. Il n'y a plus de place!
plus bas [plyba] *adv.*	weiter unten	– Tu as mal où? Là? – Non, un peu ~.

le fou / la folle [ləfu/lafɔl]	der/die Verrückte, der Fan	Je suis un vrai ~[6] de baskets. J'en ai toute une collection.
faire de la musculation [fɛʀdəlamyskylasjɔ̃]	Kraftraining machen	Marc et Leïla veulent devenir plus forts. Alors, ils ~[7].
le son [ləsɔ̃] sound → sonner, la sonnerie	der Ton, der Klang	Chaque instrument a son propre ~.
renverser qn/qc [ʀɑ̃vɛʀse]	kippen, jdn/etw. umstoßen	Mon frère s'est vite levé de table et il a ~[8] la bouteille.
la tête [latɛt]	der Kopf	Elle a posé sa ~ sur l'oreiller.
porter chance [pɔʀteʃɑ̃s]	Glück bringen	J'ai gagné! C'est toi qui m'as ~[9].
le combat [ləkɔ̃ba] combat	der Kampf	Dans un tournoi de boxe, il y a des pauses entre les ~[10].
le public [ləpyblik]	das Publikum	Le ~ applaudit le clown.
concentré/concentrée [kɔ̃sɑ̃tʀe] *adj.*	konzentriert	Marion pense à plusieurs choses en même temps. Elle n'est pas ~[11].
la terre [latɛʀ]	der Boden, die Erde *auch:* die Welt	Il y a des oiseaux dans le ciel et sur la ~.
l'épaule [lepol] *f.*	die Schulter	Atlas porte la terre sur ses ~[12].
populaire [popylɛʀ] *m./f. adj.* popular	beliebt, populär	Le rugby est très ~ en France.
le footing [ləfutiŋ]	das Joggen, das Laufen	J'adore le ~. Tous les dimanches, je cours six kilomètres.

1 énormes 2 assisté à 3 Tire 4 emmène 5 pleine 6 fou 7 font de la musculation 8 renversé 9 porté chance 10 combats 11 concentrée 12 épaules

Unité 3 | Lecture B

gaspiller qc [gaspije]	etw. verschwenden	Je prends une douche rapide. Je ne veux pas ~ l'eau.
grâce à [gʀɑsa]	dank	J'ai passé mon diplôme ~ mes amis, qui m'ont aidé.
De quoi je me mêle? [dəkwaʒməmɛl]	Was geht dich das an?	– Tu n'as pas le droit de faire ça! – ~!
Tais-toi! [tɛtwa]	Sei still!, Schweig!	~! Je ne veux plus t'entendre!
la bouche [labuʃ]	der Mund	Je n'entends rien. Pourtant, des mots sortent de sa ~.

Unité 3 | Volet 1

le continent [ləkɔ̃tinɑ̃]	der Kontinent	Le navigateur Christophe Colomb a découvert un nouveau ~.
africain/africaine [afʀikɛ̃/afʀikɛn] *adj.*	afrikanisch	Tiken Jah Fakoly est un chanteur ~[1].
le Sénégal [ləsenegal]	der Senegal	La capitale du ~, c'est Dakar.
national/nationale/nationaux *m. pl.* [nasjɔnal/nasjɔno] *adj.*	national, National-	En France, le 14 juillet est le jour de la fête ~[2].
le wolof [ləwɔlɔf]	Wolof *Sprache, die vor allem im Norden und Westen des Senegal gesprochen wird*	Mes parents viennent du Sénégal et ils parlent le ~.
le peul [ləpøl]	Fulfulde *westafrikanische Sprache, die auch im Senegal gesprochen wird*	Au Sénégal, le ~ et le wolof sont des langues nationales.
les ressources [leʀəsuʀs] *f. pl.*	die Ressourcen, *hier:* Bodenschätze	Les pays gagnent de l'argent grâce à leurs ~.
l'agriculture [lagʀikyltyʀ] *f.*	die Landwirtschaft	Grâce à l'~, nous avons de la nourriture.
l'arachide [laʀaʃid] *f.*	die Erdnuss	La cuisine africaine a beaucoup de recettes à la sauce aux ~[3].
le coton [ləkɔtɔ̃] cotton	die Baumwolle, die Watte	Tu ne m'as pas entendu? Tu as du ~ dans les oreilles!
la mangue [lamɑ̃g]	die Mango	La ~ est un fruit vert et rouge. Découpée, elle est jaune.
le Maroc [ləmaʀɔk]	Marokko	Le ~ était une colonie française jusqu'en 1956.
l'arabe [laʀab] *m.*	Arabisch	En Tunisie, on parle ~ et le français.
le berbère [ləbɛʀbɛʀ]	die Berbersprache, Berberisch	Il y a des gens en Tunisie qui parlent ~.
l'espagnol [lɛspaɲɔl] *m.*	Spanisch	L'arabe a apporté un grand nombre de mots à l'~.
l'olive [lɔliv] *f.*	die Olive	J'aime les ~[4] vertes, mais je préfère les noires.
l'élevage [lelvaʒ] *m.*	die Zucht, die Aufzucht	L'~ de lapins demande des connaissances spéciales.
le mouton [ləmutɔ̃]	das Schaf	Il y a toujours un chien qui garde les ~[5].
le phosphate [ləfɔsfat]	das Phosphat	
l'argent [laʀʒɑ̃] *m.*	das Silber	Dans un vrai trésor, il y a de l'or et de l'~.
la Côte d'Ivoire [lakotdivwaʀ]	die Elfenbeinküste	

le baoulé [ləbaule]	Baule *Sprache, die im Zentrum der Elfenbeinküste gesprochen wird*	– Tu parles le ~? – Non, mais je le comprends un peu.
le dioula [lədiula]	Dioula *Sprache, die im Norden der Elfenbeinküste gesprochen wird*	Dans le nord du pays, beaucoup de gens parlent le ~.
le malinké [ləmalɛ̃ke]	Malinke *westafrikanische Sprache, die auch im Nordwesten der Elfenbeinküste gesprochen wird*	Dans le nord de la Côte d'Ivoire, on parle le dioula et le ~.
le cacao [ləkakao]	der Kakao	Pour faire du chocolat il faut du ~.
le café [ləkafe]	der Kaffee	Tu préfères le ~ noir ou le ~ au lait?
le caoutchouc [ləkautʃu]	der Kautschuk	Les chaussures en ~, c'est pratique quand il pleut.
l'huile [lɥil] *f.*	das Öl	Avec des olives, on peut faire de l'~.
l'huile de palme [lɥildəpalm] *f.*	das Palmöl	L'~ est moins chère que l'huile d'olive.
le bois [ləbwa]	das Holz	Mon lit, mon armoire et ma table sont en ~.
l'Algérie [lalʒeʀi] *f.*	Algerien	L'~ se trouve au Maghreb.
la datte [ladat]	die Dattel	La ~ est très riche en sucres.
le gaz [ləgaz]	das Gas	
le gaz naturel [ləgaznatyʀɛl]	das Erdgas	
le pétrole [ləpetʀɔl]	das Erdöl	Le gaz naturel et le ~ sont des ressources souterraines.
le désert [ladezɛʀ]	die Wüste ▶ *Civilisation, p. 134*	Pour traverser le ~ il faut avoir assez d'eau.
peuplé/peuplée [pœple] *adj*	bevölkert	Les régions les moins ~[6] du monde, sont les régions froides.
l'Asie [lazi] *f.*	Asien	L'~ est le continent le plus peuplé.
le milliard [ləmiljaʀ]	die Milliarde	Mille millions sont un ~.
la majorité [lamaʒɔʀite]	die Mehrheit	La ~ du Parlement européen est de cet avis.
l'enseignement [lɑ̃sɛɲmɑ̃] *m.*	der Unterricht, das Schulwesen	Les professeurs travaillent dans l'~.
la plupart (de) [laplypaʀ]	die meisten (von)	La ~ des gens aiment les vacances.
la moitié [lamwatje]	die Hälfte	
l'immigré / l'immigrée [limigʀe]	der Einwanderer / die Einwanderin	Les ~[7] commencent une nouvelle vie dans un pays inconnu.
le tiers [lətjɛʀ]	das Drittel	Mais arrête de parler! J'ai déjà raté un ~ du film!

la moitié – 1/2
un tiers – 1/3
deux tiers – 2/3

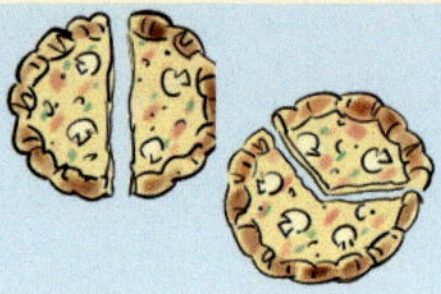

un quart – 1/4
trois quarts – 3/4
un cinquième – 1/5

un sixième – 1/6
un huitième – 1/8
un dixième – 1/10
▶ *Méthodes, p. 126/20*

le Maghreb [ləmagʀɛb]	der Maghreb ▶ *Civilisation, p. 134*	Le ~ se trouve en Afrique du nord.
subsaharien/subsaharienne [sybsaaʀjɛ̃/sybsaaʀjɛn]	subsaharisch, südlich der Sahara	J'ai visité le nord du continent, mais je ne connais pas l'Afrique ~[8].
l'origine [lɔʀiʒin] *f.* 🇬🇧 origin	die Herkunft, der Ursprung	Charles Darwin a fait des recherches sur l'~ des hommes.
Dakar [dakaʀ]	Dakar *Hauptstadt des Senegal* ▶ *Civilisation, p. 134*	
Abidjan [abidʒɑ̃]	Abidjan *Regierungssitz und ehemalige Hauptstadt der Elfenbeinküste* ▶ *Civilisation, p. 134*	
Alger [alʒe]	Algier *Hauptstadt Algeriens* ▶ *Civilisation, p. 134*	
Casablanca [kasablɑ̃ka]	Casablanca *größte Stadt Marokkos* ▶ *Civilisation, p. 134*	
le Mali [ləmali]	Mali *westafrikanischer Staat* ▶ *Civilisation, p. 134*	Le ~ se trouve au sud de l'Algérie.
le Burkina Faso [ləbyʀkinafaso]	Burkina Faso	Le ~ est un pays au sud du Mali.

1 africain 2 nationale 3 arachides 4 olives 5 moutons 6 peuplées 7 immigrés 8 subsaharienne

Unité 3 | Volet 2

le portrait [ləpɔʀtʀɛ]	das Porträt	J'ai photographié toute ma famille pour avoir leurs ~[1].
Odienné [odjene]	Odienné *Stadt im Nordwesten der Elfenbeinküste*	
le nom [lənɔ̃]	der Name, der Nachname	Je ne sais pas comment il s'appelle. Je ne connais pas son ~.
Bamako [bamako]	Bamako *Hauptstadt von Mali* ▶ *Civilisation, p. 134*	
(ê) **s'exiler** [sɛgzile]	ins Exil gehen	Si on ne peut pas rester dans son pays, on doit ~.
critiquer (qn/qc) [kʀitike]	(jdn/etw.) kritisieren	En classe, on peut ~ les autres, mais d'une façon sympathique.
ivoirien/ivoirienne [ivwaʀjɛ̃/ivwaʀjɛn] *adj.*	aus der Elfenbeinküste, ivorisch	Odienné est une ville ~[2].

engagé/engagée [ɑ̃gaʒe] *adj.*	engagiert	Madame Lenoir s'occupe de tout. C'est une principale très ~[3].
la corruption [lakɔʀypsjɔ̃]	die Korruption, die Bestechung	La police italienne lutte contre la ~.
toucher qn/qc [tuʃe]	*hier:* jdn/etw. (be)treffen, jdn/etw. befallen	Le mauvais temps ~[4] tout le nord du pays.
la pauvreté [lapovʀəte] poverty → pauvre	die Armut	La famille s'est installée en France. Elle était partie à cause de la ~.
l'organisation [lɔʀganizasjɔ̃] *f.* organisation	die Organisation	«Médecins du monde» est une ~ internationale.
l'action [laksjɔ̃] *f.* action	die Aktion, die Tat	Chaque jour, une bonne ~.
la faim [lafɛ̃]	der Hunger	– Tu veux manger quelque chose? – Oui, j'ai une petite ~.
donner une voix à qn [dɔneynvwaa]	jdm eine Stimme geben	Dans ses livres, l'auteur ~[5] aux immigrés.
créer qc [kʀee]	etw. erschaffen *hier:* etw. gründen	Mon grand-père a ~[6] une entreprise dans le domaine de l'informatique.
l'image [limaʒ] *f.*	das Bild	Ma petite sœur ne sait pas encore lire, mais elle adore regarder les ~[7].
positif/positive [pozitif/pozitiv] *adj.* positiv	positiv	Je suis super contente, parce que j'ai eu une réponse ~[8]!
Fatym Layachi [fatimlajaʃi]	*marokkanische Schauspielerin* ▶ *Civilisation, p. 134*	
marocain/marocaine [maʀɔkɛ̃/maʀɔkɛn] *adj.*	marokkanisch	Au Maroc, j'ai appris des choses sur l'histoire ~[9].
le bac [ləbak] *fam* / **le baccalauréat** [ləbakalɔʀea]	das Abi, das Abitur	Je vais passer mon ~ à dix-huit ans.
le Cours Florent [ləkuʀflɔʀɑ̃]	*private Schauspielschule in Paris*	
le Marocain / la Marocaine [ləmaʀɔkɛ̃/lamaʀɔkɛn]	der Marokkaner / die Marokkanerin	Deux tiers des ~[10] habitent dans les grandes villes.
le symbole [ləsɛ̃bɔl] symbol	das Symbol, das Zeichen	Le drapeau bleu, blanc, rouge est un ~ de la France.
depuis que [dəpyikə]	seit, seitdem	~ je fais du sport, je vais mieux.
la jeunesse [laʒœnɛs] → jeune ≠ vieux	die Jugend	L'OFAJ s'occupe de la ~ franco-allemande.
doré/dorée [dɔʀe] *adj.*	vergoldet *hier:* reich	En octobre, les arbres ont des feuilles ~[11].

selon [səlɔ̃]	nach, laut	~ mes frères et sœurs, je ferais un bon policier.
le modèle [ləmɔdɛl]	das Vorbild, das Modell	Le peintre a travaillé avec un ~.
occidental/occidentale/occidentaux *m. pl.* [ɔksidɑ̃tal/ɔksidɑ̃to] *adj.*	westlich	La majorité des pays européens sont des pays ~[12].
attaché/attachée (à qc/qn) [ataʃe]	verbunden, festgemacht (an etw.)	Devant la gare, il y a beaucoup de vélos ~[13].
le multiculturalisme [ləmyltikyltyʀalism]	die Multikulturalität	Les gens de mon quartier viennent de différents pays. C'est sympa, mais le ~ n'est pas toujours facile.
(ê) **s'imposer** [sɛ̃poze]	sich behaupten	Yaya Toure a pu ~ comme l'un des meilleurs joueurs de foot du monde.
mettre en scène [mɛtʀɑ̃sɛn]	inszenieren	J'aime bien sa façon de ~ les pièces de théâtre.
le refus [ləʀəfy]	die Weigerung, die Ablehnung	Mes parents ont dit non. J'étais furieux à cause de leur ~.
(ê) **(se) poser des questions** [pozedekɛstjɔ̃]	(sich) Fragen stellen	Vous avez le droit de ~.
la création [lakʀeasjɔ̃] → créatif	die Schöpfung, das Kreieren *auch:* das Werk	– Regarde ma ~! – Quelle bonne idée, elle est vraiment réussie.
la censure [lasɑ̃syʀ]	die Zensur *nicht Schulnote*	La ~ empêche les gens de dire et d'écrire ce qu'ils pensent.
l'art [laʀ] *m.* art	die Kunst	Ma tante s'intéresse à l'~. Elle adore aller dans les musées.
(ê) **se développer** [sədevlɔpe] to develop	sich entwickeln	L'agriculture biologique est en train de ~.
Marguerite Abouet [maʀgəʀitabue]	*ivorische Schriftstellerin* ▶ *Civilisation, p. 134*	
Yopougon [jopugɔ̃]	*Stadtviertel in Abidjan*	
le quartier populaire [ləkaʀtjepopylɛʀ]	*einfaches, ärmeres Stadtviertel*	J'habite dans un ~, mais j'aime bien à cause du multiculturalisme.
faire du baby-sitting [fɛʀdybabisitiŋ]	babysitten	Tu as déjà ~[14] pour gagner de l'argent?
l'enfance [lɑ̃fɑ̃s] *f.* → l'enfant	die Kindheit	À dix-huit ans, l'~ est finie.
le mari [ləmaʀi] → le mariage	der Ehemann, der Mann	Je vous présente mon ~, Damien.

Clément Oubrerie [klemɑ̃ubʀəʀi]	*französischer Illustrator, Comic- und Trickfilmzeichner*	
il fait bon vivre [ilfɛbɔ̃vivʀ]	es lebt sich gut	À la campagne, ~.
(ê) **sortir** [sɔʀtiʀ]	*hier:* anlaufen *Film* ▶ *Verbes, p. 138*	Le film n'est pas encore ~[15].
la bibliothèque [labiblijɔtɛk]	die Bibliothek, die Bücherei	– Où est-ce que tu as trouvé ce livre? – À la ~.

1 portraits 2 ivorienne 3 engagée 4 touche 5 donne une voix 6 créé 7 images 8 positive 9 marocaine 10 Marocains 11 dorées 12 occidentaux 13 attachés 14 fais du baby-sitting 15 sorti

Unité 3 | Volet 3

l'impression [lɛ̃pʀesjɔ̃] *f.* → impressionner qn	der Eindruck	Il avait l'~ de vivre un rêve.
la Médina [lamedina]	die Medina *Name der Altstadt in arabischen und (nord-)afrikanischen Städten*	
accueillir qn [akœjiʀ]	jdn empfangen, aufnehmen ▶ *Verbes, p. 138*	La famille a ~[1] le correspondant les bras ouverts.
sénégalais/sénégalaise [senegalɛ/senegalɛz] *adj.*	senegalesisch	Dakar est une grande ville ~[2].
le tiep-bou-diene [lətjɛpbudjɛn]	*traditionelles senegalesisches Gericht aus Fisch und Reis*	
le poulet [ləpulɛ]	das Hähnchen	On peut manger le ~ froid ou chaud.
le poulet yassa [ləpulɛjasa]	*Hähnchen mit Zitrone nach senegalesischer Art*	
le citron vert [ləsitʀɔ̃vɛʀ]	die Limone	Le ~ est un peu plus petit que le citron.
(ê) **se balader** [səbalade] *fam.* → la balade	spazieren gehen, herumlaufen	Cet après-midi, j'ai envie de me ~ en ville.
le Plateau [ləplato]	*modernes Stadtviertel im Süden von Dakar*	
le marché Sandaga [ləmaʀʃesɑ̃daga]	*großer Markt in Dakar*	
l'indépendance [lɛ̃depɑ̃dɑ̃s] *f.*	die Unabhängigkeit	Quand on grandit, on gagne de l'~.
la vaisselle [lavɛsɛl]	das Geschirr	Toute la ~ est rangée dans la cuisine.

le tissu [lətisy]	der Stoff	– Le ~ de ton tee-shirt, c'est quoi? – C'est du coton.
la viande [lavjɑ̃d]	das Fleisch	J'adore les animaux, alors je ne mange plus de ~.
le boubou [ləbubu]	der Boubou *traditionelle Bekleidung in West- und Nordafrika*	
marchander [maʀʃɑ̃de] → le marché	handeln, verhandeln	Les choses sont moins chères quand on ose ~.
le prix ! **les prix** [ləpʀi]	der Preis	Le bonheur n'a pas de ~.
être pressé/pressée [ɛtʀpʀese]	es eilig haben	Mais dépêchez-vous, je suis vraiment ~[3]!
le franc CFA [ləfʀɑ̃seɛfa]	der CFA-Franc (Franc de la Communauté Financière d'Afrique) *Währung, die hauptsächlich in frankophonen Ländern West- und Zentralafrikas genutzt wird*	
(ê) **passer pour qn/qc** [pasepuʀ]	für jdn/etw. gehalten werden	Je n'ai rien dit pour ne pas ~ un idiot.
jeter qc [ʒəte]	etw. (weg)werfen ▶ *Verbes, p. 138*	C'était dégueulasse, j'ai tout ~[4] à la poubelle.
les déchets [ledeʃɛ] *m. pl.*	der Abfall	Il y a différentes poubelles pour les ~.
au lieu de [oljødə]	statt, anstelle	Il va faire froid. Prends un anorak ~[5] un pullover.
Saly [sali]	Saly *touristischer Badeort südlich von Dakar* ▶ *Civilisation, p. 134*	
Léopold Sédar Senghor [leopoldsedaʀsɛ̃gɔʀ]	*senegalischer Dichter und Politiker* ▶ *Civilisation, p. 134*	
le lion [ləljɔ̃] 🇬🇧 lion	der Löwe	Les ~[6] n'ont pas peur parce que ce sont eux les plus forts.
les Lions du Sénégal [leljɔ̃dysenegal]	*Spitzname der senegalesischen Fußballnationalmannschaft der Herren*	
l'éléphant [lelefɑ̃] *m.* 🇬🇧 elephant	der Elefant	L'~[7] est le symbole de la Côte d'Ivoire.
les Éléphants de Côte d'Ivoire [lezelefɑ̃dəkotdivwaʀ] *m. pl.*	*Spitzname der ivorischen Fußballnationalmannschaft der Herren*	
Daara J [daʀaʒi]	*senegalesische Hip-Hop-/Reggae-Gruppe* ▶ *Civilisation, p. 134*	
la lutte [lalyt] → lutter	der Kampf, das Ringen	J'ai vu une ~ entre de vrais champions.
la lutte sénégalaise [lalytsenegalɛz]	*westafrikanischer Kampfsport, ähnlich dem Wrestling oder Ringkampf*	La ~ est un sport populaire dans plusieurs pays africains.

traditionnel/traditionnelle [tʀadisjɔnɛl] *adj.* → la tradition	traditionell	Le tiep-bon-diene est un plat ~[8] sénégalais.
dont [dɔ̃]	*hier:* von dem, dessen *auch:* deren *Relativpronomen*	C'est un mot ~ je ne connais pas la traduction.
l'île de Gorée [lildəgɔʀe] *f.*	Gorée *Insel vor der senegalesischen Küste* ▶ *Civilisation, p. 134*	L'~ est un endroit avec une triste histoire.
la traite des Noirs [latʀɛtdenwaʀ]	der Sklavenhandel	
l'esclave [lɛsklav] *m./f.*	der Sklave / die Sklavin	Beaucoup d'~[9] sont morts pendant le voyage vers l'Amérique.
la Maison des esclaves [lamɛzɔ̃dezɛsklav]	*wörtl.:* das Sklavenhaus ▶ *Civilisation, p. 134*	Aujourd'hui, la ~ est un musée.
l'Amérique [lameʀik] *f.*	Amerika *(Kontinent)*	Je voudrais visiter trois continents: l'Afrique, l'Asie et l'~.
l'arme [laʀm] *f.*	die Waffe	Sans ~[10], pas de guerre.
plein de [plɛ̃də] *adv.* = beaucoup de	viele *+ Nomen*	Je ne m'ennuie pas, j'ai ~ choses à faire.
le Lac rose [ləlakʀoz]	*senegalesischer Salzsee* ▶ *Civilisation, p. 134*	
la Casamance [lakazamɑ̃s]	*Fluss und Region im Südwesten Senegals* ▶ *Civilisation, p. 134*	
le parc national du Niokolo Koba [ləpaʀknasjɔnaldynjokolokoba]	*Nationalpark im Südosten Senegals* ▶ *Civilisation, p. 134*	Au ~, on protège les animaux.
en détail [ɑ̃detaj] in detail	ausführlich, im Einzelnen	Explique-moi ~, s'il te plaît.
après-demain [apʀɛdəmɛ̃] *adv.*	übermorgen	Aujourd'hui, c'est dimanche. ~, c'est mardi.

1 accueilli 2 sénégalaise 3 pressé 4 jeté 5 au lieu d' 6 lions 7 éléphants 8 traditonnel 9 esclaves 10 armes

Module A

Die Module sind fakultativ und können unabhängig voneinander behandelt werden.
Sie schließen an den Wortschatz von *Unité 3* an.

Laurent Cantet [lɔʀɑ̃kɑ̃tɛ]	*französischer Filmregisseur* ▶ *Civilisation, p. 134*	
la synopsis [lasinɔpsis]	die Kurzbeschreibung	Pour savoir de quoi le film parle, il faut lire la ~.
agressif/agressive [agʀesif/agresiv] *adj.*	aggressiv, grell	Nous avons deux chiens, qui ne sont jamais ~[1], ils sont toujours gentils.

insolent/insolente [ɛ̃sɔlɑ̃/ɛ̃sɔlɑ̃t] *adj.*	unverschämt, frech	On peut critiquer les autres sans pour cela être ~[2].
motiver qn [mɔtive]	jdn motivieren	Notre prof de sport nous ~[3] toujours, même si on n'en peut plus.
prendre des risques [pʀɑ̃dʀdeʀisk]	Risiken eingehen	J'adore aller très vite à vélo, mais je ne ~[4].
la critique [lakʀitik] → critiquer qn	die Kritik	C'est un commentaire. Ne le prends pas comme une ~.
le réalisateur / la réalisatrice [ləʀealizatœʀ/laʀealizatʀis]	der/die Regisseur/in	Luc Besson est un ~[5] français très connu.
la Palme d'or [lapalmdɔʀ]	die Goldene Palme *französischer Filmpreis, wird beim Filmfest in Cannes verliehen*	
le Festival de Cannes [ləfɛstivaldəkan]	Internationale Filmfestspiele von Cannes	
l'adaptation [ladaptasjɔ̃] *f.*	die Adaption, die Bearbeitung *hier:* die Verfilmung	J'ai vu «Les profs» au cinéma. C'est une ~ de la bédé.
François Bégaudeau [fʀɑ̃swabegodo]	*französischer Autor*	
ancien/ancienne [ɑ̃sjɛ̃/ɑ̃sjɛn] *adj.*	alt, ehemalig	Mon oncle habite dans une ~[6] usine. Il a beaucoup de place.
le scénario [ləsenaʀjo]	das Drehbuch	J'aimerais travailler dans le domaine du cinéma. Écrire des ~[7] par exemple.
Robin Campillo [ʀɔbɛ̃kɑ̃pijo]	*französischer Filmregisseur und Cutter*	
d'ailleurs [dajœʀ]	übrigens	Je n'ai pas réussi à ouvrir la boîte. Papa non plus ~.
l'amateur / l'amatrice [lamatœʀ/lamatʀis] *m./f.*	der Laie	Ma mère n'a jamais appris à faire du théâtre, c'est une ~[8].
rendre qc authentique [ʀɑ̃dʀotɑ̃tik]	etw. authentisch wirken lassen / machen	Les vêtements et la musique de l'époque ont ~ le film ~[9].
le quotidien [ləkɔtidjɛ̃] → quotidien/ne	der Alltag	Ma famille, mes amis, l'école, les devoirs, c'est mon ~.
le goût [ləgu] → goûter qc	der Geschmack, die Vorliebe	Ma copine et moi, on aime les mêmes choses, nous avons les mêmes ~[10].
à l'intérieur [alɛ̃teʀjœʀ] ≠ à l'extérieur	innerhalb, drinnen *hier:* in den Räumen	– Où sont Véronique et Josué? – Ils sont ~, dans la cuisine, je crois.
en particulier [ɑ̃paʀtikylje] → particulièrement	insbesondere, vor allem	J'aime bien la mer, la mer Méditerranée ~.
vivant/vivante [vivɑ̃/vivɑ̃t] *adj.*	lebendig	Dans ma ville, il y a plein de choses à faire, c'est une ville ~[11].

à la fois [alafwa]	gleichzeitig	Le livre est ~ drôle et touchant.
captiver qn/qc [kaptive]	jdn fesseln	J'ai vu un film qui m'a ~[12].
le spectateur / la spectatrice [ləspɛktatœʀ/laspɛktatʀis]	der/die Zuschauer/in	Les ~[13] étaient très intéressés par la présentation.
le gros plan [ləgʀoplɑ̃]	die Nahaufnahme	Dans la plupart des scènes, on voit le visage de l'acteur principal en ~.
l'émotion [lemosjɔ̃] *f.*	die Gefühlsregung, die Aufregung	Mon père montre ses ~[14].
le premier plan [ləpʀəmjeplɑ̃]	der Vordergrund	Au ~, on voit les superhéros. On ne voit pas ce qu'il y a derrière eux.
l'arrière-plan [laʀjɛʀplɑ̃] *m.*	der Hintergrund	Au premier plan, il y a un homme en motoneige. À ~ on voit un paysage d'hiver.
le comportement [ləkɔ̃pɔʀtəmɑ̃]	das Verhalten	Mon voisin ne dit jamais bonjour. Son ~ est bizarre.
maîtriser qc [metʀize]	etw. beherrschen	Mon ami Karol vient d'arriver en France. Il ne ~[15] pas encore la langue.
la situation [lasitɥasjɔ̃]	die Situation	Hier, j'ai dû aller au tableau. C'était une ~ pénible!
le conseil de classe [ləkɔ̃sɛjdəklas]	die Klassenkonferenz	Le ~ sert à prendre des décisions sur l'avenir des élèves.
le dialogue [lədialɔg]	der Dialog	Je comprends les films en anglais, mais si les ~[16] sont trop compliqués, je ne suis plus.
reprocher qc à qn [ʀəpʀɔʃe]	jdm etw. vorwerfen	Ma grand-mère m'a ~[17] de ne pas l'appeler assez souvent.
le moment-clé [ləmɔmɑ̃kle]	der Schlüsselmoment	D'après toi, c'est quand, le ~ du film?
dégénérer [deʒeneʀe]	ausarten, sich verschlechtern	Non, je ne veux plus de fête chez nous. À chaque fois, ça ~[18]!
le délégué de classe / la déléguée de classe [lədelegedəklas/ladelegedəklas]	der/die Schülervertreter/in	Nos ~[19] parlent pour nous avec les profs et les surveillants.
complètement [kɔ̃plɛtmɑ̃] *adv.*	ganz, vollständig	J'ai ~ oublié son anniversaire!
la comédie [lakɔmedi]	die Komödie	Si la pièce de théâtre est drôle, c'est une ~.
qui s'inspire/nt de [kisɛ̃spiʀdə]	nach der Vorlage von	Il y a beaucoup de films ~[20] une œuvre littéraire.
emmener qn/qc [ɑ̃mne]	jdn/etw. mitnehmen ▶ *Verbes, p. 138*	J'~[21] toujours mon portable.

1 agressifs 2 insolent 3 motive 4 prends pas de risques 5 réalisateur 6 ancienne 7 scénarios 8 amatrice 9 rendu, authentique 10 goûts 11 vivante 12 captivé 13 spectateurs 14 émotions 15 maîtrise 16 dialogues 17 reproché 18 dégénère 19 délégués de classe 20 qui s'inspirent d' 21 emmène

Module B

Die Module sind fakultativ und können unabhängig voneinander behandelt werden.
Sie schließen an den Wortschatz von *Unité 3* an.

p. 89	**le regard** [ləʀəgaʀ] → regarder	der Blick	Ma mère m'a jeté un ~ noir.
	le siècle des Lumières [ləsjɛkldelymjɛʀ] *f. pl.*	die Aufklärung *(1715–1789)*	Voltaire a vécu et a écrit pendant le ~.
	la Prusse [lapʀys]	Preußen	
	Frédéric II [fʀedeʀikdø]	Friedrich II. *König von Preußen, genannt Friedrich der Große (1712–1786)*	
	Voltaire [vɔltɛʀ]	*französischer Philosoph (1694–1778)* ▶ *Civilisation, p. 134*	
	le/la philosophe [lə/lafilɔzɔf] *m./f.*	der/die Philosoph/in	Les ~[1] posent beaucoup de questions, mais donnent peu de réponses.
	le petit-fils / la petite-fille [ləpətifis/lapətitfij]	der/die Enkel/in	Le fils de ma fille, c'est mon ~[2].
	Charlemagne [ʃaʀləmaɲ]	Karl der Große *König des Fränkischen Reichs (747–814)*	
	le traité de Verdun [lətʀetedəvɛʀdɛ̃]	der Vertrag von Verdun (843)	
	le traité [lətʀete]	der Vertrag	Ce pays refuse de signer le ~.
	partager qc [paʀtaʒe]	etw. teilen, etw. aufteilen	Je dois toujours ~ avec mon frère, ça m'énerve!
	l'Empire [lɑ̃piʀ] *m.*	das Kaiserreich	À l'époque de Charlemagne, l'Europe était un ~.
	la Francie occidentale [lafʀɑ̃siɔksidɑ̃tal]	das Westfrankenreich	
	la Francie orientale [lafʀɑ̃siɔʀjɑ̃tal]	das Ostfrankenreich	
	la Lotharingie [lalɔtaʀɛ̃ʒi]	Lotharingien	
	les accords de Schengen [lezakɔʀdəʃɛŋgɛn]	die Schengener Abkommen (1995)	
	Charles De Gaulle [ʃaʀldəgol]	*französischer Politiker und Staatspräsident (1890–1970)*	
	le traité de l'Élysée [lətʀetedəlelize]	der Élysée-Vertrag (1963)	
	la Première Guerre mondiale [lapʀəmjɛʀgɛʀmɔ̃djal]	der Erste Weltkrieg	La ~ a eu lieu de 1914 à 1918.
	la guerre franco-prussienne [lagɛʀfʀɑ̃kopʀysjɛn]	der französisch-preußische Krieg	

la Lorraine [lalɔʀɛn]	Lothringen *Region im Nordosten Frankreichs*	
programmé/programmée [pʀɔgʀame] *adj.*	vorprogrammiert	Avec tout ce qui s'est passé avant, la fin était ~[3].
l'Édit de Nantes [ledidənɑ̃t] *m.*	das Edikt von Nantes (1598) ▶ *Civilisation, p. 134*	
mettre fin à qc [mɛtʀfɛ̃a]	etw. beenden	Au bout de dix minutes, le prof a ~[4] la discussion.
la religion [laʀəliʒjɔ̃]	die Religion	Il s'occupe beaucoup de sa voiture. Il en fait toute une ~.
le/la catholique [lə/lakatɔlik] *m./f.*	der/die Katholik/in	Beaucoup de ~[5] vivent en Bretagne.
le protestant / la protestante [ləpʀɔtɛstɑ̃/lapʀɔtɛstɑ̃t]	der/die Protestant/in	En 1685, beaucoup de ~[6] ont quitté la France.
la Réforme [laʀefɔʀm]	die Reformation	
la paix [lapɛ] peace	der Frieden	Les traités de ~ mettent fin à la guerre.
la révocation [laʀevɔkasjɔ̃]	die Widerrufung	
la Seconde Guerre mondiale [lasəgɔ̃dgɛʀmɔ̃djal]	der Zweite Weltkrieg	La ~ était la dernière guerre entre les Allemands et les Français.
Napoléon [napɔleɔ̃]	Napoleon *französischer General und Kaiser (1769–1821)*	
la troupe [latʀup]	die Truppe	
envahir [ɑ̃vaiʀ]	einfallen in	Au 19e siècle les lapins ~[7] l'Australie.
la partie [lapaʀti]	der Teil	La première ~ de la fête était calme.
p. 90 **l'ennemi** *m.* / **l'ennemie** *f.* [lenmi]	der Feind / die Feindin	Quand on fait une guerre, on lutte contre l'~[8].
la réconciliation [laʀekɔ̃siljasjɔ̃]	die Versöhnung	Mon père et mon oncle ne se parlaient plus. Maintenant, il y a eu une ~.
sembler [sɑ̃ble] to seem	scheinen	Le prix me ~[9] exagéré.
impossible [ɛ̃pɔsibl] *m./f. adj.* ≠ possible	unmöglich	Je n'arrive pas à le croire. Ça me semble ~!
le président / la présidente [ləpʀezidɑ̃/lapʀezidɑ̃t]	der/die Präsident/in	John F. Kennedy était ~[10] des États-Unis.
le chancelier / la chancelière [ləʃɑ̃səlje/laʃɑ̃səljɛʀ] chancellor	der/die Kanzler/in	Angela Merkel est la première ~[11] en Allemagne.

le tour de force [ləturdəfɔʀs]	der Kraftakt	Mon bac était un ~, pour moi – et pour ma famille!
déclarer qc [deklaʀe] to declare	etw. verkünden, erklären	Il lui a ~[12] son amour dans un texto.
coopérer [kɔɔpeʀe] to cooperate	kooperieren, zusammenarbeiten	
la politique [lapɔlitik] politics	die Politik	Je m'intéresse à la ~. J'espère changer les choses.
l'objectif [lɔbʒɛktif] *m.* objective	das Ziel	Mon ~ est de faire le tour du monde en vélo.
rapprocher qn/qc [ʀapʀɔʃe]	*hier:* einander näher bringen	L'échange a ~[13] les deux écoles.
le citoyen / la citoyenne [ləsitwajɛ̃/lasitwajɛn] citizen	der/die Bürger/in	
le gouvernement [ləguvɛʀnəmɑ̃]	die Regierung	Le ~ prend des décisions pour tout le pays.
grâce à [gʀɑsa]	dank	La Prusse s'est développée ~ aux huguenots.
faire la connaissance de qn/qc [fɛʀlakɔnɛsɑ̃sdə]	jdn/etw. kennenlernen	Je n'ai jamais ~[14] mon grand-père.
le jumelage [ləʒymlaʒ]	die (Städte-)Partnerschaft	On a créé des ~[15] pour rapprocher les deux pays.
la réalité [laʀealite] reality	die Realität	Un rêve n'est pas la ~.
le prénom [ləpʀenɔ̃]	der Vorname	Tu t'appelles comment? Je n'ai pas compris ton ~.
la profession [lapʀɔfesjɔ̃] profession	Beruf	Je n'ai pas choisi ma ~. J'ai trouvé mon métier par hasard.
l'homme politique / la femme politique [lɔmpɔlitik/lafampɔlitik]	der/die Politiker/in	Barack Obama est un ~[16] très connu.
la carrière [lakaʀjɛʀ]	die Karriere, die Laufbahn	Dans le foot, on arrête sa ~ quand on est encore jeune.
le maire [ləmɛʀ] *m./f.*	der/die Bürgermeister/in	Dans une ville, le ~ doit s'occuper de tout.
le nazisme [lənazism]	der Nationalsozialismus	
la République fédérale d'Allemagne (RFA) [laʀepyblikfedeʀaldalmaɲ]	Bundesrepublik Deutschland	
le général [ləʒeneʀal]	der General	De Gaulle était d'abord ~ et ensuite, il a fait une carrière politique.

	Londres [lɔ̃dʀ]	London	
	la Résistance [laʀezistɑ̃s]	die Résistance *französische Widerstandsbewegung während der deutschen Besatzung (1940–1944)*	
	l'Allemagne nazie [lalmaɲnazi] *f.*	Nazideutschland	
	provisoire [pʀɔvizwaʀ] *m./f. adj.*	vorläufig, provisorisch	Nous avons trouvé une solution ~.
▶	Hörtext		
p. 91	**confondre qn/qc** [kɔ̃fɔ̃dʀ]	jdn/etw. verwechseln	Oh, pardon, je t'ai ~[17] avec quelqu'un d'autre!
	avoir honte (de qc) [avwaʀɔ̃t]	sich schämen (für etw.)	Je lui ai envoyé un texto qui n'était pas pour lui. J'en ~[18]!
	l'erreur [leʀœʀ] *f.* error	der Irrtum, der Fehler	C'est parfait. Il n'y a pas d'~.
p. 92	**le huguenot / la huguenote** [ləygno/laygnɔt]	der Hugenotte / die Hugenottin	Les ~[19] étaient des protestants français.
	annoncer qc [anɔ̃se] to announce	etw. ankündigen, etw. mitteilen	Je peux vous ~ des bonnes nouvelles!
	La Rochelle [laʀɔʃɛl]	*Hafenstadt im Südwesten Frankreichs*	
	l'épreuve [lepʀœv] *f.*	die Prüfung	Pendant toutes les ~[20], elle a gardé espoir.
	pratiquer qc	etw. praktizieren, ausüben	Mon grand-père a ~[21] son métier avec beaucoup de plaisir.
	révoquer qc [ʀevɔke]	etw. widerrufen	Le témoin a ~[22] tout ce qu'il avait dit.
	le choc [ləʃɔk]	der Schock	Elle était encore sous le ~ de l'accident.
	le soldat [ləsɔlda]	der Soldat	Parmi les morts de la guerre, il y avait beaucoup de jeunes ~[23].
	convertir qn à qc [kɔ̃vɛʀtiʀ] to convert	jdn zu etw. bekehren *wird wie* réagir *konjugiert* ▶ *Verbes, p. 138*	Sa femme l'a ~[24] à sa religion.
	huguenot/huguenote [ygno/ygnɔt] *adj.*	hugenottisch	Les connaissances ~[25] étaient bienvenues en Allemagne.
	Que Dieu ait leur âme! [kədjøɛlœʀɑm]	Gott sei ihrer Seele gnädig!	
	l'horreur [lɔʀœʀ] *f.*	der Schrecken, das Grauen	Au journal de 20 heures, on voit plein d'~[26].
	l'incendie [lɛ̃sɑ̃di] *m.*	der Brand	Les Dupont ont tout perdu dans l'~ de leur maison.
	l'imprimerie [lɛ̃pʀimʀi] *f.*	die Druckerei	Pour les journaux, les ~[27] travaillent la nuit.

le drame [lədʀam]	das Drama	Nous avons raté l'avion, et alors? Pas besoin d'en faire un ~.
l'exil [lɛgzil] *m*	das Exil	Il est parti en ~ parce qu'il avait critiqué le gouvernement.
réformé/réformée [ʀefɔʀme] *adj.*	reformiert, *hier:* protestantisch	La Prusse était un pays ~[28].
(ê) **se cacher** [səkaʃe] → la cache	sich verstecken	Je vais te trouver! Même si tu te ~[29] bien!
hélas [elas]	leider *bedauernder Ausruf*	
le réfugié / la réfugiée [ləʀefyʒje/laʀefyʒje] refugee	der Flüchtling	Souvent, les ~[30] passent par beaucoup d'épreuves.
financier/financière [finɑ̃sje/finɑ̃sjɛʀ] *adj.*	finanziell	Il lui manque de l'argent. Il a des problèmes ~[31].
la lettre [lalɛtʀ] letter	der Brief	Aujourd'hui on écrit plutôt des mails que des ~[32].
le dieu [djø]	der Gott	Mon ~! Qu'est-ce que tu as encore fait?
le neveu / la nièce [lənəvø/lanjɛs] nephew/niece	der Neffe, die Nichte	Mon frère a une fille. C'est ma ~[33].

1 philosophes **2** petit-fils **3** programmée **4** mis fin à **5** catholiques **6** protestants **7** envahissent **8** ennemi **9** semble **10** président **11** chancelière **12** déclaré **13** rapproché **14** fait la connaissance de **15** jumelages **16** homme politique **17** confondu **18** aihonte **19** huguenots **20** épreuves **21** pratiqué **22** révoqué **23** soldats **24** converti **25** huguenotes **26** horreurs **27** imprimeries **28** réformé **29** caches **30** réfugiés **31** financiers **32** lettres **33** nièce

Module C

Die Module sind fakultativ und können unabhängig voneinander behandelt werden.
Sie schließen an den Wortschatz von *Unité 3* an.

la publicité [lapyblisite] / **la pub** [lapyb] *fam.* publicity → le public	die Werbung, die Anzeige, der Werbespot	La séduction joue un rôle important dans le monde de la ~.
manipuler qc/qn [manipyle]	etw./jdn manipulieren	Le concours a été ~[1], les résultats sont faux.
fonctionner [fɔ̃ksjɔne] = marcher	funktionieren, arbeiten	C'est catastrophique! Mon portable ne ~[2] plus!
décoder qc [dekɔde]	etw. dekodieren, etw. entschlüsseln *hier:* durchschauen	Ce message reste un secret. Je n'arrive pas à le ~.
en haut [ɑ̃o]	oben, nach oben	Je ne suis pas descendu, je suis resté ~.

l'attention [latɑ̃sjɔ̃] *f.*	die Aufmerksamkeit	J'ai une chose importante à vous dire, je demande votre ~, s'il vous plaît.
le consommateur / la consommatrice [ləkɔ̃sɔmatœʀ/lakɔ̃sɔmatʀis]	der/die Verbraucher/in, der/die Konsument/in	La publicité a plein d'idées pour donner envie aux ~[3].
suggérer qc [sygʒeʀe]	etw. andeuten	Les roses rouges ~[4] l'amour.
polluer [pɔlɥe]	verschmutzen	L'avion ~[5] l'air. C'est pourquoi je voyage en train.
l'environnement [lɑ̃viʀɔnmɑ̃] *m.*	die Umwelt	L'~ est en danger. Nous devons faire plus d'efforts pour moins le polluer.
végétal/végétale/végétaux *m. pl.* [veʒetal/veʒeto] *adj.*	pflanzlich	L'huile d'olive est une huile ~[6].
le sous-titre [ləsutitʀ]	der Untertitel	Le film est en anglais, mais il y a des ~[7] allemands.
en bas [ɑ̃bɑ] ≠ en haute	unten, nach unten	– Tu viens? Je t'attends ~. – Ok, je descends tout de suite.
le composant [ləkɔ̃pɔzɑ̃]	der Bestandteil, die Komponente	«H» et «O» sont les deux ~[8] de l'eau.
se servir de qn/qc [səsɛʀviʀdə]	jdn/etw. benutzen *wird wie* sortir *konjugiert* ▶ *Verbes, p. 138*	Je me ~[9] d'une petite cuillère pour manger mon dessert.
le label [ləlabɛl]	das Label, die Marke	– Tu fais attention aux ~[10] quand tu achètes quelque chose? – Oui, bien sûr.
réel/réelle [ʀeɛl] *adj.*	echt, real	Hier, j'ai vu un film qui m'a fait peur. Heureusement que ce n'était pas ~[11].
faux/fausse [fo/fos] *adj.*	falsch	La solution de cet exercice n'est pas bonne, elle est ~[12].
convaincre qn [kɔ̃vɛ̃kʀ]	jdn überzeugen	Ce n'était pas facile de ~ mes parents. Mais à la fin, ils étaient d'accord.

je convaincs, tu convaincs, il/elle/on convainc, nous convainquons, vous convainquez, ils/elles convainquent

écologique [ekɔlɔʒik] *m./f. adj.*	umweltfreundlich, ökologisch	Le marché des produits ~[13] se développe. Les gens pensent à l'environnement.
la pratique [lapʀatik]	die Praktik, die Praxis	La manipulation est une ~ que je déteste.
l'écoblanchiment [lekɔblɑ̃ʃimɑ̃] *m.*	das Greenwashing	L'~ sert à vendre plus de produits.
l'élément [lelemɑ̃] *m.*	das Element	Pour une candidature il faut deux ~[14]: un CV et une lettre de motivation.
le ciel [ləsjɛl]	der Himmel	Aujourd'hui il pleut. Et le ~ est gris.

évoquer qc [evɔke]	an etw. erinnern	Ces photos ~[15] de bons souvenirs.
le bien-être [ləbjɛ̃nɛtʀ]	das Wohlbefinden	Dormir est important pour mon ~.
l'harmonie [laʀmɔni] *f.*	die Harmonie, der Einklang	Chez nous, ce n'est pas toujours l'~! On se dispute aussi.
associer qn/qc à qc [asɔsje]	jdn/etw. mit etw. verbinden	J'~[16] les vacances d'été à la mer et la plage.
la protection [lapʀɔtɛksjɔ̃]	der Schutz	Il n'y a pas de ~ contre le hasard.
l'écolabel [lekɔlabɛl] *m.*	das Ökolabel	Les ~[17] montrent quels produits polluent moins l'environnement.
la répétition [laʀepetisjɔ̃]	die Wiederholung	Encore une fois et encore une fois... toutes ces ~[18] m'ennuient.
le détail [ldetaj]	das Detail, die Einzelheit	Alors, qu'est-ce qui s'est passé? Je veux tous les ~[19]!
le premier plan [ləpʀəmjeplɑ̃]	der Vordergrund	Sur l'affiche, il y a les musiciens au ~.
le pré [ləpʀe]	das Feld	On a fait un pique-nique dans le ~.
l'arrière-plan [laʀjɛʀplɑ̃] *m.*	der Hintergrund	– C'est qui sur la photo? – C'est ma famille. À l'~ on voit notre jardin.
le volcan [ləvɔlkɑ̃]	der Vulkan	Presque tous les ~[20] européens ne sont plus actifs.
l'Auvergne [lovɛʀɲ] *f.*	die Auvergne *Region in Zentralfrankreich* ▶ *Civilisation, p. 134*	
la source [lasuʀs]	die Quelle, der Ursprung	Internet est une ~ d'informations.
faire partie de qc [fɛʀpaʀtidə]	zu etw. gehören, Teil sein von etw.	Samuel ~[21] mon équipe.
l'engagement [lɑ̃gaʒmɑ̃] *m.*	das Engagement, die Verpflichtung	Mon ~ pour ma famille fait partie de mon quotidien.
l'écologie [lekɔlɔʒi] *f.* → écologique	die Ökologie	J'aimerais faire des études d'~. L'environnement, c'est ma passion.
le slogan [ləslɔgɑ̃]	der Slogan	Un ~, c'est fait pour s'en souvenir.
ironique [iʀɔnik] *m./f. adj.*	ironisch	L'auteur a beaucoup d'humour, et son style est très ~.
l'association [lasɔsjasjɔ̃] *f.*	die Organisation, der Verein	Je m'engage dans une ~ qui aide les animaux.
dénoncer qn/qc [denɔ̃se]	jdn/etw. anprangern, jdn/etw. denunzieren	Un journal peut, par exemple, ~ les pratiques d'une entreprise.
sensibiliser qn [sɑ̃sibilize]	jdn sensiblisieren	J'ai été ~[22] aux problèmes des immigrés par ma propre histoire.
provoquer qn/qc [pʀɔvɔke]	jdn/etw. herausfordern, provozieren	L'un ~[23] et l'autre réagit.

la pollution [lapɔlysjɔ̃] → polluer	die Umweltverschmutzung	Je fais un effort contre la ~: je n'utilise plus de sacs en plastique.
le développement durable [lədevəlɔpmɑ̃dyʀabl]	die Nachhaltigkeit	Pour protéger la nature, nous avons besoin d'un ~.
la société [lasɔsjete]	die Gesellschaft	Nous ne vivons pas seuls, nous vivons en ~.
équitable [ekitabl] *m./f. adj.*	gerecht	Mes parents ont pris une décision ~.

1 manipulé **2** fonctionne **3** consommateurs **4** suggèrent **5** pollue **6** végétale **7** sous-titres **8** composants **9** sers de **10** labels **11** réel **12** fausse **13** écologiques **14** éléments **15** évoquent **16** associe **17** écolabels **18** répétitions **19** détails **20** volcans **21** fait partie de **22** sensibilisé/e **23** provoque

Module D

Die Module sind fakultativ und können unabhängig voneinander behandelt werden.
Sie schließen an den Wortschatz von *Unité 3* an.

à la carte [alakaʀt]	nach Wunsch *wörtlich:* nach der Karte	– Est-ce que tu prends le menu? – Non, je mange ~.
suivant/suivante [sɥivɑ̃/sɥivɑ̃t] *adj.*	folgender/folgende/folgendes	J'ai passé mon bac en 2013. L'année ~[1] je suis partie aux États-Unis.
la Renaissance française [laʀənɛsɑ̃sfʀɑ̃sɛz]	die französische Renaissance *Kunst und Architektur im 15. und 16. Jahrhundert*	
Orléans [ɔʀleɑ̃]	*französische Stadt, 130 km südlich von Paris*	
Angers [ɑ̃ʒe]	*französische Stadt, 300 km südwestlich von Paris*	
le bon plan [ləbɔ̃plɑ̃]	der Geheimtipp	Je passe une semaine à Casablanca. J'ai eu des ~[2] d'un ami marocain.
prestigieux/prestigieuse [pʀɛstiʒjø/pʀɛstiʒjøz] *adj.*	glanzvoll, renommiert	La Sorbonne à Paris est une université ~[3].
le bassin d'Arcachon [ləbasɛ̃daʀkaʃɔ̃]	das Becken von Arcachon	
situé/située [sitɥe] *adj.*	gelegen	La maison n'est pas bien ~[4]. Il n'y a rien autour.
Bordeaux [bɔʀdo]	*französische Stadt*	
salé/salée [sale] *adj.*	salzig, gesalzen	La soupe n'est pas bonne, elle est trop ~[5].
l'océan Atlantique [loseɑ̃atlɑ̃tik] *m.*	der atlantische Ozean	
bronzer [bʀɔ̃ze]	braun werden	En été, je ~[6] facilement.

la dune du Pilat [ladyndypila]	*riesige Wanderdüne am Becken von Arcachon*	
la dune [ladyn]	die Düne	Le camping est tout près de la plage, derrière les ~[7].
le sable [ləsabl]	der Sand	Après une journée à la plage, on a du ~ partout.
conseiller qc à qn [kõseje]	jdm etw. raten	Tu as l'air malade. Je te ~[8] d'aller voir un médécin.
le coucher de soleil [ləkuʃedsɔlɛj]	der Sonnenuntergang	La nuit vient après le ~.
l'huître [lɥitʀ] *f.*	die Auster	Les ~[9], on les sert vivantes.
la réserve naturelle [laʀezɛʀvnatyʀɛl]	das Naturschutzgebiet	Dans une ~, on protège la nature et les animaux.
les Alpes [lezalp] *f. pl.*	die Alpen	Nous faisons du ski dans les ~.
le sud-est [ləsydɛst]	der Südosten	Munich se trouve dans le ~ de l'Allemagne.
le Rhône [ləʀon]	die Rhône	
les gorges du Verdon [legɔʀʒdyvɛʀdɔ̃] *f. pl.*	die Verdonschlucht	
le Verdon [ləvɛʀdɔ̃]	der Verdon *Fluß im Südosten Frankreichs*	
Castellane [kastɛlan]	Castellane *französische Kleinstadt*	
le lac de Sainte-Croix [ləlakdəsɛ̃tkʀwa]	*Stausee an der Verdonschlucht*	
le passage [ləpasaʒ]	die Passage, der Durchgang	Pour traverser la grande route, vous pouvez prendre le ~, ici, à droite.
le rafting [ləʀaftiŋ]	Rafting *Sportart*	J'aime l'aventure et je n'ai pas peur de l'eau. En été, je fais du ~.
le Mercantour [ləmɛʀkɑ̃tuʀ]	*Nationalpark im Südosten Frankreichs*	
le sentier [ləsɑ̃tje]	der Fußweg	Mon père connaît tous les ~[10] du coin.
le paradis [ləpaʀadi]	das Paradies	Chez ma grand-mère, il y a tout ce que j'aime. Je me sens comme au ~.
le randonneur / la randonneuse [ləʀɑ̃dɔnœʀ/laʀɑ̃dɔnøz]	der Wanderer, die Wanderin	C'est un sentier dangereux, les ~[11] doivent faire très attention.
le circuit [ləsiʀkɥi]	die Strecke, der Rundweg	Il y a différents ~[12] qui durent une heure, deux heures ou quatre heures.

1 suivante 2 bons plans 3 prestigieuse 4 située 5 salée 6 bronze 7 dunes 8 conseille 9 huîtres 10 sentiers 11 randonneurs 12 circuits

Module E

Die Module sind fakultativ und können unabhängig voneinander behandelt werden.
Sie schließen an den Wortschatz von *Unité 3* an.

la diversité [ladivɛʀsite]	die Vielfalt	Au marché Sandaga, il y a une grande ~ de produits.
le slam [ləslam]	der (Poetry-)Slam	Le ~, c'est mon truc, parce que j'aime bien jouer avec les mots.
le racisme [ləʀasism]	der Rassismus	Les immigrés doivent se défendre contre le ~ quotidien.
les propos [lepʀɔpo] *m. pl.*	die Äußerungen	Les ~ du président étaient trop optimistes.
raciste [ʀasist] *adj.*	rassistisch	Les propos ~[1] de notre voisin sont honteux.
tolérant/tolérante [tɔleʀɑ̃/tɔleʀɑ̃t] *adj.*	tolerant	Ma mère est ~[2], même si elle n'accepte pas n'importe quoi.
rejeter qc/qn [ʀəʒte]	jdn/etw. zurückweisen, ablehnen ▶ *Verbes, p. 138*	Le Parlement européen a ~[3] la proposition.
l'apparence [lapaʀɑ̃s] *f.*	die äußere Erscheinung, der Anschein	Nous soignons notre ~.
le préjugé [ləpʀeʒyʒe]	das Vorurteil	Tout le monde a des ~[4]. Il faut faire un effort pour les oublier.
la nationalité [lanasjɔnalite]	die Staatsangehörigkeit	J'ai la ~ de mon pays d'origine.
quitter qn/qc [kite]	jdn/etw. verlassen	C'est dur de ~ sa famille et ses amis!
fuir la misère [fɥiʀlamizɛʀ]	vor dem Elend flüchten	Beaucoup d'immigrés ont ~[5] de leur pays.

je fuis, tu fuis, il/elle/on fuit, nous fuyons, vous fuyez, ils/elles fuient

représenter qc/qn [ʀəpʀezɑ̃te]	etw./jdn darstellen, bedeuten	Le bac, pour moi, ça ~ l'indépendance.
la tolérance [latɔleʀɑ̃s]	die Toleranz	La ~ n'est pas sa plus grande qualité.
l'espoir [lɛspwaʀ] *m.*	die Hoffnung	L' ~ aide à vivre.
les compatriotes [lekɔ̃patʀijɔt] *m. pl.*	die Landsleute	Avec des ~, on peut parler sa langue d'origine.
parmi [paʀmi]	unter, von	~ les témoins, personne n'a rien vu.
bilingue [bilɛ̃g] *m./f. adj.*	zweisprachig	Laura parle italien et français. Elle est ~.
le lien [ləljɛ̃]	die Verbindung	Ça ne s'est pas passé par hasard. Il y a un ~ entre les deux actions.
souffrir (de qc) [sufʀiʀ]	leiden (an etw.) *wird wie* offrir *konjugiert* ▶ *Verbes, p. 138*	Mon oncle ~[6]. Il a le mal du pays.

	simple [sɛ̃pl] *m./f. adj.*	einfach, leicht	– Comment est-ce qu'on fait? – C'est tout ~. Je vais te montrer.
	égal/égale/égaux *m. pl.* [egal/ego] *adj.*	gleich	Hommes et femmes sont différents mais ~[7].

1 racistes 2 tolérante 3 rejeté 4 préjugés 5 fui la misère 6 souffre 7 égaux

Module F

Die Module sind fakultativ und können unabhängig voneinander behandelt werden.
Sie schließen an den Wortschatz von *Unité 3* an.

p. 102	**le zoom** [ləzum]	der Zoom	Quand on fait un ~, on voit les choses de plus près.
	la valise [lavaliz]	der Koffer	J'ai encore une ~ à Berlin.
	la poche [lapɔʃ]	die Tasche, das Innenfach *z. B. an Kleidung*	
	le livre audio [ləlivʀodjo]	das Hörbuch	J'écoute des ~[1] pendant mes voyages ou bien le soir, pour m'endormir.
	l'Olympe [lɔlɛ̃p] *m.*	der Olymp	L'~, c'est l'endroit où habitent les dieux.
	le héros / l'héroïne *f.* [ləeʀo/leʀɔin] hero	der/die Held/in	Le ~[2] du film, c'est un jeune garçon sans famille.
	la bande originale [labɑ̃dɔʀiʒinal]	der Soundtrack, die Filmmusik	J'ai adoré la musique du film. Je vais m'acheter la ~.
	la paix [lapɛ]	der Frieden	Arrête de me poser des questions! Laisse-moi en ~.
	les environs [lezɑ̃viʀɔ̃] *m. pl.*	die Umgebung	La prochaine boulangerie est à 12 km d'ici, il n'y a rien dans les ~.
	l'encyclopédie [lɑ̃siklɔpedi] *f.*	die Enzyklopädie, das Lexikon	Une ~ explique les mots et donne des informations.
	la cabane [lakaban]	die Hütte	Dans la forêt, il y avait une ~. Nous n'avons pas osé y entrer.
	le film d'animation [ləfilmdanimasjɔ̃]	der Animationsfilm	Disney et Pixar créent des dessins animés et des ~[3].
	le roi / la reine [ləʀwa/laʀɛn]	der/die König/in	Élisabeth II est la ~[4] des Anglais.
	l'œuvre d'art [lœvʀdaʀ] *f.*	das Kunstwerk	Dans un musée, on peut admirer des ~[5].
p. 103	**Jacques Tardi** [ʒaktaʀdi]	*französischer Comicautor* ▶ *Civilisation, p. 134*	
	la Grande Guerre [lagʀɑ̃dgɛʀ]	der Erste Weltkrieg	La ~ a eu lieu entre 1914 et 1918.

l'horreur [lɔʀœʀ] *f.*	der Schrecken, das Grauen	Notre génération n'a jamais connu les ~[6] de la guerre.
Jacques Martin [ʒakmaʀtɛ̃]	*französischer Comicautor*	
Louis XIV [lwikatɔʀz]	Ludwig XIV. *(1638–1715)* ▶ *Civilisation, p. 134*	
le trafic [lətʀafik] traffic	der Verkehr, *auch:* der Schmuggel	Le vendredi après-midi, le ~ est toujours une catastrophe.
extraordinaire [ɛkstʀaɔʀdinɛʀ] *m./f. adj.* extraordinary	außergewöhnlich	Tout le monde ne peut pas être ~.
Patrick Sobral [patʀiksɔbʀal]	*französischer Comicautor und Zeichner*	
le sorcier / la sorcière [ləsɔʀsje/lasɔʀsjɛʀ]	der/die Hexe/r	Le pouvoir de la ~[7] était faible, parce qu'elle était blessée.
congolais/congolaise [kɔ̃gɔlɛ/kɔ̃gɔlɛz] *adj.*	kongolesisch	
Tembo Kash [tɛmbokaʃ]	*kongolesischer Comicautor*	
le Congo (République démocratique du Congo) [ləkɔ̃gɔ]	der Kongo (Demokratische Republik Kongo) *bis 1997 Zaïre*	
le mécanicien / la mécanicienne [ləmekanisjɛ̃/lamekanisjɛn]	der/die Mechaniker/in	Ça ne marche plus. Il faut appeler un ~[8].
l'homme d'affaires [lɔmdafɛʀ] *m.*	der Geschäftsmann	
(ê) **tomber amoureux/-euse** [tɔ̃beamuʀø/ øz]	sich verlieben	Lola et Marius sont ~[9]. Maintenant ils sortent ensemble.
Dominique Roques [dɔminikʀɔk]	*französische Comicautorin*	
Alexis Dormal [alɛksidɔʀmal]	*französischer Comiczeichner*	
Christian Darasse [kʀistjɑ̃daʀas]	*französischer Comiczeichner*	
Zidrou [zidʀu]	*belgischer Comicautor*	
l'adolescent / l'adolescente [ladɔlesɑ̃/ladɔlesɑ̃t]	der/die Jugendliche	En général, les ~[10] vivent chez leurs parents.
le/la camarade de classe [lə/lakamaʀadəklas] *m./f.*	der/die Mitschüler/in	
l'illustration [lilystʀasjɔ̃] *f.* illustration	die Abbildung, die Illustration	L'histoire n'est pas mal, mais je n'aime pas les ~[11].
Hugo Pratt [ygopʀat]	*italienischer Comicautor und -zeichner (1927–1995)*	
le classique [ləklasik]	der Klassiker	Son œuvre fait partie des ~[12] qu'on lit à l'école.
le sud [ləsyd]	der Süden	Dans le ~, il fait plus chaud que dans le nord.

	élégant/élégante [elegɑ̃/elegɑ̃t] *adj.* elegant	elegant	Avec ton vieux jean et ton tee-shirt, tu n'es pas très ~[13].
	romantique [ʀɔmɑ̃tik] *m./f. adj.* romantic	romantisch	Les bougies et la musique classique, je ne trouve pas ça ~.
	le pirate [ləpiʀat] → pirater qc	der Pirat	Les ~[14] existent encore à notre époque.
	à bord [abɔʀ] on bord	an Bord	Un ami m'a invité à venir ~ de son bateau.
	le prisonnier / la prisonnière [ləpʀizɔnje/lapʀizɔnjɛʀ] → prison	der/die Gefangene	La porte était fermée à clé. J'étais son ~[15]!
	mystérieux/mystérieuse [misteʀjø/misteʀjøz] *adj.* mysterious	geheimnisvoll	Les histoires de Jérémie sont toujours ~[16].
	le crabe [ləkʀab] crab	der Krebs	Un ~ ne peut pas marcher droit.
	Arthur de Pins [aʀtyʀdəpɛ̃]	*französischer Comicautor und -zeichner*	
	la révolution [laʀevɔlysjɔ̃] revolution	die Revolution	On fait la ~ pour changer le monde.
p. 104	**le festival d'Angoulême (Festival International de la Bande Dessinée d'Angoulême)** [ləfɛstivaldɑ̃gulɛm]	Internationales Comicfestival von Angoulême	
	Angoulême [ɑ̃gulɛm]	*französische Stadt*	
	simplement [sɛ̃pləmɑ̃] *adv.* simply	einfach	– Comment es-tu entré? – J'ai tout ~ ouvert la porte.
	entier/entière [ɑ̃tje/ɑ̃tjɛʀ] *adj.*	ganz	Il a mangé le paquet ~[17] de bonbons.
	la dédicace [ladedikas]	die Widmung, die (Autoren-)Signatur	Sur la première page, il y a une ~ de l'auteur.
	précis/précise [pʀesi/pʀesiz] *adj.* precise	genau, exakt	– J'arrive dans l'après-midi. – Tu peux me dire l'heure ~[18], s'il te plaît?
	la science-fiction [lasjɑ̃sfiksjɔ̃]	die Sciencefiction	«La guerre des étoiles» est un film de ~.
	l'autobiographie [lotobjɔgʀafi] *f.*	die Autobiographie	
	le regard [ləʀəgaʀ] → regarder	der Blick	
	le visiteur / la visiteuse [ləvizitœʀ/lavizitøz] visitor	der/die Besucher/in	Tous les ans, la tour Eiffel compte plus de 6 millions de ~[19].

assister à qc [asistea]	dabei sein, an etw. teilnehmen	Pendant mon stage à la radio, j'ai ~[20] plusieurs émissions.
le/la scénariste [lə/lasenaʀist] *m./f.* → la scène	der/die (Drehbuch-)Autor/in	Le ~ est un auteur qui invente des scènes de film ou de B. D.
la bulle [labyl]	die (Sprech-)Blase	Dans une B. D., je regarde d'abord les dessins, ensuite je lis les ~[22].
le spectacle [ləspɛktakl]	die Vorstellung, die Show	Le concert de Rihanna était un vrai ~.
déguisé/déguisée [degize] *adj.*	verkleidet	Au carnaval, les gens sont ~[23].
le public [ləpyblik]	das Publikum	Le ~ était content, tout le monde a applaudi.
le jury [ləʒyʀi]	die Jury	
remettre qc [ʀəmɛtʀ]	etw. verleihen ▶ *Verbes, p. 138*	À la fin du festival on ~[24] les prix.
c'est-à-dire [sɛtadiʀ]	das heißt	
récompenser qn/qc [ʀekɔ̃pɑ̃se]	jdn/etw. belohnen, auszeichnen	Mon père m'a ~[25] pour mes bonnes notes.
grâce à [gʀɑsa]	dank	J'ai rencontré ma petite amie ~[26] hasard.
le chiffre [ləʃifʀ]	die Zahl	Moi, je suis bonne en maths parce que j'aime bien les ~[27].
la production [lapʀɔdyksjɔ̃] production	die Produktion	
le lecteur / la lectrice [ləlɛktœʀ/lalɛktʀis] → lire, la lecture	der/die Leser/in	
au cours de [okuʀdə]	im Laufe von/des/der	~ des dernières années, j'ai beaucoup voyagé.
la tranche d'âge [latʀɑ̃ʃdɑʒ]	die Altersgruppe	
en moyenne [ɑ̃mwajɛn]	im Durchschnitt, durchschnittlich	Les Allemands mangent ~ 60 kilos de pommes de terre par an.
p. 106 **fonctionner** [fɔ̃ksjɔne] = marcher	funktionieren, arbeiten	Mon ordinateur ne ~[28] pas comme avant. Il est très lent.
la case [lakɑz]	das Feld, *hier:* das einzelne Comicbild, das Panel	Le dessinateur peut raconter une histoire en trois ~.
le plan large [ləplɑ̃laʀʒ]	die Panoramaeinstellung	Au début du film, on voit les Alpes en ~.
représenter qn/qc [ʀəpʀezɑ̃te] to represent	jdn/etw. darstellen, zeigen	Tu as vu cette affiche? Je ne vois pas ce que ça ~[29].
le décor [ladekɔʀ]	*hier:* die Umgebung	

	le gros plan [ləgʀoplɑ̃]	die Nahansicht	La case montre des yeux tristes en ~.
	l'inverse [lɛ̃vɛʀs] *m.*	*hier:* umgekehrt	On peut aller au cinéma et ensuite manger un petit truc, ou ~.
	l'effet [lefɛ] *m.*	die Wirkung, der Effekt	Une douche froide, ça fait de l'~.
	selon [səlɔ̃]	*hier:* je nachdem, je nach	Il faut s'habiller ~ le temps qu'il fait.
	le bord de case [ləbɔʀdəkɑz]	die Umrahmung, *hier:* die Panelrahmung	
	généralement [ʒeneʀalmɑ̃] *adv.* generally = normalement	im Allgemeinen	~, les histoires pour les enfants se terminent bien.
	le système [ləsistɛm]	das System	Si tu veux vraiment changer quelque chose, tu dois changer tout le ~.
	on s'y tient [ɔ̃sitjɛ̃]	man hält sich daran	On prend une décision et ~, d'accord?
	durant [dyʀɑ̃] = pendant	während	~ tout le voyage, il n'a pas arrêté de se plaindre.
	la rupture [laʀyptyʀ]	der Bruch, *hier:* die Unterbrechung	Depuis leur ~, ils ne se voient plus.
	le flash-back [ləflaʃbak] *m. inv.* flash-back	die Rückblende	L'histoire est compliquée, parce qu'elle est racontée avec plein de ~.
	le malaise [ləmalɛz]	das Unwohlsein, der Schwächeanfall	Son ami n'est pas venu à cause d'un ~.
	la richesse [laʀiʃɛs] → riche	der Reichtum, die Fülle	Je préfère l'amour à toutes les ~[30] du monde!
p. 107	**le lettrage** [ləlɛtʀaʒ] lettering	die Schriftgestaltung, *hier:* das Lettering	

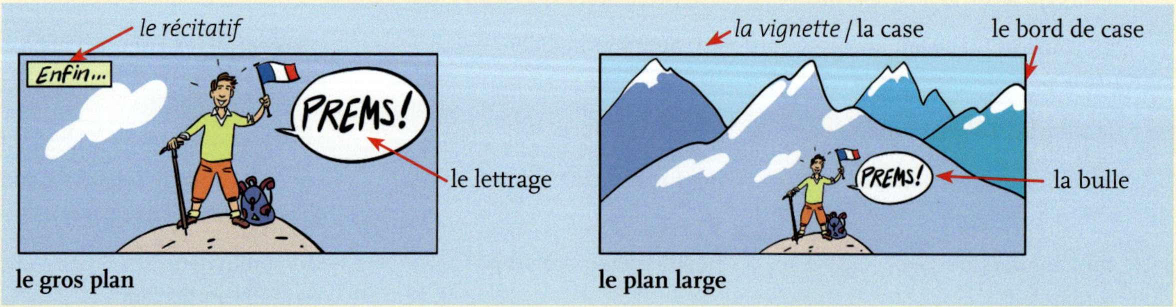

fondamental/fondamentale/fondamentaux *m. pl.* [fɔ̃damɑ̃tal/fɔ̃damɑ̃to] *adj.*	grundlegend, fundamental	D'abord, on s'occupe des choses ~[31], ensuite on verra pour les détails.
intégré/intégrée à (ou dans) qc [ɛ̃tegʀe] *adj.*	angepasst (an etw.), integriert (in etw.)	Michel est bien ~[32]. Il a un groupe d'amis avec lequel il s'entend bien.
le graphisme [ləgʀafism]	die grafische Gestaltung	
horrible [ɔʀibl] *m./f. adj.* horrible	schrecklich	J'ai oublié tout ce que j'ai appris! C'est ~!

	la lettre [lalɛtʀ] letter	der Buchstabe	La ~ «A» est la première de l'alphabet.
	enregistrer qc [ɑ̃ʀəʒistʀe]	etw. aufnehmen, etw. speichern	J'ai ~[33] les photos de nos vacances sur mon portable.
	la fonte [lafɔ̃t]	der (Schrift-)Guss	
	personnalisé/personnalisée [pɛʀsɔnalize] *adj.*	personalisiert	Ton billet de train est ~[34]. Tu ne peux pas me le passer.
	la typo(graphie) [latipɔgʀafi]	die Schriftart	Un journal utilise toujours la même ~.
	faire croire que [fɛʀkʀwaʀkə]	so tun, als ob	Tu peux ~ tu as 18 ans.
	chinois/chinoise [ʃinwa/ʃinwaz] *adj.*	chinesisch	Shanghai est une ville ~[35].
	épais/épaisse [epɛ/epɛs] *adj.*	dick	Ma mère m'a coupé une tranche de pain très ~[36].
	faire ressortir qc [fɛʀəsɔʀtiʀ]	etw. hervorheben	Durant l'entretien, tu dois ~ tes connaissances.
	le gris optique du pavé de texte [ləgʀiɔptikdypavedytɛkst]	die „Bleiwüste" *große Textmenge ohne Absätze*	
	doucement [dusmɑ̃] *adv.*	leise	Le chat avait peur, alors je lui ai parlé tout ~.
	lisible [lizibl] *m./f. adj.* → lire	lesbar	Maman m'a laissé un mot sur la table, mais il n'est pas ~.
	(ê) **s'appliquer** [saplike]	sich Mühe geben	– Mathieu est bon en maths? – Il s'~[37].
	contrairement à [kɔ̃tʀɛʀmɑ̃a] *adv.*	im Gegensatz zu	~ toi, j'ai beaucoup aimé le spectacle.
	le spectateur / la spectatrice [ləspɛktatœʀ/laspɛktatʀis]	der/die Zuschauer/in	Le film était horrible. Les ~ ont quitté la salle.
	la complication [lakɔ̃plikasjɔ̃] complication → compliqué/e	die Schwierigkeit	Il y a eu trop de ~[38] avec les voisins, alors nous avons changé d'appartement.
p. 108	**l'onomatopée** [lɔnɔmatɔpe] *f.*	die Lautmalerei	Mon ~ préférée, c'est «screugneugneu».

1 livres audios 2 héros 3 films d'animation 4 reine 5 œuvres d'art 6 horreurs 7 sorcière 8 mécanicien 9 tombés amoureux 10 adolescents 11 illustrations 12 classiques 13 élégant/e 14 pirates 15 prisonnier 16 mystérieuses 17 entier 18 précise 19 visiteurs 20 assisté 21 dessinateur 22 bulles 23 déguisés 24 remet 25 récompensé 26 grâce au 27 chiffres 28 fonctionne 29 représente 30 richesses 31 fondamentales 32 intégré 33 enregistré 34 personnalisé 35 chinoise 36 épaisse 37 applique 38 complications

Die Angabe hinter dem Pfeil verweist dich auf die *Unité* und das *Volet* oder die *Lecture* bzw. das *Module*, in der / in dem die Vokabel neu eingeführt wird: 3/1 heißt z. B. *Unité 3, Volet 1*; 3/LA heißt z. B. *Unité 3, Lecture A*; MA steht z. B. für *Module A*. Einträge ohne eine solche Angabe gehören zum Lernwortschatz von *À plus! 1*, *À plus! 2* und *À plus! 3*. Die Konjugationen der Verben findest du ab Seite 138.

A

à [a] in
à … euro(s) [a…øro] für… Euro
à … heure(s) [a…œʀ] um … Uhr
À bientôt! [abjɛ̃to] Bis bald!
à bord [abɔʀ] an Bord → MF
à cause de [akozdə] wegen
à cause de ça [akozdəsa] deswegen
à côté de qc [akotedə] neben
À demain! [adəmɛ̃] Bis morgen!
à deux contre un [adœkɔ̃tʀɛ̃] zwei gegen einen
à droite [adʀwat] rechts
à gauche [agoʃ] links
à la carte [alakaʀt] nach Wunsch → MD
à la fois [alafwa] gleichzeitig → MA
à la maison [alamɛzɔ̃] zu Hause
à la place de [alaplasdə] anstelle von, statt → 2/1
à l'appareil [alapaʀɛj] am Apparat → 1/3
à l'heure [alœʀ] pünktlich
à l'intérieur [alɛ̃teʀjœʀ] innerhalb, drinnen in den Räumen → MA
à midi [amidi] mittags, um 12 Uhr
à pied [apje] zu Fuß
À plus! [aplys] *fam.* Bis später!
à propos [apʀɔpo] übrigens, apropos
À quelle heure? [akɛlœʀ] Um wie viel Uhr?
à ta place [ataplas] an deiner Stelle → 1/1
À table! [atabl] Essen!, Zu Tisch!
absolument [apsɔlymɑ̃] *adv.* ganz, unbedingt → 2/2
l' **accent** [laksɑ̃] *m.* der Akzent
accepter qc [aksɛpte] (etw.) akzeptieren
l' **accident** [laksidɑ̃] *m.* der Unfall
accompagner qn [akɔ̃paɲe] jdn begleiten
l' **accordéon** [lakɔʀdeɔ̃] *m.* das Akkordeon
l' **accrobranche** [lakʀobʀɑ̃ʃ] *m.* Baumklettern im Hochseilgarten
accueillir qn [akœjiʀ] jdn empfangen, aufnehmen → 3/3
acheter qc [aʃəte] etw. kaufen
l' **acteur** / l'**actrice** [laktœʀ/laktʀis] *m./f.* der/die Schauspieler/in
l' **action** [laksjɔ̃] *f.* die Aktion, die Tat → 3/2
l' **activité** [laktivite] *f.* die Freizeitaktivität
l' **adaptation** [ladaptasjɔ̃] *f.* die Adaption, die Bearbeitung *hier:* die Verfilmung → MA
admirer qn/qc [admiʀe] jdn/etw. bewundern → 1/1
l' **adolescent** / l'**adolescente** [ladɔlesɑ̃/ladɔlesɑ̃t] der/die Jugendliche → MF
adorable [adɔʀabl] *m./f. adj.* süß, niedlich
adorer qc/qn/+ *inf.* [adɔʀe] etw./jdn (sehr) lieben, es lieben, etw. zu tun
l' **aéroport** [laeʀopɔʀ] *m.* der Flughafen
les **affaires** [lezafɛʀ] *f. pl.* die Sachen
africain/africaine [afʀikɛ̃/afʀikɛn] *adj.* afrikanisch → 3/1; l'**Africain** / l'**Africaine** [lafʀikɛ̃/lafʀikɛn] *m./f.* der/die Afrikaner/in
l' **Afrique** [lafʀik] Afrika
l' **âge** [lɑʒ] *m.* das Alter; **avoir ~ de qn** [avwaʀlɑʒdə] so alt sein wie jd; **Il/Elle a quel ~?** [il/ɛlakɛlɑʒ] Wie alt ist sie?
agir [aʒiʀ] handeln
agréable [agʀeabl] *m./f. adj.* angenehm
agresser qn [agʀese] jdn angreifen
l' **agresseur** [lagʀɛsœʀ] *m.* der Angreifer
agressif/agressive [agʀesif/agʀesiv] *adj.* aggressiv, grell → MA
l' **agression** [lagʀɛsjɔ̃] *f.* der Angriff
l' **agriculture** [lagʀikyltyʀ] *f.* die Landwirtschaft → 3/1
ah [a] ach, ach so
l' **aide** [lɛd] *f.* die Hilfe
l' **aide à domicile** [lɛdadɔmisil] *f.* der/die Pfleger/in
aider qn (à + *inf.***)** [ede] jdm helfen (etw. zu tun)
Aïe! [aj] Aua!
aimer qc/qn/+ *inf.* [eme] etw./jdn mögen; es mögen, etw. zu tun; etw./jdn lieben
aimer bien qn/qc/+ *inf.* [emebjɛ̃] jdn/etw. gern mögen; es mögen, etw. zu tun
l' **air** [lɛʀ] *m.* die Luft; **au grand ~** [ogʀɑ̃tɛʀ] an der frischen Luft
l' **aire de repos** [lɛʀdəʀəpo] *f.* der Rastplatz, die Raststätte
l' **album** [lalbɔm] *m.* das Album, Fotoalbum
l' **Algérie** [lalʒeʀi] *f.* Algerien → 3/1
l' **Allemagne** [lalmaɲ] *f.* Deutschland
l' **allemand** [lalmɑ̃] *m.* Deutsch; l'**Allemand** / l'**Allemande** [lalmɑ̃/lalmɑ̃d] *m./f.* der/die Deutsche
(ê)**aller** [ale] gehen; **~ mal** [alemal] sich schlecht fühlen
(ê)**aller chercher qn/qc** [aleʃɛʀʃe] jdn/etw. abholen, holen
l' **allergie** [lalɛʀʒi] *f.* die Allergie
Allez! [ale] Los!
Allô! [alo] Ja, bitte?, Hallo?
alors [alɔʀ] also
les **Alpes** [lezalp] *f. pl.* die Alpen → MD
l' **amateur** / l'**amatrice** [lamatœʀ/lamatʀis] *m./f.* der Laie → MA
l' **ambiance** [lɑ̃bjɑ̃s] *f.* die Stimmung
amener qn/qc [amənе] jdn/etw. mitbringen *wie* acheter

l' **Amérique** [lameʀik] *f.* Amerika → 3/3

l' **ami** / l'**amie** [lami] *m./f.* der/die Freund/in

l' **amitié** [lamitje] *f.* die Freundschaft

l' **amour** [lamuʀ] *m.* die Liebe

amoureux/amoureuse [amuʀø/amuʀøz] *adj.* verliebt

amusant/amusante [amyzɑ̃/amyzɑ̃t] *adj.* lustig, unterhaltsam → 2/3

(ê)**s'amuser** [samyze] sich amüsieren, Spaß haben

l' **an** [ɑ̃] *m.* das Jahr

l' **ananas** [lananas] *m.* die Ananas

ancien/ancienne [ɑ̃sjɛ̃/ɑ̃sjɛn] *adj.* alt, ehemalig → MA

l'anecdote [lanɛkdot] *f.* die Anekdote → 2/3

anglais/anglaise [ɑ̃glɛ/ɑ̃glɛz] *adj.* englisch; l'**anglais** [lɑ̃glɛ] *m.* Englisch; l'**Anglais** / l'**Anglaise** [lɑ̃glɛ/lɑ̃glɛz] *m./f.* der/die Engländer/in

l' **animal** / les **animaux** [lanimal/lezanimo] *m.* das Tier

l' **animateur** / l'**animatrice** [lanimatœʀ/lanimatʀis] *m./f.* der/die Animateur/in

animé/animée [anime] *adj.* belebt

l' **année** [lane] *f.* das Jahr

l' **anniversaire** [lanivɛʀsɛʀ] *m.* der Geburtstag; **Joyeux ~!** [ʒwajøzanivɛʀsɛʀ] Herzlichen Glückwunsch zum Geburtstag!

annoncer qc [anɔ̃se] etw. ankündigen, etw. mitteilen → MB

l' **anorak** [lanoʀak] *m.* der Anorak

l' **apparence** [lapaʀɑ̃s] *f.* die äußere Erscheinung, der Anschein → ME

l' **appartement** [lapaʀtəmɑ̃] *m.* die Wohnung

l' **appel** [lapɛl] *m.* der Anruf

appeler qn [apəle] jdn anrufen

(ê)**s'appeler** [saple] heißen

applaudir (qn) [aplodiʀ] applaudieren *wie* réagir

(ê)**s'appliquer** [saplike] sich Mühe geben → MF

apporter qc (à qn) [apɔʀte] (jdm) etw. mitbringen

apprendre qc (sur) [apʀɑ̃dʀ] etw. lernen, etw. erfahren (über); **~ à** + *inf.* [apʀɑ̃dʀa] lernen, etw. zu tun

l' **apprenti** *m.* / l'**apprentie** *f.* [lapʀɑ̃ti] *m./f.* der/die Auszubildende, der Lehrling → 1/3

après [apʀɛ] danach, nach

après-demain [apʀɛdəmɛ̃] *adv.* übermorgen → 3/3

l' **après-midi** [lapʀɛmidi] *m./f.* der Nachmittag

l' **aquarium** [lakwaʀjɔm] *m.* das Aquarium

l' **arabe** [laʀab] *m.* Arabisch → 3/1

l' **arachide** [laʀaʃid] *f.* die Erdnuss → 3/1

l' **arbitre** [laʀbitʀ] *m./f.* der/die Schiedsrichter/in

l' **arbre** [laʀbʀ] *m.* der Baum

les **arènes** [lezaʀɛn] *f. pl.* die Arena

l' **argent** [laʀʒɑ̃] *m.* das Geld, das Silber → 3/1; **gagner de l'~** [gaɲedəlaʀʒɑ̃] Geld verdienen → 1/2

l' **argument** [laʀgymɑ̃] *m.* das Argument

l' **arme** [laʀm] *f.* die Waffe → 3/3

l' **armoire** [laʀmwaʀ] *f.* der Schrank

arrêter [aʀete] aufhören; (ê)**s'~** [saʀete] anhalten, aufhören; **~ de** + *inf.* [aʀetedə] aufhören, etw. zu tun

l' **arrière-grand-mère** [laʀjɛʀgʀɑ̃mɛʀ] *f.* die Urgroßmutter

l' **arrière-plan** [laʀjɛʀplɑ̃] *m.* der Hintergrund → MA, → MC

l' **arrivée** [laʀive] *f.* die Ankunft

(ê)**arriver** [aʀive] ankommen, (ê)**~ à qc/+** *inf.* [aʀivea] etw. erreichen

l' **arrondissement** [laʀɔ̃dismɑ̃] *m.* das Arrondissement

l' **art** [laʀ] *m.* die Kunst → 3/2

l' **article** [laʀtikl] *m.* der Artikel, der Zeitungsartikel → 1/1

l' **artiste** [lartist] *m./f.* der/die Künstler/in

l' **ascenseur** [lasɑ̃sœʀ] *m.* der Aufzug

l' **Asie** [lazi] *f.* Asien → 3/1

l' **aspirateur** [laspiʀatœʀ] *m.* der Staubsauger; **passer l'~** [paselaspiʀatœʀ] staubsaugen

(ê)**s'asseoir** [saswaʀ] sich hinsetzen → 3/LA

assez [ase] ziemlich

assez de [asedə] genug

l' **assiette** [lasjɛt] *f.* der Teller

assister à qc [asistea] dabei sein, an etw. teilnehmen → 3/LA, → MF

l' **association** [lasɔsjasjɔ̃] *f.* die Organisation, der Verein → MC

associer qn/qc à qc [asɔsje] jdn/etw. mit etw. verbinden → MC

l' **atelier** [latəlje] *m.* der Workshop

l' **athlétisme** [latletism] *m.* die Leichtathletik

attaché/attachée (à qc/qn) [ataʃe] verbunden, festgemacht (an etw.) → 3/2

l' **attaque** [latak] *f.* der Angriff, die Angriffspieler

attendre qn/qc [atɑ̃dʀ] auf jdn/etw. warten

l' **attention** [latɑ̃sjɔ̃] *f.* die Aufmerksamkeit → MC

attirer qn [atiʀe] jdn anziehen, anlocken

l' **attraction** [latʀaksjɔ̃] *f.* die Attraktion

au grand air [ogʀɑ̃tɛʀ] an der frischen Luft

au bord de [obɔʀdə] am Ufer von

au bout de qc [obudə] am Ende von etw. → 2/3

au chômage [oʃomaʒ] arbeitslos

au cours de [okuʀdə] im Laufe von/des/der → MF

au début (de qc) [odeby] *adv.* am Anfang (von etw.), zuerst

au lieu de [oljødə] statt, anstelle → 3/3

Au revoir! [oʀəvwaʀ] Auf Wiedersehen!

Au secours! [osəkuʀ] Zu Hilfe!

l' **auberge de jeunesse** [lobɛʀʒdəʒœnɛs] *f.* die Jugendherberge

aujourd'hui [oʒuʀdɥi] heute

aussi [osi] auch; **~ ... que** [osi...kə] so ... wie

autant de [otɑ̃də] *adv.* so viel

l' **auteur** / l'**auteure** [lotœʀ] der/die Autor/in

l' **autobiographie** [lotobjɔgʀafi] *f.* die Autobiographie → MF

autonome [otonɔm] *m./f. adj.* selbstständig → 1/3

autour de [otuʀdə] um ... herum

autre [otʀ] *m./f. adj.* anderer/andere/anderes

autrefois [otʀəfwa] früher

autrement [otʀəmɑ̃] *adv.* anders

avant [avɑ̃] früher, vor *zeitlich*; **~ de** + *inf.* [avɑ̃də] bevor

avec [avɛk] mit
l' **avenir** [lavniʀ] *m.* die Zukunft → 1/1
l' **aventure** [lavɑ̃tyʀ] *f.* das Abenteuer
l' **avenue** [lavəny] *f.* die Allee
l' **avion** [lavjɔ̃] *m.* das Flugzeug
l' **aviron** [laviʀɔ̃] *m.* das Rudern
l' **avis** [lavi] *m.* die Meinung; **à mon ~** [amɔ̃navi] meiner Meinung nach; **donner son ~ (sur qc)** [dɔnesɔnavi] seine Meinung (zu etw.) äußern
avoir (qc) [avwaʀ] haben; **~ besoin de qn/qc/+ *inf.*** [avwaʀbəzwɛ̃də] jdn/etw. brauchen, brauchen + *Inf.*; **~ de la chance** [avwaʀdəlaʃɑ̃s] Glück haben; **~ envie de + *inf.*** [avwaʀɑ̃vidə] Lust haben, etw. zu tun; **~ envie de qc** [avwaʀɑ̃vidə] Lust auf etw. haben; **~ faim** [avwaʀfɛ̃] Hunger haben; **~ honte (de qc)** [avwaʀɔ̃t] sich schämen (für etw.) → MB; **~ l'air** [avwaʀlɛʀ] aussehen; **~ la patate** [avwaʀlapatat] *fam.* gut drauf sein; **~ le droit de + *inf.*** [avwaʀlədʀwadə] dürfen, das Recht haben, etw. zu tun; **~ lieu** [avwaʀljø] stattfinden; **~ mal (à)** [avwaʀmal] Schmerzen haben (an/am) → 2/2; **~ peur** [avwaʀpœʀ] Angst haben, Angst bekommen; **~ pitié de qn** [avwaʀpitjedə] mit jdm Mitleid haben; **~ qc en tête** [avwaʀɑ̃tɛt] sich etw. vorstellen, an etw. denken, *wörtlich:* etw. im Kopf haben → 2/3; **~ raison** [avwaʀɛzɔ̃] recht haben; **~ soif** [avwaʀswaf] Durst haben
avril [avʀil] April

B

faire du baby-sitting [fɛʀdybabisitiŋ] babysitten → 3/2
le **bac** [ləbak] *fam.* / le **baccalauréat** [ləbakalɔʀea] das Abi / das Abitur → 3/2
la **bagarre** [labagaʀ] die Prügelei
(ê)**se baigner** [səbeɲe] baden
baisser les bras [beselebʀa] aufgeben *wörtlich:* die Arme senken
la **balade** [labalad] der Ausflug; la **~ en bateau** [labaladɑ̃bato] die Bootsfahrt
(ê)**se balader** [səbalade] *fam.* spazieren gehen, herumlaufen → 3/3
la **baleine** [labalɛn] der Wal
le **ballon** [ləbalɔ̃] der Ball
la **banane** [labanan] die Banane
la **bande originale** [labɑ̃dɔʀiʒinal] der Soundtrack, die Filmmusik → MF
la **banlieue** [labɑ̃ljø] der Vorort, der Stadtrand
le **baoulé** [ləbaule] Baule → 3/1
le **bar** [ləbaʀ] die Bar; le **~ à jus de fruits** [ləbaʀaʒydəfʀɥi] die Saftbar
bas [bɑ] *adv.* unten → 3/LA
les **baskets** [lebaskɛt] *f. pl.* die Turnschuhe
le **bateau** / les **bateaux** [ləbato/lebato] das Schiff, das Boot
la **batterie** [labatʀi] das Schlagzeug
battre qn/qc [batʀ] jdn schlagen, jdn besiegen → 1/1
(ê)**se battre** [səbatʀ] sich (durch) schlagen, kämpfen → 1/1
bavard/bavarde [bavaʀ/bavaʀd] *adj.* geschwätzig
le **beach-volley** [ləbitʃvɔlɛ] Beach-Volleyball
beau / bel *m.* / **belle** *f.* **beaux** *m. pl.* / **belles** *f. pl.* [bo/bɛl/bɛl/bo/bɛl] *adj.* schön
beaucoup [boku] viel
beaucoup de [bokudə] viele; **~ monde** [bokudəmɔ̃d] viele Leute
le **beau-père** [ləbopɛʀ] der Stiefvater
la **bédé/B.D.** / les **B.D.** [labede/lebede] der Comic
belge [bɛlʒ] *m./f. adj.* belgisch; le **Belge** / la **Belge** [ləbɛlʒ/labɛlʒ] der Belgier, die Belgierin
la **belle-mère** [labɛlmɛʀ] die Stiefmutter
ben [bɛ̃] *fam.* naja, äh
le **berbère** [ləbɛʀbɛʀ] die Berbersprache, Berberisch → 3/1
bête [bɛt] *m./f. adj.* dumm, blöd
le **beurre** [ləbœʀ] die Butter
la **bibliothèque** [labiblijɔtɛk] die Bibliothek, die Bücherei → 3/2
bien [bjɛ̃] gut
bien d'autres choses [bjɛ̃dotʀʃoz] noch viel mehr
bien sûr [bjɛ̃syʀ] aber sicher; **~ que oui/non!** [bjɛ̃syʀkəwi/nɔ̃] Natürlich (nicht)!
le **bien-être** [ləbjɛ̃nɛtʀ] das Wohlbefinden → MC
bientôt [bjɛ̃to] bald
Bienvenue! [bjɛ̃vəny] *f.* Willkommen!
bilingue [bilɛ̃g] *m./f. adj.* zweisprachig → ME
le **billet** [ləbijɛ] das Ticket, die Eintrittskarte
bio *fam.* / **biologique** [bjɔ/bjɔlɔʒik] *m./f. adj.* Bio-, biologisch
le **biscuit** [ləbiskɥi] der Keks
la **bise** [labiz] der Kuss
bizarre [bizaʀ] *m./f. adj.* merkwürdig
la **blague** [lablag] der Scherz
blanc/blanche [blɑ̃/blɑ̃ʃ] *adj.* weiß
blessé/blessée [blese] *adj.* verletzt
bleu/bleue [blø] *adj.* blau
le **blog** [ləblɔg] der Blog
bof [bɔf] *fam.* Na ja. / Es geht so.
boire qc [bwaʀ] etw. trinken
le **bois** [ləbwa] das Holz → 3/1
la **boisson** [labwasɔ̃] das Getränk
la **boîte** [labwat] die Dose, die Schachtel
bon/bonne [bɔ̃/bɔn] *adj.* gut; **Bon appétit!** [bɔ̃napeti] Guten Appetit!; **Bonne chance!** [bɔnʃɑ̃s] Viel Glück!; **Bonne idée!** [bɔnide] Gute Idee!; **C'est bon.** [sɛbɔ̃] Das schmeckt gut.; **être bon / bonne en** [ɛtʀbɔ̃ɑ̃/bɔnɑ̃] in etw. gut sein
bon marché [bɔ̃maʀʃe] *adj. inv.* günstig, preiswert → 1/LA
le **bon plan** [ləbɔ̃plɑ̃] der Geheimtipp → MD
le **bonbon** [ləbɔ̃bɔ̃] das Bonbon, die Praline
Bonjour! [bɔ̃ʒuʀ] Guten Tag!, Guten Morgen!
Bonsoir! [bɔ̃swaʀ] Guten Abend!
le **bord de case** [ləbɔʀdəkɑz] die Umrahmung, die Panelrahmung → MF
le **boubou** [ləbubu] der Boubou → 3/3
la **bouche** [labuʃ] der Mund → 3/LB
le **bouchon** [ləbuʃɔ̃] der Stau *auch:* der Flaschenverschluss
bouger [buʒe] sich bewegen
la **bougie** [labuʒi] die Kerze
la **boulangerie** [labulɑ̃ʒʀi] die Bäckerei
les **boulettes (à la liégeoise)** [lebulɛtalaljeʒwaz] *f. pl.* die Hackbällchen (nach Lütticher Art)
le **boulevard** [ləbulvaʀ] der Boulevard

(ê) **se bousculer** [səbuskyle] sich drängeln → 3/LA
la **bouteille** [labutɛj] die Flasche
la **boutique** [labutik] der Laden
la **boxe** [labɔks] das Boxen
branché/branchée [bʀɑ̃ʃe] *adj. fam.* angesagt
le **bras** [ləbʀa] der Arm; **baisser les ~** [beselebʀa] aufgeben *wörtlich:* die Arme senken
breton/bretonne [bʀətɔ̃/bʀətɔn] *adj.* bretonisch
le **bretzel** [ləbʀɛtzɛl] die Brezel
bronzé/bronzée [bʀɔ̃ze] *adj.* sonnengebräunt
bronzer [bʀɔ̃ze] braun werden → MD
le **bruit** [ləbʀɥi] der Lärm, das Geräusch
la **brute** [labʀyt] der Grobian
le **buffet** [ləbyfɛ] das Buffet
la **bulle** [labyl] die (Sprech-)Blase → MF
le **bureau** / les **bureaux** [ləbyʀo/lebyʀo] der Schreibtisch, das Büro
le **bus** [ləbys] der Bus
le **but** [ləbyt] das Tor, das Ziel; le **gardien de ~** / la **gardienne de ~** [ləgaʀdjɛ̃dəbyt/lagaʀdjɛndəbyt] der/die Torwart/in; **marquer un ~** [maʀkeɛ̃byt] ein Tor schießen

C

Ça dépend. [sadepɑ̃] Es kommt darauf an
ça fait + *adj.* [safɛ] das wirkt → 1/3
Ça marche. [samaʀʃ] *fam.* Geht klar.
Ça me plaît. [saməplɛ] Das gefällt mir.
Ça ne me dit rien (du tout). [sanəmədiʀjɛ̃dytu] Das ist (gar) nichts für mich. → 1/1
Ça va? [sava] Wie geht's? / Geht's dir gut?, In Ordnung?
Ça va. [sava] Es geht (mir) gut.
Ça veut dire ... [savødiʀ] Das bedeutet ...
Ça y est! [sajɛ] *fam.* Geschafft!, Na endlich!
la **cabane** [lakaban] die Hütte → MF
le **cabaret** [ləkabaʀɛ] die Show
le **cacao** [ləkakao] der Kakao → 3/1
la **cache** [lakaʃ] das Versteck, der Cache
(ê) **se cacher** [səkaʃe] sich verstecken → MB
le **cadeau** / les **cadeaux** [ləkado/lekado] das Geschenk
le **café** [ləkafe] das Café, der Kaffee → 3/1
la **cage** [lakaʒ] der Käfig
le **cahier** [ləkaje] das Heft; le **~ de vacances** [ləkajedəvakɑ̃s] das Ferienheft
la **calanque** [lakalɑ̃k] die Felsbucht
calculer qc [kalkyle] etw. berechnen
calme [kalm] *m./f. adj.* ruhig
le/la **camarade de classe** [lə/lakamaʀadəklas] *m./f.* der/die Mitschüler/in → MF
la **campagne** [lakɑ̃paɲ] das Land
le **camping** [ləkɑ̃piŋ] der Campingplatz, das Zelten
le **Canada** [ləkanada] Kanada
le **candidat** / la **candidate** [ləkɑ̃dida/lakɑ̃didat] der/die Kandidat/in
la **candidature** [lakɑ̃didatyʀ] die Bewerbung → 1/2
la **cantine** [lakɑ̃tin] die Kantine, der Speisesaal
le **caoutchouc** [ləkautʃu] der Kautschuk → 3/1
la **capitale** [lakapital] die Hauptstadt
captiver qn/qc [kaptive] jdn fesseln → MA
le **car** [ləkaʀ] der Reisebus; **en ~** [ɑ̃kaʀ] mit dem Reisebus
le **caractère** [ləkaʀaktɛʀ] der Charakter, die Figur
le **caribou** [ləkaʀibu] das Karibu
le **carnaval** [ləkaʀnaval] der Karneval, der Fasching
le **carnet de correspondance** [ləkaʀnɛdəkɔʀɛspɔ̃dɑ̃s] *Mitteilungsheft* → 2/2
le **carrefour** [ləkaʀfuʀ] die Kreuzung
carrément [kaʀemɑ̃] *fam.* total, direkt → 1/LB, → 2/2
la **carrière** [lakaʀjɛʀ] die Karriere, die Laufbahn → MB
la **carte** [lakaʀt] die (Spiel-) Karte, die Postkarte
le **carton** [ləkaʀtɔ̃] der Karton → 2/1; le **~ jaune** [ləkaʀtɔ̃ʒon] die gelbe Karte
cartonner [kaʀtɔne] *fam.* großen Erfolg haben → 1/LB
la **case** [lakɑz] das einzelne Comicbild, das Feld, das Panel → MF
le **casque** [ləkask] der Kopfhörer, der Helm
casser la figure à qn [kaselafigyʀa] *fam.* jdn verhauen
la **catastrophe** [lakatastʀɔf] die Katastrophe
catastrophique [katastʀɔfik] *m./f. adj.* katastrophal
la **cathédrale** [lakatedʀal] der Dom, die Kathedrale
le/la **catholique** [lə/lakatɔlik] *m./f.* der/die Katholik/in → MB
le **CD** / les **CD** [ləsede/lesede] die CD
le **CDI** [ləsedei] die Schulbibliothek
ce/cet/cette/ces [sə/sɛt/sɛt/se] dieser/diese/dieses
Ce n'est pas mon truc. [sənɛpamɔ̃tʀyk] *fam.* Das ist nicht mein Ding.
Ce serait sympa. [səsəʀɛsɛ̃pa] Das wäre nett.
cela [səla] das
célèbre [selɛbʀ] *m./f. adj.* berühmt
la **censure** [lasɑ̃syʀ] die Zensur → 3/2
cent [sɑ̃] hundert
le **centimètre** [ləsɑ̃timɛtʀ] der Zentimeter → 1/LA
le **centre** [ləsɑ̃tʀ] das Zentrum; le **~ commercial** [ləsɑ̃tʀkɔmɛʀsjal] das Einkaufszentrum
le **centre-ville** [ləsɑ̃tʀvil] das Stadtzentrum
c'est [sɛ] das ist; **C'est à la page 25.** [sɛtalapaʒvɛ̃tsɛ̃k] Das ist/steht auf Seite 25.; **C'est à quelle page?** [sɛtakɛlpaʒ] Auf welcher Seite ist/steht das?; **C'est à qui?** [sɛtaki] Wer ist dran?; **c'est bien ça?** [sebjɛ̃sa] nicht wahr? → 1/3; **C'est honteux!** [seɔ̃tø] Das ist eine Schande!; **C'est l'horreur!** [sɛlɔʀœʀ] Das ist der Horror!; **C'est moi.** [sɛmwa] Ich bin's. / Das bin ich.; **C'est qui?** [sɛki] Wer ist das?; **C'est tout.** [sɛtu] Das ist alles.; **C'est trop cool!** [sɛtʀokul] *fam.* Das ist total cool!
C'est à ... [sɛta] ... ist dran.; **C'est à moi.** [sɛtamwa] Ich bin dran.
c'est pourquoi [sɛpuʀkwa] *conj.* deshalb, deswegen
c'est-à-dire [sɛtadiʀ] das heißt → MF

cet après-midi [sɛtapʀɛmidi] heute Nachmittag
c'était trop tard [setɛtʀotaʀ] es war zu spät
C'était l'horreur! [setɛlɔʀœʀ] Das war der Horror!
chacun/chacune [ʃakɛ̃/ʃakyn] jeder/jede
la **chaîne** [laʃɛn] der Fernsehsender, der Kanal
la **chaise** [laʃɛz] der Stuhl
la **chambre** [laʃɑ̃bʀ] das Schlafzimmer
le **champ** [ləʃɑ̃] das Feld
le **champion** / la **championne** [ləʃɑ̃pjɔ̃/laʃɑ̃pjɔn] der Champion
la **chance** [laʃɑ̃s] das Glück, die Chance; **avoir de la** ~ [avwaʀdəlaʃɑ̃s] Glück haben; **Bonne ~!** [bɔnʃɑ̃s] Viel Glück!; **porter** ~ [pɔʀteʃɑ̃s] Glück bringen → 3/LA
le **chancelier**/la **chancelière** [ləʃɑ̃səlje/laʃɑ̃səljɛ̃ʀ] der/die Kanzler/in → MB
changer [ʃɑ̃ʒe] sich ändern, umsteigen *wie* manger
la **chanson** [laʃɑ̃sɔ̃] das Lied
chanter (qc) [ʃɑ̃te] (etw.) singen
le **chanteur** / la **chanteuse** [ləʃɑ̃tœʀ/laʃɑ̃tøz] der/die Sänger/in
chaque [ʃak] *m./f. adj.* jeder, jede, jedes
la **charcuterie** [laʃaʀkytʀi] Wurstwaren, die Metzgerei
chargé/chargée [ʃaʀʒe] *adj.* überladen
la **charte** [laʃaʀt] die Charta
la **chasse au trésor** [laʃasotʀezɔʀ] die Schatzsuche
le **chat** [ləʃa] die Katze
le **château** / les **châteaux** [ləʃɑto/leʃɑto] das Schloss
chatter (avec qn) [tʃate] (mit jdm) chatten
chaud/chaude [ʃo/ʃod] *adj.* warm, heiß
la **chaussure** [laʃosyʀ] der Schuh
le/la **chef** [lə/laʃɛf] der/die Chef/in
le **chemin** [ləʃəmɛ̃] der Weg; **demander son ~ (à qn)** [dəmɑ̃desɔ̃ʃəmɛ̃] (jdn) nach dem Weg fragen
la **chemise** [laʃəmiz] das Hemd
cher/chère [ʃɛʀ] *adj.* liebe/r, teuer
chercher qn/qc [ʃɛʀʃe] jdn/etw. suchen
le **cheval** / les **chevaux** [ləʃəval/leʃəvo] das Pferd
les **cheveux** [leʃvø] *m. pl.* die Haare
chez [ʃe] bei; ~ **moi** [ʃemwa] bei mir (zu Hause)
le **chien** [ləʃjɛ̃] der Hund; **avoir un caractère de ~** [avwaʀɛ̃kaʀaktɛʀdəʃjɛ̃] *fam.* einen fiesen Charakter haben
le **chiffre** [ləʃifʀ] die Zahl → MF
la **Chine** [laʃin] China
chinois/chinoise [ʃinwa/ʃinwaz] *adj.* chinesisch → MF
les **chips** [leʃips] *f. pl.* die Kartoffelchips
le **choc** [ləʃɔk] der Schock → MB
le **chocolat** [ləʃɔkɔla] die Schokolade
choisir qn/qc [ʃwaziʀ] jdn/etw. aussuchen, auswählen
le **chômeur** / la **chômeuse** [ləʃomœʀ/laʃomøz] der/die Arbeitslose → 1/LB
la **chorale** [lakɔʀal] der Chor
la **chose** [laʃoz] die Sache, das Ding
le **ciel** [ləsjɛl] der Himmel → 1/LA, → MC
le **cinéma** [ləsinema] / le **ciné** [ləsine] *fam* das Kino
la **cinquième** [lasɛ̃kjɛm] die siebte Klasse; **en ~** [ɑ̃sɛ̃kjɛm] in der siebten Klasse
le **circuit** [ləsiʀkɥi] die Strecke, der Rundweg → MD
le **cirque** [ləsiʀk] der Zirkus
la **cité** [lasite] die Stadt
le **citoyen** / la **citoyenne** [ləsitwajɛ̃/lasitwajɛn] der/die Bürger/in → MB
le **citron** [ləsitʀɔ̃] die Zitrone
le **citron vert** [ləsitʀɔ̃vɛʀ] die Limone → 3/3
la **classe** [laklɑs] die Klasse
le **classeur** [ləklasœʀ] der Ordner
classique [klasik] *m./f. adj.* klassisch; le ~ [ləklasik] der Klassiker → MF
la **clé** [lakle] der Schlüssel
le **cliché** [ləkliʃe] das Klischee
le **climat** [ləklima] das Klima
le **clin d'œil** [ləklɛ̃dœj] der Augenblick, das Zwinkern → 3/LA; **en un ~** [ɑ̃nɛ̃klɛ̃dœj] im Handumdrehen → 3/LA
le **clown** [ləklun] der/die Clown/in
le **club** [ləklœb] der Verein; le ~ **de natation** [ləklœbdənatasjɔ̃] der Schwimmverein
le **coca(-cola)** [ləkoka] die Cola
le **cochon d'Inde** [ləkɔʃɔ̃dɛ̃d] das Meerschweinchen
le **cocktail** [ləkɔktɛl] der Cocktail
le **coin** [ləkwɛ̃] die Ecke; le ~ **musique** [ləkwɛ̃myzik] die Musikecke
la **collection** [lakɔlɛksjɔ̃] die Sammlung
collectionner qc [kɔlɛksjɔne] etw. sammeln
le **collège** [ləkɔlɛʒ] die Sekundarstufe 1
la **colo** *fam.* / la **colonie (de vacances)** [lakɔlo/lakɔlonidəvakɑ̃s] das Feriencamp, die Themenfreizeit
coloniser qn/qc [kɔlɔnize] jdn/etw. kolonisieren
le **combat** [ləkɔ̃ba] der Kampf → 3/LA
combien [kɔ̃bjɛ̃] wie viel, ~ **de ...?** [kɔ̃bjɛ̃də] Wie viel(e) ...?
la **comédie** [lakɔmedi] die Komödie → MA
comme [kɔm] als, da, wie
comme ça [kɔmsa] so
commencer [kɔmɑ̃se] beginnen; **Qui commence?** [kikɔmɑ̃s] Wer fängt an?, Wer beginnt?
comment [kɔmɑ̃] wie; ~ **ça va?** [kɔmɑ̃sava] Wie geht's?, Wie läuft es?; ~ **est-ce qu'on dit ...?** [kɔmɑ̃ɛskɔ̃di] Wie sagt man ...?; ~ **est-ce qu'on écrit ...?** [kɔmɑ̃ɛskɔ̃nekʀi] Wie schreibt man ...?
le **commentaire** [ləkɔmɑ̃tɛʀ] der Kommentar
la **comparaison** [lakɔ̃paʀɛzɔ̃] der Vergleich → 2/3
les **compatriotes** [lekɔ̃patʀijɔt] *m. pl.* die Landsleute → ME
complètement [kɔ̃plɛtmɑ̃] *adv.* ganz, vollständig → MA
la **complication** [lakɔ̃plikasjɔ̃] die Schwierigkeit → MF
compliqué/compliquée [kɔ̃plike] *adj.* kompliziert

le **comportement** [ləkɔ̃pɔʀtəmɑ̃] das Verhalten → MA
le **composant** [ləkɔ̃pɔzɑ̃] der Bestandteil, die Komponente → MC
composer qc [kɔ̃poze] etw. komponieren
comprendre qn/qc [kɔ̃pʀɑ̃dʀ] jdn/etw. verstehen *wie* prendre
compter (sur qn) [kɔ̃te] (auf jdn) zählen; **Je compte sur toi.** [ʒəkɔ̃tsyʀtwa] Ich zähle auf dich.
concentré/concentrée [kɔ̃sɑ̃tʀe] *adj.* konzentriert → 3/LA
le **concepteur** / la **conceptrice de jeux vidéo** [ləkɔ̃sɛptœʀ/lakɔ̃sɛptʀisdəʒøvideo] Game Conceptioner → 1/2
le **concert** [ləkɔ̃sɛʀ] das Konzert
le **concours** [ləkɔ̃kuʀ] der Wettbewerb
conduire qc [kɔ̃dɥiʀ] etw. fahren, lenken
la **confiance** [lakɔ̃fjɑ̃s] das Vertrauen; **faire ~ à qn** [fɛʀkɔ̃fjɑ̃sa] jdm vertrauen
confier qc à qn [kɔ̃fjea] jdm etw. anvertrauen
confisquer qc à qn [kɔ̃fiske] jdm etw. wegnehmen
la **confiture** [lakɔ̃fityʀ] die Marmelade, die Konfitüre
le **conflit** [ləkɔ̃fli] der Konflikt
confondre qn/qc [kɔ̃fɔ̃dʀ] jdn/etw. verwechseln → MB
le **Congo** [ləkɔ̃gɔ] der Kongo → MF
congolais/congolaise [kɔ̃gɔlɛ/kɔ̃gɔlɛz] *adj.* kongolesisch → MF
les **connaissances** [lekɔnɛsɑ̃s] *f. pl.* die Kenntnisse, das Wissen → 1/3
connaître (qn/qc) [kɔnɛtʀ] jdn/etw. kennen; [(ê)]**se ~** [səkɔnɛtʀ] sich kennen(lernen), einander kennen(lernen)
le **conseil** [ləkɔ̃sɛj] der Rat; le **~ de classe** [ləkɔ̃sɛjdəklas] die Klassenkonferenz → MA
le **conseiller d'orientation** [ləkɔ̃sejedɔʀjɑ̃tasjɔ̃] der Berufsberater → 1/1
conseiller qc à qn [kɔ̃seje] jdm etw. raten → MD
consoler qn [kɔ̃sɔle] jdn trösten
le **consommateur** / la **consommatrice** [ləkɔ̃sɔmatœʀ/lakɔ̃sɔmatʀis] der/die Verbraucher/in, der/die Konsument/in → MC
la **construction** [lakɔ̃stʀyksjɔ̃] der Bau, die Bauarbeiten
construire qc [kɔ̃stʀɥiʀ] etw. bauen, konstruieren
construit/construite [kɔ̃stʀɥi/kɔ̃stʀɥit] *adj.* erbaut
content/contente [kɔ̃tɑ̃/kɔ̃tɑ̃t] *adj.* zufrieden, glücklich
le **contenu** [ləkɔ̃tny] der Inhalt → 2/1
le **continent** [ləkɔ̃tinɑ̃] der Kontinent → 3/1
continuer [kɔ̃tinye] weitergehen, anhalten; ~ **(qc)** (etw.) weiter machen
contrairement à [kɔ̃tʀɛʀmɑ̃a] *adv.* im Gegensatz zu → MF
contre [kɔ̃tʀ] gegen, dagegen
convaincre qn [kɔ̃vɛ̃kʀ] jdn überzeugen → MC
convertir qn à qc [kɔ̃vɛʀtiʀ] jdn zu etw. bekehren → MB
cool [kul] *adj. fam.* cool
coopérer [kɔɔpeʀe] kooperieren, zusammenarbeiten → MB
les **coordonnées** [lekɔɔʀdɔne] *f. pl.* die Koordinaten
le **copain** / la **copine** [ləkɔpɛ̃/lakɔpin] der/die Freund/in
le **cornet** [ləkɔʀnɛ] die spitze Tüte, die Eiswaffel → 2/1
le/la **corres** *fam.* / le **correspondant** / la **correspondante** [lə/lakɔʀɛs/ləkɔʀɛspɔ̃dɑ̃/lakɔʀɛspɔ̃dɑ̃t] der/die Austauschpartner/in
correspondre à qn/qc [kɔʀɛspɔ̃dʀa] jdm/etw. entsprechen → 2/2
la **corrida** [lakɔʀida] der Stierkampf
corriger qc [kɔʀiʒe] etw. korrigieren, berichtigen
la **corruption** [lakɔʀypsjɔ̃] die Korruption, die Bestechung → 3/2
la **côte** [lakot] die Küste
le **côté** [ləkote] die Seite → 2/1
la **Côte d'Ivoire** [lakotdivwaʀ] die Elfenbeinküste → 3/1
le **coton** [ləkɔtɔ̃] die Baumwolle, die Watte → 3/1
le **cou** [ləku] der Hals
le **coucher de soleil** [ləkuʃedsɔlɛj] der Sonnenuntergang → MD
[(ê)]**se coucher** [səkuʃe] sich hinlegen, schlafen gehen
la **couleur** [lakulœʀ] die Farbe
le **couloir** [ləkulwaʀ] der Flur
le **coup de fil** [ləkudfil] *fam.* der Anruf → 1/LA
la **cour** [lakuʀ] der Schulhof
le **courage** [ləkuʀaʒ] der Mut → 1/1
courageux/courageuse [kuʀaʒø/kuʀaʒøz] *adj.* mutig
couramment [kuʀamɑ̃] *adv.* fließend → 2/2
courir [kuʀiʀ] rennen
le **cours** [ləkuʀ] der Unterricht; **Je n'ai pas ~.** [ʒənɛpakuʀ] Ich habe keinen Unterricht.
les **courses** [lekuʀs] *f. pl.* die Einkäufe
le **cousin** / la **cousine** [ləkuzɛ̃/lakuzin] der/die Cousin/e
coûter [kute] kosten
le **couvert** [ləkuvɛʀ] das Gedeck
le/la **CPE** [lə/lasepeø] der/die Schulbetreuer/in
le **crabe** [ləkʀab] der Krebs → MF
le **crayon** [ləkʀɛjɔ̃] der Bleistift; le ~ **de couleur** [ləkʀɛjɔ̃dəkulœʀ] der Buntstift
créatif/créative [kʀeatif/kʀeativ] *adj.* kreativ
la **création** [lakʀeasjɔ̃] die Schöpfung, das Kreieren, das Werk → 3/2
créer qc [kʀee] etw. erschaffen, etw. gründen → 3/2
la **crêpe** [lakʀɛp] die Crêpe
la **crêperie** [lakʀɛpʀi] die Crêperie
crier [kʀije] schreien
la **critique** [lakʀitik] die Kritik → MA
critiquer (qn/qc) [kʀitike] (jdn/etw.) kritisieren → 3/2
croire qn/qc [kʀwaʀ] jdm/etw. glauben
la **cuisine** [lakɥizin] die Küche
cuit/cuite [kɥi/kɥit] *adj.* gekocht → 2/1
la **culture** [lakyltyʀ] die Kultur, die Bildung
curieux/curieuse [kyʀjø/kyʀjøz] *adj.* neugierig, merkwürdig → 1/2
le **CV (= curriculum vitae)** [ləseve] der Lebenslauf → 1/3

D

d'abord [dabɔʀ] zuerst
d'accord [dakɔʀ] einverstanden; **être ~ sur qc** [ɛtʀdakɔʀsyʀ] sich über etw. einig sein
d'ailleurs [dajœʀ] übrigens → MA
la **dame** [ladam] die Frau
dangereux/dangereuse [dɑ̃ʒʀø/dɑ̃ʒʀøz] *adj.* gefährlich
dans [dɑ̃] in; **~ l'attente de votre réponse, je vous prie de recevoir, Madame, Monsieur, mes salutations respectueuses.** Mit freundlichen Grüßen. → 1/3; **~ le nord** [dɑ̃lənɔʀ] im Norden
la **danse** [ladɑ̃s] der Tanz, das Tanzen
danser [dɑ̃se] tanzen
la **datte** [ladat] die Dattel → 3/1
de [də] aus, von; **~ ... à ...** [də...a] von ... bis ...; **~ plus** [dəplys] *adv.* außerdem → 1/3; **~ manière ...** [dəmanjɛʀ] auf... Art und Weise → 2/2
De quoi je me mêle? [dəkwaʒməmɛl] Was geht dich das an? → 3/LB
[(ê)]**se débrouiller** [sədebʀuje] zurechtkommen → 2/2
le **début** [lədeby] der Anfang
décevoir qn [desvwaʀ] jdn enttäuschen
les **déchets** [ledeʃɛ] *m. pl.* der Abfall → 3/3
décider de + *inf.* [desidedə] sich entschließen, entscheiden etw. zu tun; **décider de qc** [desidedə] über etw. bestimmen → 1/1
la **décision** [ladesizjɔ̃] die Entscheidung, der Entschluss → 1/2; **prendre une ~** [pʀɑ̃dʀyndesizjɔ̃] eine Entscheidung treffen, einen Entschluss fassen → 1/2
déclarer qc [deklaʀe] etw. verkünden, erklären → MB
décoder qc [dekɔde] etw. dekodieren, etw. entschlüsseln, durchschauen → MC
le **décor** [lədekɔʀ] die Umgebung → MF
décorer qc [dekɔʀe] etw. dekorieren, etw. (aus-) schmücken → 1/3
découper qc [dekupe] etw. schneiden, ausschneiden → 2/1
la **découverte** [ladekuvɛʀt] die Entdeckung
le **découvreur** / la **découvreuse** [ladekuvʀœʀ/ladekuvʀøz] der/die Entdecker/in
découvrir qn/qc [dekuvʀiʀ] jdn/etw. entdecken
décrire qn/qc [dekʀiʀ] jdn/etw. beschreiben
la **dédicace** [ladedikas] die Widmung, die (Autoren-) Signatur → MF
la **défense** [ladefɑ̃s] die Abwehr(spieler), die Verteidigung
dégénérer [deʒeneʀe] ausarten, sich verschlechtern → MA
dégoûtant/dégoûtante [degutɑ̃/degutɑ̃t] *adj.* widerlich, ekelhaft
le **degré** [lədəgʀe] der/das Grad
dégueulasse [degœlas] *m./f. adj. fam.* widerlich, ekelhaft
déguisé/déguisée [degize] *adj.* verkleidet → MF
dehors [dəɔʀ] draußen
déjà [deʒa] schon, bereits
le **déjeuner** [ladeʒœne] das Mittagessen
le **délégué de classe** / la **déléguée de classe** [ladelegedəklas/ladelegedəklas] der/die Schülervertreter/in → MA
demain [dəmɛ̃] morgen
la **demande** [ladəmɑ̃d] die Anfrage, die Bitte, der Wunsch → 1/3
demander (qc) à qn [dəmɑ̃dea] jdn (nach etw.) fragen; **~ à parler à qn** [dəmɑ̃deapaʀlea] nach jdm fragen → 1/3; **~ à qn si** [dəmɑ̃desi] jdn fragen, ob; **~ son chemin (à qn)** [dəmɑ̃desɔ̃ʃəmɛ̃] (jdn) nach dem Weg fragen; **~ un effort** [dəmɑ̃deɛ̃nefɔʀ] eine Anstrengung verlangen
demi/demie [dəmi] *adj.* halb
la **demi-finale** [ladəmifinal] das Halbfinale
dénoncer qn/qc [denɔ̃se] jdn/etw. anprangern, anzeigen, jdn/etw. denunzieren, verraten → MC
le **départ** [lədepaʀ] die Abfahrt
[(ê)]**se dépêcher** [sədepɛʃe] sich beeilen
dépenser qc [depɑ̃se] etw. ausgeben
[(ê)]**se déplacer** [sədeplase] sich fortbewegen
depuis [dəpɥi] seit, seitdem; **~ des mois** [dəpɥidemwa] seit Monaten; **~ que** [dəpɥikə] seit, seitdem → 3/2
déranger qn [deʀɑ̃ʒe] jdn stören
dernier/dernière [dɛʀnje/dɛʀnjɛʀ] *adj.* letzter/letzte/letztes
derrière [dɛʀjɛʀ] hinter
[(ê)]**descendre** [desɑ̃dʀ] hinuntergehen; [(ê)]**~ (à + station)** [desɑ̃dʀa] aussteigen *(+ Station)*; **~ les poubelles** [desɑ̃dʀlepubɛl] den Müll rausbringen
le **désert** [lədezɛʀ] die Wüste → 3/1
désert/déserte [dezɛʀ/dezɛʀt] *adj.* verlassen, einsam
le **dessert** [lədesɛʀ] die Nachspeise
le **dessin** [lədesɛ̃] die Zeichnung, das Zeichnen
le **dessinateur** / la **dessinatrice** [lədesinatœʀ/ladesinatʀis] der/die Zeichner/in → 1/1
dessiner qc [desine] etw. zeichnen
le **détail** [lədetaj] das Detail, die Einzelheit → MC
détester qc/qn/+ *inf.* [detɛste] etw./jdn hassen, hassen etw. zu tun
deuxième [døzjɛm] *m./f. adj.* zweiter/zweite/zweites
devant [dəvɑ̃] vor
le **développement durable** [lədevəlɔpmɑ̃dyʀabl] die Nachhaltigkeit → MC
[(ê)]**se développer** [sədevlɔpe] sich entwickeln → 3/2
[(ê)]**devenir** [dəvəniʀ] werden
devoir [dəvwaʀ] müssen
les **devoirs** [ledəvwaʀ] *m. pl.* die Hausaufgaben
d'habitude [dabityd] normalerweise
le **dialogue** [lədialɔg] der Dialog → MA
le **dieu** [djø] der Gott → MB
différemment [difeʀamɑ̃] *adv.* anders → 2/2
la **différence** [ladifeʀɑ̃s] der Unterschied → 2/1
différent/différente [difeʀɑ̃/difeʀɑ̃t] *adj.* anderer/andere/anderes, anders

difficile [difisil] *m./f. adj.* schwer, schwierig
la **difficulté** [ladifikylte] die Schwierigkeit
le **dioula** [lədiula] Dioula → 3/1
dire qc (à qn) [diʀ] (jdm) etw. sagen; ~ **ses quatre vérités à qn** [diʀsekatʀveʀitea] jdm die Meinung sagen
la **discussion** [ladiskysjɔ̃] die Diskussion
discuter (de qc) [diskyte] reden, über etw. diskutieren → 1/3
disparaître [dispaʀɛtʀ] verschwinden
[ê]**se disputer** [sədispyte] sich streiten
la **distance** [ladistɑ̃s] die Entfernung, die Distanz
la **diversité** [ladivɛʀsite] die Vielfalt → ME
le **divertissement** [lədivɛʀtismɑ̃] die Unterhaltung(ssendung)
d'occasion [dɔkazjɔ̃] gebraucht → 1/LA
le **document** [lədɔkymɑ̃] das Dokument, die Unterlagen → 1/3
le **documentaire** [lədɔkymɑ̃tɛʀ] der Dokumentarfilm, die Dokumentation
le/la **documentaliste** [lə/ladɔkymɑ̃talist] der/die Dokumentalist/in
le **domaine** [lədɔmɛn] das Gebiet, der Bereich → 1/2
dommage [dɔmaʒ] schade → 2/1
donc [dɔ̃k] also, folglich
donner qc à qn [dɔnea] jdm etw. geben; ~ **son avis (sur qc)** [dɔnesɔnavi] seine Meinung (zu etw.) äußern; ~ **envie de** + *inf.* [dɔneɑ̃vidə] Lust machen, etw. zu tun; ~ **une voix à qn** [dɔneynvwaa] jdm eine Stimme geben → 3/2
dont [dɔ̃] von dem, dessen, deren → 3/3
doré/dorée [dɔʀe] *adj.* vergoldet → 3/2
dormir [dɔʀmiʀ] schlafen
doucement [dusmɑ̃] *adv.* leise → MF
la **douche** [laduʃ] die Dusche; **prendre une/sa ~** [pʀɑ̃dʀyn/saduʃ] duschen
doué/douée [due] *adj.* begabt → 1/1; **être ~ pour qc** [ɛtʀduepuʀ] begabt sein für etw. → 1/1
le **doute** [lədut] der Zweifel
douze ans et demi [duzɑ̃edəmi] zwölfeinhalb (Jahre)
le **drame** [lədʀam] das Drama → MB
le **drapeau** [lədʀapo] die Fahne, die Flagge
drôle [dʀol] *m./f. adj.* lustig, spaßig
drôlement [dʀolmɑ̃] *adv.* ziemlich, ganz schön → 2/1
la **dune** [ladyn] die Düne → MD
dur/dure [dyʀ] *adj.* hart
durant [dyʀɑ̃] während → MF
durer [dyʀe] dauern
le **DVD** / les **DVD** [lədevede/ledevede] die DVD

E

l' **eau** [lo] *f.* das Wasser; l'~ **minérale** [lomineʀal] *f.* das Mineralwasser; l'~ **gazeuse** [logazøz] *f.* das Mineralwasser mit Kohlensäure → 2/2; l'~ **plate** [loplat] *f.* das stille (Mineral-) Wasser → 2/2
l' **échange** [leʃɑ̃ʒ] *m.* der Austausch, der Tausch → 1/3
échanger qc contre qc [eʃɑ̃ʒekɔ̃tʀ] etw. gegen etw. tauschen
éclater de rire [eklatedəʀiʀ] in Lachen ausbrechen → 2/2
[ê]**s'éclater** [seklate] *fam.* viel Spaß haben
l' **écoblanchiment** [lekɔblɑ̃ʃimɑ̃] *m.* das Greenwashing → MC
l' **écolabel** [lekɔlabɛl] *m.* das Ökolabel → MC
l' **école** [lekɔl] *f.* die Schule
l' **écologie** [lekɔlɔʒi] *f.* die Ökologie → MC
écologique [ekɔlɔʒik] *m./f. adj.* umweltfreundlich, ökologisch → MC
l' **économie** [lekɔnɔmi] *f.* die Wirtschaft, die BWL (= Betriebswirtschaftslehre) → 1/2
écouter qn/qc [ekute] jdm zuhören, auf jdn hören, etw. anhören
écrire (qc à qn) [ekʀiʀ] (jdm etw.) schreiben
l' **effaceur** [lefasœʀ] *m.* der Tintenkiller
l' **effet** [lefɛ] *m.* die Wirkung, der Effekt → MF
l' **effort** [lefɔʀ] *m.* die Anstrengung
égal/égale/égaux *m. pl.* [egal/ego] *adj.* gleich → ME
l' **électro** [lelɛktʀo] *f.* die Elektromusik
élégant/élégante [elegɑ̃/elegɑ̃t] *adj.* elegant → MF
l' **élément** [lelemɑ̃] *m.* das Element → MC
l' **éléphant** [lelefɑ̃] *m.* der Elefant → 3/3
l' **élevage** [lelvaʒ] *m.* die Zucht, die Aufzucht → 3/1
l' **élève** [lelɛv] *m./f.* der/die Schüler/in
Je t'embrasse. [ʒətɑ̃bʀas] Liebe Grüße
l' **émission** [lemisjɔ̃] *f.* die (Fernseh-) Sendung; l'~ **de téléréalité** [lemisjɔ̃dəteleʀealite] *f.* die Reality-TV-Show
emmener qn/qc [ɑ̃mne] jdn/etw. mitnehmen → 3/LA, → MA
l' **émotion** [lemosjɔ̃] *f.* die Gefühlsregung, die Aufregung → MA
empêcher qn/qc de + *inf.* [ɑ̃pɛʃedə] etw. verhindern, jdn an etw. hindern → 1/1
l' **Empire** [lɑ̃piʀ] *m.* das Kaiserreich → MB
l' **emploi du temps** [lɑ̃plwadytɑ̃] *m.* der Stundenplan
l' **employeur** / l'**employeuse** [lɑ̃plwajœʀ/lɑ̃plwajøz] *m./f.* der/die Arbeitgeber/in → 1/3
emporter qc [ɑ̃pɔʀte] etw. mitnehmen → 1/2
emprunter qc [ɑ̃pʀɛ̃te] etw. ausleihen
en [ɑ̃] in; davon; ~ **bas** [ɑ̃ba] unten, nach unten → MC; ~ **car** [ɑ̃kaʀ] mit dem Reisebus; ~ **ce moment** [ɑ̃səmɔmɑ̃] zurzeit, im Moment; **en cinquième** [ɑ̃sɛ̃kjɛm] in der siebten Klasse; ~ **détail** [ɑ̃detaj] ausführlich, im Einzelnen → 3/3; ~ **direct** [ɑ̃diʀɛkt] live; ~ **direction de** + **lieu** [ɑ̃diʀɛksjɔ̃də] in Richtung + *Ort*; ~ **face de** [ɑ̃fasdə] gegenüber; ~ **forme de** [ɑ̃fɔʀmdə] in Form von → 2/3; ~ **français** / ~ **allemand** [ɑ̃fʀɑ̃sɛ/ɑ̃nalmɑ̃] auf Französisch / auf Deutsch; ~ **général** [ɑ̃ʒeneʀal] normalerweise, im Allgemeinen → 1/LA, → 2/1; ~ **haut** [ɑ̃o] oben, nach oben → MC;

~ **liberté** [ɑ̃libɛʀte] in Freiheit; ~ **ligne** [ɑ̃liɲ] online; ~ **montagne** [ɑ̃mɔ̃taɲ] in den Bergen; ~ **moyenne** [ɑ̃mwajɛn] im Durchschnitt, durchschnittlich → MF; ~ **particulier** [ɑ̃paʀtikylje] insbesondere, vor allem → MA; ~ **permanence** [ɑ̃pɛʀmanɑ̃s] im Aufenthaltsraum; ~ **en plastique** [ɑ̃plastik] aus Plastik → 2/1; ~ **plus** [ɑ̃plys] außerdem; ~ **rajouter** [ɑ̃ʀaʒute] dick auftragen → 1/3; ~ **retard** [ɑ̃ʀətaʀ] zu spät, mit Verspätung; ~ **silence** [ɑ̃silɑ̃s] still; ~ **une fois** [ɑ̃ynfwa] auf ein Mal, in einem Zug
encore [ɑ̃kɔʀ] noch; ~ **une fois** [ɑ̃kɔʀynfwa] noch einmal
encourager qn [ɑ̃kuʀaʒe] jdn ermutigen
l' **encyclopédie** [lɑ̃siklɔpedi] *f.* die Enzyklopädie, das Lexikon → MF
l' **endroit** [lɑ̃dʀwa] *m.* der Ort
énerver qn [enɛʀve] jdn ärgern; [(ê)]**s'**~ [senɛʀve] sich aufregen
l' **enfance** [lɑ̃fɑ̃s] *f.* die Kindheit → 3/2
l' **enfant** [lɑ̃fɑ̃] *m./f.* das Kind
enfin [ɑ̃fɛ̃] endlich, schließlich; Na ja, ...
engagé/engagée [ɑ̃gaʒe] *adj.* engagiert → 3/2
l' **engagement** [lɑ̃gaʒmɑ̃] *m.* das Engagement, die Verpflichtung → MC
engager qn [ɑ̃gaʒe] jdn einstellen
[(ê)]**s'engager** [sɑ̃gaʒe] sich engagieren → 1/1
l' **énigme** [lenigm] *f.* das Rätsel, das Geheimnis
l' **ennemi** *m.*/ l'**ennemie** *f.* [lenmi] der/die Feind/in → MB
[(ê)]**s'ennuyer** [sɑ̃nɥije] sich langweilen
ennuyeux/ennuyeuse [ɑ̃nɥijø/ɑ̃nɥijøz] *adj.* langweilig
énorme [enɔʀm] *m./f. adj.* riesig → 3/LA
énormément [enɔʀmemɑ̃] *adv.* sehr viel, gewaltig → 2/2
l' **enquête** [lɑ̃kɛt] *f.* die Umfrage, die Untersuchung
enregistrer qc [ɑ̃ʀəʒistʀe] etw. aufnehmen, etw. speichern → MF
enrichissant/enrichissante [ɑ̃ʀiʃisɑ̃/ɑ̃ʀiʃisɑ̃t] *adj.* bereichernd → 1/2
l' **enseignement** [lɑ̃sɛɲmɑ̃] *m.* der Unterricht, das Schulwesen → 3/1
ensemble [ɑ̃sɑ̃bl] zusammen
ensuite [ɑ̃sɥit] dann
entendre qn/qc [ɑ̃tɑ̃dʀ] jdn/etw. hören *wie* attendre; [(ê)]**s'**~ **(bien)** [sɑ̃tɑ̃dʀ] sich (gut) verstehen → 2/2
entier/entière [ɑ̃tje/ɑ̃tjɛʀ] *adj.* ganz → MF
[(ê)]**s'entraîner** [sɑ̃tʀene] trainieren
l' **entraîneur** / l'**entraîneuse** [lɑ̃tʀɛnœʀ/lɑ̃tʀɛnøz] *m./f.* der/die Trainer/in
entre [ɑ̃tʀ] unter, zwischen
l' **entrée** [lɑ̃tʀe] *f.* die Vorspeise
l' **entreprise** [lɑ̃tʀəpʀiz] *f.* das Unternehmen → 1/2
[(ê)]**entrer** [ɑ̃tʀe] hineingehen, etw. betreten; [(ê)]~ **en guerre (avec qn)** [ɑ̃tʀeɑ̃gɛʀ] gegen jdn in den Krieg ziehen
envahir [ɑ̃vaiʀ] einfallen in → MB
environ [ɑ̃viʀɔ̃] ungefähr, in etwa
l' **environnement** [lɑ̃viʀɔnmɑ̃] *m.* die Umwelt → MC
les **environs** [lezɑ̃viʀɔ̃] *m. pl.* die Umgebung → MF
s'envoler [sɑ̃vɔle] davonfliegen
envoyer qc (à qn) [ɑ̃vwaje] (jdm) etw. schicken
épais/épaisse [epɛ/epɛs] *adj.* dick → MF
l' **épaule** [lepol] *f.* die Schulter → 3/LA
l' **époque** [lepɔk] *f.* die Zeit, die Epoche
épouser qn [epuze] jdn heiraten
l' **épreuve** [lepʀœv] *f.* die Prüfung → MB
l' **EPS** [løpeɛs] der Sportunterricht
l' **équilibre** [lekilibʀ] *m.* das Gleichgewicht
l' **équipe** [lekip] *f.* die Mannschaft
équitable [ekitabl] *m./f. adj.* gerecht → MC
l' **équitation** [lekitasjɔ̃] *f.* Reiten
l' **erreur** [leʀœʀ] *f.* der Irrtum, der Fehler → MB
l' **escalade** [lɛskalad] *f.* Klettern
l' **escalier** [lɛskalje] *m.* die Treppe
l' **esclave** [lɛsklav] *m./f.* der Sklave/ die Sklavin → 3/3
l' **espagnol** [lɛspaɲɔl] *m.* Spanisch → 3/1
espérer [ɛspeʀe] hoffen
espionner qn/qc [ɛspjɔne] jdn/etw. ausspionieren
l' **espoir** [lɛspwaʀ] *m.* die Hoffnung → ME
essayer qc [eseje] etw. versuchen, etw. (an)probieren
est-ce que [ɛskə] *Fragepartikel*; ~ **je peux** + *inf.* [ɛskəʒəpø] Darf ich ... ?
et [e] und; ~ **puis** [epɥi] außerdem
l' **étage** [letaʒ] *m.* das Stockwerk, die Etage
l' **étagère** [letaʒɛʀ] *f.* das Regal
les **États-Unis (d'Amérique)** [lezetazyni] *m. pl.* die Vereinigten Staaten (von Amerika)
l' **été** [lete] *m.* der Sommer
l' **étoile** [letwal] *f.* der Stern
étonné/étonnée [etɔne] *adj.* erstaunt
l' **étranger** [letʀɑ̃ʒe] *m.* das Ausland → 1/2; **étranger/étrangère** [etʀɑ̃ʒe/etʀɑ̃ʒɛʀ] *adj.* ausländisch
être [ɛtʀ] sein; ~ **accro à qc** [ɛtʀakʀoa] nach etw. süchtig sein; ~ **assis/assise** [ɛtʀasi/asiz] sitzen → 2/2; ~ **capable de** + *inf.* [ɛtʀkapabldə] fähig sein, etw. zu tun; ~ **contre qn/qc** [ɛtʀkɔ̃tʀ] gegen jdn/ etw. sein, dagegen sein; ~ **doué/ douée pour qc** [ɛtʀduepuʀ] begabt sein für etw. → 1/1; ~ **égal à qn** [ɛtʀegala] jdm egal sein; ~ **en train de** + *inf.* [ɛtʀɑ̃tʀɛ̃də] dabei sein, etw. zu tun; ~ **fan de qn/qc** [ɛtʀəfandə] ein Fan von jdm/etw. sein; ~ **intéressé/intéressée par qn/qc** [ɛtʀɛ̃teʀesepaʀ] interessiert sein an jdm/etw. → 1/3; ~ **né/née (à/le)** [ɛtʀne] geboren sein (in/am); ~ **nul/nulle en** [ɛtʀnylɑ̃] in etw. schlecht sein, eine Niete sein; ~ **pour qn/qc** [ɛtʀpuʀ] für jdn/etw. sein, dafür sein; ~ **pressé/pressée** [ɛtʀpʀese] es eilig haben → 3/3; ~ **prêt/prête (à** + *inf.***)** [ɛtʀəpʀɛ/ɛtʀəpʀɛt] bereit sein (etw. zu tun) → 1/2; ~ **privé/privée de qc** [ɛtʀəpʀivedə] -verbot haben; ~ **séparé** [ɛtʀsepaʀe] getrennt sein

les **études** [lezetyd] *f. pl.* das Studium; **faire des ~** [fɛʀdezetyd] studieren

l' **étudiant / l'étudiante** [letydjɑ̃/letydjɑ̃t] *m./f.* der/die Student/in

euh [ø] äh

l' **euro** [løʀo] *m.* der Euro

l' **Européen / l'Européenne** [løʀɔpeɛ̃/løʀɔpeɛn] *m./f.* der/die Europäer/in

évidemment [evidamɑ̃] *adv.* natürlich, selbstverständlich → 2/2

évoquer qc [evɔke] an etw. erinnern → MC

exactement [ɛgzaktəmɑ̃] *adv.* genau → 2/3

exagéré/exagérée [ɛgzaʒeʀe] *adj.* übertrieben

exagérer [ɛgzaʒeʀe] übertreiben

l' **examen** [lɛgzamɛ̃] *m.* die Prüfung, die ärztliche Untersuchung → 1/2

l' **exclusion** [lɛksklyzjɔ̃] *f.* die Ausgrenzung → 1/1

Excuse-moi. [ɛkskyzmwa] Es tut mir leid., Entschuldige bitte.

l' **exemple** [lɛgzɑ̃pl] *m.* das Beispiel; **par ~ / p.ex.** [paʀɛgzɑ̃pl] zum Beispiel, z.B.

l' **exercice** [legzɛʀsis] *m.* die Übung

l' **exil** [lɛgzil] *m.* das Exil → MB

(ê)**s'exiler** [sɛgzile] ins Exil gehen → 3/2

exister [ɛgziste] existieren

l' **expérience** [lɛkspeʀjɑ̃s] *f.* die Erfahrung → 1/2

expliquer qc [ɛksplike] etw. erklären

l' **exposition** [lɛkspozisjɔ̃] *f.* die Ausstellung

extraordinaire [ɛkstʀaɔʀdinɛʀ] *m./f. adj.* außergewöhnlich → MF

F

facile [fasil] *m./f. adj.* leicht

la **façon** [lafasɔ̃] die Art, die Weise

faible [fɛbl] *m./f. adj.* schwach

la **faim** [lafɛ̃] der Hunger → 3/2

faire qc [fɛʀ] etw. machen, tun; **~ attention** [fɛʀatɑ̃sjɔ̃] aufpassen; **~ confiance à qn** [fɛʀkɔ̃fjɑ̃sa] jdm vertrauen; **~ croire que** [fɛʀkʀwaʀkə] so tun, als ob → MF; **~ de l'aviron** [fɛʀdəlaviʀɔ̃] rudern; **~ la cuisine** [fɛʀlakɥizin] (etw.) kochen; **~ de la guitare** [fɛʀdəlagitaʀ] Gitarre spielen; **~ de la musculation** [fɛʀdəlamyskylasjɔ̃] Kraftraining machen → 3/LA; **~ de la musique** [fɛʀdəlamyzik] musizieren; **~ des études** [fɛʀdezetyd] studieren; **~ des percussions** [fɛʀdepɛʀkysjɔ̃] trommeln, Schlagzeug spielen; **~ du baby-sitting** [fɛʀdybabisitiŋ] babysitten → 1/LA, → 3/2; **~ du bien (à qn)** [fɛʀdybjɛ̃] (jdm) gut tun; **~ du camping** [fɛʀdykɑ̃piŋ] zelten; **~ du foot** [fɛʀdyfut] Fußball spielen; (ê)**se ~ la bise** [səfɛʀlabiz] sich mit Küsschen begrüßen/verabschieden → 2/LB; **~ la connaissance de qn/qc** [fɛʀlakɔnɛsɑ̃sdə] jdn/etw. kennenlernen → MB; **~ le tour (de qc)** [fɛʀlətuʀ] um etw. herumgehen → 2/2; **~ les courses** [fɛʀlekuʀs] einkaufen; **~ mal à qn** [fɛʀmala] jdm wehtun; **~ pareil (que)** [fɛʀpaʀɛj] etw. genauso machen (wie) → 2/1; **~ partie de qc** [fɛʀpaʀtidə] zu etw. gehören, Teil sein von etw. → MC; **~ qc soi-même** [fɛʀswamɛm] etw. selbst machen → 2/1; **~ ressortir qc** [fɛʀəsɔʀtiʀ] etw. hervorheben → MF; **~ une surprise à qn** [fɛʀynsyʀpʀiza] jdn überraschen

la **famille** [lafamij] die Familie; la **~ d'accueil** [lafamijdakœj] die Gastfamilie → 2/2

le/la **fan** [lə/lafan] der Fan

fantastique [fɑ̃tastik] *m./f. adj.* fantastisch, großartig

la **fantasy** [lafɑ̃tezi] Fantasy

la **farine** [lafaʀin] das Mehl

fatigué/fatiguée [fatige] *adj.* müde

la **faute** [lafot] der Fehler, das Foul

faux/fausse [fo/fos] *adj.* falsch → MC

les **faux amis** [lefozami] *m. pl. wörtlich:* falsche Freunde → 2/3

la **fée** [lafe] die Fee

la **femme** [lafam] die Frau, die Ehefrau; la **~ de ménage** [lafamdəmenaʒ] die Putzfrau

la **fenêtre** [lafənɛtʀ] das Fenster

le **fer** [ləfɛʀ] das Eisen

la **féria** [laferja] *Straßenfest in Südfrankreich*

fermé/fermée [fɛʀme] *adj.* geschlossen

fermer (qc) [fɛʀme] (etw.) schließen, zumachen

le **festival** [ləfɛstival] das Festival

la **fête** [lafɛt] die Feier

fêter qc [fete] etw. feiern

le **feu** [ləfø] das Feuer; le **~ rouge** [ləføʀuʒ] die Ampel; le **~ d'artifice** [ləfødaʀtifis] das Feuerwerk

la **feuille** [lafœj] das Blatt

fier/fière (de qn/qc) [fjɛʀ] *adj.* stolz (auf jdn/etw.)

fièrement [fjɛʀmɑ̃] *adv.* stolz → 2/1

la **figurine** [lafigyʀin] die Figur

la **file d'attente** [lafildatɑ̃t] die Warteschlange → 1/LB

la **fille** [lafij] das Mädchen, die Tochter

le **film** [ləfilm] der Film; le **~ d'animation** [ləfilmdanimasjɔ̃] der Animationsfilm → MF

le **fils** [ləfis] der Sohn

la **fin** [lafɛ̃] das Ende

fin/fine [fɛ̃/fin] *adj.* fein, dünn → 2/1

la **finale** [lafinal] das Finale

financier/financière [finɑ̃sje/finɑ̃sjɛʀ] *adj.* finanziell → MB

finir (qc) [finiʀ] (etw.) beenden, enden *wie* réagir

fixe [fiks] *m./f. adj.* fest, unveränderlich → 1/2

le **flash-back** [ləflaʃbak] *m. inv.* die Rückblende → MF

le **fleuve** [ləflœv] der Fluss, der Strom

flexible [flɛksibl] *m./f. adj.* flexibel → 1/2

flipper [flipe] *fam.* Panik kriegen, ausflippen → 1/LB

la **flûte** [laflyt] die Flöte

la **fois / les fois** [lafwa/lefwa] das Mal; **en une ~** [ɑ̃ynfwa] auf ein Mal, in einem Zug

fonctionner [fɔ̃ksjɔne] funktionieren, arbeiten → MC, → MF

fondamental/fondamentale/fondamentaux *m. pl.* [fɔ̃damɑ̃tal/fɔ̃damɑ̃to] *adj.* grundlegend, fundamental → MF

fonder qc [fɔ̃de] etw. gründen

la **fonte** [lafɔ̃t] der (Schrift-) Guss → MF
le **foot(ball)** [ləfutbol] der Fußball, das Fußballspielen
le **footing** [ləfutiŋ] das Joggen, das Laufen → 3/LA
forcément [fɔʀsemɑ̃] *adv.* zwangsläufig → 2/2
la **forêt** [lafɔʀɛ] der Wald
la **formation** [lafɔʀmasjɔ̃] die Ausbildung → 1/3
formidable [fɔʀmidabl] *m./f. adj.* toll
fort/forte [fɔʀ/fɔʀt] *adj.* stark
la **forteresse** [lafɔʀtəʀɛs] die Festung
le **fossile** [ləfosil] das Fossil
le **fou** / la **folle** [ləfu/lafɔl] der/die Verrückte, der Fan → 3/LA
la **fraise** [lafʀɛz] die Erdbeere
le **franc CFA** [ləfʀɑ̃seefa] der CFA-Franc → 3/3
le **français** [ləfʀɑ̃sɛ] Französisch; le **Français** / la **Française** [ləfʀɑ̃sɛ/lafʀɑ̃sɛz] der Franzose, die Französin
francophone [fʀɑ̃kofɔn] *m./f. adj.* französischsprachig
frapper qn [fʀape] jdn schlagen; ~ **à la porte** [fʀapealapɔʀt] an die Tür klopfen
le **frère** [ləfʀɛʀ] der Bruder
les **frères et sœurs** [lefʀɛʀesœʀ] *m. pl.* die Geschwister
les **frites** [lefʀit] *f. pl.* Pommes frites
le **froid** [ləfʀwa] die Kälte
le **fromage** [ləfʀɔmaʒ] der Käse
le **fruit** [ləfʀɥi] die Frucht
fuir la misère [fɥiʀlamizɛʀ] vor dem Elend flüchten → ME
furieux/furieuse [fyʀjø/fyʀjøz] *adj.* wütend
le **futur** [ləfytyʀ] die Zukunft

G

gagner (qc) [gaɲe] (etw.) gewinnen; ~ **de l'argent** [gaɲedəlaʀʒɑ̃] Geld verdienen → 1/2
le **garçon** [ləgaʀsɔ̃] der Junge
garder qc [gaʀde] etw. behalten; ~ **qn** auf jdn aufpassen
le **gardien** / la **gardienne** [ləgardjɛ̃/lagardjɛn] der Wachmann, die Wachfrau; le **gardien de but** / la **gardienne de but** [ləgaʀdjɛ̃dəbyt/lagaʀdjɛndəbyt] der/die Torwart/in
la **gare** [lagaʀ] der Bahnhof
gaspiller qc [gaspije] etw. verschwenden → 3/LB
le **gâteau** / les **gâteaux** [ləgɑto/legɑto] der Kuchen; le ~ **au chocolat** [ləgɑtoofɔkɔla] der Schokoladenkuchen
le **gaz** [ləgaz] das Gas → 3/1; le ~ **naturel** [ləgaznatyʀɛl] das Erdgas → 3/1
geler [ʒəle] frieren
le **général** [ləʒeneʀal] der General → MB
généralement [ʒeneʀalmɑ̃] *adv.* im Allgemeinen → MF
génial/géniale/géniaux *m. pl.* [ʒenjal/ʒenjo] *adj. fam* toll, genial, super
le **genou** / **les genoux** [ləʒənu/leʒənu] das Knie
les **gens** [leʒɑ̃] *m. pl.* die Leute
gentil/gentille [ʒɑ̃ti/ʒɑ̃tij] *adj.* nett, freundlich
gentiment [ʒɑ̃timɑ̃] *adv.* netterweise → 2/2
la **géo** *fam.* [laʒeo] die Geographie
le **géocaching** [ləʒeokaʃiŋ] das Geocaching
le **gîte** [ləʒit] die Unterkunft, das Gästehaus
la **glace** [laglas] das Eis
le **gladiateur** [ləgladjatœʀ] der Gladiator
le **globe** [ləglɔb] der Globus
le **goût** [ləgu] der Geschmack, die Vorliebe → MA
goûter qc [gute] etw. probieren, etw. kosten → 2/3
le **gouvernement** [ləguvɛʀnəmɑ̃] die Regierung → MB
le **GPS** [ləʒepeɛs] das GPS
grâce à [gʀɑsa] dank → 3/LB, → MB, → MF
grand/grande [gʀɑ̃/gʀɑ̃d] *adj.* groß
la **Grande Guerre** [lagʀɑ̃dgɛʀ] der Erste Weltkrieg → MF
grandir [gʀɑ̃diʀ] wachsen
la **grand-mère** [lagʀɑ̃mɛʀ] die Großmutter
le **grand-père** [ləgʀɑ̃pɛʀ] der Großvater
les **grands-parents** [legʀɑ̃paʀɑ̃] *m. pl.* die Großeltern
le **graphisme** [ləgʀafism] die grafische Gestaltung → MF
grave [gʀav] *m./f. adj.* ernst, schlimm
gros/grosse [gʀo/gʀos] *adj.* groß, dick → 2/3;
le **gros plan** [ləgʀoplɑ̃] die Nahansicht → MF, die Nahaufnahme → MA
grosses bises [gʀosbiz] *f. pl.* liebe Grüße
le **groupe** [ləgʀup] die Band, die Gruppe
la **guerre** [lagɛʀ] der Krieg; la ~ **franco-prussienne** [lagɛʀfʀɑ̃kopʀysjɛn] der französisch-preußische Krieg → MB
le **guide** [lə/lagid] *m.* der/die (Reise-) Führer/in
la **guitare** [lagitaʀ] die Gitarre
le **gymnase** [ləʒimnaz] die Turnhalle

H

habillé/habillée [abije] *adj.* angezogen
[(ê)]**s'habiller** [sabije] sich anziehen
l' **habitant** / l'**habitante** [labitɑ̃/labitɑ̃t] *m./f.* der/die Einwohner/in
habiter [abite] wohnen
l' **habitude** [labityd] *f.* die Gewohnheit → 2/1
le **hamac** [ləamak] die Hängematte
le **hamster** [ləamstɛʀ] der Hamster
le **handball** [ləɑ̃dbal] Handball
handicapé/handicapée [ɑ̃dikape] *adj.* behindert; le **handicapé** / la **handicapée** [ləɑ̃dikape/laɑ̃dikape] der/die Behinderte
harceler qn [aʀsəle] jdn belästigen
l' **harmonie** [laʀmɔni] *f.* die Harmonie, der Einklang → MC
le **hasard** [ləazaʀ] der Zufall
haut/haute [o/ot] *adj.* hoch
la **hauteur** [laotœʀ] die Höhe
hélas [elɑs] leider → MB
le **héros** / l'**héroïne** *f.* [ləeʀo/leʀɔin] der/die Held/in → MF
hésiter [ezite] zögern
l' **heure** [lœʀ] *f.* die Stunde, Uhr; **à l'~** [alœʀ] pünktlich; **À quelle ~?** [akɛlœʀ] Um wie viel Uhr?

heureusement [øʀøzmɑ̃] *adv.* glücklicherweise
heureux/heureuse [øʀø/øʀøz] *adj.* glücklich
hier [jɛʀ] gestern
hip-hop [ləipɔp] der Hip-Hop
l' **histoire** [listwaʀ] *f.* die Geschichte
l' **hiver** [livɛʀ] *m.* der Winter
le **hobby** [ləobi] das Hobby
le **hockey** [ləɔkɛ] Hockey; le ~ **sur glace** [ləɔkɛsyʀglas] Eishockey
l' **homme** / les **hommes** [lɔm/lezɔm] *m.* der Mann, der Mensch; l'~ **d'affaires** [lɔmdafɛʀ] *m.* der Geschäftsmann → MF; l'~ **politique** / la **femme politique** [lɔmpɔlitik/lafampɔlitik] der/die Politiker/in → MB
honteux/honteuse [ɔ̃tø/ɔ̃tøz] *adj.* beschämend, empörend; **C'est ~!** [sɛɔ̃tø] Das ist eine Schande!
l' **hôpital** / les **hôpitaux** [lɔpital/lezɔpito] *m.* das Krankenhaus
l' **horaire** [lɔʀɛʀ] *m.* die Arbeitszeit, der Fahrplan → 1/2
l' **horreur** [lɔʀœʀ] *f.* der Schrecken, das Grauen → MB, → MF
horrible [ɔʀibl] *m./f. adj.* schrecklich → MF
l' **hôtel** [lotɛl] *m.* das Hotel
huguenot/huguenote [ygno/ygnɔt] *adj.* hugenottisch → MB; le **huguenot** / la **huguenote** [ləygno/layqnɔt] der Hugenotte / die Hugenottin → MB
l' **huile** [lɥil] *f.* das Öl → 3/1; l'~ **de palme** [lɥildəpalm] *f.* das Palmöl → 3/1
l' **huître** [lɥitʀ] *f.* die Auster → MD
l' **humour** [lymuʀ] *m.* der Humor

I

ici [isi] hier
idéal/idéale [ideal] *adj.* ideal
l' **idée** [lide] *f.* die Idee
(ê)**s'identifier à qn/qc** [sidɑ̃tifjea] sich identifizieren mit jdm/etw.
idiot/idiote [idjo/idjɔt] *adj. fam.* blöd; l'**idiot** / l'**idiote** [lidjo/lidjɔt] *m./f.* der/die Idiot/in
l' **idole** [lidɔl] *f.* das Idol
l' **igloo** [liglu] *m.* das Iglu
Il fait beau. [ilfɛbo] Es ist schönes Wetter.; **Il fait chaud.** [ilfɛʃo] Es ist warm/heiß.; **Il fait froid.** [ilfɛfʀwa] Es ist kalt.
il fait bon vivre [ilfɛbɔ̃vivʀ] es lebt sich gut → 3/2
Il fallait y penser! [ilfalɛipɑ̃se] (von *falloir*) Darauf muss man erst mal kommen! → 2/3
il faudrait + *inf.* [ilfodʀɛ] (von *falloir*) wir müssten/sollten, man müsste/sollte
il faut + *inf.* [ilfo] (von *falloir*) wir müssen, man muss; **il faut qc** [ilfo] man braucht / wir brauchen etw.; **il faut que** + *subj.* [ilfokə] es ist nötig, etw. zu tun; **Il faut que j'y aille. / Il faut qu'on y aille!** [ilfokəʒiaj/ilfokɔ̃niaj] Ich muss los. / Wir müssen los!
Il faut que je te dise un truc! [ilfokəʒətədizɛ̃tʀyk] Ich muss dir was sagen!, Ich muss dir was erzählen!
Il gèle. [ilʒɛl] Es friert.
il ne faut pas + *inf.* [ilnəfopa] (von *falloir*) wir dürfen/sollten nicht, man darf/sollte nicht; **il ne faut pas que** + *subj.* [ilnəfopakə] man darf nicht, es darf nicht
il paraît que [ilparɛ̃kə] angeblich → 2/3
Il pleut. [ilplø] (von *pleuvoir*) Es regnet.
il s'agit de [ilsaʒidə] es handelt sich um
il y a [ilja] es gibt; vor *zeitlich*
il/elle veut savoir si [il/ɛlvøsavwaʀsi] er/sie will wissen, ob
l' **île** [lil] die Insel
l' **illustration** [lilystʀasjɔ̃] *f.* die Abbildung, die Illustration → MF
l' **image** [limaʒ] *f.* das Bild → 3/2
imaginer qc [imaʒine] sich etw. vorstellen → 1/1
immense [imɑ̃s] *m./f. adj.* riesig
l' **immigré** / l'**immigrée** [limigʀe] der Einwanderer / die Einwanderin → 3/1
important/importante [ɛ̃pɔʀtɑ̃/ɛ̃pɔʀtɑ̃t] *adj.* wichtig
(ê)**s'imposer** [sɛ̃poze] sich behaupten → 3/2
impossible [ɛ̃pɔsibl] *m./f. adj.* unmöglich → MB
l' **impression** [lɛ̃pʀesjɔ̃] *f.* der Eindruck → 1/LA, → 3/3
impressionner qn [ɛ̃pʀɛsjɔne] jdn beeindrucken → 1/1
l' **imprimerie** [lɛ̃pʀimʀi] *f.* die Druckerei → MB
l' **incendie** [lɛ̃sɑ̃di] *m.* der Brand → MB
inconnu/inconnue [ɛ̃kɔny] *adj.* unbekannt
incroyable [ɛ̃kʀwajabl] *m./f. adj.* unglaublich
l' **Inde** [lɛ̃d] *f.* Indien
l' **indépendance** [lɛ̃depɑ̃dɑ̃s] *f.* die Unabhängigkeit → 3/3
indépendant/indépendante [ɛ̃depɑ̃dɑ̃/ɛ̃depɑ̃dɑ̃t] *adj.* unabhängig → 2/2
indien/indienne [ɛ̃djɛ̃/ɛ̃djɛn] *adj.* indianisch, indisch; l'**Indien** / l'**Indienne** [lɛ̃djɛ̃/lɛ̃djɛn] *m./f.* der/die Indianer/in, der/die Inder/in
indiquer qc [ɛ̃dike] etw. angeben
l' **infirmerie** [lɛ̃fiʀməʀi] *f.* die Krankenstation
l' **infirmier** / l'**infirmière** [lɛ̃fiʀmje/lɛ̃fiʀmjɛʀ] *m./f.* der/die Krankenpfleger/in
l' **information** [lɛ̃fɔʀmasjɔ̃] *f.* die Information
l' **informatique** [lɛ̃fɔʀmatik] *f.* die Informatik → 1/3
l' **ingénieur** [lɛ̃ʒenjœʀ] *m./f.* der/die Ingenieur/in
(ê)**s'inquiéter** [sɛ̃kjete] sich Sorgen machen
insister [ɛ̃siste] auf etw. bestehen, nachhaken
insolent/insolente [ɛ̃sɔlɑ̃/ɛ̃sɔlɑ̃t] *adj.* unverschämt, frech → MA
installer qc [ɛ̃stale] etw. aufbauen; (ê)**s'~** [sɛ̃stale] sich niederlassen
l' **instrument** [lɛ̃stʀymɑ̃] *m.* das Instrument
intégré/intégrée (à/dans) qc [ɛ̃tegʀe] *adj.* angepasst (an etw.), integriert (in etw.) → MF
intelligent/intelligente [ɛ̃teliʒɑ̃/ɛ̃teliʒɑ̃t] *adj.* intelligent

l' **intello** [lɛ̃telo] *m./f.* der/die Streber/in → 1/LA
interdire (à qn) de + *inf.* [ɛ̃tɛʀdiʀdə] (jdm) verbieten, etw. zu tun
intéressant/intéressante [ɛ̃teʀɛsɑ̃/ɛ̃teʀɛsɑ̃t] *adj.* interessant
être intéressé/intéressée par qn/qc [ɛtʀɛ̃teʀɛsepaʀ] interessiert sein an jdm/etw. → 1/3
intéresser qn [ɛ̃teʀese] jdn interessieren; [(e)]**s'~ à qn/qc** [sɛ̃teʀesea] sich für jdn/etw. interessieren
international/internationale/internationaux *m. pl.* [ɛ̃tɛʀnasjɔnal/ɛ̃tɛʀnasjɔno] *adj.* international
l' **interne** [lɛ̃tɛʀn] *m./f.* der/die Internatsschüler/in
Internet [ɛ̃tɛʀnɛt] *m.* das Internet; **surfer sur ~** [sœʀfesyʀɛ̃tɛʀnɛt] im Internet surfen
l' **interro** *fam.* / **l'interrogation** [lɛ̃teʀɔ/lɛ̃terɔgasjɔ̃] *f.* der Test
l' **interview** [lɛ̃tɛʀvju] *f.* das Interview
introduire qn/qc [ɛ̃tʀɔdɥiʀ] jdn/etw. einführen, einleiten → 2/1
inventer qc [ɛ̃vɑ̃te] etw. erfinden
l' **inverse** [lɛ̃vɛʀs] *m.* umgekehrt → MF
l' **invitation** [lɛ̃vitasjɔ̃] *f.* die Einladung
l' **invité** / **l'invitée** [lɛ̃vite] *m./f.* der Gast
inviter qn (à qc) [ɛ̃vite] jdn (zu etw.) einladen
ironique [iʀɔnik] *m./f. adj.* ironisch → MC
italien/italienne [italjɛ̃/italjɛn] *adj.* italienisch
ivoirien/ivoirienne [ivwaʀjɛ̃/ivwaʀjɛn] *adj.* aus der Elfenbeinküste, ivorisch → 3/2

J

J'ai écrit autre chose. [ʒeekʀiotʀʃoz] Ich habe etwas anderes geschrieben.
J'ai fait un autre exercice. [ʒɛfɛɛ̃notʀɛgzɛʀsis] Ich habe eine andere Übung gemacht.
J'ai oublié quelque chose. [ʒeublijekɛlkəʃoz] Ich habe etwas vergessen.
j'aimerais + *inf.* [ʒɛməʀɛ] ich würde gerne + *Inf.*
la **jambe** [laʒɑ̃b] das Bein; **prendre ses jambes à son cou** [pʀɑ̃dʀseʒɑ̃basɔ̃ku] die Beine in die Hand nehmen
janvier [ʒɑ̃vje] Januar
le **jardin** [ləʒaʀdɛ̃] der Garten
jaune [ʒon] *m./f. adj.* gelb; le **carton ~** [ləkaʀtɔ̃ʒon] die gelbe Karte
je crois que [ʒəkʀwakə] ich glaube, dass
Je n'ai pas compris. [ʒənɛpakɔ̃pʀi] Ich habe (es) nicht verstanden.
Je n'ai pas fini! [ʒənɛpafini] Ich bin noch nicht fertig!
Je ne sais pas. [ʒənəsɛpa] Ich weiß es nicht.
je ne voudrais pas que + *subj.* [ʒənəvudʀɛpakə] ich möchte nicht, dass
je voudrais [ʒəvudʀɛ] ich möchte gern, ich hätte gern
Je vous (le/la) passe. [ʒəvulə/lapas] Ich stelle Sie (zu ihm/ihr) durch. → 1/3
le **jean** [lədʒin] die Jeans
J'en ai jusque-là! [ʒɑ̃nɛʒyskəla] Mir steht's bis hier! → 2/LA
J'en ai marre! [ʒɑ̃nɛmaʀ] Mir reicht's!
jeter qc [ʒəte] etw. (weg)werfen → 3/3
le **jeu** / les **jeux** [ləʒø/leʒø] das Spiel; le ~ **vidéo** [ləʒøvideo] das Videospiel
le/la **jeune** [lə/laʒœn] der/die Jugendliche
jeune [ʒœn] *m./f. adj.* jung
la **jeunesse** [laʒœnɛs] die Jugend → 3/2
joli/jolie [ʒɔli] *adj.* hübsch
jouer (avec qn) [ʒwe] (mit jdm) spielen; ~ **à qc** [ʒwea] etw. spielen; ~ **de qc** [ʒwedə] spielen (Instrument)
le **joueur** / la **joueuse** [ləʒwœʀ/laʒwøz] der/die Spieler/in
le **jour** [ləʒuʀ] der Tag
le **journal** [ləʒuʀnal] die Nachrichten(sendung), die Zeitung, das Tagebuch
le/la **journaliste** [lə/laʒuʀnalist] *m./f.* der/die Journalist/in
la **journée** [laʒuʀne] der Tag; la ~ **portes ouvertes** [laʒuʀnepɔʀtzuvɛʀt] der Tag der offenen Tür
le **jumelage** [ləʒymlaʒ] die (Städte-)Partnerschaft → MB
les **jumelles** [leʒymɛl] *f. pl.* das Fernglas
le **jury** [ləʒyʀi] die Jury → MF
le **jus de fruits** [ləʒydəfʀɥi] der Fruchtsaft
jusqu'à [ʒyska] bis
jusqu'au bout [ʒyskobu] bis zum Ende
juste [ʒyst] gerade noch; **C'est ~?** [sɛʒyst] Ist das richtig?, Stimmt das?
justement [ʒystəmɑ̃] eben, genau
J'y vais! [ʒivɛ] Ich gehe hin!

K

le **kayak** [ləkajak] das Kajak, das Kajakfahren
le **kilo** [ləkilo] das Kilo
le **kilomètre** [ləkilomɛtʀ] der Kilometer
le **kiwi** [ləkiwi] die Kiwi → 2/3
le **km^2 (le kilomètre carré)** [ləkilomɛtʀkaʀe] der Quadratkilometer

L

là [la] da, hier
là-bas [laba] dort
le **label** [ləlabɛl] das Label, die Marke → MC
le **lac** [ləlak] der See
lâche [lɑʃ] *m./f. adj.* feige
lâcher qn/qc [lɑʃe] jdn/etw. loslassen
laisser qc [lese] etw. liegen lassen; ~ **qn tranquille** [lesetʀɑ̃kil] jdn in Ruhe lassen
le **lait** [ləlɛ] die Milch
la **lampe** [lalɑ̃p] die Lampe
la **langue** [lalɑ̃g] die Sprache, die Zunge
le **lapin** [ləlapɛ̃] das Kaninchen
le **lave-vaisselle** [ləlavvɛsɛl] die Spülmaschine
le **lecteur** / la **lectrice** [ləlɛktœʀ/lalɛktʀis] der/die Leser/in → MF
la **lecture** [lalɛktyʀ] die Lektüre, das Lesen
la **légende** [laleʒɑ̃d] die Legende
les **légumes** [legym] *m. pl.* das Gemüse

le **lendemain** [ləlɑ̃dəmɛ̃] *adv.* am nächsten Tag

lequel/laquelle/lesquels/lesquelles [ləkɛl/lakɛl/lekɛl/lekɛl] welcher/welche/welches

le **lettrage** [ləlɛtʀaʒ] die Schriftgestaltung, das Lettering → MF

la **lettre** [lalɛtʀ] der Brief → MB, der Buchstabe → MF; la ~ **de motivation** [lalɛtʀdəmɔtivasjɔ̃] das Bewerbungsschreiben → 1/3

(ê)**se lever** [səlәve] aufstehen

la **liberté** [libɛʀte] die Freiheit; **en ~** [ɑ̃libɛʀte] in Freiheit

la **librairie** [lalibʀɛʀi] die Buchhandlung

libre [libʀ] *m./f. adj.* frei

le **lien** [ləljɛ̃] die Verbindung → ME

la **ligne** [laliɲ] die Linie

limiter qc [limite] etw. beschränken, begrenzen

le **lion** [ləljɔ̃] der Löwe → 3/3

lire [liʀ] lesen

lisible [lizibl] *m./f. adj.* lesbar → MF

la **liste** [lalist] die Liste

le **lit** [ləli] das Bett

le **livre** [ləlivʀ] das Buch; le ~ **audio** [ləlivʀodjo] das Hörbuch → MF

la **loi** [lalwa] das Gesetz

loin [lwɛ̃] weit (weg); ~ **de** [lwɛ̃də] weit entfernt von

long/longue [lɔ̃/lɔ̃g] *adj.* lang

longtemps [lɔ̃tɑ̃] lange

le **look** [ləluk] der Look, das Outfit

le **loyer** [ləlwaje] die Miete

le **siècle des Lumières** [ləsjɛkldelymjɛʀ] *f. pl.* die Aufklärung → MB

lundi [lɛ̃di] *m.* Montag

la **lutte** [lalyt] der Kampf, das Ringen → 3/3

lutter [lyte] kämpfen

le **lycée** [ləlise] das Gymnasium, die gymnasiale Oberstufe → 2/2

M

Madame/Mme [madam] Frau (Anrede)

Mademoiselle/Mlle [madmwazɛl] Fräulein (Anrede)

le **magasin** [ləmagazɛ̃] das Geschäft

le **magazine** [ləmagazin] die Infosendung, das Magazin, die Zeitschrift

le **Maghreb** [ləmagʀɛb] der Maghreb → 3/1

la **magie** [lamaʒi] die Zauberei, die Magie

magique [maʒik] *m./f. adj.* magisch

magnifique [maɲifik] *m./f. adj.* wunderschön

le **mail** [ləmɛl] die Mail

la **main** [lamɛ̃] die Hand; les **mains vides** [lemɛ̃vid] mit leeren Händen

maintenant [mɛ̃tənɑ̃] jetzt

le **maire** [ləmɛʀ] *m./f.* der/die Bürgermeister/in → MB

mais [mɛ] aber

la **maison** [lamɛzɔ̃] das Haus

maîtriser qc [metʀize] etw. beherrschen → MA

la **majorité** [lamaʒɔʀite] die Mehrheit → 3/1

mal [mal] *adv.* schlecht; **aller ~** [alemal] sich schlecht fühlen; **faire ~ à qn** [fɛʀmala] jdm wehtun; ~ **finir** [malfiniʀ] schlecht ausgehen

le **mal du pays** [ləmaldypei] das Heimweh → 2/2

malade [malad] *m./f. adj.* krank

le **malaise** [ləmalɛz] das Unwohlsein, der Schwächeanfall → MF

le **malentendu** [ləmalɑ̃tɑ̃dy] das Missverständnis → 2/3

malgré [malgʀe] trotz → 1/1

malheureusement [maløʀøzmɑ̃] *adv.* leider, unglücklicherweise

malheureux/malheureuse [maløʀø/maløʀøz] *adj.* unglücklich

le **Mali** [ləmali] Mali → 3/1

le **malinké** [ləmalɛ̃ke] Malinke → 3/1

maman [mamɑ̃] *f.* Mama

mamie [mami] *f.* Oma

le **manga** [mɑ̃ga] das Manga

manger [mɑ̃ʒe] essen

la **mangue** [lamɑ̃g] die Mango → 3/1

manipuler qc/qn [manipyle] etw./jdn manipulieren → MC

manquer [mɑ̃ke] fehlen → 2/2

le **marchand** / la **marchande** [ləmaʀʃɑ̃/lamaʀʃɑ̃d] der/die Händler/in

marchander [maʀʃɑ̃de] handeln, verhandeln → 3/3

le **marché** [ləmaʀʃe] der Markt

le **mari** [ləmaʀi] der Ehemann, der Mann → 3/2

le **mariage** [ləmaʀjaʒ] die Hochzeit

le **marié** / la **mariée** [ləmaʀje/lamaʀje] der Bräutigam, die Braut

le **Maroc** [ləmaʀɔk] Marokko → 3/1

marocain/marocaine [maʀɔkɛ̃/maʀɔkɛn] *adj.* marokkanisch → 3/2; le **Marocain** / la **Marocaine** [ləmaʀɔkɛ̃/lamaʀɔkɛn] der/die Marokkaner/in → 3/2

la **marque** [lamaʀk] die Marke

(ê)**se marrer** [səmaʀe] Spaß haben → 2/LB

le **match** [ləmatʃ] das Spiel

les **maths** *fam.* / les **mathématiques** [lemat/lematematik] *f. pl.* Mathe

la **matière** [lamatjɛʀ] das Schulfach

le **matin** [ləmatɛ̃] der Morgen, morgens

mauvais/mauvaise [movɛ/movɛz] *adj.* schlecht, falsch

le **mécanicien** / la **mécanicienne** [ləmekanisjɛ̃/lamekanisjɛn] der/die Mechaniker/in → MF

le **médecin** [ləmedsɛ̃] der Arzt, die Ärztin → 1/1

le **médiateur** / la **médiatrice** [ləmedjatœʀ/lamedjatʀis] der/die Mediator/in

meilleur/meilleure [mɛjœʀ] *adj.* besserer/bessere/besseres; le **meilleur** / la **meilleure** [ləmɛjœʀ/lamɛjœʀ] *adj.* der/die/das beste;

la **mélodie** [lamelɔdi] die Melodie

le/la **même** [lə/lamɛm] *m./f. adj.* der-/die-/dasselbe, der/die/das gleiche, sogar

même si [mɛmsi] auch wenn, selbst wenn → 2/2

menacer qn [mənase] jdm drohen, jdn bedrohen

le **ménage** [ləmenaʒ] der Haushalt

le **menhir** [ləmeniʀ] der Menhir, der Hinkelstein

mentir [mɑ̃tiʀ] lügen

le **menu** [ləməny] das Menü, die Speisekarte

la **mer** [lamɛʀ] das Meer, die See; la ~ **Méditerranée** [lamɛʀmediteʀane] das Mittelmeer

merci [mɛʀsi] danke; ~ **de votre attention.** [mɛʀsidəvɔtʀatɑ̃sjɔ̃] Vielen Dank für eure Aufmerksamkeit.
la **mère** [lamɛʀ] die Mutter
le **message** [ləmɛsaʒ] die Botschaft, die Aussage
le **métal** [ləmetal] das Metall → 2/1
métallique [metalik] *m./f. adj.* metallen, aus Metall
le **métier** [ləmetje] der Beruf → 1/1
le **mètre** [ləmɛtʀ] der Meter
le **métro** [ləmetʀo] die U-Bahn
mettre [mɛtʀ] etw. setzen, stellen, legen; etw. tragen, anziehen; ~ **en scène** [mɛtʀɑ̃sɛn] inszenieren → 3/2; ~ **fin à qc** [mɛtʀfɛ̃a] etw. beenden → MB; **en ~ partout** [ɑ̃mɛtʀpaʀtu] alles voll kleckern → 2/1; ~ **le couvert** [mɛtʀləkuvɛʀ] den Tisch decken; ~ **le son plus fort** [mɛtʀləsɔ̃plyfɔʀ] den Ton lauter stellen; ~ **qc** [mɛtʀ] etw. streichen → 2/1
midi [midi] zwölf Uhr mittags
mieux que [mjøkə] *adv.* besser als
mille [mil] *adj.* tausend
le **milliard** [ləmiljaʀ] die Milliarde → 3/1
le **million** [ləmiljɔ̃] die Million
la **minichaîne** [laminiʃɛn] die Mini-Stereoanlage
la **minute** [laminyt] die Minute
moche [mɔʃ] *m./f. adj.* hässlich
la **mode** [lamɔd] die Mode
le **modèle** [ləmɔdɛl] das Vorbild, das Modell → 3/2
moderne [mɔdɛʀn] *m./f. adj.* modern
modeste [modɛst] *m./f. adj.* bescheiden → 1/1
moi [mwa] ich; ~ **non plus.** [mwanɔ̃ply] Ich auch nicht.; ~ **si.** [mwasi] Doch, ich schon.
moins [mwɛ̃] weniger, minus; ~ **... que** [mwɛ̃...kə] weniger ... als; ~ **le quart** [mwɛ̃l[ə]kaʀ] Viertel vor
le **mois** [ləmwa] der Monat
la **moitié** [lamwatje] die Hälfte → 3/1
le **moment** [ləmɔmɑ̃] der Moment, der Augenblick; **en ce ~** [ɑ̃səmɔmɑ̃] zurzeit, im Moment; le ~ **clé** [ləmɔmɑ̃kle] der Schlüsselmoment → MA
le **monde** [ləmɔ̃d] die Menschenmenge, die Welt
Monsieur/M. [məsjø] Herr (Anrede)
le **montage** [ləmɔ̃taʒ] die Montage
la **montagne** [lamɔ̃taɲ] der Berg; **en ~** [ɑ̃mɔ̃taɲ] in den Bergen
monter qc [mɔ̃te] etw. aufbauen, errichten
(ê)**monter dans qc** [mɔ̃tedɑ̃] in etw. einsteigen
la **montre** [lamɔ̃tʀ] die Armbanduhr → 1/2
montrer qc à qn [mɔ̃tʀea] jdm etw. zeigen
le **monument** [ləmɔnymɑ̃] das Bauwerk
(ê)**se moquer de qn/qc** [səmɔkedə] sich über jdn/etw. lustig machen
le **morceau** / les **morceaux** [ləmɔʀso] das Stück → 2/1
la **mort** [lamɔʀ] der Tod
le **mot** [ləmo] das Wort; ~ **à** ~ [motamo] wortwörtlich → 2/2; le ~ **de passe** [ləmodəpas] das Passwort
motivé/motivée [mɔtive] *adj.* motiviert → 1/3
motiver qn [mɔtive] jdn motivieren → MA
la **motoneige** [lamotonɛʒ] der Motorschlitten, das Schneemobil
les **mouillettes** [lemujɛt] *f. pl. die Brotstreifen* → 2/1
la **mousse** [lamus] der Schaum, die Mousse
la **moutarde** [lamutaʀd] der Senf
le **mouton** [ləmutɔ̃] das Schaf → 3/1
le **Moyen-Âge** [ləmwajɛnɑʒ] das Mittelalter
le **multiculturalisme** [ləmyltikyltyʀalism] die Multikulturalität → 3/2
le **mur** [ləmyʀ] die Mauer, die Wand
le **musée** [ləmyze] das Museum
le **musicien** / la **musicienne** [ləmyzisjɛ̃/lamyzisjɛn] der/die Musiker/in
la **musique** [lamyzik] die Musik; la ~ **classique** [lamysiklasik] klassische Musik
mystérieux/mystérieuse [misteʀjø/misteʀjøz] *adj.* geheimnisvoll → MF

N

nager [naʒe] schwimmen *wie* manger
le **narrateur** / la **narratrice** [lənaʀatœʀ/lanaʀatʀis] der/die Erzähler/in
la **natation** [lanatasjɔ̃] Schwimmen
national/nationale/nationaux *m. pl.* [nasjɔnal/nasjɔno] *adj.* national, National- → 3/1
la **nationalité** [lanasjɔnalite] die Staatsangehörigkeit → ME
la **nature** [lanatyʀ] die Natur
naturel/naturelle [natyʀɛl] *adj.* natürlich
le **navigateur** / la **navigatrice** [lənavigatœʀ/lanavigatʀis] der/die Seefahrer/in
le **nazisme** [lənazism] der Nationalsozialismus → MB
ne ... plus [nə...ply] nicht mehr
ne ... jamais [nə...ʒamɛ] nie
ne ... pas [nə...pa] nicht
ne ... pas de [nə...padə] kein
ne ... pas trop [nə...patʀo] nicht so (sehr, gern)
ne ... personne [nə...pɛʀsɔn] niemand
ne ... plus de [nə...plydə] kein ... mehr
ne ... rien [nə...ʀjɛ̃] nichts
Ne quittez pas. [nəkitepa] Bleiben Sie dran. → 1/3
la **neige** [lanɛʒ] der Schnee
neiger [neʒe] schneien
n'est-ce pas [nɛspa] nicht (wahr), oder (etwa nicht) → 2/LA
le **net** [lənet] das Internet
nettoyer qc [netwaje] etw. reinigen, sauber machen
le **neveu** / la **nièce** [lənəvø/lanjɛs] der Neffe, die Nichte → MB
N'importe quoi! [nɛ̃pɔʀtkwa] Was für ein Quatsch!
le **niveau** [lənivo] das Niveau → 1/3
noir/noire [nwaʀ] *adj.* schwarz
le **nom** [lənɔ̃] der Name, der Nachname → 3/2
le **nombre** [lənɔ̃bʀ] die Anzahl, die Zahl
non [nɔ̃] nein; ~ **plus** [nɔ̃ply] *adv.* auch nicht; **Non?** [nɔ̃] *fam.* Nicht wahr?

le **nord** [lənɔʀ] der Norden; **dans le ~** [dɑ̃lənɔʀ] im Norden
normal/normale/normaux *m. pl.* [nɔʀmal/nɔʀmo] *adj.* normal
normalement [nɔʀmalmɑ̃] *adv.* normalerweise
la **note** [lanɔt] die Note
noter (qc) [nɔte] (etw.) aufschreiben, notieren; **Qui note?** [kinɔt] Wer schreibt (das auf)?
la **nourriture** [lanuʀityʀ] die Nahrung
nouveau / nouvel *m.* **/ nouvelle** *f.* **nouveaux** *m. pl.* **/ nouvelles** *f. pl.* [nuvo/nuvɛl/nuvɛl/nuvo/nuvɛl] *adj.* neu
la **nouvelle** [lanuvɛl] die Nachricht, die Neuigkeit
la **nuit** [lanɥi] die Nacht, nachts
nul/nulle [nyl] *adj.* (sehr) schlecht, mies; **être nul/nulle en** [ɛtʀnylɑ̃] in etw. schlecht sein, eine Niete sein
le **numéro** [lənymeʀo] die Nummer

O

l' **objectif** [lɔbʒɛktif] *m.* das Ziel → MB
l' **objet** [lɔbʒɛ] *m.* das Objekt, der Gegenstand
observer qn/qc [ɔpsɛʀve] jdn/etw. beobachten
occidental/occidentale/occidentaux *m. pl.* [ɔksidɑ̃tal/ɔksidɑ̃to] *adj.* westlich → 3/2
(ê)**s'occuper de** [sɔkypedə] sich um etw./jdn kümmern
l' **océan** [loseɑ̃] *m.* der Ozean
l' **océan Atlantique** [loseɑ̃atlɑ̃tik] *m.* der atlantische Ozean → MD
l' **œil** / les **yeux** [lœj/lezjø] *m.* das Auge
l' **œuf** / les **œufs** [lœf/lezø] *m.* das Ei; l'**~ à la coque** [lœfalakɔk] *m.* das (weich) gekochte Ei → 2/1
l' **œuvre d'art** [lœvʀdaʀ] *f.* das Kunstwerk → MF
officiel/officielle [ɔfisjɛl] *adj.* offiziell
offrir qc à qn [ɔfʀiʀa] jdm etw. schenken, anbieten
Oh si! [osi] Ach doch!
l' **oiseau** / les **oiseaux** [lwazo/lezwazo] *m.* der Vogel
l' **olive** [lɔliv] *f.* die Olive → 3/1
l' **Olympe** [lɔlɛ̃p] *m.* der Olymp → MF
On peut toujours espérer! [ɔ̃pøtuʒuʀɛspeʀe] Die Hoffnung stirbt zuletzt!
on s'y tient [ɔ̃sitjɛ̃] man hält sich daran → MF
On y va! [ɔ̃niva] Los geht's!
l' **oncle** [lɔ̃kl] *m.* der Onkel
l' **onomatopée** [lɔnɔmatɔpe] *f.* die Lautmalerei → MF
l' **opéra** [lopeʀa] *m.* die Oper
optimiste [optimist] *m./f. adj.* optimistisch → 1/2
l' **or** [lɔʀ] *m.* das Gold
l' **orange** [lɔʀɑ̃ʒ] *f.* die Orange
orange [ɔʀɑ̃ʒ] *m./f. adj.* orange
l' **ordinateur** [lɔʀdinatœʀ] *m.* der Computer
l' **ordre** [lɔʀdʀ] *m.* der Befehl, die Ordnung → 1/2
l' **oreiller** [lɔʀeje] *m.* das Kopfkissen → 2/3
l' **organisateur** / l'**organisatrice** [lɔʀganizatœʀ/lɔʀganizatʀis] *m./f.* der/die Organisator/in
l' **organisation** [lɔʀganizasjɔ̃] *f.* die Organisation → 3/2
organiser qc [ɔʀganize] etw. strukturieren, etw. organisieren; (ê)**s'~** [sɔʀganize] sich organisieren
original/originale/originaux *m. pl.* [ɔʀiʒinal/ɔʀiʒino] *adj.* originell
l' **origine** [lɔʀiʒin] *f.* die Herkunft, der Ursprung → 3/1
oser + *inf.* [oze] sich trauen, etw. zu tun
ou [u] oder
où [u] wo, **~ est-ce que …?** [uɛskə] Wo? Wohin …?
oublier qc [ublije] etw. vergessen
oui [wi] ja
l' **ours** / les **ours** [luʀs/lezuʀs] *m.* der Bär
ouvert/ouverte [uvɛʀ/uvɛʀt] *adj.* offen
l' **ouvrier** / l'**ouvrière** [luvʀije/luvʀijɛʀ] *m./f.* der/die Arbeiter/in
ouvrir qc [uvʀiʀ] etw. öffnen *wie* offrir

P

le **pain** [ləpɛ̃] das Brot
la **paix** [lapɛ] der Frieden → MB, → MF
le **palais** [ləpalɛ] der Palast
le **pantalon** [ləpɑ̃talɔ̃] die Hose
papa [papa] *m.* Papa
papi [papi] *m.* Opa
le **papier** [ləpapje] das Papier, das Dokument → 2/1
le **paquet** [ləpakɛ] die Packung
par jour [paʀʒuʀ] pro Tag
par contre [paʀkɔ̃tʀ] jedoch, allerdings → 2/2
par exemple / p. ex. [paʀɛgzɑ̃pl] zum Beispiel, z.B.
le **paradis** [ləpaʀadi] das Paradies → MD
le **parapente** [ləpaʀapɑ̃t] Paragliding
le **parc** [ləpaʀk] der Park
parce que [paʀsəkə] weil
le **parcours** [ləpaʀkuʀ] der Parcours
pardon [paʀdɔ̃] Verzeihung
faire pareil (que) [fɛʀpaʀɛj] etw. genauso machen (wie) → 2/1
les **parents** [lepaʀɑ̃] *m. pl.* die Eltern
parfait/parfaite [paʀfɛ/paʀfɛt] *adj.* perfekt → 1/LA
parfois [paʀfwa] manchmal
le **Parisien** / la **Parisienne** [ləpaʀizjɛ̃/lapaʀizjɛn] der/die Pariser/in
le **parkour** [ləpaʀkuʀ] Parkour
parler (à qn) [paʀle] (mit jdm) sprechen; **~ de qc** [paʀledə] über etw. sprechen
parmi [paʀmi] unter, von → ME
les **paroles** [lepaʀɔl] *f. pl.* der Liedtext
partager qc [paʀtaʒe] etw. teilen, etw. aufteilen → MB
participer à qc [paʀtisipea] an etw. teilnehmen
particulièrement [paʀtikyljɛʀmɑ̃] *adv.* besonders → 1/3
la **partie** [lapaʀti] die Runde, der Teil → MB; la **~ de cartes** [lapaʀtidəkaʀt] eine Runde Karten
(ê)**partir** [paʀtiʀ] wegfahren, losgehen; (ê)**~ de rien** [paʀtiʀdəʀjɛ̃] von nichts ausgehen → 1/1; (ê)**~ en randonnée** [paʀtiʀɑ̃ʀɑ̃dɔne] wandern gehen; (ê)**~ en week-end** [paʀtiʀɑ̃wikɛnd] ins Wochenende fahren
partout [paʀtu] überall

pas du tout [padytu] gar nicht
pas grand-chose [pɑgʀɑ̃ʃoz] nicht viel, nichts Besonderes → 2/2
Pas maintenant. [pamɛ̃tənɑ̃] Nicht jetzt.
pas mal [pamal] nicht schlecht
le **passage** [ləpasaʒ] die Passage, der Durchgang → MD
(ê)**passer** [pase] laufen, kommen *Film*; vorbeigehen, vergehen → 2/2; ~ verbringen, (ê)**se ~** [səpase] geschehen, spielen; (ê)**se ~ bien/mal** [səpasebjɛ̃/mal] gut/schlecht laufen; (ê)**~ chercher qn/qc** [paseʃɛʀʃe] jdn/etw. abholen; (ê)**~ (chez qn)** (bei jdm) vorbeikommen; **~ l'aspirateur** [paselaspiʀatœʀ] staubsaugen; (ê)**~ par qc** [pasepaʀ] durch etw. fahren; (ê)**~ pour qn/qc** [pasepuʀ] für jdn/etw. gehalten werden → 3/3; **~ qc** etw. vorspielen; **~ qc à qn** [pasea] jdm etw. reichen; **~ son temps à + *inf.*** [pasesɔ̃tɑ̃a] die ganze Zeit etw. tun *wörtlich:* seine Zeit damit verbringen, etw. zu tun
la **passion** [lapasjɔ̃] die Leidenschaft → 1/1
passionnant/passionnante [pasjɔnɑ̃/pasjɔnɑ̃t] *adj.* faszinierend, fesselnd → 1/2
le **pâté** [ləpɑte] die Leberpastete
les **pâtes** [lepɑt] *f. pl.* die Nudeln → 1/LA
le **patron** / la **patronne** [ləpatʀɔ̃/lapatʀɔn] der/die Chef/in → 1/3
la **pause** [lapoz] die Pause
pauvre [povʀ] *m./f. adj.* arm
la **pauvreté** [lapovʀəte] die Armut → 3/2
payer qc [peje] etw. bezahlen
le **pays** [ləpei] das Land
le **paysage** [ləpeizaʒ] die Landschaft
la **pêche** [lapɛʃ] Angeln; la **~ sur glace** [lapɛʃsyʀglas] Eisfischen
pendant [pɑ̃dɑ̃] während
pénible [penibl] *m./f. adj.* lästig
penser à qn/qc [pɑ̃sea] an jdn/etw. denken; **penser que** [pɑ̃sekə] denken, dass
les **percussions** [lepɛʀkysjɔ̃] *f. pl.* das Schlagzeug, das Trommeln
perdre qc [pɛʀdʀ] etw. verlieren
le **père** [ləpɛʀ] der Vater
permettre à qn de + *inf.* [pɛʀmɛtʀa] jdm erlauben, etw. zu tun → 1/2
la **perruche** [lapeʀyʃ] der Wellensittich
le **personnage** [ləpɛʀsɔnaʒ] die Figur
personnalisé/personnalisée [pɛʀsɔnalize] *adj.* personalisiert → MF
la **personnalité** [lapɛʀsɔnalite] die Persönlichkeit
la **personne** [lapɛʀsɔn] die Person
personnel/personnelle [pɛʀsɔnɛl] *adj.* persönlich
petit/petite [pəti/pətit] *adj.* klein
le **petit-déjeuner** [ləptideʒœne] das Frühstück
la **petite cuillère** [lapətitkɥijɛʀ] der Teelöffel → 2/1
les **petites annonces** [lepətitzanɔ̃s] *f. pl.* die Kleinanzeigen → 1/LA
le **petit-fils** / la **petite-fille** [ləpətifis/lapətitfij] der/die Enkel/in → MB
le **pétrole** [ləpetʀɔl] das Erdöl → 3/1
peu (de) [pø] *adv.* wenig, wenige (von etw.)
le **peul** [ləpøl] Fulfulde → 3/1
peuplé/peuplée [pœple] *adj.* bevölkert → 3/1
la **peur** [lapœʀ] die Angst; **avoir ~** [avwaʀpœʀ] Angst haben, Angst bekommen; **faire ~ à qn** [fɛʀpœʀa] jdm Angst machen
peut-être [pøtɛtʀ] vielleicht
le **phare** [ləfaʀ] der Leuchtturm
le/la **philosophe** [lə/lafilɔzɔf] *m./f.* der/die Philosoph/in → MB
le **phosphate** [ləfɔsfat] das Phosphat → 3/1
la **photo** [lafɔto] das Foto, das Bild; la **~ d'identité** [lafotodidɑ̃tite] das Passfoto → 1/3
photographier qn/qc [fɔtɔgʀafje] jdn/etw. fotografieren
la **phrase** [lafʀaz] der Satz
la **physique** [lafizik] die Physik
le **piano** [ləpjano] das Klavier
la **pièce** [lapjɛs] das Stück, das Teil; la **~ jointe** [lapjɛsʒwɛ̃t] der Anhang → 1/3
le **pied** [ləpje] der Fuß
la **pierre** [lapjɛʀ] der Stein
le **ping-pong** [ləpiŋpɔ̃g] Tischtennis
le **pique-nique** [ləpiknik] das Picknick
le **pirate** [ləpiʀat] der Pirat → MF
pirater qc [piʀate] etw. hacken
la **piscine** [lapisin] das Schwimmbad
le **placard** [ləplakaʀ] der Wandschrank
la **place** [laplas] der Platz
la **plage** [laplaʒ] der Strand
(ê)**se plaindre de qc** [səplɛ̃dʀdə] sich beklagen über etw. → 2/3
plaire à qn [plɛʀa] jdm gefallen
le **plan** [ləplɑ̃] der Stadtplan, die Karte; le **~ large** [ləplɑ̃laʀʒ] die Panoramaeinstellung → MF
le **planétarium** [ləplanetaʀjɔm] das Planetarium
le **plastique** [ləplastik] das Plastik, der Kunststoff → 2/1
le **plat** [ləpla] das (Haupt-) Gericht, die Platte
la **plate-forme** [laplatfɔʀm] die Plattform
plein/pleine [plɛ̃/plɛn] *adj.* voll → 3/LA
plein de [plɛ̃də] *adv.* viele → 3/3
pleurer [plœʀe] weinen
pleuvoir [pløvwaʀ] regnen
la **plupart (de)** [laplypaʀ] die meisten (von) → 3/1
plus [plys] mehr; **~ ... que** [ply...kə] mehr ... als; **~ de** [plysdə] *adv.* mehr
plusieurs [plyzjœʀ] *adj. pl.* mehrere
plutôt [plyto] eher, lieber
la **poche** [lapɔʃ] die Tasche, das Innenfach → MF
le **point fort** [ləpwɛ̃fɔʀ] die Stärke
la **poire** [lapwaʀ] die Birne
le **pois / les pois** [ləpwa/lepwa] die Erbse
le **poisson** [ləpwasɔ̃] der Fisch
la **police** [lapɔlis] die Polizei
la **politique** [lapɔlitik] die Politik → MB
polluer [pɔlɥe] verschmutzen → MC
la **pollution** [lapɔlysjɔ̃] die Umweltverschmutzung → MC
la **pomme** [lapɔm] der Apfel
la **pomme de terre** [lapɔmdətɛʀ] die Kartoffel → 2/3
le **pont** [ləpɔ̃] die Brücke
populaire [popylɛʀ] *m./f. adj.* beliebt, populär → 3/LA
le **portable** [ləpɔʀtabl] das Handy
la **porte** [lapɔʀt] die Tür

le **porte-bonheur** [ləpɔʀtbɔnœʀ] der Glücksbringer
porter qc [pɔʀte] etw. tragen; **~ chance** [pɔʀteʃɑ̃s] Glück bringen → 3/LA
le **portrait** [ləpɔʀtʀɛ] das Porträt → 3/2
le **Portugal** [ləpɔʀtygal] Portugal
poser qc [poze] etw. (hin)stellen, (hin)legen; (ê)**(se) ~ des questions** [pozedekɛstjɔ̃] (sich) Fragen stellen → 3/2; (ê)**ne pas se ~ de questions** [nəpasəpozedəkɛstjɔ̃] nicht groß nachdenken → 1/LA; **~ sa candidature** [pozesakɑ̃didatyʀ] sich bewerben → 1/2; (ê)**se ~ (sur)** [səpoze] sich niederlassen (auf)
positif/positive [pozitif/pozitiv] *adj.* positiv → 3/2
possible [pɔsibl] *m./f. adj.* möglich
le **poster** [ləpɔstɛʀ] das Poster
la **poubelle** [lapubɛl] der Mülleimer; **descendre les poubelles** [desɑ̃dʀlepubɛl] den Müll rausbringen
le **poulet** [ləpulɛ] das Hähnchen → 3/3
pour [puʀ] für; ~ + *inf.* [puʀ] um ... zu + *Inf.*
pour cent [puʀsɑ̃] das Prozent
pour finir [puʀfiniʀ] zum Schluss
Pourquoi? [puʀkwa] Warum?
pourtant [puʀtɑ̃] trotzdem → 2/2
pouvoir + *inf.* [puvwaʀ] etw. tun können/dürfen
le **pouvoir** [puvwaʀ] die Macht, die Fähigkeit
pratique [pʀatik] *m./f. adj.* praktisch; la **pratique** [lapʀatik] die Praktik, die Praxis → MC
pratiquer qc etw. praktizieren, ausüben → MB
le **pré** [ləpʀe] das Feld → MC
précis/précise [pʀesi/pʀesiz] *adj.* genau, exakt → MF
préféré/préférée [pʀefeʀe] *adj.* Lieblings-
préférer qn/qc /+ *inf.* [pʀefeʀe] jdn/etw. bevorzugen, etw. lieber mögen
le **préjugé** [ləpʀeʒyʒe] das Vorurteil → ME
premier/première [pʀəmje/pʀəmjɛʀ] *adj.* erster/erste/erstes
le **premier plan** [ləpʀəmjeplɑ̃] der Vordergrund → MA, → MC
la **Première Guerre mondiale** [lapʀəmjɛʀgɛʀmɔ̃djal] der Erste Weltkrieg → MB
prendre qc [pʀɑ̃dʀ] etw. zu sich nehmen; **~ des risques** [pʀɑ̃dʀdeʀisk] Risiken eingehen → MA; **~ en photo qn/qc** [pʀɑ̃dʀɑ̃fɔto] jdn/etw. fotografieren; **~ la défense de qn** [pʀɑ̃dʀladefɑ̃sdə] jdn verteidigen; **~ le soleil** [pʀɑ̃dʀləsɔlɛj] sich sonnen; **~ ses distances** [pʀɑ̃dʀsedistɑ̃s] Abstand nehmen; **~ ses jambes à son cou** [pʀɑ̃dʀseʒɑ̃basɔ̃ku] die Beine in die Hand nehmen; **~ une décision** [pʀɑ̃dʀyndesizjɔ̃] eine Entscheidung treffen, einen Entschluss fassen → 1/2; **~ une/sa douche** [pʀɑ̃dʀyn/saduʃ] duschen
le **prénom** [ləpʀenɔ̃] der Vorname → MB
préparer qc [pʀepaʀe] etw. vorbereiten, zubereiten; (ê)**se ~** [səpʀepaʀe] sich fertig machen
près de [pʀɛdə] bei, in der Nähe (von)
la **présentation** [lapʀezɑ̃tasjɔ̃] die Präsentation
présenté/e par [pʀezɑ̃tepaʀ] präsentiert von
présenter qn/qc (à qn) [pʀezɑ̃te] (jdm) jdn/etw. vorstellen; (ê)**se ~ (à qn)** [səpʀezɑ̃te] sich (jdm) vorstellen
le **président** / la **présidente** [ləpʀezidɑ̃/lapʀezidɑ̃t] der/die Präsident/in → MB
presque [pʀɛsk] *adv.* fast
prestigieux/prestigieuse [pʀɛstiʒjø/pʀɛstiʒjøz] *adj.* glanzvoll, renommiert → MD
prêt/prête [pʀɛ/pʀɛt] *adj.* fertig, bereit → 1/2; **être prêt/prête (à +** *inf.***)** [ɛtʀəpʀɛ/ɛtʀpʀɛt] bereit sein (etw. zu tun) → 1/2
la **preuve** [lapʀœv] der Beweis
prévenir qn [pʀevniʀ] jdn verständigen
la **princesse d'un jour** [lapʀɛ̃sɛsdɛ̃ʒuʀ] Prinzessin für einen Tag
principal/principale/ principaux *m. pl.* [pʀɛ̃sipal/pʀɛ̃sipo] *adj.* Haupt-;
le **principal** / la **principale** [ləpʀɛ̃sipal/lapʀɛ̃sipal] der/die Schulleiter/in
le **printemps** [ləpʀɛ̃tɑ̃] der Frühling
la **prison** [lapʀizɔ̃] das Gefängnis
le **prisonnier** / la **prisonnière** [ləpʀizɔnje/lapʀizɔnjɛʀ] der/die Gefangene → MF
privé/privée [pʀive] *adj.* privat
le **prix / les prix** [ləpʀi] der Preis → 3/3
le **problème** [ləpʀɔblɛm] das Problem
prochain/prochaine [pʀɔʃɛ̃/pʀɔʃɛn] *adj.* nächster/nächste/nächstes
la **production** [lapʀɔdyksjɔ̃] die Produktion → MF
le **produit** [ləpʀɔdɥi] das Produkt
le/la **prof** [lə/lapʀɔf] *fam.* / le/la **professeur** [ləpʀɔfɛsœʀ/lapʀɔfɛsœʀ] der/die Lehrer/in; le/la **professeur de français** [lə/lapʀɔfɛsœʀdəfʀɑ̃sɛ] der/die Französischlehrer/in
la **profession** [lapʀɔfesjɔ̃] Beruf → MB
professionnel/professionnelle [pʀɔfɛsjɔnɛl] *adj.* beruflich, Berufs- → 1/3
le **profil** [ləpʀɔfil] das Profil
le **programme** [ləpʀɔgʀam] das Programm
programmé/programmée [pʀɔgʀame] *adj.* vorprogrammiert → MB
le **progrès** [ləpʀɔgʀɛ] der Fortschritt → 2/2
le **projet** [ləpʀɔʒɛ] das Projekt, das Vorhaben
(ê)**se promener** [səpʀɔmne] spazieren gehen
promettre (à qn) de + *inf.* [pʀɔmɛtʀdə] jdm etw. versprechen
les **propos** [lepʀɔpo] *m. pl.* die Äußerungen → ME
proposer (à qn) de + *inf.* [pʀɔpozedə] jdm vorschlagen, etw. zu tun; **~ qc (à qn)** (jdm) etw. vorschlagen, anbieten
la **proposition** [lapʀɔpozisjɔ̃] der Vorschlag
propre [pʀɔpʀ] *m./f. adj.* eigen → 1/2
la **protection** [lapʀɔtɛksjɔ̃] der Schutz → MC

protéger qn/qc [pRɔteʒe] jdn/etw. bewahren, schützen

le **protestant** / la **protestante** [ləpRɔtɛstɑ̃/lapRɔtɛstɑ̃t] der/die Protestant/in → MB

la **province** [lapRɔvɛ̃s] die Provinz

provisoire [pRɔvizwaR] *m./f. adj.* vorläufig, provisorisch → MB

provoquer qn/qc [pRɔvɔke] jdn/etw. herausfordern, provozieren → MC

la **Prusse** [lapRys] Preußen → MB

le **public** [ləpyblik] das Publikum → 3/LA, → MF

la **pub** *fam.* / la **publicité** [lapyb/lapyblisite], die Werbung, die Anzeige, der Werbespot → MC

puis [pɥi] dann

le **pull** *fam.* / le **pull-over** [ləpyl/ləpylɔvɛR] der Pulli, der Pullover

Q

le **quai** [ləke] der Kai

la **qualité** [lakalite] die Qualität, der Vorzug → 1/2

quand [kɑ̃] wenn, immer wenn; ~ **est-ce que ...?** [kɑ̃tɛskə] Wann ...?

quand même [kɑ̃mɛm] trotzdem, dennoch

le **quart** [ləkaR] die Viertelstunde; **et quart** [ekaR] Viertel nach ...

le **quartier** [ləkaRtje] das Viertel

que [kə] den, die, das *Relativpronomen*

le **Québec** [ləkebɛk] Quebec

québécois/québécoise [kebɛkwa/kebɛkwaz] *adj.* aus Quebec; le **Québécois** / la **Québécoise** [ləkebekwa/lakebekwaz] der/die Einwohner/in von Quebec

quel/quelle [kɛl] welcher/welche/welches

Quelle chance! [kɛlʃɑ̃s] Was für ein Glück!

quelque chose [kɛlkəʃoz] etwas; ~ **se trouve** [kɛlkəʃozsətRuv] etwas befindet sich/liegt

quelque chose de + *adj.* [kɛlkəʃozdə] etwas + *Adj.*

quelques [kɛlkə] *adj. pl.* einige, ein paar

quelqu'un [kɛlkɛ̃] jemand; ~ **d'autre** [kɛlkɛ̃dotR] jemand anders; ~ **de bien** [kɛlkɛ̃dəbjɛ̃] ein guter Mensch → 1/1

Qu'est-ce que ça veut dire? [kɛskəsavødiR] Was bedeutet das?

Qu'est-ce qui ...? [kɛski] Was ...?; **Qu'est-ce qu'il y a?** [kɛskilja] Was gibt es? **Qu'est-ce que ...?** [kɛskə] Was ...?; ~ **tu as écrit?** [kɛskətyaekRi] Was hast du geschrieben?; ~ **tu fais?** [kɛskətyfɛ] Was machst du?; **Qu'est-ce qu'il faut faire?** [kɛskilfofɛR] Was sollen wir machen?; **Qu'est-ce qu'il y a?** [kɛskilja] Was ist los?

la **question** [lakɛstjɔ̃] die Frage; **(se) poser des questions** [pozedekɛstjɔ̃] (sich) Fragen stellen → 3/2; [(ê)]**ne pas se poser de questions** [nəpasəpozedəkɛstjɔ̃] nicht groß nachdenken → 1/LA

qui [ki] der, die, das *Relativpronomen*

Qui est-ce que ...? [kiɛskə] Wen ...?

Qui est-ce qui ...? [kiɛski] Wer ...?

qui s'inspire/nt de [kisɛ̃spiRdə] nach der Vorlage von → MA

Qui? [ki] Wer?; ~ **fait quoi?** [kifɛkwa] Wer macht was?

quinze jours [kɛ̃zʒuR] vierzehn Tage, zwei Wochen → 1/3

quitter qn/qc [kite] jdn/etw. verlassen → ME

quoi [kwa] was

quotidien/quotidienne [kɔtidjɛ̃/kɔtidjɛn] *adj.* täglich → 2/1; le **quotidien** [ləkɔtidjɛ̃] der Alltag → MA

R

le **R&B** [ləaRɛnbi] der R&B

le **racisme** [ləRasism] der Rassismus → ME

raciste [Rasist] *adj.* rassistisch → ME

raconter qc (à qn) [Rakɔ̃te] (jdm) etw. erzählen

la **radio** [laRadjo] das Radio

le **rafting** [ləRaftiŋ] Rafting → MD

râler [Rɑle] meckern, motzen

le **rallye** [ləRali] die Rallye

la **randonnée** [laRɑ̃dɔne] die Wanderung

le **randonneur** / la **randonneuse** [ləRɑ̃dɔnœR/laRɑ̃dɔnøz] der Wanderer / die Wanderin → MD

ranger qc [Rɑ̃ʒe] etw. aufräumen; ~ **le lave-vaisselle** [Rɑ̃ʒeləlavvɛsɛl] die Spülmaschine ein-/ausräumen

le **rap** [ləRap] der Rap

rapide [Rapid] *m./f. adj.* schnell

rapidement [Rapidmɑ̃] *adv.*

rappeler qn [Rapəle] jdn zurückrufen

rapprocher qn/qc [RapRɔʃe] einander näher bringen → MB

rassuré/rassurée [RasyRe] *adj.* beruhigt

rater qn/qc [Rate] jdn/etw. verpassen, durchfallen → 1/2

réagir [Reaʒir] reagieren

le **réalisateur** / la **réalisatrice** [ləRealizatœR/laRealizatRis] der/die Regisseur/in → MA

réaliste [Realist] *m./f. adj.* realistisch

la **réalité** [laRealite] die Realität → MB

la **réception** [laResɛpsjɔ̃] die Rezeption, der Empfang → 1/3

la **recette** [laRəsɛt] das (Koch-) Rezept

recevoir qn/qc [RəsəvwaR] jdn empfangen, etw. erhalten

la **recherche** [laRəʃɛRʃ] die Forschung, die Suche

recommencer [Rəkɔmɑ̃se] wieder anfangen, etw. noch einmal tun

récompenser qn/qc [Rekɔ̃pɑ̃se] jdn/etw. belohnen, auszeichnen → MF

la **réconciliation** [laRekɔ̃siljasjɔ̃] die Versöhnung → MB

reconnaître qn/qc [RəkɔnɛtR] jdn/etw. wiedererkennen, etw. zugeben

la **récréation** [laRekReasjɔ̃] die Pause

récupérer qc [RekypeRe] etw. zurückbekommen

redemander [Rədəmɑ̃de] noch einmal fragen

réécouter qc [Reekute] etw. noch einmal anhören

réel/réelle [Reɛl] *adj.* echt, real → MC

réfléchir (à/sur qn/qc) [ReflejiR] nachdenken (über jdn/etw.)

la **Réforme** [laRefɔRm] die Reformation → MB

réformé/réformée [RefɔRme] *adj.* reformiert, protestantisch → MB le **refrain** [ləʀəfʀɛ̃] der Refrain

le **réfugié** / la **réfugiée** [ləʀefyʒje/laʀefyʒje] der Flüchtling → MB

le **refus** [ləʀəfy] die Weigerung, die Ablehnung → 3/2

le **regard** [ləʀəgaʀ] der Blick → MB, → MF

regarder qn/qc [ʀəgaʀde] jdn/etw. ansehen

le **reggae** [ləʀɛge] der Reggae

la **région** [laʀeʒjɔ̃] die Gegend

la **règle** [laʀɛgl] das Lineal

rejeter qc/qn [ʀəʒte] jdn/etw. zurückweisen, ablehnen → ME

rejoindre qn [ʀəʒwɛ̃dʀ] jdn treffen, jdn einholen → 2/3

la **relation** [laʀəlasjɔ̃] die Beziehung

la **religion** [laʀəliʒjɔ̃] die Religion → MB

remarquer qn/qc/que [ʀəmaʀke] jdn/etw. bemerken, bemerken (dass)

remettre qc [ʀəmɛtʀ] etw. verleihen → MF

la **remise des médailles** [laʀəmizdemedaj] die Siegerehrung

le **rempart** [ləʀɑ̃paʀ] die Stadtmauer

remplir qc [ʀɑ̃pliʀ] etw. füllen, etw. ausfüllen → 2/1

la **Renaissance française** [laʀənɛsɑ̃sfʀɑ̃sɛz] die französische Renaissance → MD

la **rencontre** [laʀɑ̃kɔ̃tʀ] das Treffen

rencontrer qn [ʀɑ̃kɔ̃tʀe] jdm begegnen, jdn treffen, sich mit jdm treffen

le **rendez-vous** [ləʀɑ̃devu] die Verabredung, der Termin; **rendez-vous** + *Zeit/Ort* [ʀɑ̃devu] wir treffen uns in/im/am …

rendre qc authentique [ʀɑ̃dʀotɑ̃tik] etw. authentisch wirken lassen/machen → MA

la **rentrée** [laʀɑ̃tʀe] der Schuljahresbeginn

rentrer (à la maison) [ʀɑ̃tʀe] nach Hause gehen

renverser qn/qc [ʀɑ̃vɛʀse] etw. kippen, jdn/etw. umstoßen → 3/LA

reparler de qc à qn [ʀəpaʀledə] noch einmal mit jdm über etw. sprechen

le **repas** [ləʀəpa] das Essen, die Mahlzeit

repasser qc [ʀəpase] etw. wiederholen → 1/2

répéter (qc) [ʀepete] (etw.) wiederholen, nachsprechen

la **répétition** [laʀepetisjɔ̃] die Wiederholung → MC

répondre (à qn/qc) [ʀepɔ̃dʀ] jdm antworten, etw. beantworten

la **réponse** [laʀepɔ̃s] die Antwort → 1/3

le/la **reporter** [lə/laʀəpɔʀtɛʀ] *m./f.* der/die Reporter/in → 1/1

(ê)**se reposer** [səʀepoze] sich ausruhen

représenter qc/qn [ʀəpʀezɑ̃te] etw./jdn darstellen, bedeuten → ME; etw./jdn zeigen → MF

reprocher qc à qn [ʀəpʀɔʃe] jdm etw. vorwerfen → MA

le **RER** [ləɛʀœɛʀ]

le **réseau** [ləʀezo] das Netz

la **réserve naturelle** [laʀezɛʀvnatyʀɛl] das Naturschutzgebiet → MD

respecter qn/qc [ʀɛspɛkte] jdn/etw. respektieren

la **responsabilité** [laʀɛspɔ̃sabilite] die Verantwortung → 1/2

ressembler à qn/qc [ʀəsɑ̃blea] jdm/etw. ähneln → 1/1

les **ressources** [leʀəsuʀs] *f. pl.* die Ressourcen, Bodenschätze → 3/1

le **resto** *fam.* / le **restaurant** [ləʀɛsto/ləʀɛstoʀɑ̃] das Restaurant, das Lokal

le **reste** [ləʀɛst] der Rest

(ê)**rester** [ʀɛste] bleiben

le **résultat** [ləʀezylta] das Ergebnis

le **résumé** [ləʀezyme] die Zusammenfassung, die Inhaltsangabe

le **retour** [ləʀətuʀ] die Rückkehr

(ê)**retourner à** [ʀətuʀnea] zurückkehren zu/nach

retrouver qn [ʀətʀuve] jdn treffen; (ê)**se ~** [səʀətʀuve] sich (wieder) treffen

réussir (qc) [ʀeysiʀ] (es/etw.) schaffen, gelingen

le **rêve** [ləʀɛv] der Traum

(ê)**revenir** [ʀəvniʀ] zurückkommen → 2/2

rêver (de qn/qc) [ʀɛve] (von jdm/etw.) träumen; ~ **de** + *inf.* [ʀɛvedə] träumen, etw. zu tun

la **révocation** [laʀevɔkasjɔ̃] die Widerrufung → MB

la **révolution** [laʀevɔlysjɔ̃] die Revolution → MF

révoquer qc [ʀevɔke] etw. widerrufen → MB

riche [ʀiʃ] *m./f. adj.* reich

la **richesse** [laʀiʃɛs] der Reichtum, die Fülle → MF

rien de spécial [ʀjɛ̃dəspesjal] nichts Besonderes

rigoler [ʀigɔle] lachen, Spaß haben/machen

rire [ʀiʀ] lachen

la **rivière** [laʀivjɛʀ] der Fluss

le **riz** [ləʀi] der Reis

la **robe** [laʀɔb] das Kleid

le **rocher** [ləʀɔʃe] der Felsen

le **rock** [ləʀɔk] die Rockmusik

le **roi** / la **reine** [ləʀwa/laʀɛn] der/die König/in → MF

le **rôle** [ləʀol] die Rolle

les **rollers** [leʀɔlœʀ] *m. pl.* die Inliner

romain/romaine [ʀɔmɛ̃/ʀɔmɛn] *adj.* römisch

le **roman** [ləʀɔmɑ̃] der Roman; le ~ **de fantasy** [ləʀɔmɑ̃dəfɑ̃tɛzi] der Fantasyroman; le ~ **policier** [ləʀɔmɑ̃pɔlisje] der Kriminalroman

romantique [ʀɔmɑ̃tik] *m./f. adj.* romantisch → MF

rose [ʀoz] *m./f. adj.* rosa

rouge [ʀuʒ] *m./f. adj.* rot

la **route** [laʀut] die Landstraße, die Fernverkehrsstraße

royal/royale/royaux *m. pl.* [ʀwajal/ʀwajo] *adj.* königlich, Königs-

le **ruban** [ləʀybɑ̃] das Band → 2/1

la **rue** [laʀy] die Straße; la ~ **piétonne** [laʀypjetɔn] die Fußgängerzone

le **rugby** [ləʀygbi] das Rugby

la **rupture** [laʀyptyʀ] der Bruch, die Unterbrechung → MF

le **rythme** [ləʀitm] der Rhythmus

S

le **sable** [ləsabl] der Sand → MD

le **sac** [ləsak] die Tasche; **faire son ~** [fɛʀsɔ̃sak] seine Tasche packen/vorbereiten

la **salade** [lasalad] der Salat; la ~ **de fruits** [lasaladəfʀɥi] der Obstsalat
le **salaire** [ləsalɛʀ] das Gehalt → 1/2; le ~ **fixe** [ləsalɛʀfiks] das Festgehalt → 1/2
salé/salée [sale] *adj.* salzig, gesalzen → MD
la **salle de bains** [lasaldəbɛ̃] das Badezimmer
la **salle de classe** [lasaldəklas] der Klassenraum
la **(salle de) permanence** [lasaldəpɛʀmanɑ̃s] der Aufenthaltsraum
la **salle de séjour** [lasaldəseʒuʀ] das Wohnzimmer
la **salle des profs** [lasaldepʀɔf] das Lehrerzimmer
Salut! [saly] *fam.* Hallo! Tschüss!
le **sandwich** [ləsɑ̃dwitʃ] das Sandwich
sans [sɑ̃] ohne; ~ **blague!** [sɑ̃blag] Kein Scherz?
le **sans-papiers** [ləsɑ̃papjə] der illegale Einwanderer
la **sardine** [lasaʀdin] die Sardine, der (Zelt-)Hering
la **sauce** [lasos] die Soße; la ~ **tomate** [lasostɔmat] die Tomatensoße
la **saucisse** [lasosis] die Wurst → 2/3
sauver qn/qc [sove] jdn/etw. retten → 1/2
savoir qc [savwaʀ] etw. wissen; **n'en ~ rien** [nɑ̃savwaʀjɛ̃] keine Ahnung haben (von etw.) → 1/2
le **scénario** [ləsenaʀjo] das Drehbuch → MA
le/la **scénariste** [lə/lasenaʀist] *m./f.* der/die (Drehbuch-)Autor/in → MF
la **scène** [lasɛn] die Szene
la **science-fiction** [lasjɑ̃sfiksjɔ̃] die Sciencefiction → MF
le **score** [ləskɔʀ] der Spielstand
la **seconde** [lasəgɔ̃d] *wörtlich:* die zweite → 2/2
la **Seconde Guerre mondiale** [lasəgɔ̃dgɛʀmɔ̃djal] der Zweite Weltkrieg → MB
le **secret** [ləsəkʀɛ] das Geheimnis
le **secrétariat** [ləsəkʀetaʀja] das Sekretariat
la **séduction** [lasedyksjɔ̃] die Verführung
le **séjour** [ləseʒuʀ] der Aufenthalt → 2/2
selon [səlɔ̃] je nachdem, je nach → MF, nach, laut → 3/2
la **semaine** [lasəmɛn] die Woche
sembler [sɑ̃ble] scheinen → MB
le **Sénégal** [ləsenegal] der Senegal → 3/1
sénégalais/sénégalaise [senegalɛ/senegalɛz] *adj.* senegalesisch → 3/3
sensibiliser qn [sɑ̃sibilize] jdn sensiblisieren → MC
le **sentier** [ləsɑ̃tje] der Fußweg → MD
sentir qc [sɑ̃tiʀ] etw. fühlen; [(ê)]**se ~** [səsɑ̃tiʀ] sich fühlen
la **série** [laseʀi] die Serie; la ~ **policière** [laseʀipɔlisjɛʀ] Krimiserie
sérieusement [seʀjøzmɑ̃] *adv.* ernsthaft
sérieux/sérieuse [seʀjø/seʀjøz] *adj.* ernst, ernsthaft
serrer la main à qn [seʀelamɛ̃a] jdm die Hand geben → 2/LB
le **serveur** / la **serveuse** [ləsɛʀvœʀ/lasɛʀvøz] der/die Kellner/in → 1/3
le **service** [ləsɛʀvis] der Service, die Bedienung → 1/3
servir à qc [sɛʀviʀa] von Nutzen sein, zu etw. dienen → 2/3; ~ **qn/qc** [sɛʀviʀ] jdn bedienen, etw. servieren → 1/3; **se ~ de qn/qc** [səsɛʀviʀdə] jdn/etw. benutzen → MC
seul/seule [sœl] *adj.* allein, einzig
seulement [sœlmɑ̃] *adv.* nur
le **shampoing** [ləʃɑ̃pwɛ̃] das Shampoo
le **shopping** [ləʃɔpiŋ] der Einkaufsbummel
si [si] wenn; ~ **ça te dit** [sisatədi] wenn du Lust hast
le **siècle** [ləsjɛkl] das Jahrhundert
signaler qc à qn [siɲalea] jdm etw. melden
signer qc [siɲe] etw. unterschreiben → 1/3
s'il te plaît [siltəplɛ] / **s'il vous plaît** [silvuplɛ] bitte
simple [sɛ̃pl] *m./f. adj.* einfach, leicht → ME
simplement [sɛ̃pləmɑ̃] *adv.* einfach → MF
le **singe** [ləsɛ̃ʒ] der Affe
sinon [sinɔ̃] sonst
le **sirop d'érable** [ləsiʀodeʀabl] der Ahornsirup
le **site (web)** [ləsit] die Webseite → 2/2
la **situation** [lasitɥasjɔ̃] die Situation → MA
situé/située [sitɥe] *adj.* gelegen → MD
six jours sur sept [siʒuʀsyʀsɛt] sechs Tage die Woche
la **sixième** [lasizjɛm] Die erste Jahrgangsstufe nach Beendigung der fünfjährigen Grundschule.
le **skate-board** [ləskɛtbɔʀd] das Skateboard
le **sketch** / les **sketches** [ləskɛtʃ/leskɛtʃ] der Sketch
le **ski** [ləski] der Ski, das Skifahren; le ~ **de fond** [ləskidəfɔ̃] Skilanglauf
le **slam** [ləslam] der (Poetry-) Slam → ME
le **slogan** [ləslɔgɑ̃] der Slogan → MC
la **société** [lasɔsjete] die Gesellschaft → MC
la **sœur** [lasœʀ] die Schwester
soigner qn/qc [swaɲe] jdn/etw. pflegen → 1/1
le **soir** [ləswaʀ] Abend, abends
la **soirée** [lasswaʀe] der Abend
le **soldat** [ləsɔlda] der Soldat → MB
le **soleil** [ləsɔlɛj] die Sonne
la **solidarité** [lasɔlidaʀite] die Solidarität
la **solution** [lasɔlysjɔ̃] die Lösung
le **son** [ləsɔ̃] der Ton, der Klang → 3/LA
sonner [sɔne] klingeln
la **sonnerie** [lasɔnʀi] die Klingel, der Klingelton
le **sorcier** / la **sorcière** [ləsɔʀsje/lasɔʀsjɛʀ] der/die Hexe/r → MF
la **sortie** [lasɔʀti] der Ausgang, Ausgehen
[(ê)]**sortir** [sɔʀtiʀ] ausgehen, hinausgehen; [(ê)]~ anlaufen *Film* → 3/2; [(ê)]~ **avec qn** [sɔʀtiʀavɛk] mit jdm zusammen sein → 1/LA; [(ê)]~ **de** [sɔʀtiʀdə] entlassen werden (aus); ~ **le chien** [sɔʀtiʀləʃjɛ̃] den Hund ausführen
souffler qc [sufle] etw. ausblasen
souffrir (de qc) [sufʀiʀ] leiden (an etw.) → ME

la **soupe** [lasup] die Suppe;la ~ **aux pois** [lasupopwa] die Erbsensuppe

la **source** [lasuʀs] die Quelle, der Ursprung → MC

sourire [suʀiʀ] lächeln → 1/3

sous [su] unter

le **sous-titre** [ləsutitʀ] der Untertitel → MC

souterrain/souterraine [suteʀɛ̃/suteʀɛn] *adj.* unterirdisch

le **souvenir** [ləsuvəniʀ] die Erinnerung

(ê)**se souvenir de qn/qc** [səsuvniʀdə] sich an jdn/etw. erinnern

souvent [suvɑ̃] oft; **le plus ~** [ləplysuvɑ̃] *adv.* meistens

les **spaghettis** [lespageti] *m. pl.* die Spaghetti

spécial/spéciale/spéciaux *m. pl.* [spesjal/spesjo] *adj.* besonders, speziell

la **spécialité** [laspesjalite] die Spezialität

le **spectacle** [ləspɛktakl] die Vorstellung, die Show → MF

le **spectateur** / la **spectatrice** [ləspɛktatœʀ/laspɛktatʀis] der/die Zuschauer/in → MA, → MF

le **sport** [ləspɔʀ] der Sport

sportif/sportive [spɔʀtif/spɔʀtiv] *adj.* sportlich; le **sportif** / la **sportive** [ləspɔʀtif/laspɔʀtiv] der/die Sportler/in

le **stade** [ləstad] das Stadion

le **stage** [ləstaʒ] der Ferienkurs, das Praktikum → 1/3

la **star** [lastaʀ] der Star

la **station** [lastasjɔ̃] die Station; la ~ **balnéaire** [lastasjɔ̃balneɛʀ] der Badeort

le **stress** [ləstʀɛs] der Stress

(ê)**se stresser** [səstʀese] sich stressen

le **style** [ləstil] der Stil

le **stylo** [ləstilo] der Kugelschreiber

subsaharien/subsaharienne [sybsaaʀjɛ̃/sybsaaʀjɛn] subsaharisch, südlich der Sahara → 3/1

le **succès** [ləsyksɛ] der Erfolg → 1/1

le **sucre** [ləsykʀ] der Zucker

le **sud** [ləsyd] der Süden → MF; le **sud-est** [ləsydɛst] der Südosten → MD

suggérer qc [sygʒeʀe] etw. andeuten → MC

suivant/suivante [sɥivɑ̃/sɥivɑ̃t] *adj.* folgender/folgende/folgendes → MD

suivre qn [sɥivʀ] jdm folgen, jdn verfolgen

super [sypɛʀ] *adj. fam.* super, toll

le **superhéros** / la **superhéroïne** [ləsypɛʀeʀo/lasypɛʀeʀɔin] der/die Superheld/in → 1/2

le **supermarché** [ləsypɛʀmaʀʃe] der Supermarkt

sur [syʀ] auf; ~ **moi** [syʀmwa] bei mir, dabei

sûr/sûre [syʀ] *adj.* sicher

sûrement [syʀmɑ̃] *adv.* sicherlich

le **surf** [ləsœʀf] Surfen

surfer sur Internet [sœʀfesyʀɛ̃tɛʀnɛt] im Internet surfen

surnaturel/surnaturelle [syʀnatyʀɛl] *adj.* übernatürlich

la **surprise** [lasyʀpʀiz] die Überraschung; **faire une ~ à qn** [fɛʀynsyʀpʀiza] jdn überraschen

surtout [syʀtu] *adv.* vor allem

le **surveillant** / la **surveillante** [ləsyʀvɛjɑ̃/lasyʀvɛjɑ̃t] die Aufsichtsperson

surveiller qn [syʀvɛje] jdn beaufsichtigen

le **suspense** [ləsyspɛns] die Spannung

les **SVT** [leɛsvete] *f. pl.* Biologie

le **symbole** [ləsɛ̃bɔl] das Symbol, das Zeichen → 3/2

sympa [sɛ̃pa] *adj. fam.* nett, sympathisch; **Ce serait ~.** [səsəʀɛsɛ̃pa] Das wäre nett.

la **synopsis** [lasinɔpsis] die Kurzbeschreibung → MA

le **système** [ləsistɛm] das System → MF

T

Ta présentation m'a plu. [tapʀezɑ̃tasjɔ̃maply] Deine Präsentation hat mir gefallen.

la **table** [latabl] der Tisch

le **tableau** / les **tableaux** [lətablo/letablo] die (Schul-)Tafel; das Gemälde

la **tablette de chocolat** [latablɛtdəʃɔkɔla] die Tafel Schokolade

le **taboulé** [lətabule] das Taboulé

la **tâche** [lataʃ] die Aufgabe, die Arbeit; les **tâches ménagères** [letaʃmenaʒɛʀ] *f. pl.* die Tätigkeiten im Haushalt

Tais-toi! [tɛtwa] Sei still!, Schweig! → 3/LB

Tant mieux! [tɑ̃mjø] Umso besser!

la **tante** [latɑ̃t] die Tante

tard [taʀ] spät; **c'était trop ~** [setɛtʀotaʀ] es war zu spät

la **tarte** [lataʀt] der Kuchen; la ~ **au riz** [lataʀtoʀi] der Milchreiskuchen

la **tartine** [lataʀtin] das Butterbrot, das belegte Brot

le **taureau** / les **taureaux** [lətɔʀo/letɔʀo] der Stier

le **tee-shirt** [lətiʃœʀt] das T-Shirt

la **télé** / la **télévision** [latele/latelevizjɔ̃] der Fernseher

télécharger qc [teleʃaʀʒe] etw. herunterladen

la **télécommande** [latelekɔmɑ̃d] die Fernbedienung

le **téléphone** [lətelefɔn] das Telefon

téléphoner [telefɔne] telefonieren, jdn anrufen

la **télévision franco-allemande** [latelevizjɔ̃fʀɑ̃koalmɑ̃d] der deutsch-französische Fernsehsender

tellement (de) [tɛlmɑ̃] so (viel/e), dermaßen (viel/e) → 1/LA

le **témoin** [lətemwɛ̃] der Zeuge, die Zeugin

le **temps** [lətɑ̃] das Wetter, die Zeit; **de ~ en ~** [dətɑ̃zɑ̃tɑ̃] ab und zu, von Zeit zu Zeit; **Tu as le ~ aujourd'hui?** [tyalətɑ̃oʒuʀdɥi] Hast du heute Zeit?; le ~ **libre** [lətɑ̃libʀ] die Freizeit

tenir qn/qc [təniʀ] jdn festhalten, etw. halten; ~ **qn par le bras** [təniʀpaʀləbʀa] jdn am Arm festhalten

le **tennis** [lətenis] das Tennis, das Tennisspielen

la **tente** [latɑ̃t] das Zelt

terminer qc [tɛʀmine] etw. beenden

la **terrasse** [lateʀas] die Terrasse

la **terre** [latɛʀ] der Boden, die Erde, die Welt → 3/LA

terrible [tɛʀibl] *m./f. adj.* furchtbar

terriblement [tɛʀibləmɑ̃] *adv.* furchtbar, schrecklich

le **test** [lətɛst] der Test

la **tête** [latɛt] der Kopf, das Gesicht → 1/LA, → 2/3, → 3/LA

le **texte** [lətɛkst] der Text

le **texto** [lətɛksto] die SMS
le **théâtre** [ləteatʀ] das Theater
le **thème** [lətɛm] das Thema
le **ticket** [lətike] das Ticket, die Fahrkarte
le **tiers** [lətjɛʀ] das Drittel → 3/1
timide [timid] *m./f. adj.* schüchtern
tirer [tiʀe] ziehen, schießen → 3/LA
le **tissu** [lətisy] der Stoff → 3/3
le **titre** [lətitʀ] der Titel, der Musiktitel
les **toilettes** [letwalɛt] *f. pl.* die Toilette
la **tolérance** [latɔleʀɑ̃s] die Toleranz → ME
tolérant/tolérante [tɔleʀɑ̃/tɔleʀɑ̃t] *adj.* tolerant → ME
la **tomate** [latɔmat] die Tomate
(ê)**tomber** [tɔ̃be] fallen, hinfallen; (ê)~ **amoureux/-euse** [tɔ̃beamuʀø/-øz] sich verlieben → MF
le **tome** [lətɔm] der Band → 1/LB
le **toréro** [lətɔʀeʀo] der Torero
la **tortue** [latɔʀty] die Schildkröte
tôt [to] früh
touchant/touchante [tuʃɑ̃/tuʃɑ̃t] *adj.* rührend, ergreifend
toucher qn/qc [tuʃe] jdn/etw. anfassen, jdn/etw. (be)treffen, jdn/etw. befallen → 3/2
toujours [tuʒuʀ] immer
la **tour** [latuʀ] der Turm
le **tour de force** [ləturdəfɔʀs] der Kraftakt → MB
le **tourisme** [ləturizm] der Tourismus
le/la **touriste** [lə/laturist] der Tourist / die Touristin
touristique [turistik] *m./f. adj.* touristisch
tourner [turne] drehen; ~ **à droite / à gauche** nach rechts/links abbiegen
le **tournoi** [ləturnwa] das Turnier
tous les deux *m. pl.* / **toutes les deux** *f. pl.* [tuledø/tutledø] alle beide; **tous/toutes** [tus/tut] *adj. pl.* alle, jeder/jede/jedes
tous les samedis [tulesamdi] jeden Samstag
tout [tu] alles; ~ **le temps** [tulətɑ̃] die ganze Zeit, ständig
tout/toute [tu/tut] *adj.* ganzer/ganze/ganzes
tout à coup [tutaku] plötzlich
tout à l'heure [tutalœʀ] gleich, in Kürze, vorhin
tout de suite [tutsɥit] *adv.* sofort
tout droit [tudʀwa] geradeaus
tout le monde [tulmɔ̃d] alle
tout près [tupʀɛ] ganz nah, ganz in der Nähe
la **tradition** [latʀadisjɔ̃] die Tradition
traditionnel/traditionnelle [tʀadisjɔnɛl] *adj.* traditionell → 3/3
le **traducteur** / la **traductrice** [lətʀadyktœʀ/latʀadyktʀis] der/die Übersetzer/in → 1/2
le **trafic** [lətʀafik] der Verkehr, der Schmuggel → MF
le **train** [lətʀɛ̃] der Zug
le **traîneau** [lətʀɛno] der Schlitten
le **traité** [lətʀete] der Vertrag → MB
le **traité de l'Élysée** [lətʀetedəlelize] der Élysée-Vertrag → MB
la **traite des Noirs** [latʀɛtdenwaʀ] der Sklavenhandel → 3/3
le **tram** [lətʀam] die Straßenbahn
la **tranche** [latʀɑ̃ʃ] die Scheibe → 2/1
la **tranche d'âge** [latʀɑ̃ʃdaʒ] die Altersgruppe → MF
tranquille [tʀɑ̃kil] *m./f. adj.* ruhig
le **travail** [lətʀavaj] die Arbeit
travailler [tʀavaje] arbeiten, lernen; **On travaille ensemble?** [ɔ̃tʀavajɑ̃sɑ̃bl] Wollen wir zusammen arbeiten?
traverser (qc) [tʀavɛʀse] (etw.) überqueren, durchqueren
le **traversin** [lətʀavɛʀsɛ̃] *das Kopfkissen* → 2/3
tremper [tʀɑ̃pe] tunken → 2/1
très [tʀɛ] sehr
le **trésor** [lətʀezɔʀ] der Schatz
triste [tʀist] *m./f. adj.* traurig
troisième [tʀwazjɛm] *m./f. adj.* dritter/dritte/drittes
(ê)**se tromper** [sətʀɔ̃pe] sich täuschen, sich irren → 2/3
trop [tʀo] zu, zu sehr, zu viel; ~ **bon** [tʀobɔ̃] *fam.* voll lecker; ~ **de** [tʀodə] zu viel
le **trou** [lətʀu] das Loch
la **troupe** [latʀup] die Truppe → MB
trouver qc [tʀuve] etw. finden; ~ **que** [tʀuvekə] finden, dass; **se** ~ [sətʀuve] sich befinden
le **truc** [lətʀyk] das Ding
tu devrais [tydəvʀɛ] du solltest
Tu m'énerves. [tymenɛʀv] Du nervst (mich).
Tu voudrais ...? [tyvudʀɛ] Würdest du gern ...?, Hättest du gern ...?
le **tuyau** / les **tuyaux** [lətɥijo/letɥijo] der Tipp → 1/3
la **typo(graphie)** [latipɔgʀafi] die Schriftart → MF

U

ultra [yltʀa] *fam.* ultra, extrem
un peu [ɛ̃pø] ein bisschen
un tas de [ɛ̃tadə] eine Menge, ein Haufen
une sorte de [ynsɔʀtdə] eine Art (von) → 2/3
unique [ynik] *m./f. adj. inv.* einzig, einzigartig → 2/3
l' **unité** [lynite] *f.* die Lektion
l' **université** [lynivɛʀsite] *f.* die Universität
l' **usine** [lyzin] *f.* die Fabrik
utile [ytil] *m./f. adj.* nützlich → 1/1
utiliser qc [ytilize] etw. benutzen

V

les **vacances** [levakɑ̃s] *f. pl.* die Ferien
la **vague** [lavag] die Welle
la **vaisselle** [lavɛsɛl] das Geschirr → 3/3
la **valise** [lavaliz] der Koffer → MF
la **vallée** [lavale] das Tal
le **vasistas** [ləvazistas] das (kleine) Klappfenster → 2/1
végétal/végétale/végétaux *m. pl.* [veʒetal/veʒeto] *adj.* pflanzlich → MC
le **vélo** [ləvelo] das Fahrrad
vendre qc (à qn) [vɑ̃dʀ] (jdm) etw. verkaufen
(ê)**venir** [vəniʀ] kommen; ~ **de** + *inf.* [vəniʀdə] gerade etw. getan haben; (ê)~ **de + pays** [vəniʀdə] kommen aus + *Land*; ~ **droit sur qn** [vəniʀdʀwasyʀ] direkt auf jdn zukommen
le **vent** [ləvɑ̃] der Wind
le **ventre** [ləvɑ̃tʀ] der Bauch → 2/2
la **vérité** [laveʀite] die Wahrheit
le **verre** [ləvɛʀ] das Glas → 2/3
vers [vɛʀ] gegen *zeitlich*
vert/verte [vɛʀ/vɛʀt] *adj.* grün

le **vestiaire** [ləvɛstjɛʀ] der Umkleideraum
les **vêtements** [levɛtmɑ̃] *m. pl.* die Kleider
la **viande** [lavjɑ̃d] das Fleisch → 3/3
la **victime** [laviktim] das Opfer
vide [vid] *m./f. adj.* leer
la **vie** [lavi] das Leben
la **vieille ville** [lavjɛjvil] die Altstadt
vieux / vieil *m.* / **vieille** *f.* [vjø/vjɛj/vjɛj] *adj.* alt
le **village** [ləvilaʒ] das Dorf
la **ville** [lavil] die Stadt
le **vin** [ləvɛ̃] der Wein → 2/LA
la **violence** [lavjɔlɑ̃s] die Gewalt
violent/violente [vjɔlɑ̃/vjɔlɑ̃t] *adj.* gewalttätig
le **visage** [ləvizaʒ] das Gesicht
la **visite** [lavizit] die Besichtigung
visiter qc [vizite] etw. besichtigen
le **visiteur** / la **visiteuse** [ləvizitœʀ/lavizitøz] der/die Besucher/in → MF
la **vitamine** [lavitamin] das Vitamin
vite [vit] schnell
vivant/vivante [vivɑ̃/vivɑ̃t] *adj.* lebendig → MA
Vive la vie! [vivlavi] Es lebe das Leben!; **Vive…** [viv] Es lebe … / Es leben …
vivre [vivʀ] leben, etw. erleben
le **vocabulaire** [ləvɔkabylɛʀ] das Vokabular, der Wortschatz
voici [vwasi] das ist/sind, hier ist/sind → 1/3
voilà [vwala] das ist; **La ~.** [lavwala] Da ist sie.
la **voile** [lavwal] Segeln
voir [vwaʀ] sehen
le **voisin** / la **voisine** [ləvwazɛ̃/lavwazin] der/die Nachbar/in
la **voiture** [lavwatyʀ] der Wagen, das Auto
la **voix** / les **voix** [lavwa/levwa] die Stimme
le **volcan** [ləvɔlkɑ̃] der Vulkan → MC
voler qc à qn [vɔlea] jdm etw. stehlen
vouloir qc/ + *inf.* [vulwaʀ] etw. wollen, etw. tun wollen; ~ **que** + *subj.* [vulwaʀkə] wollen, dass
Vous avez fini? [vuzavefini] Seid ihr fertig?
vous y êtes [vuziɛt] ihr seid da
le **voyage** [ləvwajaʒ] die Reise
voyager [vwajaʒe] reisen *wie* manger
vrai/vraie [vʀɛ] *adj.* richtig, wahr
vraiment [vʀɛmɑ̃] *adv.* wirklich
le **VTT** [ləvetete] das Mountainbike
la **vue** [lavy] die Aussicht

W

le **week-end** [ləwikɛnd] das Wochenende, am Wochenende
le **wolof** [ləwɔlɔf] Wolof → 3/1

Y

y [i] dort, dorthin

Z

le **zoom** [ləzum] der Zoom → MF
Zut! [zyt] *fam.* Mist!

Die Angabe hinter dem Pfeil verweist dich auf die *Unité* und das *Volet* oder die *Lecture* bzw. das *Module*, in der / in dem die Vokabel neu eingeführt wird: 3/1 heißt z. B. *Unité 3, Volet 1*; 3/LA heißt z. B. *Unité 3, Lecture A*; MA steht z. B. für *Module A*. Einträge ohne eine solche Angabe gehören zum Lernwortschatz von *À plus! 1*, *À plus! 2* und *À plus! 3*.

A

ab und zu de temps en temps
abbiegen (nach rechts/nach links) tourner (à droite / à gauche)
Abbildung l'illustration *f.* → MF
Abend la soirée; **Abend, abends** le soir; **Guten Abend!** Bonsoir!
Abenteuer l'aventure *f.*
aber mais; **~ sicher** bien sûr
Abfahrt le départ
Abfall les déchets *m. pl.* → 3/3
abholen (jdn/etw.) aller chercher qn/qc, passer chercher qn/qc
Abi, Abitur le bac *fam*, le baccalauréat → 3/2
ablehnen (jdn/etw.) rejeter qc/qn → ME
Ablehnung le refus → 3/2
Abwehr(spieler) la défense
ach ah
Ach doch! Oh si!
Adaption l'adaptation *f.* → MA
Affe le singe
Afrika l'Afrique
Afrikaner/in l'Africain / l'Africaine *m./f.*
afrikanisch africain/africaine *adj.* → 3/1
agressiv agressif/agressive *adj.* → MA
äh euh, ben *fam.*
ähneln (jdm/etw.) ressembler à qn/qc → 1/1
(sich) ändern changer
Ahornsirup le sirop d'érable
Akkordeon l'accordéon *m.*
Aktion l'action *f.* → 3/2
Akzent l'accent *m.*
akzeptieren (etw.) accepter qc
Album l'album *m.*
Algerien l'Algérie *f.* → 3/1
alle tous/toutes *adj. pl.*, tout le monde; **~ beide** tous les deux *m. pl.* / toutes les deux *f. pl.*
Allee l'avenue *f.*
allein seul/seule *adj.*
allerdings par contre → 2/2
Allergie l'allergie *f.*
alles tout; **Das ist ~.** C'est tout.
Alltag le quotidien → MA
Alpen les Alpes *f. pl.* → MD
als comme
also alors, donc
alt ancien/ancienne *adj.* → MA, vieux / vieil *m.* / vieille *f. adj.*; **so ~ sein wie jd** avoir l'âge de qn
Alter l'âge *m.*
Altersgruppe la tranche d'âge → MF
Altstadt la vieille ville
am Anfang (von etw.) au début (de qc) *adv.*
am Apparat à l'appareil → 1/3
am Ende von etwas au bout de qc → 2/3
am Ufer von au bord de
Amerika l'Amérique *f.* → 3/3
Ampel le feu rouge
an Bord à bord → MF
an deiner Stelle à ta place → 1/1
an der frischen Luft au grand air
an diesem Wochenende ce week-end
an etw. denken avoir qc en tête → 2/3
Ananas l'ananas *m.*
anbieten (jdm etw.) offrir qc à qn, proposer qc (à qn)
anderer/andere/anderes autre *m./f. adj.*; différent/différente *adj.*
anders autrement *adv.*, différemment *adv.* → 2/2
andeuten (etw.) suggérer qc à qn → MC
Anekdote l'anecdote *f.* → 2/3
Anfang le début
anfassen (jdn/etw.) toucher qn/qc
Anfrage la demande → 1/3
angeben (etw.) indiquer qc
angeblich il paraît que → 2/3
Angeln la pêche
angenehm agréable *m./f. adj.*
angepasst (an etw.) intégré/intégrée à (ou dans) qc *adj.* → MF
angesagt branché/branchée *adj. fam.*
angezogen habillé/habillée *adj.*
angreifen (jdn) agresser qn
Angreifer l'agresseur *m.*
Angriff l'agression *f.*, l'attaque *f.*
Angriffspieler l'attaque *f.*
Angst la peur; **~ haben, ~ bekommen** avoir peur; **jdm ~ machen** faire peur à qn
anhalten s'arrêter, continuer
Anhang la pièce jointe → 1/3
anhören (jdn/etw.) écouter qn/qc
Animateur/in l'animateur / l'animatrice *m./f.*
Animationsfilm le film d'animation → MF
ankommen arriver
ankündigen annoncer qc → MB
Ankunft l'arrivée *f.*
anlaufen sortir → 3/2
anlocken (jdn) attirer qn
Anorak l'anorak *m.*
anprangern (jdn/etw.) dénoncer qn/qc → MC
(an)probieren (etw.) essayer qc
Anruf l'appel *m.*, le coup de fil *fam.* → 1/LA
anrufen (jdn) appeler qn, téléphoner
Anschein l'apparence *f.* → ME
ansehen (jdn/etw.) regarder qn/qc
anstelle au lieu de → 3/3
anstelle von à la place de → 2/1
Anstrengung l'effort *m.*; **eine ~ verlangen** demander un effort
Antwort la réponse → 1/3
antworten (jdm) répondre (à qn/qc)
anvertrauen (jdm etw.) confier qc à qn
Anzahl le nombre
Anzeige la publicité, la pub *fam.* → MC
anzeigen (jdn) dénoncer qn
anziehen (jdn) attirer qn; **~ (etw.)** mettre; **sich ~** s'habiller
Apfel la pomme
applaudieren (jdm) applaudir (qn)
April avril
apropos à propos

Aquarium l'aquarium *m.*
Arabisch l'arabe *m.* → 3/1
Arbeit le travail, la tâche
arbeiten travailler, fonctionner → MC, → MF
Arbeiter/in l'ouvrier / l'ouvrière *m./f.*
Arbeitgeber/in l'employeur / l'employeuse *m./f.* → 1/3
arbeitslos au chômage
Arbeitsloser/Arbeitslose le chômeur/ la chômeuse → 1/LB
Arbeitszeit l'horaire *m.* → 1/2
Arena les arènes *f. pl.*
ärgern (jdn) énerver qn
Argument l'argument *m.*
Arm le bras
arm pauvre *m./f. adj.*
Armbanduhr la montre → 1/2
Armut la pauvreté → 3/2
Arrondissement l'arrondissement *m.*
Art la façon; **eine ~ von** une sorte de → 2/3; **auf ... ~ und Weise** de manière ... → 2/2
Artikel l'article *m.* → 1/1
Arzt/Ärztin le médecin → 1/1
Asien l'Asie *f.* → 3/1
Attraktion l'attraction *f.*
Aua! Aïe!
auch aussi; **~ nicht** non plus *adv.*; **~ wenn** même si → 2/2
auf sur; **~ Französich / ~ Deutsch** en français / en allemand
auf ein Mal, in einem Zug en une fois
Auf welcher Seite ist/steht das? C'est à quelle page?
Auf Wiedersehen! Au revoir!
aufbauen (etw.) installer qc, monter qc
Aufenthalt le séjour → 2/2
Aufenthaltsraum la (salle de) permanence
Aufgabe la tâche
aufgeben baisser les bras
aufhören s'arrêter, arrêter; **~ (etw. zu tun)** arrêter de + *inf.*
Aufklärung le siècle des Lumières *f. pl.* → MB
Aufmerksamkeit l'attention *f.* → MC
aufnehmen (etw.) enregistrer qc → MF; **~ (jdn)** accueillir qn → 3/3
aufpassen faire attention; **~ (auf jdn)** garder qn
aufräumen (etw.) ranger qc
sich aufregen s'énerver
Aufregung l'émotion *f.* → MA
aufschreiben (etw.) noter (qc); **Wer schreibt (das auf)?** Qui note?
Aufsichtsperson le surveillant / la surveillante
aufstehen se lever
aufteilen (etw.) partager qc → MB
Aufzucht l'élevage *m.* → 3/1
Aufzug l'ascenseur *m.*
Auge l'œil / les yeux *m.*
Augenblick le clin d'œil → 3/LA, le moment
aus de
aus Quebec québécois/québécoise *adj.*
ausarten dégénérer → MA
Ausbildung la formation → 1/3
ausblasen (etw.) souffler qc
ausflippen flipper *fam.* → 1/LB
Ausflug la balade
ausführlich en détail → 3/3
ausfüllen remplir qc → 2/1
Ausgang la sortie
ausgeben (etw.) dépenser qc
ausgehen sortir; **von nichts ~** partir de rien → 1/1
Ausgrenzung l'exclusion *f.* → 1/1
Ausland l'étranger *m.* → 1/2
ausländisch étranger/étrangère *adj.*
ausleihen (etw.) emprunter qc
Aussage le message
(aus-)schmücken (etw.) décorer qc → 1/3
ausschneiden découper qc → 2/1
aussehen avoir l'air
außerdem de plus *adv.* → 1/3, en plus, et puis
äußere Erscheinung l'apparence *f.* → ME
außergewöhnlich extraordinaire *m./f. adj.* → MF
Äußerungen les propos *m. pl.* → ME
sich ausruhen se reposer
Aussicht la vue
ausspionieren (jdn/etw.) espionner qn/qc
aussteigen descendre (à + station)
Ausstellung l'exposition *f.*
aussuchen (jdn/etw.) choisir qn/qc
Austausch l'échange *m.* → 1/3
Austauschpartner/in le/la corres *fam.* / le correspondant / la correspondante
Auster l'huître *f.* → MD
ausüben (etw.) pratiquer qc → MB
auswählen (jdn/etw.) choisir qn/qc
auszeichnen récompenser qn/qc → MF
Auszubildender/Auszubildende l'apprenti / l'apprentie → 1/3
Auto la voiture
authentisch wirken lassen / machen (etw.) rendre qc authentique → MA
Autobiographie l'autobiographie *f.* → MF
Autor/in l'auteur / l'auteure
(Autoren-)Signatur la dédicace → MF

B

babysitten faire du baby-sitting → 1/LA, → 3/2
Bäckerei la boulangerie
baden se baigner
Badeort la station balnéaire
Badezimmer la salle de bains
Bahnhof la gare
bald bientôt
Ball le ballon
Banane la banane
Band le groupe, le ruban → 2/1, le tome → 1/LB
Bar le bar
Bär l'ours / les ours *m.*
Bau(arbeiten) la construction
Bauch le ventre → 2/2
bauen (etw.) construire qc
Baule le baoulé → 3/1
Baum l'arbre *m.*
Baumklettern im Hochseilgarten l'accrobranche *m.*
Baumwolle le coton → 3/1
Bauwerk le monument
Beach-Volleyball le beach-volley
beantworten (etw.) répondre (à qn/qc)
Bearbeitung l'adaptation *f.* → MA
beaufsichtigen (jdn) surveiller qn
bedeuten (etw.) représenter qc → ME
bedienen (jdn) servir qn/qc → 1/3
Bedienung le service → 1/3
bedrohen (jdn) menacer qn
sich beeilen se dépêcher
beeindrucken (jdn) impressionner qn → 1/1
beenden mettre fin à qc → MB; **~ (etw.)** finir (qc), terminer qc
Befehl l'ordre *m.* → 1/2
sich befinden se trouver; **etwas befindet sich/liegt** quelque chose se trouve
begabt doué/douée *adj.* → 1/1; **~ sein für etw.** être doué/douée pour qc → 1/1
begegnen (jdm) rencontrer qn

beginnen commencer
begleiten (jdn) accompagner qn
begrenzen (etw.) limiter qc
behalten (etw.) garder qc
behaupten s'imposer → 3/2
beherrschen (etw.) maîtriser qc → MA
behindert handicapé/handicapée *adj.*
Behinderter/Behinderte le handicapé / la handicapée
bei chez, près de; ~ **mir** sur moi; ~ **mir (zu Hause)** chez moi
Bein la jambe; **die Beine in die Hand nehmen** prendre ses jambes à son cou
Beispiel l'exemple *m.*; **zum ~, z. B.** par exemple / p. ex.
bekehren (jdn zu etw.) convertir qn à qc → MB
sich beklagen se plaindre de qc → 2/3
belästigen (jdn) harceler qn
belebt animé/animée *adj.*
Belgier/in le Belge / la Belge
belgisch belge *m./f. adj.*
beliebt populaire *m./f. adj.* → 3/LA
belohnen (jdn/etw.) récompenser qn/qc → MF
bemerken (jdn/etw./dass) remarquer qn/qc/que
benachrichtigen (jdn) prévenir qn
benutzen (etw.) utiliser qc; ~ **(jdn/etw.)** se servir de qn/qc → MC
beobachten (jdn/etw.) observer qn/qc
Berberisch le berbère → 3/1
berechnen (etw.) calculer qc
Bereich le domaine → 1/2
bereichernd enrichissant/enrichissante *adj.* → 1/2
bereit prêt/prête *adj.* → 1/2; ~ **(etw. zu tun)** être prêt/prête (à + *inf.*) → 1/2
bereits déjà
Berg la montagne; **in den Bergen** en montagne
berichtigen (etw.) corriger qc
Beruf le métier → 1/1, la profession → MB
beruflich, Berufs- professionnel/professionnelle *adj.* → 1/3
Berufsberater le conseiller d'orientation → 1/1
beruhigt rassuré/rassurée *adj.*
berühmt célèbre *m./f. adj.*
beschämend honteux/honteuse *adj.*
bescheiden modeste *m./f. adj.* → 1/1
Beschluss la décision → 1/2; **einen ~ fassen** prendre une décision → 1/2
beschränken (etw.) limiter qc
beschreiben (jdn/etw.) décrire qn/qc
besichtigen (etw.) visiter qc
Besichtigung la visite
besiegen (jdn) battre qn → 1/1
besonders spécial/spéciale/spéciaux *m. pl. adj.*, particulièrement *adv.* → 1/3
besserer/bessere/besseres meilleur/meilleure *adj.*; **der/die/das beste** le meilleur / la meilleure *adj.*
besser als mieux que *adv.*
Bestandteil le composant → MC
Bestechung la corruption → 3/2
bestehen (auf etw.) insister
bestimmen (über etw.) décider de qc → 1/1
Besucher/in le visiteur / la visiteuse → MF
betreffen (jdn/etw.) toucher qn/qc → 3/2
betreten (etw.) entrer
Bett le lit
bevölkert peuplé/peuplée *adj.* → 3/1
bevor avant de + *inf.*
bevorzugen (jdn/etw. / + *Inf.***)** préférer qn/qc / + *inf.*
bewahren (jdn/etw.) protéger qn/qc
sich bewegen bouger
Beweis la preuve
sich bewerben poser sa candidature → 1/2
Bewerbung la candidature → 1/2
Bewerbungsschreiben la lettre de motivation → 1/3
bewundern (jdn/etw.) admirer qn/qc → 1/1
bezahlen (etw.) payer qc
Beziehung la relation
Bibliothek la bibliothèque → 3/2
Bild l'image *f.* → 3/2, la photo
Bildung la culture
Bio-, biologisch bio *fam.* / biologique *m./f. adj.*
Biologie les SVT *f. pl.*
Birne la poire
bis jusqu'à; ~ **bald!** À bientôt!; ~ **morgen!** À demain!; ~ **später!** À plus! *fam.*; ~ **zum Ende** jusqu'au bout
ein bisschen un peu
Bitte la demande → 1/3
bitte s'il te plaît, s'il vous plaît
Blatt la feuille
blau bleu/bleue *adj.*
bleiben rester
Bleiben Sie dran. Ne quittez pas. → 1/3
Bleistift le crayon
Blick le regard → MB, → MF
blöd idiot/idiote *adj. fam.*, bête *m./f. adj.*
Blog le blog
Boden la terre → 3/LA
Bodenschätze les ressources *f. pl.* → 3/1
Bonbon le bonbon
Boot le bateau / les bateaux; **Bootsfahrt** la balade en bateau
Botschaft le message
Boubou le boubou → 3/3
Boulevard le boulevard
Boxen la boxe
Brand l'incendie *m.* → MB
brauchen (jdn/etw.) / ~ + *Inf.* avoir besoin de qn/qc / + *inf.*
braun werden bronzer → MD
Bräutigam, Braut le marié / la mariée
bretonisch breton/bretonne *adj.*
Brezel le bretzel
Brief la lettre → MB
Brot le pain; **Butterbrot, belegtes Brot** la tartine
Bruch la rupture → MF
Brücke le pont
Bruder le frère
Buch le livre
Bücherei la bibliothèque → 3/2
Buchhandlung la librairie
Buchstabe la lettre → MF
Buffet le buffet
Buntstift le crayon de couleur
Bürger le citoyen / la citoyenne → MB
Bürgermeister/in le maire *m./f.* → MB
Büro le bureau / les bureaux
Bus le bus
Butter le beurre
BWL l'économie *f.* → 1/2

C

Cache la cache
Café le café
Campingplatz le camping
CD le CD / les CD
CFA Franc le franc CFA → 3/3
Champion le champion / la championne
Chance la chance
Charakter le caractère; **einen fiesen ~ haben** avoir un caractère de chien *fam.*
Charta la charte
chatten (mit jdm) chatter (avec qn)
Chef/in le/la chef, le patron / la patronne → 1/3

China la Chine
chinesisch chinois/chinoise *adj.* → MF
Chor la chorale
Clown/in le clown
Cocktail le cocktail
Cola le coca(-cola)
Comic la bédé / B. D. / les B. D.
Comicbild la case → MF
Computer l'ordinateur *m.*
cool cool *adj. fam.*
Cousin/e le cousin / la cousine
Crêpe la crêpe
Crêperie la crêperie

D

da là; ~ *kausal* comme; ~ **ist sie.** La voilà.; **ihr seid** ~ vous y êtes
dabei sur moi; ~ **sein** assister à qc → 3/LA, → MF
dafür sein être pour qn/qc
dagegen contre; ~ **sein** être contre qn/qc
danach après
dank grâce à → 3/LB, → MB, → MF
danke merci
dann ensuite, puis
Darauf muss man erst mal kommen! Il fallait y penser! → 2/3
darstellen (etw./jdn) représenter qc/qn → ME, → MF
das cela; ~ **ist eine Schande!** C'est honteux!
Das bedeutet ... Ça veut dire ...
Das bin ich. C'est moi.
das heißt c'est-à-dire → MF
das ist c'est; voilà; **Das ist der Horror!** C'est l'horreur!
Das ist (gar) nichts für mich. Ça ne me dit rien (du tout). → 1/1
Das ist klasse! C'est trop cool! *fam.*
Das ist nicht mein Ding. Ce n'est pas mon truc. *fam.*
das ist/sind voici → 1/3
Das ist/steht auf Seite 25. C'est à la page 25.
Das war der Horror! C'était l'horreur!
Das wäre nett. Ce serait sympa.
das wirkt + *Adjektiv* ça fait + *adj.* → 1/3
Dattel la datte → 3/1
dauern durer
davon en
davonfliegen s'envoler
Deine Präsentation hat mir gefallen. Ta présentation m'a plu.
dekodieren (etw.) décoder qc → MC
dekorieren (etw.) décorer qc → 1/3
den, die, das *Relativpronomen* que
denken (an jdn/etw.) penser à qn/qc; ~**, dass** penser que
dennoch quand même
denunzieren (jdn/etw.) dénoncer qn/qc → MC
der, die, das *Relativpronomen* qui
der-/die-/dasselbe le/la même *m./f. adj.*
deren dont → 3/3
dermaßen (viel/e) tellement (de) → 1/LA
deshalb c'est pourquoi *conj.*
dessen dont → 3/3
deswegen c'est pourquoi *conj.*, à cause de ça
Detail le détail → MC
Deutsch l'allemand *m.*
Deutscher/Deutsche l'Allemand / l'Allemande *m./f.*
Deutschland l'Allemagne *f.*
Dialog le dialogue → MA
dick épais/épaisse *adj.* → MF, gros/grosse *adj.* → 2/3
dick auftragen en rajouter → 1/3
Die Hoffnung stirbt zuletzt! On peut toujours espérer!
dienen (zu etw.) servir à qc → 2/3
dieser/diese/dieses ce/cet/cette/ces
Ding le truc, la chose
Dioula le dioula → 3/1
direkt carrément *adv. fam.* → 1/LB, → 2/2; ~ **zukommen (auf jdn)** venir droit sur qn
Diskussion la discussion
diskutieren (über etw.) discuter (de qc) → 1/3
Distanz la distance
Dokument le document → 1/3, le papier → 2/1
Dokumentalist/in le/la documentaliste
Dokumentarfilm le documentaire
Dokumentation le documentaire
Dom la cathédrale
Dorf le village
dort là-bas; ~**, dorthin** y
Dose la boîte
Drama le drame → MB
drängeln (sich) se bousculer → 3/LA
draußen dehors
Drehbuch le scénario → MA
(Drehbuch-)Autor le/la scénariste *m./f.* → MF
drehen tourner
drinnen à l'intérieur → MA
Drittel le tiers → 3/1
dritter/dritte/drittes troisième *m./f. adj.*
drohen (jdm) menacer qn
Druckerei l'imprimerie *f.* → MB
Du nervst. Tu m'énerves.
du solltest tu devrais
dumm bête *m./f. adj.*
Düne la dune → MD
dünn fin/fine *adj.* → 2/1
durchfallen rater qc → 1/2
Durchgang le passage → MD
durchqueren (etw.) traverser qc
sich durchschlagen se battre → 1/1
durchschnittlich en moyenne → MF
dürfen avoir le droit de + *inf.*; **Darf ich ...?** Est-ce que je peux + *inf.*; **etw. tun** ~ pouvoir + *inf.*
Durst haben avoir soif
Dusche la douche
duschen prendre une/sa douche
DVD le DVD / les DVD

E

eben justement
echt réel/réelle *adj.* → MC
Ecke le coin
Effekt l'effet *m.* → MF
ehemalig ancien/ancienne *adj.* → MA, vieux / vieil *m.* / vieille *f. adj.*
Ehemann le mari → 3/2
eher plutôt
Ei l'œuf / les œufs *m.*, **(weich) gekochtes** ~ l'œuf à la coque *m.* → 2/1
eigen propre *m./f. adj.* → 1/2
einander näher bringen rapprocher qn/qc → MB
Eindruck l'impression *f.* → 1/LA, → 3/3
einfach simple *m./f. adj.* → ME, simplement *adv.* → MF
einfallen in envahir → MB
einführen (jdn/etw.) introduire qn/qc → 2/1
einholen (jdn) rejoindre qn → 2/3
einige quelques *adj. pl.*
Einkäufe les courses *f. pl.*
einkaufen faire les courses
Einkaufsbummel le shopping
Einkaufszentrum le centre commercial
Einklang l'harmonie *f.* → MC
einladen (jdn zu etw.) inviter qn (à qc)
Einladung l'invitation *f.*
einleiten introduire qn/qc → 2/1

einsam désert/déserte *adj.*
einsteigen (in etw.) monter dans qc
einstellen (jdn) engager qn
Eintrittskarte le billet
einverstanden d'accord; **sich über etw. einig sein** être d'accord sur qc
Einwanderer/Einwanderin l'immigré / l'immigrée → 3/1
Einwohner/in l'habitant / l'habitante
Einwohner/in von Quebec le Québécois / la Québécoise
Einzelheit le détail → MC
einzig seul/seule *adj.*, unique *adj. inv.* → 2/3
einzigartig unique *adj. inv.* → 2/3
Eis la glace
Eisen le fer
Eisfischen la pêche sur glace
Eishockey le hockey sur glace
Eiswaffel le cornet → 2/1
ekelhaft dégoûtant/dégoûtante *adj.*, dégueulasse *adj. fam.*
Elephant l'éléphant *m.* → 3/3
elegant élégant/élégante *adj.* → MF
Elektromusik l'électro *f.*
Element l'élément *m.* → MC
Elfenbeinküste la Côte d'Ivoire → 3/1; **aus/von der ~** ivoirien/ivoirienne *adj.* → 3/2
Eltern les parents *m. pl.*
Élysée-Vertrag le traité de l'Élysée → MB
Empfang la réception → 1/3
empfangen (jdn) accueillir qn → 3/3, recevoir qn/qc → 1/3
empörend honteux/honteuse *adj.*
Ende la fin
enden finir (qc)
endlich enfin
Engagement l'engagement *m.* → MC
sich engagieren s'engager → 1/1
engagiert engagé/engagée *adj.* → 3/2
Engländer/in l'Anglais / l'Anglaise *m./f.*
Englisch l'anglais *m.*
englisch anglais/anglaise *adj.*
Enkel le petit-fils / la petite-fille → MB
entdecken (jdn/etw.) découvrir qn/qc
Entdecker/in le découvreur / la découvreuse
Entdeckung la découverte
Entfernung la distance
entlassen werden (aus) sortir de
entscheiden (etw. zu tun) décider de + *inf.*
Entscheidung la décision → 1/2; **eine ~ treffen** prendre une décision → 1/2
sich entschließen etw. zu tun décider de + *inf.*
entziffern (etw.) décoder qc → MC
Entschuldige bitte. Excuse-moi.
entsprechen correspondre à qn/qc → 2/2
enttäuschen (jdn) décevoir qn
sich entwickeln se développer → 3/2
Enzyklopedie l'encyclopédie *f.* → MF
Epoche l'époque *f.*
er/sie will wissen, ob il/elle veut savoir si
erbaut construit/construite *adj.*
Erbse le pois / les pois
Erbsensuppe la soupe aux pois
Erdbeere la fraise
Erde la terre → 3/LA
Erdgas le gaz naturel → 3/1
Erdnuss l'arachide *f.* → 3/1
Erdöl le pétrole → 3/1
erfahren (etw. über etw.) apprendre qc (sur)
Erfahrung l'expérience *f.* → 1/2
erfinden (etw.) inventer qc
Erfolg le succès → 1/1; **großen Erfolg haben** cartonner *fam.* → 1/LB
Ergebnis le résultat
ergreifend touchant/touchante *adj.*
erhalten (etw.) recevoir qn/qc → 1/3
erinnern (an etw.) évoquer qc → MC; **sich an jdn/etw. ~** se souvenir de qn/qc
Erinnerung le souvenir
erklären (etw.) expliquer qc, déclarer qc → MB
erlauben (jdm) etw. zu tun permettre à qn de + *inf.* → 1/2
erleben (etw.) vivre
ermutigen (jdn) encourager qn
ernst grave *m./f. adj.*, sérieux/sérieuse *adj.*
ernsthaft sérieux/sérieuse *adj.*, sérieusement *adv.*
erreichen (etw.) arriver à qc / + *inf.*
errichten (etw.) monter qc
erschaffen (etw.) créer qc → 3/2
erstaunt étonné/étonnée *adj.*
Erster Weltkrieg la Grande Guerre → MF, la Première Guerre mondiale → MB
erster/erste/erstes premier/première
erzählen (jdm etw.) raconter qc (à qn)
Erzähler/in le narrateur / la narratrice
Es friert. Il gèle.
es ist nötig, etw. zu tun il faut que + *subj.*
es war zu spät c'était trop tard
es eilig haben être pressé/pressée → 3/3
es gibt il y a
es handelt sich um il s'agit de
Es ist kalt. Il fait froid.
Es ist warm/heiß. Il fait chaud.
Es kommt darauf an. Ça dépend.
Es lebe ... Vive ...; **~ das Leben!** Vive la vie!
es lebt sich gut il fait bon vivre → 3/2
Es regnet. Il pleut.
Es tut mir leid. Excuse-moi.
essen manger
Essen le repas
Essen!, Zu Tisch! À table!
Etage l'étage *m.*
etwas quelque chose; **~ + *Adj.*** quelque chose de + *adj.*; **~ befindet sich/liegt** quelque chose se trouve
Euro l'euro *m.*
Europäer/in l'Européen / l'Européenne *m./f.*
exakt précis/précise *adj.* → MF
Exil l'exil *m.* → MB; **ins Exil gehen** s'exiler → 3/2
existieren exister
extrem ultra *fam.*

F

Fabrik l'usine *f.*
Fach la case → MF
fähig sein (etw. zu tun) être capable de + *inf.*
Fähigkeit le pouvoir
Fahne le drapeau
fahren (etw.) conduire qc; **ins Wochenende ~** partir en week-end; **~ (durch etw.)** passer par qc
Fahrkarte le ticket
Fahrplan l'horaire *m.* → 1/2
Fahrrad le vélo
fallen tomber
falsch faux/fausse *adj.* → MC, mauvais/mauvaise *adj.*; **falsche Freunde** les faux amis *m. pl.* → 2/3
Familie la famille
Fan le/la fan, le fou / la folle → 3/LA; **ein ~ von jdm/etw. sein** être fan de qn/qc
fantastisch fantastique *m./f. adj.*
Fantasy la fantasy
Fantasyroman le roman de fantasy
Farbe la couleur
Fasching le carnaval
fast presque *adv.*

faszinierend passionnant/passionnante *adj.* → 1/2
Fee la fée
fehlen manquer → 2/2
Fehler la faute, l'erreur *f.* → MB
Feier la fête
feiern (etw.) fêter qc
feige lâche *m./f. adj.*
fein fin/fine *adj.* → 2/1
Feind l'ennemi *m.* / l'ennemie *f.* → MB
Feld la case → MF, le champ, le pré → MC
Felsbucht la calanque
Felsen le rocher
Fenster la fenêtre
Ferien les vacances *f. pl.*
Feriencamp la colo *fam.* / la colonie (de vacances)
Ferienheft le cahier de vacances
Ferienkurs le stage
Fernbedienung la télécommande
Fernglas les jumelles *f. pl.*
Fernseher la télé / la télévision
Fernsehsender la chaîne; **der deutsch-französische ~** la télévision franco-allemande
(Fernseh-)Sendung l'émission *f.*
Fernverkehrsstraße la route
fertig prêt/prête *adj.*; **sich ~ machen** se préparer
fesseln (jdn/etw.) captiver qn/qc → MA
fesselnd passionnant/passionnante *adj.* → 1/2
fest fixe *m./f. adj.* → 1/2
Festgehalt le salaire fixe → 1/2
festgemacht attaché/attachée (à qc/qn) → 3/2
festhalten (jdn) tenir qn/qc; **jdn am Arm ~** tenir qn par le bras
Festival le festival
Festung la forteresse
Feuer le feu
Feuerwerk le feu d'artifice
Figur le caractère, la figurine, le personnage
Film le film
Filmusik la bande originale → MF
Finale la finale
finanziell financier/financière *adj.* → MB
finden (etw.) trouver qc; **~, dass** trouver que
Fisch le poisson
Flagge le drapeau
Flasche la bouteille
Fleisch la viande → 3/3
flexibel flexible *m./f. adj.* → 1/2
fließend couramment *adv.* → 2/2
Flöte la flûte; **~ spielen** faire de la flûte
Flüchtling le réfugié / la réfugiée → MB
Flughafen l'aéroport *m.*
Flugzeug l'avion *m.*
Flur le couloir
Fluss le fleuve, la rivière
folgen (jdm) suivre qn
folgende/r, folgendes suivant/suivante *adj.* → MD
folglich donc
Forschung la recherche
sich fortbewegen se déplacer
Fortschritt le progrès → 2/2
Fossil le fossile
Foto la photo
Fotoalbum l'album *m.*
fotografieren (jdn/etw.) photographier qn/qc, prendre en photo qn/qc
Foul la faute
Frage la question
fragen (jdn nach etw.) demander (qc) à qn; **jdn ~, ob** demander à qn si **nach jdm ~** demander à parler à qn → 1/3
Fragen stellen (sich) (se) poser des questions → 3/2
Franzose/Französin le Français / la Française
Französisch le français
französische Renaissance la Renaissance française → MD
Französischlehrer/in le/la professeur de français
französischsprachig francophone *m./f. adj.*
Frau la dame, la femme, Madame/Mme
Fräulein Mademoiselle/Mlle
frech insolent/insolente *adj.* → MA
frei libre *m./f. adj.*
Freiheit la liberté; **in ~** en liberté
Freizeit le temps libre
Freizeitaktivität l'activité *f.*
Freund/in l'ami / l'amie *m./f.*, le copain / la copine
freundlich gentil/gentille *adj.*
Freundschaft l'amitié *f.*
Frieden la paix → MB, → MF
frieren geler
Frucht le fruit
Fruchtsaft le jus de fruits
früh tôt
früher autrefois, avant
Frühling le printemps
Frühstück le petit-déjeuner
fühlen (etw.) sentir qc; **sich ~** se sentir; **sich schlecht ~** aller mal
Fulfulde le peul → 3/1
Fülle la richesse → MF
füllen remplir qc → 2/1
fundamental fondamental/fondamentale/fondamentaux *m. pl. adj.* → MF
funktionieren fonctionner → MC, → MF
für pour; **~ jdn/etw. sein** être pour qn/qc; **~ ... Euro** à ... euro(s); **~ jdn/etw. gehalten werden** passer pour qn/qc → 3/3
furchtbar terrible *m./f. adj.*, terriblement *adv.*
Fuß le pied
Fußball le foot(ball); **~ spielen** faire du foot
Fußgängerzone la rue piétonne
Fußweg le sentier → MD

G

Game Conceptioner le concepteur / la conceptrice de jeux vidéo → 1/2
ganz absolument *adv.* → 2/2, complètement *adv.* → MA, entier/entière *adj.* → MF; **ganzer/ganze/ganzes** tout/toute *adj.*
ganz schön drôlement *adv.* → 2/1
gar cuit/cuite *adj.* → 2/1
gar nicht pas du tout
Garten le jardin
Gas le gaz → 3/1
Gast l'invité / l'invitée *m./f.*
Gästehaus le gîte
Gastfamilie la famille d'accueil → 2/2
geben (jdm etw.) donner qc à qn
Gebiet le domaine → 1/2
geboren sein (in/am) être né/née (à/le)
gebraucht d'occasion → 1/LA
Geburtstag l'anniversaire *m.*; **Herzlichen**
Gefühlsregung l'émotion *f.* → MA
Glückwunsch zum ~! Joyeux anniversaire!
Gedeck le couvert
gefährlich dangereux/dangereuse *adj.*
gefallen (jdm) plaire à qn
Gefangener/Gefangene le prisonnier / la prisonnière → MF
Gefängnis la prison
gegen contre; **~** *zeitlich* vers; **~ jdn/etw. sein** être contre qn/qc

Gegend la région
Gegenstand l'objet *m.*
gegenüber en face de
Gehalt le salaire → 1/2
Geheimnis le secret, l'énigme *f.*
geheimnisvoll mystérieux/mystérieuse *adj.* → MF
Geheimtipp le bon plan → MD
gehen aller; **Es geht (mir) gut.** Ça va.; **Geht klar.** Ça marche. *fam.*; **Geht's dir gut?** Ça va?
gekocht cuit/cuite *adj.* → 2/1
gelb jaune *m./f. adj.*; **gelbe Karte** le carton jaune
Geld l'argent *m.*; ~ **verdienen** gagner de l'argent → 1/2
gelegen situé/située *adj.* → MD
gelingen réussir (qc)
Gemälde le tableau / les tableaux
Gemüse les légumes *m. pl.*
genau justement, exactement *adv.* → 2/3, précis/précise *adj.* → MF
etw. genauso machen (wie) faire pareil (que) → 2/1
General le général → MB
genial génial/géniale/géniaux *m. pl. adj. fam.*
genug assez de
Geocaching le géocaching
Geographie la géo *fam.*
gerade etwas tun être en train de + *inf.*; **gerade etw. getan haben** venir de + *inf.*
gerade noch juste
geradeaus tout droit
Geräusch le bruit
gerecht équitable *m./f. adj.* → MC
Gericht le plat
gesalzen salé/salée *adj.* → MD
Geschafft! Ça y est! *fam.*
Geschäft le magasin
Geschäftsmann l'homme d'affaires *m.* → MF
geschehen se passer
Geschenk le cadeau / les cadeaux
Geschichte l'histoire *f.*
Geschirr la vaisselle → 3/3
geschlossen fermé/fermée *adj.*
Geschmack le goût → MA
geschwätzig bavard/bavarde *adj.*
Geschwister les frères et sœurs *m. pl.*; **Ich habe keine ~.** Je n'ai pas de frères et sœurs.
Gesellschaft la société → MC

Gesetz la loi
Gesicht le visage
gestern hier
Getränk la boisson
Gewalt la violence
gewaltig énormément *adv.* → 2/2
gewalttätig violent/violente *adj.*
gewinnen (etw.) gagner (qc)
Gewohnheit l'habitude *f.* → 2/1
Gitarre la guitare; ~ **spielen** faire de la guitare
Gladiator le gladiateur
glanzvoll prestigieux/prestigieuse *adj.* → MD
Glas le verre → 2/3
glauben (jdm/etw.) croire qn/qc
gleich égal/égale/égaux *m. pl. adj.* → ME, tout à l'heure
gleiche (der/die/das) le/la même *m./f. adj.*
Gleichgewicht l'équilibre *m.*
gleichzeitig à la fois → MA
Globus le globe
Glück la chance; ~ **haben** avoir de la chance; ~ **bringen** porter chance → 3/LA
glücklich heureux / heureuse *adj.*, content/contente *adj.*
glücklicherweise heureusement *adv.*
Glücksbringer le porte-bonheur
Gold l'or *m.*
golden doré/dorée *adj.* → 3/2
Gott le dieu → MB
GPS le GPS
Grad le degré
grafische Gestaltung le graphisme → MF
Grauen l'horreur *f.* → MB, → MF
Greenwashing l'écoblanchiment *m.* → MC
grell agressif/agressive *adj.* → MA
Grobian la brute
groß grand/grande *adj.*, gros/grosse *adj.* → 2/3
großartig fantastique *m./f. adj.*
Großeltern les grands-parents *m. pl.*
Großmutter la grand-mère
Großvater le grand-père
grün vert/verte *adj.*
etw. gründen fonder qc; créer qc → 3/2
grundlegend fondamental/fondamentale/fondamentaux *m. pl. adj.* → MF
Gruppe le groupe
günstig bon marché *adj. inv.* → 1/LA

gut bien *adv.*, bon/bonne *adj.*; ~ **in etw. sein** être bon / bonne en; ~**/schlecht laufen** se passer bien/mal; **Gute Idee!** Bonne idée!; ~ **drauf sein** avoir la patate *fam.*; **jdm ~ tun** faire du bien (à qn)
Guten Abend! Bonsoir!
Guten Appetit! Bon appétit!
Guten Morgen! Bonjour!
Guten Tag! Bonjour!
guter Mensch quelqu'un de bien → 1/1
gymnasiale Oberstufe le lycée → 2/2
Gymnasium le lycée → 2/2

H

Haare les cheveux *m. pl.*
haben (etw.) avoir (qc); **das Recht ~, etw. zu tun** avoir le droit de + *inf.*
Hackbällchen (nach Lütticher Art) les boulettes (à la liégeoise) *f. pl.*
hacken (etw.) pirater qc
Hähnchen le poulet → 3/3
halb demi/demie *adj.*
Halbfinale la demi-finale
Hälfte la moitié → 3/1
Hallo? Allô!
Hallo! Salut! *fam.*
Hals le cou
halten (etw.) tenir qn/qc
Hamster le hamster
Hand la main; **jdm die ~ geben** serrer la main à qn → 2/LB; **mit leeren Händen** les mains vides
Handball le handball
handeln agir, marchander → 3/3
Händler/in le marchand / la marchande
Handy le portable
Hängematte le hamac
Harmonie l'harmonie *f.* → MC
hart dur/dure *adj.*
hassen (etw./jdn), es ~, etw. zu tun détester qc/qn / + *inf.*
hässlich moche *m./f. adj.*
Hättest du gern ...? Tu voudrais ...?
Haufen un tas de
Haupt- principal/principale/principaux *m. pl. adj.*
Hauptgericht le plat
Hauptstadt la capitale
Haus la maison
Hausaufgaben les devoirs *m. pl.*; **Ich habe meine ~ nicht.** Je n'ai pas mes devoirs.
Haushalt le ménage

Heft le cahier
Heimweh le mal du pays → 2/2
heiraten (jdn) épouser qn
heiß chaud/chaude *adj.*
heißen s'appeler
Held le héros / l'héroïne *f.* → MF
helfen (jdm) aider qn; **jdm ~ etw. zu tun** aider qn (à + *inf.*)
Hemd la chemise
herausfordern (jdn/etw.) provoquer qn/qc → MC
Herkunft l'origine *f.* → 3/1
Herr Monsieur/M.
herumgehen faire le tour (de qc) → 2/2
herumlaufen se balader *fam.* → 3/3
herunterladen (etw.) télécharger qc
hervorheben faire ressortir qc → MF
heute aujourd'hui; **~ Nachmittag** cet après-midi
Hexe le sorcier / la sorcière → MF
hier là, ici
hier ist/sind voici → 1/3
Hilfe l'aide *f.*
Himmel le ciel → 1/LA, → MC
hinausgehen sortir
jdn an etw. hindern empêcher qn/qc de + *inf.* → 1/1
hineingehen entrer
hinfallen tomber
Hinkelstein le menhir
sich hinlegen se coucher
sich hinsetzen s'asseoir → 3/LA
hinter derrière
Hintergrund l'arrière-plan *m.* → MA, → MC
hinuntergehen descendre
Hip-Hop le hip-hop
Hobby le hobby
hoch haut/haute *adj.*
Hochzeit le mariage
Hockey le hockey
hoffen espérer
Hoffnung l'espoir *m.* → ME
Höhe la hauteur
holen (jdn/etw.) aller chercher qn/qc
Holz le bois → 3/1
Hörbuch le livre audio → MF
hören (jdn/etw.) entendre qn/qc
Hose le pantalon
Hotel l'hôtel *m.*
hübsch joli/jolie *adj.*
Hugenotte le huguenot / la huguenote → MB
hugenottisch huguenot/huguenote *adj.* → MB
Humor l'humour *m.*
Hund le chien; **den ~ ausführen** sortir le chien
hundert cent
Hunger la faim → 3/2; **~ haben** avoir faim
Hütte la cabane → MF

I

ich moi; **Doch, ~ schon.** Moi si.; **~ auch nicht.** Moi non plus.; **~ bin's.** C'est moi.
Ich habe etwas anderes geschrieben. J'ai écrit autre chose.; **ich möchte nicht, dass** je ne voudrais pas que + *subj.*; **Ich muss los.** Il faut que j'y aille.
Ich bin dran. C'est à moi.
Ich bin noch nicht fertig! Je n'ai pas fini!
Ich gehe hin! J'y vais!
Ich glaube, dass je crois que
Ich habe eine andere Übung gemacht. J'ai fait un autre exercice.
Ich habe (es) nicht verstanden. Je n'ai pas compris.
Ich habe etwas vergessen. J'ai oublié quelque chose.
Ich muss dir was sagen!, Ich muss dir was erzählen! Il faut que je te dise un truc!
Ich stelle Sie (zu Ihm/Ihr) durch. Je vous (le/la) passe. → 1/3
Ich verstehe (es) nicht. Je ne comprends pas.
Ich weiß es nicht. Je ne sais pas.
ich würde gerne + *Inf.* j'aimerais + *inf.*
Ich zähle auf dich. Je compte sur toi.
ideal idéal/idéale *adj.*
Idee l'idée *f.*
sich identifizieren (mit jdm/etw.) s'identifier à qn/qc
Idiot/in l'idiot / l'idiote *m./f.*
Idol l'idole *f.*
Iglu l'igloo *m.*
ihr seid da vous y êtes
illegaler Einwanderer le sans-papiers
Illustration l'illustration *f.* → MF
im Allgemeinen généralement *adv.* → MF, en général → 1/LA, → 2/1
im Durchschnitt en moyenne → MF
im Einzelnen en détail → 3/3
im Gegensatz zu contrairement à *adv.* → MF
im Handumdrehen en un clin d'œil → 3/LA
im Laufe von au cours de → MF
im Norden dans le nord
im Winter en hiver
immer toujours
in à, dans, en; **in Richtung** + *Ort* en direction de + *lieu*
in der Nähe (von) tout près (de)
in etwa environ
in Form von en forme de → 2/3
in Kürze tout à l'heure
in Lachen ausbrechen éclater de rire → 2/2
In Ordnung? Ça va?
Indianer/in l'Indien / l'Indienne
indianisch indien/indienne *adj.*
Indien l'Inde *f.*
indisch indien/indienne *adj.*
Informatik l'informatique *f.* → 1/3
Information l'information *f.*
Infosendung le magazine
Ingenieur/in l'ingénieur *m./f.*
Inhalt le contenu → 2/1
Inhaltsangabe le résumé
Inliner les rollers *m. pl.*
Innenfach la poche → MF
innerhalb à l'intérieur → MA
insbesondere en particulier → MA
Insel l'île *f.*
Instrument l'instrument *m.*
inszenieren mettre en scène → 3/2
integriert (in etw.) intégré/intégrée à (ou dans) qc *adj.* → MF
intelligent intelligent/intelligente *adj.*
interessant intéressant/intéressante *adj.*
interessieren (jdn) intéresser qn; **sich für jdn/etw. ~** s'intéresser à qn/qc
interessiert sein an jdm/etw. être intéressé/intéressée par qn/qc → 1/3
international international/internationale/internationaux *m. pl. adj.*
Internatsschüler/in l'interne *m./f.*
Internet Internet *m.*, le net; **surfen** surfer sur Internet
Interview l'interview *f.*
ironisch ironique *m./f. adj.* → MC
sich irren se tromper → 2/3
Irrtum l'erreur *f.* → MB
... ist dran. C'est à ...
italienisch italien/italienne *adj.*
ivorisch ivoirien/ivoirienne *adj.* → 3/2

J

ja oui; ~, **bitte?** Allô!
Jahr l'an *m.*, l'année *f.*
Jahrhundert le siècle
Januar janvier
je nach selon → MF
je nachdem selon → MF
Jeans le jean
jeden Samstag tous les samedis
jeder/jede/jedes tous/toutes *adj. pl.*; chaque *m./f. adj.*; **jeder/jede** chacun/chacune
jedoch par contre → 2/2
jemand quelqu'un; ~ **anders** quelqu'un d'autre
jetzt maintenant
Joggen le footing → 3/LA
Journalist/in le/la journaliste *m./f.*
Jugend la jeunesse → 3/2
Jugendherberge l'auberge de jeunesse *f.*
Jugendlicher/Jugendliche le/la jeune; l'adolescent / l'adolescente → MF
jung jeune *m./f. adj.*
Junge le garçon
Jury le jury → MF

K

Kaffee le café → 3/1
Käfig la cage
Kai le quai
Kaiserreich l'Empire *m.* → MB
Kajak(fahren) le kayak
Kakao le cacao → 3/1
Kälte le froid
Kampf le combat → 3/LA, la lutte → 3/3
kämpfen lutter, se battre → 1/1
Kanada le Canada
Kanal la chaîne
Kandidat/in le candidat / la candidate
Kaninchen le lapin
Kantine la cantine
Kanzler/in le chancelier/la chancelière → MB
Karibu le caribou
Karneval le carnaval
Karriere la carrière → MB
Karte le plan; **(Spiel-)** ~ la carte; **gelbe** ~ le carton jaune
Kartoffel la pomme de terre → 2/3
Kartoffelchips les chips *f. pl.*
Karton le carton → 2/1
Käse le fromage
katastrophal catastrophique *m./f. adj.*
Katastrophe la catastrophe
Kathedrale la cathédrale
Katholik/in le/la catholique → MB
Katze le chat
kaufen (etw.) acheter qc
Kautschuk le caoutchouc → 3/1
kein ne ... pas de; ~ **... mehr** ne ... plus de; ~ **Scherz?** Sans blague!
keine Ahnung haben (von etw.) n'en savoir rien → 1/2
Keks le biscuit
Kellner/in le serveur / la serveuse → 1/3
kennen (jdn/etw.) connaître (qn/qc); **jdn/etw.** ~ **lernen** faire la connaissance de qn/qc → MB; **sich/einander** ~ **(-lernen)** se connaître
Kenntnisse les connaissances *f. pl.* → 1/3
Kerze la bougie
Kilo le kilo
Kilometer le kilomètre
Kind l'enfant *m./f.*
Kindheit l'enfance *f.* → 3/2
Kino le ciné *fam.*, le cinéma
kippen (etw.) renverser qc → 3/LA
Kiwi le kiwi → 2/3
Klang le son → 3/LA
(kleines) Klappfenster le vasistas → 2/1
Klasse la classe; **in der siebten** ~ en cinquième; **siebte** ~ la cinquième
Klassenkonferenz le conseil de classe → MA
Klassenraum la salle de classe
Klassiker le classique → MF
klassisch classique *m./f. adj.*; **klassische Musik** la musique classique
Klavier le piano
kleckern en mettre partout → 2/1
Kleid la robe
Kleider les vêtements *m. pl.*
klein petit/petite *adj.*
Kleinanzeigen les petites annonces *f. pl.* → 1/LA
Klettern l'escalade *f.*
Klima le climat
Klingel la sonnerie
klingeln sonner
Klischee le cliché
klopfen: an die Tür ~ frapper à la porte
Knie le genou / les genoux
kochen (etw.) faire la cuisine
(Koch-)Rezept la recette
Koffer la valise → MF
kolonisieren (jdn/etw.) coloniser qn/qc
kommen venir; ~ **(aus)** venir de + pays; ~ *Film, Lied* passer
Kommentar le commentaire
Komödie la comédie → MA
kompliziert compliqué/compliquée *adj.*
Komponente le composant → MC
komponieren (etw.) composer qc
Konfitüre la confiture
Konflikt le conflit
Kongo le Congo → MF
kongolesisch congolais/congolaise *adj.* → MF
König le roi / la reine → MF
königlich/Königs- royal/royale/royaux *m. pl. adj.*
können (etw. tun ~) pouvoir + *inf.*
Können Sie / Könnt ihr das wiederholen Vous pouvez répéter?
konstruieren (etw.) construire qc
Konsument/in le consommateur / la consommatrice → MC
Kontinent le continent → 3/1
konzentriert concentré/concentrée *adj.* → 3/LA
Konzert le concert
kooperieren coopérer → MB
Koordinaten les coordonnées *f. pl.*
Kopf la tête → 1/LA, → 2/3, → 3/LA
Kopfhörer le casque
Kopfkissen l'oreiller *m.* → 2/3
korrigieren (etw.) corriger qc
Korruption la corruption → 3/2
kosten coûter, goûter qc → 2/3
Kraftakt le tour de force → MB
Kraftraining machen faire de la musculation → 3/LA
krank malade *m./f. adj.*
Krankenhaus l'hôpital / les hôpitaux *m.*
Krankenpfleger/in l'infirmier / l'infirmière *m./f.*
Krankenstation l'infirmerie *f.*
kreativ créatif/créative *adj.*
Krebs le crabe → MF
Kreieren la création → 3/2
Kreuzung le carrefour
Krieg la guerre; **gegen jdn in den ~ ziehen** entrer en guerre (avec qn)
Kriminalroman le roman policier
Krimiserie la série policière
Kritik la critique → MA
kritisieren (jdn/etw.) critiquer (qn/qc) → 3/2

Küche la cuisine
Kuchen le gâteau / les gâteaux, la tarte
Kugelschreiber le stylo
Kultur la culture
kümmern: sich um etw./jdn ~ s'occuper de qc/qn
Kunst l'art *m.* → 3/2
Künstler/in l'artiste *m./f.*
Kunststoff le plastique → 2/1
Kunstwerk l'œuvre d'art *f.* → MF
Kurzbeschreibung la synopsis → MA
Kuss, Küsschen la bise; **sich mit Küsschen begrüßen/verabschieden** se faire la bise → 2/LB
Küste la côte

L

Label le label → MC
lächeln sourire → 1/3
lachen rigoler, rire
Laden la boutique
Laie l'amateur / l'amatrice → MA
Lampe la lampe
Land la campagne, le pays
Landschaft le paysage
Landsleute les compatriotes *m. pl.* → ME
Landstraße la route
Landwirtschaft l'agriculture *f.* → 3/1
lang long/longue *adj.*
lange longtemps
sich langweilen s'ennuyer
langweilig ennuyeux/ennuyeuse *adj.*
Lärm le bruit
lassen: jdn in Ruhe ~ laisser qn tranquille
lästig pénible *m./f. adj.*
Laufbahn la carrière → MB
Laufen le footing → 3/LA
laufen *Film, Lied* passer
laut selon → 3/2
Lautmalerei l'onomatopée *f.* → MF
Leben la vie
leben vivre
lebendig vivant/vivante *adj.* → MA
Lebenslauf le CV (= curriculum vitae) → 1/3
Leberpastete le pâté
leer vide *m./f. adj.*
legen (etw. hin-) poser qc; mettre qc
Legende la légende
Lehrer/in le/la prof *fam.*, le/la professeur
Lehrerzimmer la salle des profs
Lehrling l'apprenti / l'apprentie → 1/3
leicht simple *m./f. adj.* → ME, facile *m./f. adj.*
Leichtathletik l'athlétisme *m.*; **~ treiben** faire de l'athlétisme
leiden souffrir (de qc) → ME
Leidenschaft la passion → 1/1
leider malheureusement *adv.*; hélas → MB
leise doucement *adv.* → MF
Lektion l'unité *f.*
Lektüre la lecture
lenken (etw.) conduire qc
lernen travailler; **etw. ~** apprendre qc; **~ zu (+ *Inf.*)** apprendre à + *inf.*
lesbar lisible *m./f. adj.* → MF
lesen lire
Leser/in le lecteur / la lectrice → MF
Lettering le lettrage → MF
letzter/letzte/letztes dernier/dernière *adj.*
Leuchtturm le phare
Leute les gens *m. pl.*; **junge ~** la jeunesse → 3/2
Lexikon l'encyclopédie *f.* → MF
lieb cher/chère *adj.*
Liebe l'amour *m.*
liebe Grüße grosses bises *f. pl.*, Je t'embrasse.
lieben (sehr) / es ~, etw. zu tun adorer qc/qn / + *inf.*
lieber plutôt; **~ mögen (jdn/etw. / + *Inf.*)** préférer qn/qc / + *inf.*
Lieblings- préféré/préférée *adj.*
Lied la chanson
Liedtext les paroles *f. pl.*
liegen lassen (etw.) laisser qc
Limone le citron vert → 3/3
Lineal la règle
Linie la ligne
links à gauche
Liste la liste
live en direct
Loch le trou
Lokal le resto *fam.* / le restaurant
Look le look
Los! Allez!
Los geht's! On y va!
losgehen partir
loslassen (jdn/etw.) lâcher qn/qc
Lösung la solution
Lothringen la Lorraine → MB
Löwe le lion → 3/3
Luft l'air *m.*; **an der frischen ~** au grand air
lügen mentir
Lust auf etw. haben avoir envie de qc; **~ haben, etw. zu tun** avoir envie de + *inf.*; **~ machen, etw. zu tun** donner envie de + *inf.*
lustig amusant/amusante *adj.* → 2/3, drôle *m./f. adj.*; **sich ~ machen über jdn/etw.** se moquer de qn/qc

M

machen (etw. weiter ~) continuer (qc); **etw. ~** faire qc; **etw. selbst ~** faire qc soi-même → 2/1; **Was sollen wir ~?** Qu'est-ce qu'il faut faire?
Macht le pouvoir
Mädchen la fille
Magazin le magazine
Maghreb le Maghreb → 3/1
Magie la magie
magisch magique *m./f. adj.*
Mahlzeit le repas
Mail le mail
Mal la fois / les fois
Mali le Mali → 3/1
Malinke le malinké → 3/1
Mama maman *f.*
man muss / wir müssen il faut + *inf.*
man braucht / wir brauchen (etw.) il faut qc
man darf nicht, es darf nicht il ne faut pas que + *subj.*
man darf/sollte nicht il ne faut pas + *inf.*
man hält sich daran on s'y tient → MF
man könnte, wir könnten on pourrait
man müsste/sollte il faudrait + *inf.*
Man sagt ... On dit ...
Man schreibt ... On écrit ...
manchmal parfois
Manga le manga
Mango la mangue → 3/1
manipulieren (etw./jdn) manipuler qc/qn → MC
Mann le mari → 3/2, l'homme / les hommes *m.*
Mannschaft l'équipe *f.*
Marke le label → MC, la marque
Markt le marché
Marmelade la confiture
Marokkaner le Marocain / la Marocaine → 3/2
marokkanisch marocain/marocaine *adj.* → 3/2

Marokko le Maroc → 3/1
Mathe les maths *fam.* / les mathématiques *f. pl.*
Mauer le mur
Mechaniker le mécanicien / la mécanicienne → MF
meckern râler
Mediator/in le médiateur / la médiatrice
Medina la Médina → 3/3
Meer la mer
Meerschweinchen le cochon d'Inde
Mehl la farine
mehr plus, plus de *adv.*; ~ **... als** plus ... que
mehrere plusieurs *adj. pl.*
Mehrheit la majorité → 3/1
Meinung l'avis *m.*; **meiner ~ nach** à mon avis; **seine ~ (zu etw.) äußern** donner son avis (sur qc)
die meisten la plupart (de) → 3/1
meistens le plus souvent *adv.*
melden (jdm etw.) signaler qc à qn
Melodie la mélodie
Menge un tas de
Menhir le menhir
Mensch l'homme / les hommes *m.*
Menschenmenge le monde
Menü le menu
merkwürdig bizarre *m./f. adj.*, curieux/curieuse *adj.* → 1/2
Metall le métal → 2/1
metallen, aus Metall métallique *m./f. adj.*
Meter le mètre
mies nul/nulle *adj.*
Miete le loyer
Milch le lait
Milchreiskuchen la tarte au riz
Milliarde le milliard → 3/1
Million le million
Mineralwasser l'eau minérale *f.*; ~ **mit Kohlensäure** l'eau gazeuse *f.* → 2/2
Mini-Stereoanlage la minichaîne
minus moins
Minute la minute
Mir reicht's! J'en ai marre!; **Mir steht's bis hier!** J'en ai jusque-là! → 2/LA
Missverständnis le malentendu → 2/3
Mist! Zut! *fam.*
mit avec; ~ **dem Reisebus** en car
Mit freundlichen Grüßen. Dans l'attente de votre réponse, je vous prie de recevoir, Madame, Monsieur, mes salutations respectueuses. → 1/3
mit leeren Händen les mains vides
mitbringen (jdm etw.) apporter qc (à qn); **jdn/etw.** ~ amener qn/qc
Mitleid haben (mit jdm) avoir pitié de qn
mitnehmen (jdn) emporter qc → 1/2; **jdn/etw.** ~ emmener qn/qc → 3/LA, → MA
Mitschüler le/la camarade de classe → MF
Mittagessen le déjeuner
mittags à midi; **zwölf Uhr** ~ midi
mitteilen annoncer qc → MB
Mittelalter le Moyen-Âge
Mittelmeer la mer Méditerranée
Mode la mode
Modell le modèle → 3/2
modern moderne *m./f. adj.*
ich möchte gern je voudrais; **mögen (jdn/etw.)** aimer bien qn/qc / + *inf.*
möglich possible *m./f. adj.*
Moment le moment; **im** ~ en ce moment
Monat le mois
Montag lundi *m.*
Montage le montage
morgen demain
Morgen, morgens le matin
motivieren (jdn) motiver qn → MA
motiviert motivé/motivée *adj.* → 1/3
Motorschlitten la motoneige
motzen râler
Mountainbike le VTT
Mousse la mousse
müde fatigué/fatiguée *adj.*
sich Mühe geben s'appliquer → MF
den Müll rausbringen descendre les poubelles; **Mülleimer** la poubelle
Multikulturalität le multiculturalisme → 3/2
Mund la bouche → 3/LB
Museum le musée
Musik la musique
Musikecke le coin musique
Musiker/in le musicien / la musicienne
musizieren faire de la musique
müssen devoir, il faut que + *subj.* (von *falloir*)
Mut le courage → 1/1
mutig courageux/courageuse *adj.*
Mutter la mère

N

Na endlich! Ça y est! *fam.*
nach après, selon → 3/2; ~ **der Vorlage von** qui s'inspire/nt de → MA; ~ **Hause gehen** rentrer (à la maison); ~ **oben** en haut → MC; ~ **unten** en bas → MC; ~ **Wunsch** à la carte → MD
Nachbar/in le voisin / la voisine
nachdenken (über jdn/etw.) réfléchir (à/sur qn/qc); **über etwas nicht** ~ ne pas se poser de questions → 1/LA
nachhaken insister
Nachhaltigkeit le développement durable → MC
Nachmittag, am ~ l'après-midi *m./f.*
Nachname le nom → 3/2
Nachricht la nouvelle
Nachrichten(sendung) le journal
Nachspeise le dessert
nachsprechen (etw.) répéter (qc)
nächster/nächste/nächstes prochain/prochaine *adj.*
Nacht, nachts la nuit
Nahansicht, Nahaufnahme le gros plan → MF, MA
Nahrung la nourriture
naja ben *fam.*; Enfin, ...
Name le nom → 3/2
national, National- national/nationale/nationaux *m. pl. adj.* → 3/1
Nationalsozialismus le nazisme → MB
Natur la nature
natürlich évidemment *adv.*, naturel/naturelle *adj.*; ~ **(nicht)!** Bien sûr que oui/non!
Naturschutzgebiet la réserve naturelle → MD
neben à côté de qc
Neffe le neveu → MB
nehmen prendre; **Abstand** ~ prendre ses distances; **die Beine in die Hand** ~ prendre ses jambes à son cou; **etw. zu sich** ~ prendre qc
nein non
nerven: er/sie nervt il/elle m'énerve; **sie nerven** ils/elles m'énervent
nett gentil/gentille *adj.*, sympa *adj. fam.*; **Das wäre ~.** Ce serait sympa.
netterweise gentiment *adj.* → 2/2
Netz le réseau
neu nouveau / nouvel *m.* / nouvelle *f.* nouveaux *m. pl.* / nouvelles *f. pl. adj.*
neugierig curieux/curieuse *adj.* → 1/2
Neuigkeit la nouvelle
nicht ne ... pas; **auch** ~ non plus *adv.*; ~ **(wahr)** n'est-ce pas → 2/LA; ~ **jetzt.** Pas maintenant.; ~ **schlecht** pas mal; ~ **so**

(sehr/gern) ne ... pas trop; **~ wahr?** Non? *fam.*, c'est bien ça? → 1/3; **~ mehr** ne ... plus; **~ viel** pas grand-chose → 2/2
Nichte la nièce → MB
nichts ne ... rien; **~ Besonderes** pas grand-chose → 2/2, rien de spécial
nie ne ... jamais
sich niederlassen s'installer; **sich ~ (auf)** se poser (sur)
niedlich adorable *m./f. adj.*
niemand ne ... personne
Niete: eine ~ sein in être nul/nulle en
Niveau le niveau → 1/3
noch encore
noch einmal encore une fois; **etw. ~ anhören** réécouter qc; **mit jdm ~ über etw. sprechen** reparler de qc à qn; **~ etw. tun** recommencer; **~ fragen** redemander
noch viel mehr bien d'autres choses
Norden le nord; **im ~** dans le nord
normal normal/normale/normaux *m. pl. adj.*
normalerweise d'habitude, en général → 1/LA, → 2/1, normalement *adv.*
Note la note
notieren (etw.) noter (qc)
Nudeln les pâtes *f. pl.* → 1/LA
Nummer le numéro
nur seulement *adv.*
nützlich utile *m./f. adj.* → 2/1

O

oben en haut → MC
Objekt l'objet *m.*
Obstsalat la salade de fruits
oder ou; **~ (etwa nicht)** n'est-ce pas? → 2/LA
offen ouvert/ouverte *adj.*
offiziell officiel/officielle *adj.*
öffnen (etw.) ouvrir qc
oft souvent
ohne sans
Ökolabel l'écolabel *m.* → MC
Ökologie l'écologie *f.* → MC
ökologisch écologique *m./f. adj.* → MC
Öl l'huile *f.* → 3/1
Olive l'olive *f.* → 3/1
Olymp l'Olympe *m.* → MF
Oma mamie *f.*
Onkel l'oncle *m.*
online en ligne → 1/1
Opa papi *m.*
Oper l'opéra *m.*
Opfer la victime
optimistisch optimiste *m./f. adj.* → 1/2
Orange l'orange *f.*
orange orange *m./f. adj.*
Ordner le classeur
Ordnung l'ordre *m.* → 1/2
Organisation l'association *f.* → MC, l'organisation *f.* → 3/2
Organisator/in l'organisateur / l'organisatrice *m./f.*
organisieren (etw.) organiser qc; **sich ~** s'organiser
originell original/originale/originaux *m. pl. adj.*
Ort l'endroit *m.*
Outfit le look
Ozean l'océan *m.*; **atlantischer ~** l'océan Atlantique *m.* → MD

P

ein paar quelques *adj. pl.*
Packung le paquet
Palast le palais
Palmöl l'huile de palme *f.* → 3/1
Panelrahmung le bord de case → MF
Panik kriegen flipper *fam.* → 1/LB
Panoramaeinstellung le plan large → MF
Papa papa *m.*
Papier le papier → 2/1
Paradies le paradis → MD
Paragliding le parapente
Parcours le parcours
Pariser/in le Parisien / la Parisienne
Park le parc
parkour le parkour
Passage le passage → MD
Passfoto la photo d'identité → 1/3
Passwort le mot de passe
Pause la pause, la récréation
perfekt parfait/parfaite *adj.* → 1/LA
Person la personne
personalisiert personnalisé/personnalisée *adj.* → MF
persönlich personnel/personnelle *adj.*
Persönlichkeit la personnalité
Pferd le cheval / les chevaux
pflanzlich végétal/végétale/végétaux *m. pl. adj.* → MC
pflegen (jdn/etw.) soigner qn/qc → 1/1
Pfleger/in l'aide à domicile *f.*
Philosoph/in le/la philosophe → MB
Phosphat le phosphate → 3/1
Physik la physique
Picknick le pique-nique
Pirat le pirate → MF
Planetarium le planétarium
Plastik le plastique → 2/1; **aus Plastik** en plastique → 2/1
Platte le plat
Plattform la plate-forme
Platz la place
plötzlich tout à coup
(Poetry-)Slam le slam → ME
Politik la politique → MB
Polizei la police
Politiker/in l'homme politique / la femme politique → MB
Pommes frites les frites *f. pl.*
populär populaire *m./f. adj.* → 3/LA
Porträt le portrait → 3/2
Portugal le Portugal
positiv positif/positive *adj.* → 3/2
Poster le poster
Postkarte la carte
Praktik la pratique → MC
Praktikum le stage → 1/3
praktisch pratique *m./f. adj.*
praktizieren (etw.) pratiquer qc → MB
Präsentation la présentation
präsentiert von présenté/e par
Präsident le président / la présidente → MB
Praxis la pratique → MC
Preis le prix / les prix → 3/3
preiswert bon marché *adj. inv.* → 1/LA
Preußen la Prusse → MB
Prinzessin für einen Tag la princesse d'un jour
privat privé/privée *adj.*
pro Tag par jour
probieren goûter qc → 2/3
Problem le problème
Produkt le produit
Produktion la production → MF
Profil le profil
Programm le programme
Projekt le projet
Protestant le protestant/la protestante → MB
Provinz la province
provisorisch provisoire *m./f. adj.* → MB
provozieren (jdn/etw.) provoquer qn/qc → MC
Prozent pour cent
Prüfung l'épreuve *f.* → MB, l'examen → 1/2
Prügelei la bagarre
Publikum le public → 3/LA, → MF

Pullover le pull *fam.* / le pull-over
pünktlich à l'heure
Putzfrau la femme de ménage

Q

Quadratkilometer le km² (le kilomètre carré)
Qualität la qualité → 1/2
Quebec le Québec
Quelle la source → MC

R

R&B le R&B
Rad fahren faire du vélo
Radio la radio
Rafting le rafting → MD
Rallye le rallye
Rap le rap
Rassismus le racisme → ME
rassistisch raciste *m./f. adj.* → ME
Rastplatz, Raststätte l'aire de repos *f.*
Rat le conseil
raten (jdm etw.) conseiller qc à qn → MD
Rätsel l'énigme *f.*
reagieren réagir
reel réel/réelle *adj.* → MC
realistisch réaliste *m./f. adj.*
Realität la réalité → MB
Soap(opera) l'émission de téléréalité *f.*
recht haben avoir raison
rechts à droite
reden discuter (de qc) → 1/3
Reformation la Réforme → MB
reformiert réformé/réformée *adj.* → MB
Refrain le refrain
Regal l'étagère *f.*
Reggae le reggae
Regierung le gouvernement → MB
Regisseur le réalisateur / la réalisatrice → MA
regnen pleuvoir
reich riche *m./f. adj.*
reichen (jdm etw.) passer qc à qn
Reichst du mir ...? Tu me passes ...?
Reichtum la richesse → MF
reinigen (etw.) nettoyer qc
Reis le riz
Reise le voyage
Reisebus le car
(Reise-)Führer/in le guide *m.*
reisen voyager
Reiten l'équitation *f.*
Religion la religion → MB
rennen courir
renommiert prestigieux/prestigieuse *adj.* → MD
Reporter/in le/la reporter *m./f.* → 1/1
RER le RER
respektieren (jdn/etw.) respecter qn/qc
Ressourcen les ressources *f. pl.* → 3/1
Rest le reste
Restaurant le resto *fam.* / le restaurant
retten (jdn/etw.) sauver qn/qc → 1/2
Revolution la révolution → MF
Rezeption la réception → 1/3
Rhythmus le rythme
richtig vrai/vraie *adj.*; **Ist das ~?** C'est juste?
riesig énorme *m./f. adj.* → 3/LA, immense *m./f. adj.*
Ringen la lutte → 3/3
Risiken eingehen prendre des risques → MA
Rockmusik le rock
Rolle le rôle
Roman le roman
romantisch romantique *m./f. adj.* → MF
römisch romain/romaine *adj.*
rosa rose *m./f. adj.*
rot rouge *m./f. adj.*
Rückblende le flash-back *m. inv.* → MF
Rückkehr le retour
Rudern l'aviron *m.*; **rudern** faire de l'aviron
Rugby le rugby
ruhig calme *m./f. adj.*, tranquille *m./f. adj.*
rührend touchant/touchante *adj.*
Runde la partie; **~ Karten** la partie de cartes
Rundweg le circuit → MD

S

Sache la chose
Sachen les affaires *f. pl.*
Saftbar le bar à jus de fruits
sagen (jdm etw.) dire qc (à qn); **jdm die Meinung ~** dire ses quatre vérités à qn
Salat la salade
salzig salé/salée *adj.* → MD
sammeln (etw.) collectionner qc
Sammlung la collection
Sand le sable → MD
Sandwich le sandwich
Sänger/in le chanteur / la chanteuse
Sardine la sardine
Satz la phrase
sauber machen (etw.) nettoyer qc
Schachtel la boîte
schade dommage → 2/1
Schaf le mouton → 3/1
schaffen (es /etw.) réussir (qc)
sich schämen (für etw.) avoir honte (de qc) → MB
Schatz le trésor
Schatzsuche la chasse au trésor
Schaum la mousse
Schauspieler/in l'acteur / l'actrice
Scheibe la tranche → 2/1
scheinen sembler → MB
schenken (jdm etw.) offrir qc à qn
Scherz la blague
schicken (jdm etw.) envoyer qc (à qn)
Schiedsrichter/in l'arbitre *m./f.*
schießen tirer → 3/LA
Schiff le bateau / les bateaux
Schildkröte la tortue
schlafen dormir; **~ gehen** se coucher
Schlafzimmer la chambre
schlagen (jdn) frapper qn, battre qn/qc → 1/1
Schlagzeug la batterie, les percussions *f. pl.*; **~ spielen** faire des percussions
schlecht mal *adv.*, mauvais/mauvaise *adj.*, nul/nulle *adj.*; **gut/~ laufen** se passer bien/mal; **~ (in etw.) sein** être nul/nulle en; **~ ausgehen** mal finir; **sich ~ fühlen** aller mal
schließen (etw.) fermer (qc)
schließlich enfin
schlimm grave *m./f. adj.*
Schlitten le traîneau
Schloss le château / les châteaux
Schlüssel la clé
Schlüsselmoment le moment-clé → MA
schmecken: Das schmeckt gut. C'est bon.
Schmerzen haben (an/am) avoir mal (à) → 2/2
Schmuggel le trafic → MF
Schnee la neige
Schneemobil la motoneige
schneiden découper qc → 2/1
schneien neiger
schnell rapide *m./f. adj.*, rapidement *adv.*, vite
Schock le choc → MB
Schokolade le chocolat
Schokoladenkuchen le gâteau au chocolat

schon déjà
schön beau / bel *m.* / belle *f.* beaux *m. pl.* / belles *f. pl. adj.*
Schöpfung la création → 3/2
Schrank l'armoire *f.*
Schrecken l'horreur *f.* → MF
schrecklich terriblement *adv.*, horrible *m./f. adj.* → MF
schreiben (jdm etw.) écrire (qc à qn)
Schreibtisch le bureau / les bureaux
schreien crier
Schriftart la typo(graphie) → MF
Schriftgestaltung le lettrage → MF
Schriftguss la fonte → MF
schüchtern timide *m./f. adj.*
Schuh la chaussure
Schulbetreuer/in le/la CPE
Schulbibliothek le CDI
Schule l'école *f.*
Schüler/in l'élève *m./f.*
Schülervertreter/in le délégué de classe / la déléguée de classe → MA
Schulfach la matière
Schulhof la cour
Schulleiter/in le principal / la principale
Schulter l'épaule *f.* → 3/LA
Schulwesen l'enseignement *m.* → 3/1
Schutz la protection → MC
schützen (jdn/etw.) protéger qn/qc
schwach faible *m./f. adj.*
Schwächeanfall le malaise → MF
schwarz noir/noire *adj.*
Schweig! Tais-toi! → 3/LB
schwer difficile *m./f. adj.*
Schwester la sœur
schwierig difficile *m./f. adj.*
Schwierigkeit la difficulté, la complication → MF
Schwimmbad la piscine
Schwimmen la natation; **schwimmen** nager
Schwimmverein le club de natation
Sciencefiction la science-fiction → MF
sechs Tage die Woche six jours sur sept
Sechste (Klasse) la sixième
See le lac, la mer
Seefahrer/in le navigateur / la navigatrice
Segeln la voile
sehen voir
sehr très; ~ **viel** énormément *adv.* → 2/2
Sei still! Tais-toi! → 3/LB
Seid ihr fertig? Vous avez fini?
sein être; **begabt ~ für etw.** être doué/douée pour qc → 1/1; **dabei ~, etw. zu tun** être en train de + *inf.*; **egal ~ (jdm)** être égal à qn; **getrennt** ~ être séparé; **süchtig ~ (nach etw.)** être accro à qc
seit, seitdem depuis (que) → 3/2
seit Monaten depuis des mois
Seite le côté → 2/1
Sekretariat le secrétariat
Sekundarstufe 1 le collège
selbst machen (etw.) faire qc soi-même → 2/1
selbst wenn même si → 2/2
selbstständig autonome *m./f. adj.* → 1/3
selbstverständlich évidemment *adv.* → 2/2
Senegal le Sénégal → 3/1
senegalesisch sénégalais/sénégalaise *adj.* → 3/3
Senf la moutarde
sensibilisieren (jdn) sensibiliser qn → MC
Serie la série
Service le service → 1/3
servieren (etw.) servir qc → 1/3
Shampoo le shampoing
Show le cabaret, le spectacle → MF
sicher sûr/sûre *adj.*
sicherlich sûrement *adv.*
Siegerehrung la remise des médailles
Silber l'argent *m.* → 3/1
singen (etw.) chanter (qc)
Situation la situation → MA
sitzen être assis/assise → 2/2
Skateboard le skate board
Sketch le sketch / les sketches
Ski le ski; ~ **fahren** faire du ski
Skilanglauf le ski de fond
Sklave l'esclave *m./f.* → 3/3
Sklavenhandel la traite des Noirs → 3/3
Slogan le slogan → MC
SMS le texto
so comme ça
so (viel/e) tellement (de) → 1/LA
so ... wie aussi ... que
so tun, als ob faire croire que → MF
so viel autant de *adv.*
sofort tout de suite *adv.*
sogar même *adv.*
Sohn le fils
Soldat le soldat → MB
Solidarität la solidarité
Sommer l'été *m.*
Sonne le soleil
sich sonnen prendre le soleil
sonnengebräunt bronzé/bronzée *adj.*
Sonnenuntergang le coucher de soleil → MD
sonst sinon
sich Sorgen machen s'inquiéter
Soße la sauce
Soundtrack la bande originale → MF
Spaghetti les spaghettis *m. pl.*
Spanisch l'espagnol *m.* → 3/1
Spannung le suspense
Spaß haben rigoler, s'amuser, se marrer → 2/LB; **viel** ~ s'éclater *fam.*
spaßig drôle *m./f. adj.*
spät tard; **es war zu** ~ c'était trop tard; **zu** ~ en retard
spazieren gehen se promener, se balader *fam.* → 3/3
Spaziergang la balade
speichern (etw.) enregistrer qc → MF
Speisekarte le menu
Speisesaal la cantine
Spezialität la spécialité
speziell spécial/spéciale/spéciaux *m. pl. adj.*
Spiel le jeu / les jeux, le match
spielen se passer; ~ **(mit jdm)** jouer (avec qn); ~ **(etw.)** jouer à qc, ~ **(Instrument)** jouer de qc
Spieler/in le joueur / la joueuse
Spielstand le score
Sport le sport; ~ **treiben** faire du sport
Sportler/in le sportif / la sportive
sportlich sportif/sportive *adj.*
Sportunterricht l'EPS
Sprache la langue
Sprechblase la bulle → MF
sprechen (mit jdm) parler (à qn); **über etw.** ~ parler de qc; **Sprich lauter!** Parle plus fort!
Spülmaschine le lave-vaisselle; **die ~ ein-/ ausräumen** ranger le lave-vaisselle
Staatsangehörigkeit la nationalité → ME
Stadion le stade
Stadt la cité, la ville
Städtepartnerschaft le jumelage → MB
Stadtmauer le rempart
Stadtplan le plan
Stadtrand la banlieue
Stadtzentrum le centre-ville

ständig tout le temps
Star la star
stark fort/forte *adj.*
Stärke le point fort
Station la station
statt à la place de → 2/1, au lieu de → 3/3
stattfinden avoir lieu
Stau le bouchon
staubsaugen passer l'aspirateur
Staubsauger l'aspirateur *m.*
stehlen (jdm etw.) voler qc à qn
Stein la pierre
stellen (etw. hin-) poser qc; mettre qc; **den Ton lauter ~** mettre le son plus fort
Stern l'étoile *f.*
Stiefmutter la belle-mère
Stiefvater le beau-père
Stier le taureau / les taureaux
Stierkampf la corrida
Stil le style
still en silence
stilles Mineralwasser l'eau plate *f.* → 2/2
Stimme la voix / les voix; **jdm eine ~ geben** donner une voix à qn → 3/2
Stimmt das? C'est juste?
Stimmung l'ambiance *f.*
Stockwerk l'étage *m.*
Stoff le tissu → 3/3
stolz fièrement *adv.* → 2/1; **~ (auf jdn/etw.)** fier/fière (de qn/qc) *adj.*
stören (jdn) déranger qn
Strand la plage
Straße la rue
Straßenbahn le tram
Streber l'intello *m./f.* → 1/LA
Strecke le circuit → MD
streichen (etw.) mettre qc → 2/1
sich streiten se disputer
Stress le stress
sich stressen se stresser
Strom le fleuve
strukturieren (etw.) organiser qc
Stück le morceau / les morceaux → 2/1, la pièce
Student/in l'étudiant / l'étudiante
studieren faire des études
Studium les études *f. pl.*
Stuhl la chaise
Stunde l'heure *f.*
Stundenplan l'emploi du temps *m.*
subsaharisch subsaharien/subsaharienne → 3/1
Suche la recherche
suchen (jdn/etw.) chercher qn/qc
süchtig sein (nach etw.) être accro à qc
Süden le sud → MF
Südwesten le sud-est → MD
super super *adj. fam.*
Superheld/in le super-héros / la super-héroïne → 1/2
Supermarkt le supermarché
Suppe la soupe
surfen surfer sur Internet
Surfen le surf
süß adorable *m./f. adj.*
Symbol le symbole → 3/2
sympathisch sympa *adj. fam.*
System le système → MF
Szene la scène

T

Taboulé le taboulé
Tafel le tableau / les tableaux; **~ Schokolade** la tablette de chocolat
Tag le jour, **(in seinem Ablauf)** la journée; **am nächsten ~** le lendemain *adv.*; **~ der offenen Tür** la journée portes ouvertes; **vierzehn Tage** quinze jours → 1/3
Tagebuch le journal
täglich quotidien/quotidienne *adj.* → 2/1
Tal la vallée
Tante la tante
Tanz la danse
tanzen danser, faire de la danse
Tasche la poche → MF, le sac; **seine ~ packen/vorbereiten** faire son sac
Tat l'action *f.* → 3/2
Tätigkeiten im Haushalt les tâches ménagères *f. pl.*
Tausch l'échange *m.* → 1/3
tauschen (etw. gegen etw.) échanger qc contre qc
sich täuschen se tromper → 2/3
tausend mille *adj.*
Teelöffel la petite cuillère → 2/1
Teil la pièce, la partie → MB; **~ sein von etw.** faire partie de qc → MC
teilen (etw.) partager qc → MB
teilnehmen (an etw.) assister à qc → 3/LA, → MF, participer à qc
Telefon le téléphone
telefonieren téléphoner
Teller l'assiette *f.*
Tennis le tennis; **~ spielen** faire du tennis
Termin le rendez-vous
Terrasse la terrasse
Test l'interro *fam.* / l'interrogation *f.*, le test
teuer cher/chère *adj.*
Text le texte
Theater le théâtre; **~ spielen** faire du théâtre
Thema le thème
Themenfreizeit la colo *fam.* / la colonie (de vacances)
Ticket le billet, le ticket
Tier l'animal / les animaux *m.*
Tintenkiller l'effaceur *m.*
Tipp le tuyau / les tuyaux → 1/3
Tisch la table; **den ~ decken** mettre le couvert
Tischtennis le ping-pong
Titel le titre
Tochter la fille
Tod la mort
Toilette les toilettes *f. pl.*
tolerant tolérant/tolérante *adj.* → ME
Toleranz la tolérance → ME
toll super *adj. fam.*, formidable *m./f. adj.*, génial/géniale/géniaux *m. pl. adj. fam*
Tomate la tomate
Tomatensoße la sauce tomate
Ton le son → 3/LA
Tor le but; **ein ~ schießen** marquer un but
Torero le toréro
Torwart/in le gardien de but / la gardienne de but
total carrément *adv. fam.* → 1/LB, → 2/2
Tourismus le tourisme
Tourist/in le/la touriste
touristisch touristique *m./f. adj.*
Tradition la tradition
traditionell traditionnel/traditionnelle *adj.* → 3/3
tragen (etw.) mettre, porter qc
Trainer/in l'entraîneur / l'entraîneuse
trainieren s'entraîner
sich trauen (etw. zu tun) oser + *inf.*
Traum le rêve
träumen (etw. zu tun) rêver de + *inf.*; **von jdm/etw. ~** rêver de qn/qc
traurig triste *m./f. adj.*
Treffen la rencontre
treffen (jdn) retrouver qn; rejoindre qn → 2/3; **sich ~** se retrouver; **sich mit jdm ~** rencontrer qn; **wir ~ uns in/im/am ...** rendez-vous + *Zeit/Ort*
Treppe l'escalier *m.*
trinken (etw.) boire qc

trommeln faire des percussions
trösten consoler qn
trotz malgré → 1/1
trotzdem quand même, pourtant → 2/2
Truppe la troupe → MB
Tschüss! Salut! *fam.*
T-Shirt le tee-shirt
tun (etw.) faire qc
tunken tremper → 2/1
Tür la porte
Turnhalle le gymnase
Turm la tour
Turnier le tournoi
Turnschuhe les baskets *f. pl.*
Tüte le cornet → 2/1

U

U-Bahn le métro
überall partout
überladen chargé/chargée *adj.*
übermorgen après-demain *adv.* → 3/3
übernatürlich surnaturel/surnaturelle *adj.*
überqueren (etw.) traverser (qc)
überraschen (jdn) faire une surprise à qn
Überraschung la surprise
Übersetzer/in le traducteur / la traductrice → 1/2
übertreiben exagérer
übertrieben exagéré/exagérée *adj.*
überzeugen (jdn) convaincre qn → MC
übrigens à propos, d'ailleurs → MA
Übung l'exercice *m.*
Um wie viel Uhr? À quelle heure?; **um … Uhr** à … heure(s)
ultra ultra *fam.*
um … herum autour de
um … zu pour + *inf.*
Umfrage l'enquête *f.*
Umgebung le décor, les environs *m. pl.* → MF
umgekehrt l'inverse *m.* → MF
Umkleideraum le vestiaire
Umrahmung le bord de case → MF
Umso besser! Tant mieux!
umsteigen changer
umstoßen (jdn/etw.) renverser qn/qc → 3/LA
Umwelt l'environnement *m.* → MC
umweltfreundlich écologique *m./f. adj.* → MC
Umweltverschmutzung la pollution → MC
unabhängig indépendant/indépendante *adj.* → 2/2
Unabhängigkeit l'indépendance *f.* → 3/3
unbedingt absolument *adv.* → 2/2
unbekannt inconnu/inconnue *adj.*
und et
Unfall l'accident *m.*
ungefähr environ
unglaublich incroyable *m./f. adj.*
unglücklich malheureux/malheureuse *adj.*
unglücklicherweise malheureusement *adv.*
Universität l'université *f.*
unmöglich impossible *m./f. adj.* → MB
unten bas *adv.* → 3/LA, en bas → MC
unter entre, parmi → ME, sous
Unterbrechung la rupture → MF
sich unterhalten s'amuser
unterhaltsam amusant/amusante *adj.* → 2/3
Unterhaltung(ssendung) le divertissement
unterirdisch souterrain/souterraine *adj.*
Unterkunft le gîte
Unterlagen le document → 1/3
Unternehmen l'entreprise *f.* → 1/2
Unterricht le cours, l'enseignement *m.* → 3/1; **Ich habe keinen ~.** Je n'ai pas cours.
Unterschied la différence → 2/1
unterschreiben signer qc → 1/3
Untersuchung l'enquête *f.*; **ärztliche ~** l'examen → 1/2
Untertitel le sous titre → MC
unveränderlich fixe *m./f. adj.* → 1/2
unverschämt insolent/insolente *adj.* → MA
Unwohlsein le malaise → MF
Urgroßmutter l'arrière-grand-mère *f.*
Ursprung l'origine *f.* → 3/1, la source → MC

V

Vater le père
Verabredung le rendez-vous
Verantwortung la responsabilité → 1/2
verbieten, etw. zu tun (jdm) interdire (à qn) de + *inf.*
verbinden (etw. mit jdm/etw.) associer qn/qc à qc → MC
Verbindung le lien → ME
-verbot haben être privé/privée de qc
Verbraucher/in le consommateur / la consommatrice → MC
verbringen passer
verbunden attaché/attachée (à qc/qn) → 3/2
verdienen (Geld) gagner de l'argent → 1/2
Verein l'association *f.* → MC, le club
Vereinigte Staaten (von Amerika) les États-Unis (d'Amérique) *m. pl.*
verfeindet ennemi/ennemie *adj.* → MB
Verfilmung l'adaption *f.* → MA
verfolgen (jdn) suivre qn
Verführung la séduction
vergehen passer → 2/2
vergessen (etw.) oublier qc
Vergleich la comparaison → 2/3
vergoldet doré/dorée *adj.* → 3/2
Verhalten le comportement → MA
verhandeln marchander → 3/3
verhauen (jdn) casser la figure à qn *fam.*
verhindern (etw.) empêcher qn/qc de + *inf.* → 1/1
verkaufen (jdm etw.) vendre qc (à qn)
Verkehr le trafic → MF
verkleidet déguisé/déguisée *adj.* → MF
verkünden (etw.) déclarer qc → MB
verlassen désert/déserte *adj.*; **jdn/etw. ~** quitter qn/qc → ME
verleihen (etw.) remettre qc → MF
verletzt blessé/blessée *adj.*
sich verlieben tomber amoureux/-euse → MF
verliebt amoureux/amoureuse *adj.*
verlieren (etw.) perdre qc
verpassen (jdn/etw.) ~ rater qn/qc
Verpflichtung l'engagement *m.* → MC
verraten (jdn) dénoncer qn
Verrückte le fou / la folle → 3/LA
sich verschlechtern dégénérer → MA
verschmutzen polluer → MC
verschwenden gaspiller qc → 3/LB
verschwinden disparaître
Versöhnung la réconciliation → MB
mit Verspätung en retard
versprechen (jdm etw.) promettre (à qn) de + *inf.*
verständigen (jdn) prévenir qn
Versteck la cache
sich verstecken se cacher → MB
verstehen (jdn/etw.) comprendre qn/qc; **sich (gut) ~** s'entendre (bien) → 2/2
versuchen (etw.) essayer qc

verteidigen (jdn) prendre la défense de qn
Verteidigung la défense
Vertrag le traité → MB
Vertrauen la confiance; **jdm vertrauen** faire confiance à qn
verwechseln (jdn/etw.) confondre qn/qc → MB
Verzeihung pardon
Videospiel le jeu vidéo
viel beaucoup; ~ **Glück!** Bonne chance!
viele beaucoup de; **viel/viele** plein de *adv.* → 3/3
viele Leute beaucoup de monde
Vielen Dank für eure Aufmerksamkeit. Merci de votre attention.
Vielfalt la diversité → ME
vielleicht peut-être
Viertel le quartier
Viertelstunde le quart; **Viertel nach** et quart; **Viertel vor** moins le quart
Vitamin la vitamine
Vogel l'oiseau / les oiseaux *m.*
Vokabular le vocabulaire
voll plein/pleine *adj.* → 3/LA
voll lecker trop bon *fam.*
vollständig complètement *adv.* → MA
von de, parmi → ME
von ... bis ... de ... à ...
von dem dont → 3/3
von Nutzen sein servir à qc → 2/3
vor devant; *zeitlich* avant, il y a
vor allem en particulier, surtout *adv.*
vor dem Elend flüchten fuir la misère → ME
vorbeigehen passer → 2/2
vorbeikommen (bei jdm) passer (chez qn)
vorbereiten (etw.) préparer qc
Vorbild le modèle → 3/2
Vordergrund le premier plan → MA, → MC
Vorhaben le projet
vorhin tout à l'heure
vorläufig provisoire *m./f. adj.* → MB
Vorliebe le goût → MA
Vorname le prénom → MB
Vorort la banlieue
vorprogrammiert programmé/programmée *adj.* → MB
Vorschlag la proposition
vorschlagen (jdm etw.) proposer qc (à qn); ~ **(jdm/etw. zu tun)** proposer (à qn) de + *inf.*
Vorspeise l'entrée *f.*
vorspielen (etw.) passer qc
vorstellen (jdm jdn/etw.) présenter qn/qc (à qn); **sich (jdm)** ~ se présenter (à qn); **sich etw.** ~ imaginer qc → 1/1; avoir qc en tête → 2/3
Vorstellung le spectacle → MF
Vorurteil le préjugé → ME
vorwerfen (jdm etw.) reprocher qc à qn → MA
Vorzug la qualité → 1/2
Vulkan le volcan → MC

W

Wachfrau/ Wachmann la gardienne / le gardien
wachsen grandir
Waffe l'arme *f.* → 3/3
Wagen la voiture
wahr vrai/vraie *adj.*
während durant → MF, pendant
Wahrheit la vérité
Wal la baleine
Wald la forêt
Wand le mur
Wanderer/Wanderin le randonneur / la randonneuse → MD
wandern gehen partir en randonnée
Wanderung la randonnée
Wandschrank le placard
Wann ...? Quand est-ce que ...?
warm chaud/chaude *adj.*
warten (auf jdn/etw.) attendre qn/qc
Warteschlange la file d'attente → 1/LB
Warum? Pourquoi?
was quoi; **was** *wenn du nach dem Subjekt des Satzes fragst* Qu'est-ce qui ...?
Was bedeutet das? Qu'est-ce que ça veut dire?; **Was gibt es?, Was ist los?** Qu'est-ce qu'il y a?
Wer macht was? Qui fait quoi?
Was ...? Qu'est-ce que ...?
Was für ein Glück! Quelle chance!
Was für ein Quatsch! N'importe quoi!
Was geht dich das an? De quoi je me mêle? → 3/LB
Was hast du geschrieben? Qu'est-ce que tu as écrit?
Wasser l'eau *f.*
Watte le coton → 3/1
Webseite le site (web) → 2/2
Weg le chemin; **(jdn) nach dem** ~ **fragen** demander son chemin (à qn)
wegen à cause de
wegfahren partir
wegnehmen (jdm etw.) confisquer qc
wegwerfen (etw.) jeter qc → 3/3
wehtun (jdm) faire mal à qn
Weigerung le refus → 3/2
weil parce que
Wein le vin → 2/LA
weinen pleurer
Weise la façon
weiß blanc/blanche *adj.*
weit (weg) loin; ~ **entfernt von** loin de
weitergehen continuer
welche lesquels/lesquelles
welcher/welche/welches lequel/laquelle/lesquels/lesquelles, quel/quelle
Welle la vague
Wellensittich la perruche
Welt le monde
wenig, wenige peu (de) *adv.*
weniger moins; **weniger ... als** moins ... que
wenn *konditional* si; **immer** ~ quand
Wen ...? *wenn du nach dem Objekt des Satzes fragst* Qui est-ce que ...?; **Wer ...?** *wenn du nach dem Subjekt des Satzes fragst* Qui est-ce qui ...?; **Wer fängt an?** Qui commence?; **Wer ist dran?** C'est à qui?; **Wer macht was?** Qui fait quoi?
Wer? Qui?
Werbung, Werbespot la publicité, la pub *fam.* → MC
werden devenir
werfen (etw.) jeter qc → 3/3
westlich occidental/occidentale/occidentaux *m. pl. adj.* → 3/2
Wettbewerb le concours
Wetter le temps; **Es ist schönes ~.** Il fait beau.
wichtig important/importante *adj.*
widerlich dégoûtant/dégoûtante *adj.*, dégueulasse *m./f. adj. fam.*
Widerrufung la révocation → MB
widerrufen (etw.) révoquer qc → MB
Widmung la dédicace → MF
wie comme, comment; **wie** *vergleichend* que
Wie alt ist er/sie? Il/Elle a quel âge?
Wie geht's? Ça va?, Comment ça va?
wie viel combien
Wie viel(e) ...? Combien de ...?
wieder anfangen (etw.) recommencer

wiedererkennen (jdn/etw.) reconnaître qn/qc
wiederholen (etw.) répéter (qc); repasser qc → 1/2
Wiederholung la répétition → MC
sich wiedertreffen se retrouver
Willkommen! Bienvenue! *f.*
Wind le vent
Winter l'hiver *m.*
Wir müssen los! Il faut qu'on y aille!; **wir müssen, man muss** il faut + *inf.*
wir dürfen/sollten nicht il ne faut pas + *inf.*
wir müssten/sollten il faudrait + *inf.*
wirklich vraiment *adv.*
Wirkung l'effet *m.* → MF
Wirtschaft l'économie *f.* → 1/2
Wissen les connaissances *f. pl.* → 1/3
wissen (etw.) savoir qc
wo où
Woche la semaine; **zwei Wochen** quinze jours → 1/3
Wochenende, am Wochenende le week-end; **ins ~ fahren** partir en week-end;
Wohin ...? Où est-ce que ...?
Wohlbefinden le bien-être → MC
wohnen habiter
Wohnung l'appartement *m.*
Wohnzimmer la salle de séjour
wollen (etw.) / etw. tun wollen vouloir qc / + *inf.*; **wenn du willst** si ça te dit; **~, dass** vouloir que + *subj.*
Wolof le wolof → 3/1
Workshop l'atelier *m.*
Wort le mot
Wortschatz le vocabulaire
wortwörtlich mot à mot → 2/2
wunderschön magnifique *m./f. adj.*
Wunsch la demande → 1/3
Würdest du gern ...? Tu voudrais ...?
Wurst la saucisse → 2/3
Wurstwaren la charcuterie
Wüste le désert → 3/1
wütend furieux / furieuse *adj.*

Z

Zahl le nombre, le chiffre → MF
zählen (auf jdn) compter (sur qn)
Zauberei la magie
Zeichen le symbole → 3/2
zeichnen (etw.) dessiner qc
Zeichner/in le dessinateur / la dessinatrice → 1/1; → MF
Zeichnung le dessin
zeigen (jdn/etw.) représenter qn/qc → MF; **jdm etw. ~** montrer qc à qn
Zeit l'époque *f.*, le temps; **von ~ zu ~** de temps en temps; **die ganze ~** tout le temps; **die ganze ~ etw. tun** passer son temps à + *inf.*; **Hast du heute ~?** Tu as le temps aujourd'hui?, Tu es libre aujourd'hui?
Zeitschrift le magazine
Zeitung le journal
Zeitungsartikel l'article *m.* → 1/1
Zelt la tente
Zelten le camping; **zelten** faire du camping
Zensur la censure → 3/2
Zentimeter le centimètre → 1/LA
Zentrum le centre
Zeuge/Zeugin le témoin
ziehen tirer → 3/LA
Ziel le but, l'objectif *m.* → MB
ziemlich assez, drôlement *adv.* → 2/1
Zirkus le cirque
Zitrone le citron
zögern hésiter
Zoom le zoom → MF
zu / zu sehr / zu viel trop (de)
zu etw. gehören faire partie de qc → MC
zu Fuß à pied
zu Hause à la maison
Zu Hilfe! Au secours!
zubereiten (etw.) préparer qc
Zucht l'élevage *m.* → 3/1
Zucker le sucre
zuerst au début (de qc) *adv.*, d'abord
Zufall le hasard
zufrieden content/contente *adj.*
Zug le train
zugeben (etw.) reconnaître qn/qc
zuhören (jdm/etw.) écouter qn/qc
Zukunft l'avenir *m.* → 1/1, le futur
zum Beispiel / z. B. par exemple / p. ex.
zum Schluss pour finir
zumachen (etw.) fermer (qc)
Zunge la langue
zurechtkommen se débrouiller → 2/2
zurückbekommen (etw.) récupérer qc
zurückkehren (zu/nach) retourner à
zurückkommen revenir → 2/2
zurückrufen (jdn) rappeler qn
zurückweisen (jdn/etw.) rejeter qc/qn → ME
zurzeit en ce moment
zusammen ensemble; **mit jdm ~ sein** sortir avec qn → 1/LA
zusammenarbeiten coopérer → MB
Zusammenfassung le résumé
Zuschauer/in le spectateur / la spectatrice → MA, → MF
zwangsläufig forcément *adv.* → 2/2
zwei gegen einen à deux contre un
Zweifel le doute
zweisprachig bilingue *m./f. adj.* → ME
Zweiter Weltkrieg la Seconde Guerre mondiale → MB
zweiter/zweite/zweites deuxième *m./f. adj.*
Zwinkern le clin d'œil → 3/LA
zwischen entre
zwölf Uhr mittags midi
zwölfeinhalb (Jahre) douze ans et demi

Fotos:
Cover links Glow Images/Henri-Louis Roland; *rechts* Shutterstock/Edyta Pawlowska – **S. 12** *1. von links* Shutterstock/auremar; *2. von links* Shutterstock/Pressmaster; *3. von links* Shutterstock/Derek Latta; *4. von links* Fotolia/Henry Schmitt – **S. 13** Shutterstock/LiliGraphie – **S. 14, 15** Fotolia/DragonImages – **S. 16** „Premier chagrin“ Eva Kavian, 2011, Éditions Mijade – **S. 17** *oben rechts* Fotolia/Steven Jamroofer; *Mitte, 1. von links* Fotolia/Javier Brosch; *Mitte, 2. von links* Fotolia/LuckyBusiness Photo Studio; *Mitte, 3. von links* mauritius images/Fiona Fergusson; *Mitte, 4. von links* Fotolia/SusaZoom; *unten, 1. von links* F1online/John Romanelli Blend Images RM; *unten, 2. von links* Shutterstock/Alexander Raths; *unten, 3. von links* Fotolia/Robert Kneschke; *unten, 4. von links* Fotolia/PhotographyByMK – **S. 20** *oben links* Fotolia/ra2studio; *oben rechts* Fotolia/Chlorophylle; *Mitte rechts* Shutterstock/Eugenia-Petrenko; *Mitte links* Shutterstock/Anemone; *unten rechts* Shutterstock/Dmitry Kalinovsky – **S. 22** *Mitte links* Fotolia/Igor Mojzes; *Mitte rechts* imago/imagostock – **S. 27** Fotolia/a.k. – **S. 29** Fotolia/gstockstudio – **S. 30** *links* Shutterstock/pio3; *rechts* picture-alliance/dpa – **S. 31** Lara Nikolic/Hannover – **S. 34** *links, 1. von oben* F1online/Walter Bibikow AGE; *rechts, 1. von oben* Glow Images; *links, 2. von oben* Clip Dealer/www.rsester.com; *rechts, 2. von oben* Schapowalow/SIME/Sebastiano Scattolin; *links, 3. von oben* Corbis/VIP Images/Eric Fougere; *links, 4. von oben* picture alliance/HOCH ZWEI – **S. 35** *oben links* picture-alliance/maxppp; *oben rechts* Bildagentur Huber/R. Schmid; *unten rechts* mauritius images/Photo Alto – **S. 36** picture-alliance/dpa – **S. 38** imago/People Entertainment/Christian Ditter – **S. 39** *oben links* mauritius images/United Archives; oben rechts mauritius images/United Archives; *unten links* mauritius images/United Archives; *unten rechts* mauritius images/United Archives – **S. 40, 41** ClairiKine – **S. 42** *rechts oben* Fotolia/Richard Villalon; *rechts unten* F1online/Norbert Michalke Imagebroker RM; *links oben* mauritius images/Ikon Images; *links unten* mauritius images/Cultura – **S. 43** *1. von links* Photoshot/Red Cover; *2. von links* VISUM creative/Jose Navia; *3. von links* epd-bild/Stefan Arend; *4. von links* mauritius images/Alamy; *5. von links* Topic Media; *6. von links* LEEMAGE/images.de – **S. 44** Corbis/Westend61/Fotografixx – **S. 46** *1* Your Photo Today/Marco Polo/F Bouillot; *2* F1online/Maskot Maskot; *3* mauritius images/Cultura; *4* mauritius images/STOCK4B-RF; *5* mauritius images/Radius Images – **S. 47** picture alliance/maxppp – **S. 48** *links, 1. von oben* mauritius images/Cultura; *rechts oben* Corbis/Westend61/Dieter Heinemann; *links, 2. von oben* Shutterstock/pkchai; *links, 3. von oben* Shutterstock/Blend Images; *rechts unten* Fotolia/HandmadePictures; *links, 4. von oben* Fotolia/ATAMANENKO EVGENY; *links, 5. von oben* Fotolia/Brad Pict – **S. 50** *1, 2* Fotolia/Barbara Pheby – **S. 51** *1. von links* F1online/Maskot; *2. von links* mauritius images/Photononstop; *3. von links* Shutterstock/Nordling; *4. von links* picture-alliance/maxppp; *5. von links* Fotolia/Frog 974; *6. von links* Fotolia/tsach – **S. 52** Shutterstock/sianc – **S. 53** *oben links* Shutterstock/Mr Twister; *oben rechts* Fotolia/illustrez-vous; *unten* Fotowerk – **S. 56** *oben links* imago/Revierfoto; *oben rechts* Shutterstock/Christian Bertrand; *Mitte links* Shutterstock/cinemafestival; *Mitte rechts* Corbis/Demotix/Thi Thuy; *unten links* Corbis/Don Kelly; *unten rechts* Shutterstock/katatonia82 – **S. 57** *links* Action press/ullstein-Archiv Gerstenberg; *Mitte* Action press/ullstein-Archiv Gerstenberg; *rechts* Corbis/Reuters/STR – **S. 58, 59** mauritius images/Alamy – **S. 61** *oben rechts* Éditions Gallimard Jeunesse Paris – **S. 64** *oben rechts* mauritius images/imageBROKER/Thomas Dressler; *oben links* Your Photo Today/HAGA; *oben Mitte* Corbis/Godong/Philippe Lissac; *Mitte links oben* laif/HOA-QUI/Michel RENAUDEAU; *Mitte rechts* Cornelsen Schulverlage, Lennart Fischer; *Mitte links unten* picture-alliance/dpa/dpaweb; *unten links* mauritius images/Alamy; *unten Mitte* Corbis/Demotix/Tommy Trenchard – **S. 65** *links, 1. von oben* images.de/Lineair; *rechts oben* Cornelsen Schulverlage, Lennart Fischer, Berlin; *links, 2. von oben* WILDLIFE/M. Harvey; *links, 3. von oben* laif/hemis.fr/Ludovic Maisant; *links, 4. von oben* Reuters; *links, 5. von oben* laif/hemis.fr/Paule Seux; *rechts unten* Shutterstock/Indigo Fish – **S. 66** *links* Corbis/Godong/Philippe Lissac; *rechts* Glow Images/Rubberball 2009 – **S. 67** *Mitte links* CIJF/OIF; *Mitte rechts + unten* CIJF/OIF + CIJF/OIF, Jean-Yves Ruszniewski – **S. 68** *links, 1. von oben* laif/GAMMA/Eric CATARINA; *rechts oben* imago/PANORAMIC/SIMONDAVAL; *links, 2. von oben* Universal Music International – a division of Universal Music GmbH, 2002; *links, 3. von oben* Universal Music International – a division of Universal Music GmbH, 2006; *links, 4. von oben* Barbara C.; *rechts unten* Hassan Ouazzani; *links, 5. von oben* action press/Collection Christophel – **S. 69** *links* Corbis/Retna Ltd./Beowulf Sheehan; *Mitte* „Aya de Yopougon“ Marguerite Abouet & Clément Oubrerie, Bayou/Éditions Gallimard Jeunesse 2005; *rechts* action press/Collection Christophel; – **S. 71** *1. von links* Shutterstock/AGIF; *2. von links* Corbis/Reuters/RUSSELL BOYCE; *3. von links* picture-alliance/dpa; *4. von links* Shutterstock/joyfull – **S. 72** *oben rechts* Fotolia/DiversityStudio; *Mitte links* picture-alliance/africamediaon; *Mitte rechts* Fotolia/bertauxn; *unten links* action press/Hennig, Karsten – **S. 73** *oben rechts* mauritius images/Alamy; *unten, 1. von links* Fotolia/Aleksandar Todorovic; *unten, 2. von links* Glow Images/imagebroker.com; *unten, 3. von links* F1online/Tondini AGE; *unten, 4. von links* Clip Dealer/Julija Sapic; *unten, 5. von links* Glow Images/imagebroker.com; *unten, 6. von links* picture alliance/africamediaon – **S. 74** F1online/Jorge Fernández AGE – **S. 75** trigon-film – **S. 76** *oben links* OKAPIA/imageBROKER/Bernard Jaubert; *oben Mitte* Corbis/photocuisine/nurra; *oben rechts* mauritius images/Alamy; *unten links* Shutterstock/africa924; *unten Mitte* picture alliance/AA; *unten rechts* laif/Philipp Engelhorn – **S. 77** *oben links* Corbis/Godong/Philippe Lissac; *oben Mitte* Association Oujda Arts; *oben rechts* Shutterstock/Filipe B. Varela; *Mitte, 1. von links* DOUZI; *Mitte, 2. von links* mauritius images/Alamy; *unten links* laif/HOA-QUI/Michel HUET; *unten rechts* Youri Lenquette – **S. 80** *a–c* Cornelsen Schulverlage, Wilimek; *Mitte rechts* shutterstock/koya979 – **S. 81** *a* shutterstock/kosam; *b* shutterstock/Patrick Breig; *c* imago/Peter Widmann – **S. 82** *a* shutterstock/Koya 979; *b* shutterstock/Africa Studio; *c* shutterstock/tavi; Schulze – **S. 83** *oben* picture alliance/dpa; *unten* Fotolia/www.philippe-devanne.fr – **S. 84** Action press/Collection Christophel – **S. 85** *1.* Clip Dealer/Mamuka Gotsiridze; *2.* 1987–1996 Adobe Systems Incorporated; *3.* Clip Dealer/Igor Zakowski; *4.* action press/Collection Christophel; *5.* action press/Collection Christophel; *6.* action press/Everett Collection – **S. 86** „Entre les murs“ Laurent Cantet, Haut et Court 2008, Photos: Pierre Millon – **S. 87** *oben, v. links n. rechts:* Sony Pictures/Everett Collection; action press/Collection Christophel; „Entre les murs“ Laurent Cantet, Haut et Court 2008, Photos: Pierre Millon; action press/Collection Christophel; „Entre les murs“ Laurent Cantet, Haut et Court 2008, Photos: Pierre Millon; action press/EVERETT COLLECTION/INC.NEW YOR; Interfoto/NG Collection; *unten* „Entre les murs“ Laurent Cantet, Haut et Court 2008, Photos: Pierre Millon – **S. 88** Glow Images/Cultura RM/Nancy Honey – **S. 89** *1* Corbis/Reuters; *7* action press/BECKER + BREDEL GbR; *4* picture alliance/dpa; *10* Scherl/Süddeutsche Zeitung Photo – **S. 90** *links* Interfoto/Bouserath; *rechts* UPPA/Photoshot – **S. 91** Clip Dealer/Igor Zakowski – **S. 93** *1. von links* imago; *2. von links* bpk/The Trustees of the British Museum; *3. von links* Clip Dealer/Cora Müller; *4. von links* bpk/Daniel Chodowiecki – **S. 94** Danone Eaux France – **S. 95** *oben links* AFNOR Certification; *oben rechts* European Union, 1995–2015; *Mitte* REFEDD 2012 – **S. 96** *Mitte* Shutterstock/Pinkyone; *unten* F1online/Zero Creatives Cultura Images RF – **S. 97** *unten* Fotolia/by-studio; *unten links* Fotolia/Bank-Bank; *unten rechts* Fotolia/Africa Studio – **S. 98** *oben* Fischer Lennart Berlin; *unten links* F1online/Tips Images – *unten rechts* Shutterstock/stocker1970 – **S. 99** *oben links* Fotolia/joseph hilfiger; *oben rechts* LEEMAGE/images.de; *unten links* F1online/Norbert Scanella AGE; *unten rechts* Fotolia/thier – **S. 100** Corbis/Ann Summa – **S. 102** Glow Images/Superstock/Stephen Simpson – **S. 103** *oben, links* „Putain de guerre“ Jacques Tardi, Jean-Pierre Verney, Casterman 2008; *oben rechts* „Le Code noir“ Jacques Martin, Casterman 2007; *2. von oben, links* „Jungle urbaine 1. Lola“ Kash, Coll. L'Harmattan BD/Editions l'Harmattan 2012; *2. von oben, rechts* „Les Légendaires, Origines“ Tome 1 (Danaël), Patrick Sobral & Nadou, Éditions Delcourt/Collection Jeunesse 2012; *3. von oben, links* „La Vie et Moi“ Pico Bogue/Dormal & Roques, DARGAUD 2008; *3. von oben, rechts* „Tamara: Faites comme chez vous!“ Zidrou & Darasse, Dupuis 2006; *4. von oben links* „Corto Maltese. La ballade de la mer salée“ Éditions Casterman 2007/Cong SA, Suisse 1967; *4. von oben, rechts* „La Marche du crabe, La condition des crabes“ Arthur de Pins, Soleil Productions 2010/Groupe Delcourt – **S. 104** *oben links* imago/Panoramic/RenaudJoubert; *unten links* Corbis/Corbis KIPA/Russeil Christophe; *unten rechts* Cornelsen, Berlin – **S. 109** *oben rechts* Shutterstock/LDprod; *unten* Cornelsen Schulverlage, Barbara Jantzen – **S. 110** *oben* imago; *unten* Corbis/ZUMA Press/Wiktor Dabkowski – **S. 112** picture alliance/dpa– **S. 115** imago/Christian Ditter/People Entertainment – **S. 125** Cornelsen Schulverlage, Barbara Jantzen – **S. 134** *oben links* Corbis/People Avenue/Stephane Cardinale; *oben rechts* imago/ZUMA/Keystone; *unten links* laif/GAMMA/BEDDER BRYAN – **S. 135** *oben* laif/hemis/DU BOISBERRANGER Jean; *unten* laif/HOA-QUI/Maurice ASCANI – **S. 136** *oben* laif/HOA-QUI/Michel RENAUDEAU; *Mitte* laif/HOA-QUI/Cecile TREAL et Jean-Michel RUIZ; *unten* MINT Images/Frans Lanting – **S. 137** *oben* laif/Bruno Morandi; *unten* laif/Guenay Ulutuncok

Texte/Cartoons:
S. 8, 9, 10, 11 „La Page blanche“ Pénélope Bagieu & Boulet, 2012 Éditions Delcourt, Guy Delcourt Productions, Paris – **S. 16** „Premier chagrin“ Eva Kavian, 2011, Éditions Mijade – **S. 18** „Boulard 1, En mode cool“, Erroc & Mauricet, 2013 Bamboo Édition – **S. 60, 61** *Mitte* „Aujourd'hui au Sénégal“ Aurélia Fronty & Florent Silloray, Éditions Gallimard Jeunesse 2005 – **S. 62, 63** „Aya de Yopougon“ Marguerite Abouet & Clément Oubrerie, Bayou/Éditions Gallimard Jeunesse 2005 – **S. 96** *oben* „Grrreeny Tome 1, Vert un jour, vert toujours“ Midam/Glénat, Mad Fabrik 2012 – **S. 106–107** „Apprendre et comprendre“ Trondheim & Garcia, Éditions Delcourt 2006 – **S. 112, 113** Deutschlandradio 2013 – **S. 123** „Quai D'Orsay“ Tome 2, Blain & Lanzac, DARGAUD 2011

Glossaire | Glossar – Übungsanweisungen

A	**affiche**, l' *f.*	das Plakat
	avantage, l' *m.*	der Vorteil
B	**bulle**, la	die Sprechblase
C	**chacun/chacune**	jeder, jede
	combinaison, la	die Kombination, die Zuordnung
	commenter qc	etw. kommentieren
	comparer qc	etw. vergleichen
	compléter qc	etw. ausfüllen, ergänzen
	convenir	passen, zutreffen
	correspondre à qc	etw. entsprechen
D	**décrire qc**	etw. beschreiben
	devinette, la	das Ratespiel
E	**encadré**, l' *m.*	der Kasten
	enregistrement, l' *m.*	die Aufnahme
	exposer qc	etw. darlegen, etw. vorstellen
	expression, l' *f.*	die Redewendung, der Ausdruck
F	**fiche**, la	die Karteikarte, der Steckbrief
	former qc	etw. bilden
H	**hypothèse**, l' *f.*	die Hypothese, die Vermutung
J	**justifier qc**	etw. begründen
M	**se mettre d'accord**	sich einigen
	mettre qc en commun	etw. zusammentragen
N	**narratrice**, la	die Erzählerin
	nommer qc	etw. nennen
O	**ordre**, l' *m.*	die Reihenfolge
P	**par cœur**	auswendig
	paragraphe, le	der Absatz
	partie, la	der Teil
	passage, le	der Abschnitt
R	**relever qc**	etw. notieren
	remplir qc	etw. ausfüllen
	réponse, la	die Antwort
	résumer qc	etw. zusammenfassen
S	**schéma**, le	das Schaubild
	si nécessaire	wenn nötig
	sous forme de	in Form von, als
	suivant / suivante	folgend
	survoler qc	etw. überfliegen
T	**tableau**, le	die Tabelle
	tour, le	der Rundgang
	traduire qc	etw. übersetzen
U	**utile** *m./f.*	nützlich
V	**vignette**, la	die Comiczeichnung, das Einzelbild

présent

Verben auf *-er*	Verben auf *-ir*, *-re*
-e	-s
-es	-s
-e	-t (-d)

-ons
-ez
-ent

Fast alle Verbformen haben im *présent* diese Endungen.
Beim Verbstamm gibt es aber Unterschiede. (▶ *Verbes*, p. 138–143)
Ausnahmen:

être	nous sommes, vous êtes	**faire**	vous faites, ils font
avoir	j'ai, il a, ils ont	**offrir**	wird wie die Verben auf *-er* konjugiert
aller	il va, ils vont	**ouvrir**	wird wie die Verben auf *-er* konjugiert
découvrir	wird wie die Verben auf *-er* konjugiert	**pouvoir**	je peux, tu peux
dire	vous dites	**vouloir**	je veux, tu veux

subjonctif	**imparfait**	**conditionnel présent**	**futur simple**
-e	-ais	-ais	-ai
-es	-ais	-ais	-as
-e	-ait	-ait	-a
-ions	-ions	-ions	-ons
-iez	-iez	-iez	-ez
-ent	-aient	-aient	-ont

Der Stamm wird abgeleitet vom:

présent, 3. Person Plural:	**présent,** 1. Person Plural:	**infinitif:**
ils parlent	nous parlons	parler
ils réagissent	nous réagissons	réagir
ils perdent	nous perdons	perdr~~e~~

Ausnahmen:

aller	que j'aille, que nous allions
avoir	que j'aie, que nous ayons
boire	que je boive, que nous buvions
croire	que je croie, que nous croyions
décevoir	que je déçoive, que nous décevions
devoir	que je doive, que nous devions
envoyer	que j'envoie, que nous envoyions
être	que je sois, que nous soyons
faire	que je fasse, que nous fassions
falloir	qu'il faille
pouvoir	que je puisse, que nous puissions
prendre	que je prenne, que nous prenions
savoir	que je sache, que nous sachions
venir	que je vienne, que nous venions
tenir	que je tienne, que nous tenions
voir	que je voie, que nous voyions
vouloir	que je veuille, que nous voulions

Die Formen von *tu*, *il/elle/on* und *ils/elles* haben alle denselben Stamm wie die *je*-Form.
Die *vous*-Form hat denselben Stamm wie die *nous*-Form.

Ausnahme:

être j'étais

Ausnahmen (*conditionnel présent*, *futur simple*):

acheter	j'achèterais	j'achèterai
aller	j'irais	j'irai
amener	j'amènerais	j'amènerai
appeler	j'appellerais	j'appellerai
avoir	j'aurais	j'aurai
courir	je courrais	je courrai
décevoir	je décevrais	je décevrai
devenir	je deviendrais	je deviendrai
devoir	je devrais	je devrai
être	je serais	je serai
s'ennuyer	je m'ennuierais	je m'ennuierai
envoyer	j'enverrais	j'enverrai
essayer	j'essaierais	j'essaierai
faire	je ferais	je ferai
falloir	il faudrait	il faudra
jeter	je jetterais	je jetterai
payer	je paierais	je paierai
pleuvoir	il pleuvrait	il pleuvra
pouvoir	je pourrais	je pourrai
prévenir	je préviendrais	je préviendrai
savoir	je saurais	je saurai
tenir	je tiendrais	je tiendrai
venir	je viendrais	je viendrai
voir	je verrais	je verrai
vouloir	je voudrais	je voudrai